智能网联和新能源汽车

战略性新兴领域"十四五"高等教育系列教材

汽车车身结构与设计

第 3 版

林程 王文伟 陈潇凯 凌和平 白影春 谢鹏 编著

机械工业出版社
CHINA MACHINE PRESS

《汽车车身结构与设计 第3版》主要介绍了汽车车身结构与设计的相关内容，分为车身概论、车身总体设计、车身概念设计、车身结构力学性能分析计算、车身结构设计与制造和车身部件结构与设计等部分。本书既包括车身结构基础知识的介绍，又包括基本理论与基本方法的讲解，结合新能源汽车车身结构的特点，加入了部分新内容。本书重视理论与实际的结合，内容兼具系统性、全面性、条理性、新颖性，选用的实例均为最新的技术成果。本书可作为车辆工程专业本科生及研究生的教材或教学参考书，同时也适合工程设计人员参考。

图书在版编目（CIP）数据

汽车车身结构与设计/林程等编著．－－3版．－－北京：机械工业出版社，2024.1

战略性新兴领域"十四五"高等教育系列教材

ISBN 978－7－111－75203－5

Ⅰ.①汽… Ⅱ.①林… Ⅲ.①汽车－车体结构－高等学校－教材②汽车－车体－设计－高等学校－教材 Ⅳ.①U463.82

中国国家版本馆 CIP 数据核字（2024）第 019914 号

机械工业出版社（北京市百万庄大街22号 邮政编码100037）
策划编辑：何士娟　　　　　　　　责任编辑：何士娟　王　婕
责任校对：高凯月　李可意　景　飞　责任印制：张　博
北京建宏印刷有限公司印刷
2024年9月第3版第1次印刷
184mm×260mm·25印张·635千字
标准书号：ISBN 978-7-111-75203-5
定价：75.00元

电话服务　　　　　　　　　　　网络服务
客服电话：010-88361066　　　　机　工　官　网：www.cmpbook.com
　　　　　010-88379833　　　　机　工　官　博：weibo.com/cmp1952
　　　　　010-68326294　　　　金　书　网：www.golden-book.com
封底无防伪标均为盗版　　　　　机工教育服务网：www.cmpedu.com

丛书序

全球汽车产业正快速进入以电动化、智能化为主的转型升级阶段，汽车产业生态和竞争格局正加剧重构，中国汽车强国之路面临着前所未有的机遇与挑战。智能网联新能源汽车产业的快速变革，推动汽车产业对人才能力需求的根本性改变。作为人才培养过程中的基础性核心要素，专业教材建设工作应为高质量人才培养体系提供坚实支撑，为人才培养提供知识载体，促使学生在知识学习中通过实践获得智慧，进而实现人才驱动产业高质量发展的倍增效应。

为全面贯彻党的二十大精神，深入贯彻落实习近平总书记关于教育的重要论述，深化新工科建设，加强高等学校战略性新兴领域卓越工程师培养，在教育部高等教育司和中国汽车工程学会的指导下，我们联合车辆工程相关专业的二十余所院校、十余家汽车及科技公司，共同开展了智能网联和新能源汽车战略性新兴领域"十四五"高等教育教材的建设工作。

本系列教材内容贯穿智能网联新能源汽车的全产业链，紧紧围绕立德树人的根本任务，用心打造培根铸魂、启智增慧的精品教材。同时结合信息时代、数字时代的学习特点，在教材建设过程中积极推进数字化转型，以更丰富的教材形态和内容供给助推育人方式变革。本系列教材建设旨在充分发挥教材作为人才培养关键要素的重要作用，着力破解战略性新兴领域高等教育教材整体规划性不强、部分内容陈旧、更新迭代速度慢等问题，加快建设体现时代精神、融汇产学共识、凸显数字赋能、具有战略性新兴领域特色的高等教育专业教材体系，牵引带动相关领域核心课程、重点实践项目、高水平教学团队建设,着力提升人才自主培养质量。特别值得指出的是,在本系列教材建设过程中,智能网联新能源汽车头部企业以极大的热情积极投入教材建设工作中,以丰富的工程实践反哺人才培养,高校和企业优势互补、加强协同,共同大力推进新时代、新形势下的汽车人才培养工作。

在智能网联新能源汽车高速发展的阶段,技术积累、梳理、传播和创新非常重要。本系列教材不仅可以为高等院校、汽车研究机构和企业工程技术人才培养提供非常有价值的内容,而且可以直接服务于电动汽车产业的自主创新,对深入推进供给侧结构性改革、提高我国电动汽车产业自主研发创新能力、提升自主品牌零部件和整车企业的竞争力、培育智能网联新能源汽车行业新动能,都具有非常重要的价值。

丛书总主编、中国工程院院士

2024 年 6 月

前言

近年来，我国汽车工业得到了飞速的发展，设计研发能力不断增强，国际竞争力不断提升，2023 年汽车产销量均超过 3000 万辆，出口接近 500 万辆，已连续多年蝉联世界汽车产销量第一，我国逐步从汽车生产大国迈向汽车工业强国。

"汽车车身结构与设计"是车辆工程专业的重要专业基础课程之一。本书是为了适应高校车身课程教学要求和我国汽车工业迅速发展的需要而编写的，主要内容涵盖了汽车车身结构的基本概念、设计理论与设计方法，系统论述了专业知识体系和专业的最新发展状况，服务于高校的课程建设与人才培养。

本书入选了教育部战略性新兴领域"十四五"高等教育教材体系"智能网联和新能源汽车"建设项目。在第 3 版的修订过程中，坚持立德树人，深化课程思政，聚焦"汽车强国"领导领军人才培养的战略要求；面向国际前沿，凝练创新技术，增加了材料、能源、信息融合加速背景下车身设计新思路；立足行业发展，突出典型应用，补充了一体化设计与制造、一体化热管理等新内容。此外，本版教材嵌入了车身设计与制造最新数字资源，以加深学生对理论知识的理解，增强学生的工程素养，提高学生利用基础理论解决实际工程问题的能力。

本书可作为车辆工程及相关专业本科生和研究生的教材或教学参考书，也可供企业及科研单位的相关工程技术人员参考。

本书由北京理工大学机械与车辆学院林程、王文伟、陈潇凯、白影春、谢鹏以及比亚迪汽车工程研究院凌和平共同编著。本书在编写过程中，得到了北汽集团杨子发、秦志东、李国红、田宇黎、闫康康、张靖海、李向东、张雯以及比亚迪汽车工程研究院姜龙、广汽研究院徐仰汇等行业专家的大力支持，北京理工大学车辆专业研究生于潇、蔡振豪、吴昊羽、曹源清、李晟昊、段晰耀、陈为昊等同学参与了资料整理等工作，在此一并表示感谢。

鉴于编著者水平有限，本书中的不足之处在所难免，恳请读者批评指正。

本书配有教学课件，选用本书作为教材的教师可在机械工业出版社教育服务网（www.cmpedu.com）注册后免费下载。

编　者

目 录

丛书序
前言

第一章 车身概论
第一节 绪论 ···001
一、车身的功能 ···002
二、车身技术特点 ···002
三、车身设计要求及原则 ···003
第二节 车身结构基础知识 ···004
一、车身及其名词术语 ···004
二、车身承载类型 ···006
三、轿车白车身构造 ···011
四、电动汽车电池车身结构一体化技术 ···019
五、客车车身构造 ···022
六、货车车身构造 ···023
第三节 车身产品开发流程 ···025
一、传统车身开发流程与方法 ···025
二、现代车身产品开发流程 ···026
第四节 车身设计方法与技术 ···031
习题 ···034

第二章 车身总体设计
第一节 车身总布置 ···035
一、概述 ···035
二、车身总布置设计辅助工具 ···036
三、车身硬点尺寸 ···053
四、燃油汽车车身部件布置 ···058
五、电动汽车车身布置 ···068
六、车身总布置图 ···073
第二节 基于人机工程学的车身总布置设计 ···075
一、乘员舱内部布置 ···075
二、视野校核 ···080
习题 ···085

第三章 车身概念设计
第一节 车身造型设计 ···087
一、概述 ···087
二、车身造型发展历程 ···091
三、车身造型方法和流程 ···097
四、车身造型的美学基础 ···100

五、车身造型特征 ···106
六、智能电动汽车造型特点 ···114
第二节 汽车空气动力学基础 ···119
一、概述 ···119
二、汽车空气动力学基础 ···120
三、车身空气动力学设计 ···131
四、汽车空气动力学试验 ···137
第三节 计算几何理论基础 ···141
一、概述 ···141
二、三次样条曲线 ···141
三、贝塞尔（Bezier）曲线和曲面 ···142
四、B样条（B-Spline）曲线和曲面 ···146
五、非均匀有理B样条（NURBS）曲线和曲面 ···148
第四节 曲面测量及计算机表面建模方法 ···150
一、车身曲面测量 ···150
二、车身表面建模方法 ···153
三、车身曲面质量的评价方法 ···157
习题 ···164

第四章 车身结构力学性能分析计算
第一节 车身结构力学载荷工况条件 ···167
一、动载荷系数与安全系数 ···167
二、垂向对称载荷工况（弯曲工况） ···168
三、垂向非对称载荷工况（扭转工况） ···169
四、纵向载荷工况 ···172
五、侧向载荷工况 ···174
六、组合载荷工况 ···175
第二节 车身弯曲性能分析计算 ···175
一、车身弯曲性能的强度和刚度设计要求 ···175
二、车身弯曲强度"简单结构面法"模型 ···179
三、车身弯曲刚度"三组分"模型 ···182
第三节 车身扭转性能分析计算 ···186
一、车身扭转性能的强度和刚度设计要求 ···186
二、车身扭转强度"简单结构面法"模型 ···189

三、车身扭转刚度"方盒"模型 …191	第六章 车身部件结构与设计
第四节 车身结构耐撞性能分析计算 …198	第一节 车门 …321
一、概述 …198	一、车门简介 …321
二、正面碰撞性能分析 …199	二、车门的结构与组成 …322
三、侧偏碰撞性能分析 …207	三、车门布置设计 …333
四、电动汽车车身抗撞性能特点 …213	四、车门性能分析及耐久性试验 …337
第五节 车身NVH性能分析计算 …214	第二节 前、后闭合件 …338
一、车身振动噪声性能的开发需求 …216	一、前机舱盖和行李舱盖 …338
二、人体对振动的反应 …217	二、后背门 …341
三、单自由度振动模型 …218	第三节 风窗 …342
四、振动源-路径-接收体模型 …222	一、风窗表面形状 …342
五、发动机悬置系统振动分析 …224	二、风窗玻璃的种类 …342
六、悬架系统振动分析 …227	三、风窗的密封 …343
七、车身声学模态分析 …232	第四节 座椅 …344
习题 …234	一、概述 …344
第五章 车身结构设计与制造	二、座椅的结构 …345
第一节 车身结构设计 …236	三、座椅的静态特性 …349
一、车身结构拓扑设计 …236	四、座椅的动态特性 …351
二、车身骨架结构设计 …240	五、座椅系统强度要求及试验 …353
三、车身板壳零件设计 …247	六、座椅新技术与发展趋势 …353
四、车身结构耐撞性设计 …248	第五节 乘员约束系统 …356
五、车身结构的防腐设计 …257	一、安全带 …357
第二节 车身结构材料与轻量化设计 …258	二、安全气囊 …359
一、车身结构材料 …259	第六节 空气调节系统 …362
二、车身结构轻量化设计 …269	一、概述 …362
第三节 车身结构制造工艺 …273	二、通风换气系统 …364
一、车身结构的工艺划分 …273	三、制冷与制热系统 …365
二、车身生产工艺 …275	四、空调系统控制 …376
三、车身产品尺寸精度 …293	五、空气的净化 …378
第四节 车身减振与降噪设计 …296	第七节 其他附件 …379
一、车身振动与隔振 …296	一、保险杠 …379
二、车内噪声与降噪 …300	二、天窗 …380
第五节 车身结构试验方法简介 …308	三、外饰件 …381
一、车身结构刚度测试 …308	四、内饰件 …383
二、车身结构强度测试 …313	习题 …388
三、车身结构模态特性测试 …315	**参考文献**
习题 …317	

第一章　车身概论

第一节　绪　论

世界上第一辆以内燃机为动力的汽车于1886年诞生。汽车工业经过一百多年的发展已经达到了相当高的技术水平。现代汽车已经成为世界各国国民社会生活中不可缺少的一种运输工具。汽车工业的规模及其产品质量也成为衡量一个国家技术水平的重要标志之一。

车身与动力系统、底盘和电子电气设备一起构成汽车的四大总成。随着国际汽车工业的不断发展，动力系统和底盘的技术日渐成熟，它们在汽车车型的更新换代过程中已没有明显的界限，因而汽车车型更新更多的是指车身的换型。尤其是在大型汽车企业实行"平台战略"的情况下，在一个平台上开发出不同类型、不同造型的汽车，主要体现在车身的改变上。为了追求市场份额，给人们以新鲜感，在底盘和动力系统基本不变的情况下，频繁地更换车身也是大多数汽车企业的战略。但是，由于汽车使用功能的多样性，车身结构型式、设计和制造的方法及过程各有特点，导致其开发周期较长，设备投资费用较高，技术难度较大，因此，车身开发越来越受到重视。

汽车发展到今天，汽车车身，特别是轿车车身已成为影响整车各种性能的最大系统之一，它很大程度上影响着汽车的商品价值和销售市场。近年来，人们对汽车安全性、舒适性、电动化、智能化、可靠性和耐久性的要求越来越高。另外，又由于能源的紧缺和激烈的市场竞争，迫使汽车要实现结构轻量化并降低成本。这引发了材料与制造业日新月异的变化，并促使车身设计理念和设计方法不断改进。

从新中国成立到20世纪80年代，我国汽车工业从无到有、由小到大，有了很大发展，但长期以来徘徊在货车（主要是中型）的生产水平上。从20世纪90年代开始，我国汽车工业在不断加大研发投入、提高自身研发能力和技术水平的同时，加快了引进国外先进技术的步伐。进入新世纪，我国汽车工业启动电动汽车重大发展战略，经过20余年发展，在产业规模、技术水平等方面已经全面进入世界领先行列，为实现汽车强国奠定了坚实的基础。

我国主要汽车企业的车身设计已经达到全面三维设计的水平。从三维造型、线图设计、三维结构设计，到最后输出二维图样和文件，全面应用三维设计软件，保证了在产品开发全过程中数据的一致性和共享性，提高了产品的开发质量，缩短了开发周期，为快速反映市场需求提供了技术条件。我国汽车企业已完全具备了车身的自主开发能力，掌握了当前先进的设计方法和设计手段。车身产品开发流程和设计规范日益完善。与国外先进设计公司的技术交流也日益频繁，吸收了国外先进的开发流程和设计规范，并充实和应用到具体的产品开发过程中，实现了流程的再造。科学的流程对项目的管理运作、产品的开发和设计都起到了积极的指导性作用。

一、车身的功能

车身是对汽车的形态和功能有很大影响的重要部件。车身的主要功能包括以下几点。

1. 为乘员提供安全舒适的乘坐环境

车身的首要功能就是要为乘员提供安全、舒适、美观的乘坐环境，为驾驶人提供方便舒适的驾驶条件，确保乘员和驾驶人免受汽车行驶时的振动、噪声、废气的侵袭以及外界恶劣天气的影响，并保证完好无损地运载货物且装卸方便。因此，在进行车身设计时要满足以下性能要求。

1）乘坐舒适性，包括居住性、振动的舒适性及空气调节等。
2）密封性、隔热性、防振性和防噪声性。
3）操纵方便性。
4）视野性。
5）上下车方便性。
6）行驶和碰撞安全性。

扫一扫，观看"纯电动汽车"

扫一扫，观看"新能源汽车的技术路线发展"

扫一扫，观看"汽车智能网联技术路线"

2. 提供动力系统及底盘等部件的装配

部件的装配应具有可承受动力系统振动和路面不平度带来的振动的强度和刚度，并需抑制这些部件的振动和噪声传入车内，保持乘员舱内部的安静。此外，发动机燃油供给及冷却装置的结构对车身也会有很大的影响。在车身设计时要注意这些部件安装部位的刚度、强度、隔振的设计，更要特别注意车身保养和维修的方便性以及对底盘各总成、动力系统、电气设备等的接近性。

3. 汽车美观造型的体现

车身是美观造型的体现，但车身的造型不可与功能分开考虑。在功能和各种条件的制约下，设计人员如何实现自己的设计意图非常重要。因此，从动力系统、底盘布置开始，到车身结构件、车门开口形状和密封结构等设计过程中，都应兼顾造型优美和功能良好。

车身的这些功能不是各自独立的，而是相互影响的。因此，在受成本和重量制约的情况下，应综合考虑各种因素后选择最佳方案。

二、车身技术特点

虽然车身属于汽车上的四大总成之一，但是除了在整车总布置方面受制于汽车上的其他总成，很多方面（如设计方法、制造工艺等）均与其他总成大相径庭。如果说当代汽车是现代科学技术的结晶和高新技术产品的话，那么，车身技术在一定程度上，则反映了一个国家的现代科技水平。

车身技术涉及当代科技领域的多门学科，而且各学科之间高度交叉与融合。如车身造型涉及美学、空气动力学、人机工程学、工业设计、心理学等多学科，在进行造型设计时需要综合考虑。再如，车身结构设计涉及结构力学、材料学、计算数学、制造工艺等学科，在进行车身结构设计时各学科也要综合运用。总之，由于汽车车身的独特性，使得各种彼此差别很大的学科甚至是很多非技术性领域的知识紧密地结合在一起。

车身设计流程与方法独特。车身不仅是一个产品，还是一件精致的艺术品，它以优雅的雕塑形体、内外装饰及悦目的色彩使人获得美的享受。正是由于它具有不同于一般机械产品的外形，使得汽车车身的设计流程和设计方法与传统的产品有很大的区别。车身壳体是由许多具有空间曲面外形的大型覆盖件组成的。在设计这些大型覆盖件时，既要求其整体协调给人以美感，又必须保证必要的流线形，同时对互换性和装配精度也有较严格的要求，必须保证其工艺性要求。因此，要求车身表面上的各点（空间坐标）连成的曲线必须在纵向和横向两个截面上反复协调以使之光顺。因此，一般情况下，车身的设计无法单纯依靠图样准确完整地表达出来，而必须辅以实体模型。也就是说，对车身这样复杂的空间曲面外形，需采取一整套特殊的实物（如油泥模型和主模型等）模拟和"移形"（模拟量传递）的办法来表达。以上这些特点决定了车身设计有别于汽车上的其他总成，进而形成了独特的设计方法与流程。

车身制造工艺复杂。汽车车身制造是一项技术密集的产业，综合体现了现代科学技术的发展。车身结构是以钣金件为主的零部件结构形式，车身结构件生产批量大，大型覆盖件形状复杂、尺寸大，表面质量要求高，其加工成形过程主要采用冲压工艺，具有高度模具化的特点。车身焊装技术是车身生产制造技术的重要组成部分，车身的焊装面几乎都是沿空间分布的，施焊难度相当大。车身的焊装由大量焊接机器人和计算机控制的自动化焊装设备完成，焊接精度要求高。车身涂装对汽车车身具有防腐蚀保护和装饰的作用，车身涂料涂覆在车身表面后，要求具有较强的防锈、耐腐蚀、耐潮湿、耐高温等性能。一定意义上来说，车身制造技术代表了一个国家基础工业的水平。

三、车身设计要求及原则

车身独特的使用性能要求和使用环境，决定了现代车身设计所必须满足的要求和需要达到的目标。这些要求和目标主要有以下几个方面。

1）车身结构强度必须能够承受在其整个使用寿命内可能达到的所有静力和动力载荷。

2）车身布置必须提供舒适的室内空间、良好的操纵性和乘坐方便性以及对自然环境影响的抵御能力。

3）车身必须具有良好的对车外噪声的阻隔能力。

4）车身的外形和布置必须保证驾驶人和乘员有良好的视野。

5）车身材料必须经过轻量化设计，以使整车重量降低。

6）车身外形必须具有低的空气阻力系数，以节省能源。

7）车身结构和装置措施必须保证能在汽车发生事故时为乘员提供保护；对于电动汽车车身结构和装置，还必须保证在汽车发生碰撞时对电池的保护，避免其因撞击发生燃烧。

8）车身结构材料必须来源丰富、成本低，所选择的材料必须能够实现高效率的制造和装配。

9）车身结构设计和选材必须保证车身在整个使用期间内，满足对冷、热和腐蚀的抵抗能力的要求。

10）车身的材料必须具有再使用的性能。

11）车身的制造成本应足够低。

总之，从决定车身设计的因素和车身设计必须满足的要求来看，在进行轿车车身设计时必须遵循以下设计原则。

1）车身外形设计的美学原则和最佳空气动力特性原则。

2）车身内饰设计的人机工程学原则。

3）车身结构设计的轻量化原则。

4）车身设计的"通用化、系列化、标准化"原则。

5）车身设计符合有关的法规和标准。

6）车身开发设计的继承性原则。

第二节　车身结构基础知识

一、车身及其名词术语

一般来说，车身包括白车身、外装件、内装件和电气附件等，如图1-1和图1-2所示。

扫一扫，观看"汽车车身构造知识"

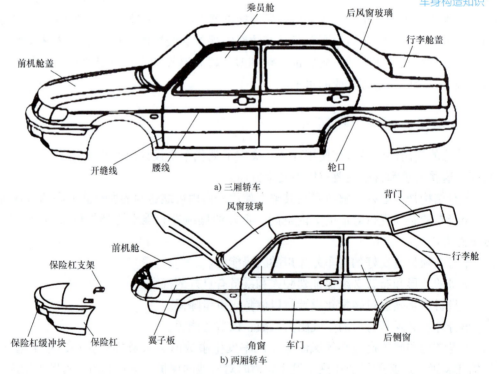

图1-1　轿车车身及其相关名词术语

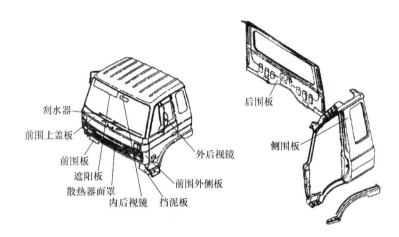

图 1-2　货车驾驶舱及其名词术语

1. 白车身

白车身通常是指已经焊装好但尚未喷漆的白皮车身（Body in White，BIW），它主要由车身本体、闭合件（Closure）及其他可拆卸结构件组成，如图 1-3 所示。经过涂装后的白车身称为涂装车身（Body on Primer）。

图 1-3　白车身（奔驰 C 级）

车身本体是车身结构件（又称车身骨架）与覆盖件焊接或铆接后不可拆卸的总成。车身骨架是主要为保证车身的强度和刚度而构成的空间框架结构，如图 1-4 和图 1-5 所示。车身骨

图 1-4　轿车车身骨架（奥迪 A8）

架主要由梁（杆）和支柱等焊接而成，它使车身形成一个整体式结构，起主体承载作用。车身覆盖件是指覆盖在车身骨架表面上的板制件。车身覆盖件覆盖在车身骨架上，使车身形成完整的封闭体以满足乘员乘坐要求，并通过它来体现汽车的外形，以及增强汽车车身的强度和刚度。

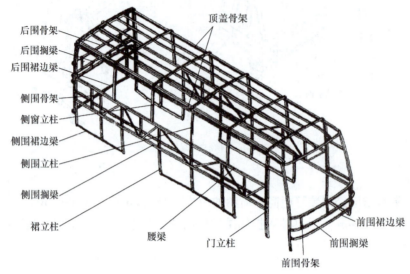

图 1-5　大客车车身骨架（不含底架）

闭合件是车身上可启闭的各种舱门的结构件，包括车门、前机舱盖、行李舱盖等。

2. 车身外装件

车身外装件是指车身外部起保护或装饰作用的一些部件，以及具有某种功能的车身外附件，主要包括前后保险杠、车外后视镜、散热器罩、进气格栅、天窗及其附件、车身外部装饰条、密封条、车门附件及空气动力附件等。

3. 车身内装件

车身内装件是指车内对人体起保护作用的或起装饰作用的部件，以及具有某种功能的车内附件，主要包括仪表板、座椅及安全带、安全气囊、遮阳板、车内后视镜、汽车内饰等。

4. 车身电气附件

车身电气附件是指除用于动力系统和底盘以外的所有电气及电子装置，如各种仪表及开关、前照灯、尾灯、指示灯、雾灯、照明灯等。另外，还包括音响及收音装置、空调装置、刮水器、洗涤器、除霜装置、信息显示及导航装置等。

二、车身承载类型

车身（如有车架则包括车架）与汽车的车轮、悬架系统构成汽车的行驶系统，是汽车行驶时的主要承载部件，承担着全部载荷，包括由动力系统、传动系统及悬架系统传来的载荷及各种路面工况下的作用力和力矩。因此，也将车身和车架称为承载系统。

按承载形式的不同，可将车身分为非承载式和承载式两大类。

1. 非承载式车身

货车（除微型货车外）与在货车的三类或二类底盘基础上改装成的大客车和专用汽车，

以及部分高级轿车（出于对舒适性的考虑）和SUV（包括越野车等）（图1-6）都采用包含车架的车身，此类车身通过多个悬置（橡胶垫等弹性装置）安装在车架上。当汽车在崎岖不平的路面上行驶时，车架产生的变形被橡胶垫的挠性所吸收，载荷主要由车架来承担，因此这种车身结构是不承担载荷的。但实际上，由于车架并非绝对刚性，所以车身仍在一定程度上承受着由车架弯曲和扭转变形所引起的载荷。

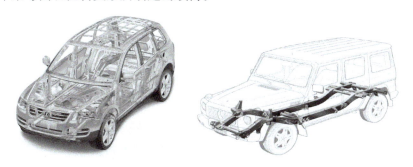

图1-6　非承载式车身

车架是跨装在汽车前、后轴上的桥梁式结构，其结构形式可分为框式、脊梁式和综合式三大类。框式又可以分为边梁式和周边式。

边梁式车架（又称梯形车架）由纵梁和数根横梁组成，因为要将车架设置在地板下部，因此车身高度不易降低。边梁式车架被广泛应用在货车（图1-7）、大多数专用汽车和直接利用货车底盘改装的大客车（图1-8），以及越野车、离地高度较大的SUV上（图1-9）。

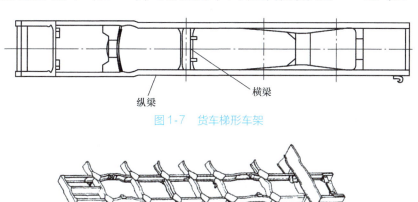

图1-7　货车梯形车架

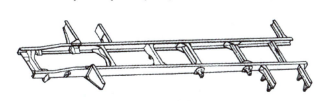

图1-8　大客车梯形车架

周边式车架（图1-10）实际上是由边梁式车架派生出来的。相对于边梁式车架，它降低了地板高度，前、后两端的宽度收缩，中段加宽。前段宽度取决于前轮轮距和最大转向角，后段宽度取决于后轮轮距，中部宽度则取决于车身门槛梁的内侧宽度。前后狭窄段通过所谓的"缓冲臂"或"抗扭盒"与中段纵梁焊接相连，形成一种曲柄式结构，容许缓冲臂具有一定程度的弹性变形，因此可以吸收来自不平路面的冲击并降低车内噪声，还可以在汽车碰撞时吸收部分能量。由于车架中段宽度接近于车身地板的宽度，从而提高了整车横向稳定性，并便于车身室内地板的布置。这种车架的缺点是结构复杂且成本较高。

图1-9　SUV梯形车架

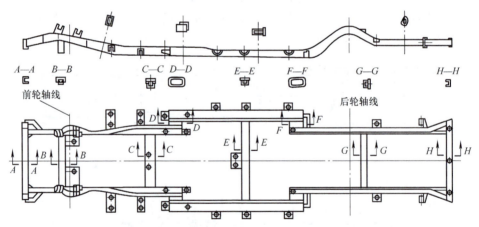

图1-10　周边式车架

脊梁式车架（图1-11）主要由一根位于车身对称中心线上的较粗的纵向钢管和若干根横向悬伸托架构成，其特点是具有很大的抗扭刚度，结构上容许车轮有较大的跳动空间，便于装用独立悬架。但是此种车架制造工艺较复杂且维修不便，故应用不广泛。

综合式车架（又称X形车架）综合了边梁式和脊梁式两种车架的特点（图1-12），多用于轿车上。车架的前、后端均近似于边梁式车

图1-11　脊梁式车架

架，中间为一短脊梁管，前、后端便于分别安装发动机和后驱动桥。中部脊梁的宽度和高度较大，可以提高抗扭刚度。

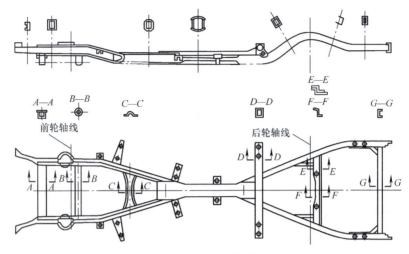

图1-12　综合式车架

非承载式车身结构的优点：

1）除了轮胎与悬架系统对整车具有缓冲吸振作用，车身与车架间的悬置还可以起到辅助缓冲，适当吸收车架的扭转变形和降低噪声的作用。这既延长了车身的使用寿命，又提高了乘坐舒适性。

2）底盘和车身可以分开装配，然后总装在一起，既可简化装配工艺，又便于组织专业化协作。

3）车架作为整车的基础，便于汽车上各总成和部件的安装，同时也易于更改车型和改装成其他用途的车辆。

4）发生撞车事故时，车架还可以对车身起到一定的保护作用。

非承载式车身结构的缺点：

1）由于设计计算时不考虑车身承载，故必须保证车架有足够的强度和刚度，这会导致整车自重增加。

2）底盘和车身之间装有车架，使整车高度增大。

3）车架是汽车上最大且最重的零件，因此必须具有大型的压力机以及焊接、工装夹具和检验等一系列较复杂昂贵的制造设备。

2. 承载式车身

（1）承载式轿车车身　承载式轿车车身（图1-13）将车架的作用融入车身的结构中，因此又称整体式车身结构，它承担承载系统的全部功能。由于取消了车架，动力系统和行驶系统的支点都在车身上。为了防止振动直接传入车身，通常将动力系统和行驶系统通过副车架（或辅助横梁）与车身底部连接，如图1-14所示。副车架与车身底部纵梁之间设有橡胶垫等弹性装置，以减弱发动机和悬架的振动对车身的影响。采用副车架的另一个好处是，可以将动力系统和悬架等与副车架形成一个组装部件，这种模块化结构给生产和使用都带来方便。当采用副车架时，由于副车架能够分担一些载荷，使前纵梁变形减小，因此也有人称带有副车架的车身为半承载式车身。

图 1-13　承载式轿车车身结构　　　　　　图 1-14　承载式车身的副车架

由于承载式车身是空间框架结构，可以充分利用车身承担载荷，因此具有整体刚度大、重量轻和整车高度低等优点，另外，其生产效率高，是现代乘用车中常见的结构。但是承载式车身由于取消了车架，来自传动系统和悬架的振动和噪声将直接传给车身，而乘员舱本身又是易于形成空腔共鸣的共振箱，因此在设计时需额外关注。

（2）承载式客车车身　根据客车车身承载程度的不同，又可以将承载式客车车身分为半承载式和全承载式两种。

半承载式是指客车车身与车架刚性相连，车身部分承载的结构形式。非承载和半承载式车身都属于有车架车身结构。

全承载式客车车身（图 1-15）骨架及底架是由异形管制成的格栅式结构，没有单独的纵梁式车架，局部格栅上可有覆板。车身采用封闭环结构，使整个车身都可参与承载。由于没有车架，故可降低车内地板和整车高度。

图 1-15　全承载式客车车身

全承载式客车车身具有众多优点，如车身重量减轻，结构强度与刚度提高；简化了构件成形过程，提高了材料利用率；整车重心降低，高速行驶时稳定性好；加工不需要大型冲压设备，便于产品改型，易实现多品种、系列化生产。全承载式车身的另一大优势是被动安全性好，欧洲进行的客车被动安全测试结果显示，全承载式车身能够在汽车翻滚及相撞等恶劣情况下保证乘客的安全空间。

三、轿车白车身构造

一般来说，轿车的白车身一般由大量的车身冲压零件焊接而成，如图 1-16 所示。

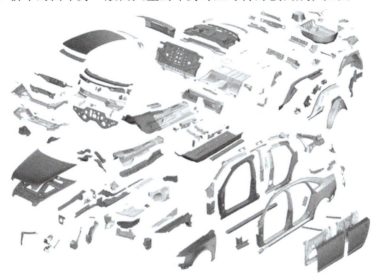

图 1-16 车身冲压零件

白车身主要由前车身、地板、侧围、顶盖及后部车身等部分组成。

1. 前车身

前车身的结构因动力系统和驱动形式的差异而不同，如无特殊说明，本书只讲述前置动力系统的结构。前车身结构也因前置前驱、前置后驱及悬架、转向、动力系统而不同。前车身结构如图 1-17 所示。

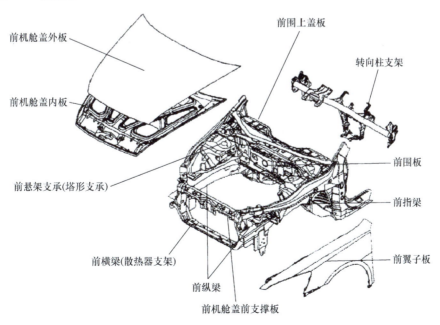

图 1-17 前车身结构

（1）前围上盖板　前围上盖板是与左右前立柱相连接的构件，对提高车身整体刚度有很大的作用。另外，前围上盖板具有支承前风窗的功能，同时还具有将外部空气导入车内和将车内空气排出的通风作用。前围上盖板还需要防止雨水、泥水以及枯叶进入车内或空调，否则就会产生异味或导致空调装置故障，在设计时必须予以注意，如图1-18所示。

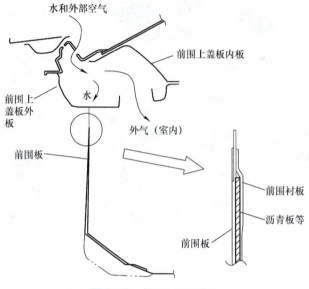

图1-18　前围上盖板截面

前围上盖板上通常要设置支承转向柱的支架，此时要特别注意确保管状结构的转向柱支承梁及车身有足够的刚度，如图1-19所示。前围上盖板还具有阻止高速行驶时轮胎作用力和停车时发动机怠速振动作用力给转向装置带来振动的功能。

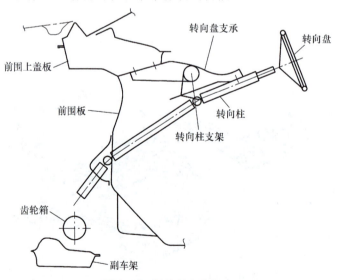

图1-19　转向柱安装构造

从保护行人的角度出发，应采用具有在碰撞时使前风窗支承部及刮水器支撑部产生变形的吸能结构的车身。

风窗玻璃的密封条一般与该部件黏结在一起。

（2）前围板　前围板是隔开前机舱和客舱的部件，安装有踏板类部件及空调，布置有线束、配管、转向柱等的贯通孔（图 1-19），同时还具有防止发动机及轮胎噪声进入乘员舱内的作用。有的车身前围板采用钢板中间夹防振材料的夹层式结构（图 1-18）。

前围板还是控制碰撞造成客舱变形时，向地板纵梁转移由前纵梁传来的作用力的重要部件。为连接左右的前纵梁，还设置了前横梁，以确保刚度。

（3）前悬架支承　前悬架支承通常带有减振器的安装结构，与前纵梁共同承担来自悬架的作用力及碰撞时的冲击力，设计时应充分考虑这些因素。通过翼子板支撑梁与翼子板构成闭合截面，并通过前指梁与前立柱接合，确保承受来自悬架的作用力。该部件还具有吸收碰撞时冲击能量的功能。减振器安装部位的结构如图 1-20 所示。

另外，该部件还是轮罩与前机舱的隔断，具有防止路面的泥、水进入前机舱的功能。设计时还应充分考虑其可能与轮胎及防滑链发生的干涉。

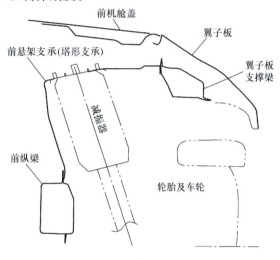

图 1-20　减振器安装部位截面（前视图）

（4）前纵梁　前纵梁是构成前车身最重要的骨架部件，动力系统、悬架装置及辅助部件均安装在前纵梁上。同时，它还是吸收碰撞时的冲击能量，确保车身刚度的主要骨架部件。

低速碰撞时，为保证车身不产生变形，前纵梁需要具有较高的刚度；而高速碰撞时，通过前纵梁的纵向压溃或弯曲变形，可高效率地吸收碰撞冲击能量。要实现这样的功能，前纵梁的形状及加强件是极为重要的设计因素。由于碰撞条件的提高，前纵梁多采用高强度钢板或挤压铝合金，以适应各种碰撞形式。

支承前悬架载荷作用力的条件与悬架形式等关系很大。另外，带有副车架结构的汽车，其悬架的部分或全部作用力由副车架承受，因此应注意将副车架安装在前纵梁较为坚固的部位。

（5）前机舱盖　前机舱盖通常由体现造型面的外板及增加强度、刚度的内板构成。前机舱盖的性能要求：

1）刚度。应不使前机舱盖出坑，不影响其品质感。

2）耐压性。按压时前机舱盖不产生明显变形，按压后不产生塑性变形。

3）整体弯曲和扭转刚度。

4）碰撞时产生适当的塑性变形，但前机舱盖后端不应插入前风窗。

从保护行人的角度出发，前机舱盖还应具有吸收碰撞冲击能量的性能。近年来，随着轻量化要求的提高，铝合金材料在前机舱盖中的应用范围不断扩大。

（6）前翼子板　要求前翼子板具有一定的刚度和耐压性。前翼子板和前机舱盖的不同之处在于，该部位无法采用加强结构，一般将外板的加强衬附在里面，或加大钢板厚度。另外，为屏蔽发动机及轮胎的噪声，有时会采用消声材料或附加降噪材料。

与前机舱盖相同的是，从保护行人的角度出发，要求前翼子板具有吸收碰撞冲击能量的性能。随着轻量化要求的提高，铝合金材料在翼子板中的应用范围不断扩大。同时，造型自由度及碰撞复原性较好的塑料材料的应用范围也在扩大。

2. 地板

车身地板是车身的支承部分。地板的主要功能：确保承受悬架及驱动系统作用力的强度、刚度及改善NVH（噪声、振动、平稳）特性；防止外部的水、尘土、热、噪声及异味进入车内，创造舒适的乘坐环境；撞车时可以保护乘员和燃料系统免受外力冲击，确保乘员生存空间；确保客舱的乘降性、货厢的宽度；确保轻微撞车后容易修复，隔绝排气系统的热量；确保使用千斤顶过程中、车辆牵引及运输过程中的固定作业方便易行。

轿车车身地板结构主要由地板、地板梁、支架、地板通道、门槛梁、连接板、座椅支架等构件组成，如图1-21所示。无论是非承载式车身还是承载式车身，在结构设计上，车身的地板结构都应该提供足够的强度和刚度，从而保证车身的承载能力。因此，除地板构件外，在结构上设置加强梁、连接梁等承载构件也是必要的。

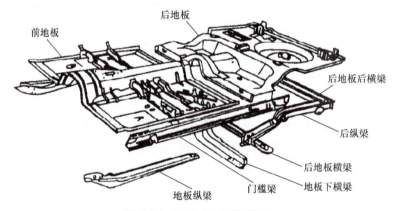

图1-21 承载式车身地板结构

车身乘员舱和行李舱下的地板应根据车身底部的总布置设计和结构设计要求进行分块，一般分为前地板、中地板和后地板。除了在地板上应焊接有各种结构加强件、连接板等构件，地板件本身要符合室内布置居住性。满足布置备胎和燃油箱等的需要而被冲压成各种形状，也是提高地板构件强度和刚度的措施，如通道凸包、加强筋和座椅支座等结构，以及阶梯形的地板布置。对于两厢或三厢轿车车身，后地板上一般冲压出放置备胎的凹坑，而旅行车的后地板则多保留其平整性。

地板梁是地板的结构加强件，主要有地板横梁、后地板后横梁、地板连接横梁、地板纵梁、后地板纵梁和其他地板加强梁等。地板梁焊接在地板上，是车身地板结构的重要承载构件。门槛是支承车身侧围的前、中和后支柱的下边梁，一般设计成封闭断面，为了提高强度和侧面碰撞安全性，有时在门槛的断面结构内加设加强板。支架是车身底部的连接、支托构件，主要包括地板纵梁的外伸支架、连接支架和安装固定支架等。地板通道是覆盖变速器及允许传动轴和排气管等通过的地板上的凸起结构，它能起到加强地板刚性的作用。

(1) 非承载式车身地板　对于非承载式车身，一般为增加有效空间而加大车架的宽度，其中以地板为下凹式框架为主。由于各种装置的作用力均由车架承受，地板的结构与承载式车身地板相比，更为简单化。非承载式车身地板主要由前、中、后地板，后地板边梁，左、右门槛梁等焊接而成（图1-22），有时也包括前围板。地板通过悬置与车架连接。

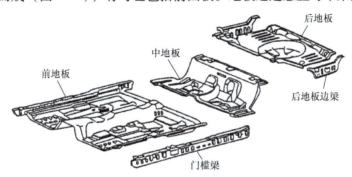

图1-22　非承载式车身地板

(2) 承载式车身地板　对于承载式车身，要求车身底部结构应该是一个具有较高强度和刚度的完整承载体，如图1-23所示。在结构设计中，为了满足车身底部结构的这一承载特点，通常将地板梁结构和车身前纵梁、前横梁作为一个整体结构进行设计。车身底部前纵梁和后纵梁与地板结构的连接，一般采用交叉型梁设计原理，这对将碰撞时的力流分成许多分支传递是有利的，如图1-24所示。

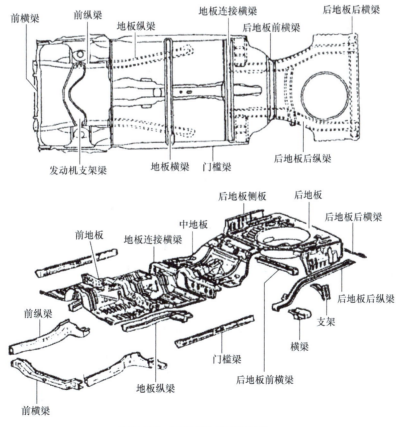

图1-23　承载式车身底部结构

3. 车身侧围及顶盖

车身侧围是决定车身整体弯曲刚度的重要部件，确保在碰撞时乘员舱的稳定性和车顶抗压能力。因此，对构成车身侧围的各种构件在设计时，既要考虑作为单独构件时的主要设计条件，又要考虑整体配合时的刚度平衡。图 1-25 所示为四门轿车常采用的车身侧围及顶盖的结构，其主要截面的形状如图 1-26 所示。它们的结构及截面因生产厂家、车身类别及造型的不同而多种多样。顶盖一般都设有前后顶盖横梁，增加中间横梁的目的是提高顶盖的表面刚度。根据顶盖曲率、大小及钢板厚度的不同，顶盖横梁可设 1～3 根不等。

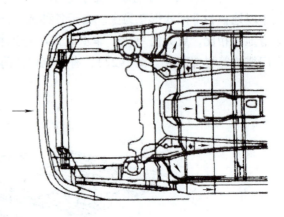

图 1-24 前碰撞力流的传递

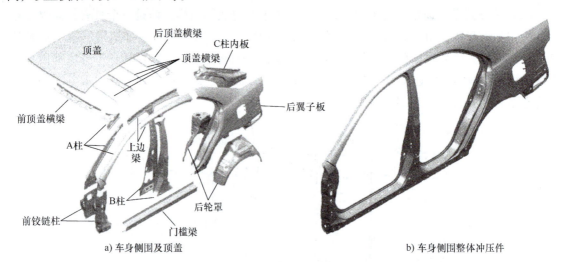

a) 车身侧围及顶盖　　　　　　　　b) 车身侧围整体冲压件

图 1-25 四门轿车的车身侧围及顶盖

A 柱结构形状应确保前方视野和碰撞、翻车时的安全性。前铰链柱和 B 柱下部主要起支承车门的作用，大力开门或压门时，将会给车门铰链及限位器等安装部位施加很大的力，因此应设加强板等，以确保安装部位的刚度和强度。B 柱是侧面碰撞性能达成的关键零部件，需要足够的强度和刚度，一般要设置加强板。B 柱和 B 柱加强板一般采用热成形工艺。C 柱从造型出发一般做得较宽，但要考虑后方视野。为确保 C 柱刚度和后座椅安全带固定装置的强度，C 柱内板往往要设加强板。上边梁一般为闭合式截面，不过要考虑乘员的居室空间和翻车时的安全性。另外，近年出现了窗帘式气囊，在设计截面时要考虑到这一点。

车身侧围的制造工艺有两种：一种是各部件单独冲压，然后焊接在一起构成车身侧围总成，这种方法可根据各部件所需强度和刚度分别选择板厚和材料，提高了材料的利用率，但是需要注意总成的接合方法和精度；第二种是外板整体冲压而成，这种方法可以简化模具和焊接设备，提高冲压精度，减少工作时序，但是由于板厚都一样，因此需要在必要部位增设加强板，还要注意材料的利用率。

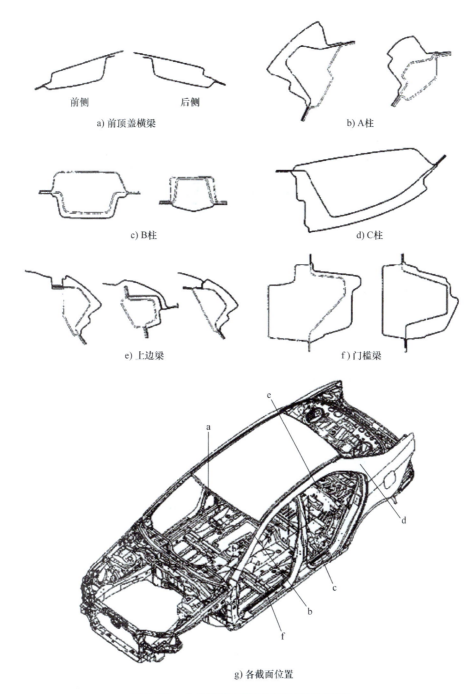

图 1-26 车身侧围及顶盖各部位的截面形状

4. 后部车身

后部车身是客舱后部的车身结构,一般指行李舱部位,其结构根据三厢车和两厢车大致分为两种。

三厢乘用车后部车身如图 1-27 所示,其乘员舱和行李舱是隔开的,有连接左右车身侧围的后隔板(后座椅靠背支架)和行李舱隔板等。这种结构的后隔板和行李舱隔板是后部重要

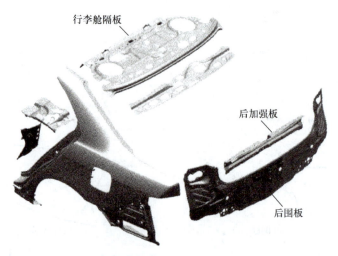

图 1-27　三厢乘用车的后部车身

的横向隔板，是连接左右 C 柱、车身侧围及地板的构件，它对增加车身的扭转刚度起着很大的作用，是设计的重要部位。后围板在车身的最后部，是连接左右后翼子板的隔板，其不仅是形成行李舱的构件，还可提高车身的扭转刚度。后加强板装在后围板上，是提高后围板刚度的重要部件。

两厢乘用车后部车身如图 1-28 所示。乘员舱和行李舱不是隔开的，即使是隔开的，也没

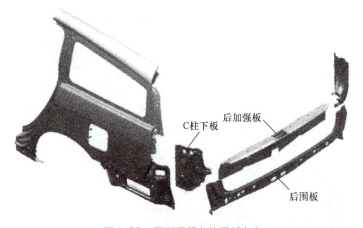

图 1-28　两厢乘用车的后部车身

有连接左右车身侧围的大型构件。这种结构不能像第一种结构那样设置横向截面构件，因此必须确保开口部位本身的扭转刚度。后车门是开关频率高的部件，因此其安装铰链的地方要有足够的强度和耐久性。由于乘员舱和行李舱之间没有隔板，设计时还应对后部的降噪问题进行考虑。

三厢车的行李舱盖不仅具有防尘、防水功能，还是后部外观整体造型的主要部件。如图 1-29 所示，行李舱盖由外板和内板组成，内板还是外板的

图 1-29　行李舱盖的一般构造（标致 408）

加强板、铰链和锁紧装置的安装部件。外板与内板是通过外板四周卷边与内板咬合，或根据需要进行焊接或粘接而成的。

两厢车的背门结构如图1-30所示，同行李舱盖一样，由外板和内板组成，各钣金件都具有同行李舱盖相同的功能。背门的内、外板的连接方法有用外板四周卷边加工的，也有在几处进行点焊的。

四、电动汽车电池车身结构一体化技术

电池包是电动汽车的核心部件，其结构形式经历了标准模组（CTM/MTP）阶段、无模组/大模组（CTP）阶段再到电池车身/底盘一体化（CTB/CTC）技术阶段，如图1-31所示，核心目标是通过去模组化、集成化来简化电池结构，提高空间利用率。CTC/CTB方案集成化程度最高，通过将电池直接安装在车身结构上，将电池与车身完美融合，从而实现空间利用率和电池装载量显著提升。

图1-30　背门的一般构造（斯柯达晶锐）

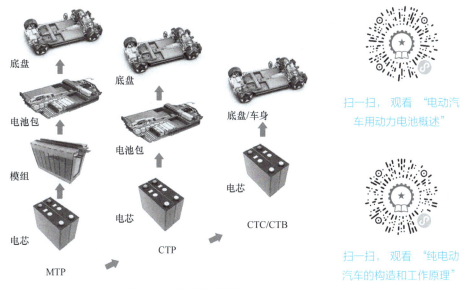

图1-31　电动汽车电池包结构发展历程

扫一扫，观看"电动汽车用动力电池概述"

扫一扫，观看"纯电动汽车的构造和工作原理"

1. CTP技术

电动汽车动力电池传统的集成方式是将电芯集成在模组中（Cell to Module，CTM），再将模组集成到电池包（Module to Pack，MTP），但这种集成方式的空间利用率仅有40%，很大程度上限制了其他部件的空间。

电池无模组（Cell to Pack，CTP）技术是通过取消电池模组设计，直接将电芯集成为电池包，再把电池包作为整车结构的一部分集成到车身底板上，这样的结构比传统的动力电池结构提高了空间利用率，电芯装得多，模组的端板结构少，重量减轻，续驶里程也就相对提

高。CTP 技术有两种方案，一种是大模组方案，就是将小模组变为更大的模组，让更多的电芯集成在一个大模组里，如宁德时代的第三代麒麟电池（图1-32），将横纵梁、水冷板与隔热垫合三为一，集成为多功能弹性夹层，而电芯与多功能弹性夹层组成的一体化能量单元，在垂直于行车方向上构成更稳固的受力结构，提高了电池包抗振动、冲击能力；另一种是无模组方案，如比亚迪的"刀片电池"。CTP 技术在电芯安全得到保证的前提下，减少了内部线缆和结构件，使整个电池包的体积能量密度和质量能量密度均得到了提升。综合而言，应用 CTP 技术，可以使电池包的体积利用率提升 10%～20%，电池包的零部件数量减少 30%～40%，生产效率提高 30%～50%，能量密度达到 200W·h/kg 以上，而且使电池的制造周期和成本大大降低。在实际应用中，比亚迪汽车的刀片电池应用 CTP 技术，空间利用率达到了 60%，实现了大规模商业化应用。宁德时代通过应用 CTP 技术，实现高集成结构设计，提升了电池包体积利用率，从第一代电池包的利用率 55% 提高到第三代麒麟电池的 67%。

图1-32　宁德时代麒麟电池 CTP 3.0

2. CTC 技术

电池底盘一体化（Cell to Chassis，CTC）技术是将电芯安装在一体冲压成形的车架地板内，利用车身纵梁、横梁形成完整的密封结构，核心是去模组化。CTC 作为全新一代电池系统技术，实现电池、底盘和下车身等的集成设计，减少了零部件数量，简化了产品设计和生产工艺，提升了车辆刚度和空间，在降低成本的同时还能提升电池容量和续驶里程。

该项技术取消了车身底板的横梁，将其集成在电池上盖，电池的外框直接充当底盘的骨架结构，与底盘形成了集成化设计，应用的代表是特斯拉，如图 1-33 所示。该方案取消了模组，电芯密集排布在车辆底盘中，电池上盖肩负密封电池与车身地板两项功能，座椅则可直接装在电池包上。特斯拉 CTC 技术采用一体压铸技术，节省了 370 个零件，零部件减少 15%～20%，整车质量减小 10%，结构件成本降低 15%，提升了车身刚度，电池结构体积减小 10%。

特斯拉的 CTC 技术方案是将地板面板与电池包上壳体合二为一后集成于电池，相当于电池上壳体替代了中地板的一部分结构，而零跑汽车的 CTC 技术方案是将地板面板与电池包上壳体合二为一后集成于车身，相当于将电池包的结构分为上壳体和电池本体两个部分，通过密封胶实现车身与电池本体的密封，底部通过安装点与车身组装，如图 1-34 所示。

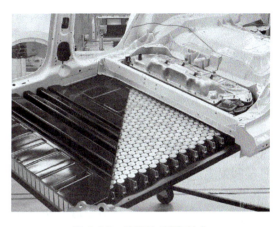
图 1-33　特斯拉 CTC 技术

图 1-34　零跑汽车 CTC 技术

3. CTB 技术

电池车身一体化（Cell to Body，CTB）技术是比亚迪首创的车身和电池系统深度融合技术，如图 1-35 所示。刀片电池上部与上盖板粘接，下部与托盘面板粘接，两侧紧贴托盘边框，将电池包上盖板与车身地板合二为一，取消电池包安装纵梁，宽体电池包直接装配在门槛梁上，从原来电池包"三明治"结构，进化成整车"三明治"结构，动力电池系统既是能量体，也是结构件。这种深度融合让车身系统扭转刚度、弯曲刚度、安全性和轻量化水平均大幅提升，同时节省了传统车身地板与电池包之间的垂向空间，有效提高了电池系统体积利用率和能量密度。与特斯拉 CTC 方案相比，该方案保留了地板上的一些横梁，这样车身刚度和整车操纵稳定性会更好。电池上盖与门槛及前后横梁形成的平整密封面通过密封胶密封，底部通过安装点与车身组装。即在设计制造电池包的时候，把电池系统作为一个整体与车身集成，既可以满足电池本身的密封及防水要求，又简化了电池与乘员舱的密封。

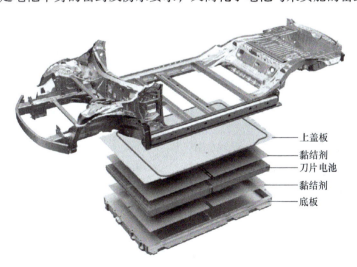

图 1-35　比亚迪 CTB 技术方案

CTB 技术充分利用超大长宽比刀片电池结构刚性更好的优势，成组以后具有类蜂窝结构的高强度特性,可实现整车扭转刚度超过40000N·m/(°),同时动力电池结构件数量大幅减少,零部件数量减少40%,体积利用率大幅提升。

电池车身一体化技术可以提高空间利用率、集成化、轻量化及车身扭转刚度,且能够简化总装工艺、降低成本,但是也带来了困难和挑战,如对电池及零部件要求更严苛、维修的便利性大幅降低、无法兼顾换电路线、要求整车厂和电池厂跨领域合作等。

五、客车车身构造

客车车身的主要结构件包括底架(车架)、骨架和蒙皮。

1. 底架(车架)

非承载式客车车身有单独的车架,车身通过悬置与车架相连。客车多用梯形车架,以两根纵梁为主,中间布以横梁,纵梁外焊上支腿(俗称牛腿)。

现代客车车身多为承载式车身,它没有独立的车架,取而代之的是底架。底架多为型钢或冲压件焊接而成,称为桁架,其刚度较大,如图1-36所示。有的公交用低地板客车要求距地面很低,这种底架前端和中部一般设计成车架式,车身后端设计成桁架式。

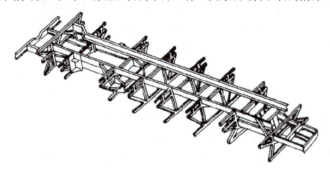

图1-36 承载式客车的底架

2. 骨架

小型客车很少有单独的骨架,大多由内外板冲压成形后焊接成封闭断面组成骨架,某些支柱类的支承件也由冲压件构成,与内、外覆盖件焊接后共同组成受力系统。这种结构质量小,结构也较简单。

大型客车多采用骨架式(图1-37),用型钢、滚压件、冲压件构成纵、横梁,形成网状骨架。骨架主要由前围、后围、左右侧围和顶盖几个单元组成。

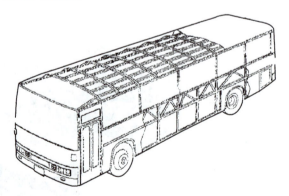

图1-37 客车车身骨架

3. 蒙皮

大客车车身上的蒙皮可以分为两种,分别是应力蒙皮和预应力蒙皮。

应力蒙皮是将蒙皮先点焊定位于骨架上,再进行铆接,使蒙皮与骨架一起承载,故称应力蒙皮,它沿袭了飞机壳体的结构,如图1-38所示。这种蒙皮参与承载,因此可以使骨架比较细小,承力相对较小,车身自重较轻,生产率高,但是车窗开口不能太大,窗立柱较粗,而且采用铆接装配，工艺复杂，工作过程振动、噪声大，铆钉裸露在外，影响美观。

所谓预应力蒙皮，是指在车身侧壁的窗下梁至地板边梁之间，将一张长度为自车身前端第二立柱至最后第二立柱距离的薄板，放在平台上由专用胎夹具压平并拉伸约1‰，然后将胎夹具及贴实紧固的薄板整个吊装至骨架侧围相应部位的外边，进行贴合并将四周点焊，而蒙皮与中间各立柱不焊接，其间只加装衬垫物。撤去胎夹具后的蒙皮仍处于张拉应力状态，故又称张拉蒙皮。张拉蒙皮不参与承载，只在车身上起装饰作用（无铆钉，无接缝，表面光洁）。由于蒙皮受张拉应力，因此垂直于板面的刚度得以提高。

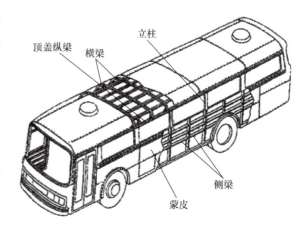

图 1-38　应力蒙皮

六、货车车身构造

货车车身主要包括驾驶室和货箱两部分。货车的分类方法主要依据用途而定，因此货车车身的结构也与此相关。货车可以分为普通货车、全挂牵引车、半挂牵引车、特种货车、集装箱运输车等。

1. 驾驶室

现代货车驾驶室按结构可分为3种：驾驶室位于发动机之后的长头式；驾驶室部分位于发动机之上的短头式；驾驶室完全位于发动机之上的平头式，如图1-39所示。

大多数货车驾驶室都是非承载式的结构，通过3点或4点弹性悬置与车架连接。图1-40所示为有骨架式驾驶室，它在骨架分总成上装焊前围、后围、顶盖等外覆盖件以构成驾驶室总成。图1-41所示为无骨架式驾驶室，该驾驶室没有明显的骨架，由外部覆盖件和内部板件焊接成壳体，利用板件上的加强筋来起骨架作用，因此能适当减轻自重。图1-42所示为平头式驾驶室的结构组成。

a) 长头式　　　　　　　　　　b) 短头式

图 1-39　货车驾驶室的类型

c)平头式

图 1-39　货车驾驶室的类型（续）

图 1-40　有骨架式驾驶室

图 1-41　无骨架式驾驶室

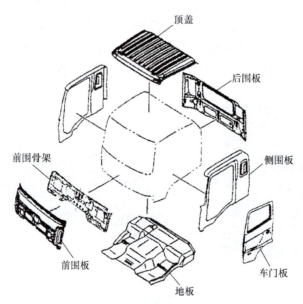

图 1-42　平头式驾驶室结构

2. 货箱

货箱一般可分为封闭式（厢式）和开放式（栏板式）两大类，栏板式又可以根据栏板的高度分为高栏板式和低栏板式两种，如图1-43所示。

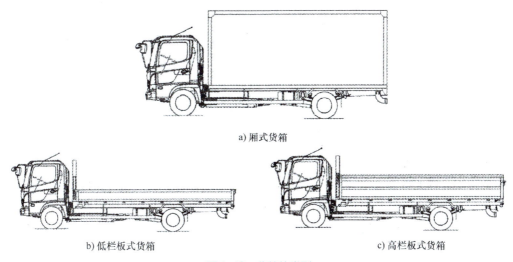

a) 厢式货箱

b) 低栏板式货箱　　　　c) 高栏板式货箱

图1-43　货箱的类型

第三节　车身产品开发流程

一、传统车身开发流程与方法

车身壳体（特别是轿车车身）由许多具有空间曲面外形的大型覆盖件（如顶盖、翼子板和前机舱盖）组成，其外形既要求整体协调给人以美感，又必须保证必要的流线形。在组装大型覆盖件时，对互换性和装配准确度也有严格要求。因此，要求车身表面上的各点连成的曲线必须在纵向和横向两个截面上反复协调以保证光顺。传统的设计方法不得不规定车身图样须采用坐标网格来表示，可即便如此图样也不能准确完整地表达，必须辅以1:1的模型。也就是说，对车身这样复杂的空间曲面外形采取了一整套特殊的实物（如外形样板和主模型等）模拟和"移形"（模拟量传递）的办法。在产品设计、生产准备和投产等阶段中，实物可以补充图样的不足，保证成套工艺装备（模具和装焊夹具等）之间，乃至零部件之间的协调验证。

传统车身的开发流程基本上分为初步设计和技术设计两个阶段，如图1-44所示。

在传统的车身开发过程中，绘制车身主图板是最关键的一环。为了确保尺寸精度和稳定性，往往以1:1的比例将主图板绘制在刻有坐标网格线的铝板上，利用铝板不变形的特性来保证主图板尺寸的稳定性，而铝板则固定于一木制平台上。主图板上不需要标注尺寸，但需反映出车身上的主要轮廓线（包括一系列的截面曲线）、各零件的装配关系和结构截面，有时还要进行可动件（如车门、前机舱盖等）运动轨迹的校核。

车身试制完成后还要制作车身主模型。主模型是根据主图板、车身零件图等制造的1:1实体模型，是重要的设计资料之一，也是制造冲模、胎具、装焊夹具、检验样架的主要依据，

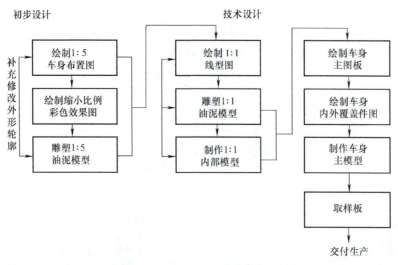

图1-44 传统的车身开发流程

还是大量生产汽车车身时不可缺少的依据。由于主模型制造周期长、造价高,因此在定型前不宜急于制造主模型。主模型可以按车身覆盖件在车身中的位置分为外主模型和内主模型两部分,如图1-45所示。在汽车的整个投产过程中,主模型的作用类似于"米原器",因此要求其尺寸十分准确,并采用优质木材制造。制造之前还须对木材进行干燥处理,对于主模型的保存环境也有严格的要求。

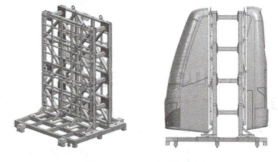

图1-45 某客车前围主模型

传统的车身设计过程和方法需要依靠人工,经过绘画—油泥模型—主图板—主模型等多次反复测量和修改才能确定,这导致车身的开发周期长、成本高,而且设计精度也难以保证。精度难以保证的主要原因是在设计和生产准备的各个环节间,信息的传递是靠"移形"的办法进行的。例如:由主图板制作主模型,由主模型加工艺补充制造工艺模型,再由工艺模型反靠加工冲模。由于原始数据经过多环节的转换,人为和设备造成的误差均在所难免,导致加工出的冲模精度无法保证。因此,利用计算机代替部分人的劳动,进入现代车身开发阶段势在必行。

二、现代车身产品开发流程

随着计算机技术的发展,计算机辅助开发技术CAX(CAS、CAD、CAE、CAM等)在车身设计中的应用不断深入,基于全数字化的虚拟车身开发技术已经成熟,车身产品的开发也进入了现代车身产品开发阶段,其开发流程、开发方法和开发技术也发生了根本性的变化。

车身开发流程是整车开发流程的关键部分,必须与整车开发流程有机结合才能保证整车产品开发的顺利进行。一辆全新轿车的开发,从项目开始到最终产品批量生产,一般需要20~40个月的时间。在整个开发流程中,对每一个阶段的开发进程都设有一个审查、验收的关键里程碑，在每个里程碑，对新车型的所有指标都必须进行严格考核。

各大汽车企业都有自身的车身产品开发流程，都有自己定义的阶段和里程碑，以便实现质量控制和产品管理。就流程本身而言，没有优劣之分，只有合适与不合适之分。因此，对于产品开发流程来说，好的流程就是把"合适"的产品在"合适"的时间以"合适"的价格投放市场。

一般的车身产品开发分为产品规划、概念设计、技术设计、产品试制、产品试验和生产准备六个阶段。

（一）产品规划

产品规划是车身产品开发的第一阶段，其主要目的是规划和定义车身产品开发的指导原则、开发内容、关键技术、性能指标、实施路线和风险分析等事项。产品规划通过评审和审批后，形成后续开发活动的指导性文件，作为造型、设计、试制和试验阶段的输入条件。产品规划不仅反映用户需求、市场前景，还直接影响产品开发方式、产品资源利用以及产品性能指标等关键要素，在项目开发中占有非常重要的地位。此外，产品规划涉及面也很广，包括成本分析、投资预算、市场调研、技术方案、材料应用、工艺分析及供应商的二次开发等内容，需要由产品规划团队协作完成。

车身产品对标分析（Benchmarking）是产品规划中一项主要的基础工作。所谓对标分析，是指根据用户需求和市场调研情况，在新产品开发初步定位的基础上，确定竞争车型，并对其进行拆解、测量、试验、虚拟分析等，以获取整车尺寸参数、性能参数等信息。在对标分析的基础上，形成完整的开发建议书和产品描述报告。通过产品对标，在宏观上初步定义车身开发任务，明确关键的性能指标、目标成本以及开发阶段重要的试验验证条款。

（二）概念设计

概念设计主要是确定总体方案和关键参数，在设计过程中占主导地位，在产品开发周期中所占时间较长。车身概念设计可概括为：以车身产品规划为依据，将造型概念和工程结构有机结合，将创意转换为方案的实现过程。概念设计的市场化是决策层和设计师共同追求的目标。如何更好地接近产品的市场需求，降低投放市场的风险，判断概念产品能否进一步开发生产，是概念设计阶段需要考虑的关键问题。

车身概念设计主要包括车身总布置、车身造型和结构可行性研究三大方面。具体工作包括车身硬点尺寸参数确定、主要结构断面和分块确定、人机工程布置、造型效果图制作、CAS数据制作、造型模型制作、测量和线图、前期CAE分析及结构和工艺可行性分析等。

1. 车身总布置

车身总布置主要是借助人机工程辅助工具确定车身的关键硬点及硬点尺寸，包括车身外部及内部空间的尺寸参数。在此基础上进行车身各部位，如车身前端、车身地板、车身后部等的详细布置，包括前机舱、转向盘、踏板、燃油箱、备胎、排气系统、动力电池等关键部件的布置。车身总布置设计的最终输出是车身总布置图。

2. 车身造型

车身造型是追求汽车美的实现和超越，但非纯美术的美，而是功能的美。造型设计师在满足产品总布置给出的硬点条件的基础上，遵照人机工程学进行美的创作，并满足车身性能的诸多要求。汽车造型人员的创作是受到诸多限制的，在诸多约束中实现美是造型设计师的自我体现。

3. 车身结构可行性研究

车身结构可行性研究，是以满足车身开发为目标，服务于车身造型的结构可行性研究、构思及布置等活动的总称。

车身结构可行性研究的输出，以二维方案图和三维数据的形式表达，综合体现结构、材料、工艺（制造工艺、装配工艺）等方案信息，是后续工程设计的指导性文件。车身结构可行性研究应表达出零件的主体结构、连接方式、配合关系、空间布置关系和运动关系等详细结构方案信息。这些方案信息应能满足总成零件的设计目标（性能、功能、装配、工艺和使用），并能达到指导零件详细结构设计的目的。

在概念设计阶段，为了保证白车身的整体特性不至于产生重大的方案性偏差，一般要结合车身总布置工作进行如下 CAE 分析。

1）主要典型结构断面分析，即确定断面的弯曲刚度和扭转刚度及经济性指标。
2）主要结构接头分析，即进行结构接头的刚度分析。
3）白车身整体结构分析，即主要进行扭转刚度、弯曲刚度分析和振动模态分析。

（三）技术设计

技术设计是在汽车造型评审通过并冻结后进行的结构方面的详细设计工作，包括三维结构设计、CAE 分析和二维工程图设计三大方面。

1. 三维结构设计

车身三维结构设计要确定系统、部件（总成）和零件的结构。其中，零件设计是产品设计的根基。进行零件设计时，首先要考虑该零件在整个部件中的功能和要求；其次要考虑实现该功能应设计成什么形状及选用什么材料；最后确定该零件如何与部件中的其他零件相互配合和安装。

车身三维结构设计主要分为白车身结构设计、内饰结构设计、外饰结构设计和附件类结构设计。

（1）白车身结构设计　白车身设计工作是在车身总布置设计师与造型设计师的协同下，由白车身结构设计师完成的。在具体结构设计前，应进行明确的产品对标工作，明确产品开发目标，收集同类车型的技术资料，测绘一些样车主要的结构断面，供具体结构设计时参考。在造型冻结后，根据车身的线图模型数据，确定车身的结构分块形式，包括顶盖与前风窗、顶盖与侧围、顶盖与后围、侧围与后围、侧围与前围、地板与前围、侧围与车门、侧围总成以及后围总成的主要结构截面。在确定断面时，还要考虑焊接工艺性、涂装工艺性和结构力学特性的要求。各总成之间的分块形式确定后，再进行各部分总成的具体结构设计。

白车身结构设计同时要考虑板材的选用、冲压成形性分析、焊接工艺、涂装工艺和相关的性能要求，包括强度和刚度要求、表面精度和性能要求、车身焊接总成工艺和精度要求、车身涂装工艺及防腐蚀要求等。

（2）内饰结构设计　内饰一般指仪表板总成、副仪表板总成、内饰护板总成、地毯总成以及内饰附件，如杂物箱、遮阳板和安全带等。其中，仪表板总成设计最复杂也最有代表性。仪表板的主要功能是支撑各种仪表、指示装置、收录机及烟灰盒等功能件，同时应避免存在撞车时对驾驶人和乘员有致伤可能的凸出物。如果凸出物不可避免，则它们在撞车时应能有效地变形、损坏，进而保护驾驶人与乘员的安全。

（3）外饰结构设计　对于乘用车而言，车身外饰件一般指前后保险杠总成、翼子板总成等。其中，前保险杠总成的结构和设计最具代表性。保险杠的主要功能是安全防护，要求结构具有足够的强度和刚度，兼具对装备件、人、车的保护作用，起到缓冲吸能作用。另外，由于保险杠是外覆盖件，还应满足整车造型效果及空气动力学的要求。

（4）附件类结构设计　车身附件牵涉的面比较广，除了白车身和内外饰件外，其他部分都可以归入车身附件类，包括座椅、后视镜、遮阳板、玻璃升降器、门锁和空调系统等。

2. CAE 分析

计算机辅助工程（CAE）已经在汽车工业中得到广泛的应用。在没有建立物理原型前，采用 CAE 数值评价技术预测汽车结构性能并对设计方案进行优化，可以提高汽车结构的性能，缩短产品开发周期，减少试验次数，降低开发成本。

依据车身三维结构 CAD 数据建立详细的车身有限元计算分析模型。分析模型主要包括白车身、活动部件、底盘部件、风窗玻璃、座椅以及局部详细结构等。分析内容包括各模型结构的刚强度分析、耐久性分析、NVH 分析、流体分析和碰撞安全分析等。

电动汽车车身与传统燃油汽车车身在 CAE 仿真分析上存在一些区别。电动汽车电池续驶里程问题带来了车身更高的轻量化需求、空气动力学需求、结构强度需求。由于没有传统的燃油发动机噪声，电动车噪声振动分析的重点与燃油车有很大差别。在 CAE 仿真分析时要更加注重电动汽车的特殊需求及相应的性能优化设计。

3. 二维工程图设计

完成车身三维结构后，必须用二维工程图表达出来。二维工程图是设计师与工艺师、技工和其他人员交流的"工程语言"，必须符合国家制图标准。二维图包括零件图、总成图、装配图、工艺图等。对于一般的零件图，要能体现零件的材料、材料标准、技术要求、工艺要求和试验要求，以及零件的外廓尺寸、配合尺寸、装配尺寸和脱模方向。对于一般的装配图，要能体现装配顺序、装配关系、装配控制尺寸、标准件和装配力矩等信息。

完成工程制图后，需将部件和零件按照它们所属的装配关系编成"组"及其下属的"分组"号码，通常用工程零件报表（Engineering Bill of Material，EBOM）体现零件名称、图号、数量、层级、材料、工艺等信息，见表1-1。EBOM 是一种动态文件，随着产品开发的不断深入而进行不断的调整，以满足各部门对实时动态信息的需求。

表 1-1　EBOM 示例

序号	层级	图号	名称	数量	部件类型（零件/总成）	非金属（Y/N）	材料			轮廓尺寸（长×宽×高）/mm×mm×mm
							牌号	规格/mm	标准	
1	1	5201 G01—XX	前风窗上装饰板逻辑总成	1	总成	Y				
2	2	5201041—XX	上装饰板	1	零件	Y	ASA	4.0	TL-VW52311	1988×130×124
3	2	5201045—XX	密封条总成	1	总成	Y	EPDM		JF01—17	1985×14×8

（四）产品试制

产品试制是产品开发过程中相当重要的一个验证环节。一般将产品试制分为三个阶段：设计试制、试验试制和生产前试制，分别对应于 A/B/C 三类样车（件）。A 类样件是指能够用于功能验证的样件，一般是非生产工装制造、非生产线生产的零部件；B 类样件是指能够用于性能验证的样件，一般是生产工装制造、非生产线生产的零部件；C 类样件是指能够用于技术认可的样件，可满足批量生产的要求，用于可靠性、耐久性试验。另外，根据产品材料和工艺的不同，车身试制可以分为内、外件试制和白车身试制两大类。

车身试制过程中的重点和难点主要体现在以下几个方面：覆盖件的冲压成形、钣金件的激光修边、焊接夹具的设计和调整，以及白车身焊装总成的精度控制。其中，对于覆盖件的冲压成形侧重于模具的结构设计、冲压件的模具调试，以及冲压件的质量控制；钣金件的激光修边侧重于激光切割夹具重复定位精度的控制、理论程序与实际工件误差的调整，以及对二次成形零件边界的控制；焊装夹具的设计和调整侧重于夹具的定位及夹紧的可靠性，由工件及焊接变形而产生的夹具调整；白车身焊装总成的精度控制侧重于焊接工艺的合理性，以及总成检测所表达信息的完整性。

（五）产品试验

产品试验是产品验证的重要环节。根据试验对象的不同，可以分为整车试验、白车身试验、系统试验和零部件试验；根据试验对象的制造状态不同，车身试验分为 A 类样车（件）试验、B 类样车（件）试验和 C 类样车（件）试验；根据试验验证目的的不同，车身试验分为性能试验和可靠性试验。

部分车身试验项目详见表 1-2，每项试验的规范和作业程序不尽相同。

表 1-2 部分车身试验项目

序号	项目名称	序号	项目名称
1	车身静态扭转刚度	18	洗涤器性能及耐久性
2	车身静态弯曲刚度	19	汽车座椅性能
3	顶盖刚度（雪压试验）	20	安全带动静态性能
4	车身固定点静刚度	21	遮阳板性能及耐久性
5	车身活动件静刚度	22	空气弹簧性能及耐久性
6	车身表面刚度（单项试验）	23	空调系统
7	车门耐久性	24	空调压缩机性能
8	活动件耐久性	25	暖风机性能
9	液压翻转机构性能及耐久性	26	整车气密封
10	质量、质心、转动惯量	27	冷凝器
11	车门铰链性能及耐久性	28	蒸发器
12	车门锁性能及耐久性	29	储液罐
13	玻璃升降器性能及耐久性	30	液气分离器
14	后视镜性能及耐久性	31	操纵机构性能及耐久性
15	安全带安装固定点强度	32	高低压开关
16	座椅安装固定点强度	33	温控器（机械/电气）性能和使用寿命
17	刮水器性能及耐久性		

（六）生产准备

经过若干轮产品试制和试验后，设计最终冻结，进入生产准备阶段。生产准备主要完成制造确认和批量生产确认两方面工作。制造确认，要求生产部门对所有生产设备完成调试并确认合格；批量生产确认，要求生产部门确认生产能力可满足生产纲领，并且在生产准备阶段进行试生产，完成所有试生产车辆的生产，解决遗留的生产问题，为全面批量生产做好充分的生产准备。

第四节 车身设计方法与技术

在传统的车身开发工作中，要完成车身开发的所有阶段，通常采用串行的开发方式。开发过程从产品定义、概念设计、产品设计、样车试制、生产准备到正式生产等部分，都按顺序逐步进行。全部开发过程中，车身零部件的设计试制、设计图的绘制、模型和主模型的制作、模具制造等工作是靠手工、简单的机加工、靠模仿形机床等落后的开发工具和手段来完成的；产品的性能和结构分析更多依靠较简单的分析计算和经验来完成；模具的设计制造等以图样和主模型为主要的技术依据。这决定了整个开发过程只能建立在串行开发流程的基础上。这种方式的产品开发很难达到很高的设计水平和制造质量，且开发成本高、周期长。随着计算机技术的不断进步，现代的车身开发已经过渡到以数字化开发技术（CAX）为支撑、并行为主的新开发方式，极大地降低了产品开发成本，缩短了产品开发周期，提高了产品开发质量。与传统设计过程相比，由于计算机建立了车身外表面的模型，实体模型均被取代，人力、物力、财力的节约显然是非常可观的；设计阶段的计算分析使设计时间大大缩短，也免去了两轮样机的制造，减少了设计和生产准备的交叉度；冲模冲压的成形性分析提高了冲模设计的成功率，数控加工消除了中间数据形式的转换，并使加工精度大大提高；在计算机上进行的风洞模拟、碰撞模拟等虚拟试验节约了大量资金，缩短了生产周期。

1. CAD 技术

CAD（Computer Aided Drawing）技术起步于 20 世纪 50 年代后期，在相当长的一段时间里，CAD 技术只是用来替代传统的手工绘图。进入 20 世纪 70 年代，汽车车身设计过程中遇到了大量的自由曲面问题。当时只能采用多截面视图、特征纬线等方法来近似表达所设计的自由曲面。用三视图方法表达自由曲面的不完整性，导致设计完成后经常发生制作出来的作品与设计者所想象的结果有很大的差异，甚至完全不同的情况，设计者对自己设计的曲面形状能否满足要求也无法保证，因此需要制作油泥模型作为设计评审方案比较的依据。这种既慢又烦琐的过程大大拖延了产品开发时间。

Bezier 数学方法解决了在计算机中处理自由曲线或曲面的计算方法问题，使通过计算机进行辅助车身造型设计成为可能，进而在 CAD 领域推出了全新的三维曲面造型系统，让 CAD 技术从单纯的模仿工程图样，转变为真正的设计辅助工具，实现了用计算机完整描述产品零件的主要信息，完全取代了油泥模型，也使车身设计进入了一个新的发展阶段。

目前常用的 CAD 软件主要有 CATIA、UG、Creo 等。

2. CAS 技术

CAS（Computer Aided Styling）技术是随着扫描技术和矢量化技术的发展，在现代车身设计中得到应用的一门新兴的造型技术。CAS 有别于传统的仿形法设计，它将表达完整的造型胶带图由三维扫描仪直接输入工作站中，经过矢量处理后得到原始的数据点，再运用 CAS 系统进行实体造型，最后得到可加工的三维数字模型。根据内、外表面数据状况的不同，可以采用不同的 CAS 软件进行制作。

与传统的仿形法造型设计相比，CAS 具有如下特征和优点：

1) 可省略比例模型的制作环节，减小劳动强度，缩短造型周期。

2) 摆脱了手工模型制作和三坐标测量造成的误差链的影响，提高了数据精度，为最终模型的制作奠定了良好的基础。

3) CAS 阶段生成的内、外表面三维数据，可为后续工程和工艺分析提供共享的数字模型，为并行工程的开展提供前期技术条件。

常用的 CAS 软件除了前面介绍的工程类的 CAD 软件外，还有一些艺术类的软件，如 3Ds MAX、Alias、MAYA 等。

3. CAE 技术

CAE（Computer Aided Engineering）分析和验证技术在产品设计阶段已得到全面深入的应用，大到白车身的结构分析，小到密封条结构与材料的优化都可以用到。如图 1-46 所示，白车身和部件的静态、动态、安全、疲劳分析，空间和管路的 CFD 分析，钣金件的冲压成形可行性分析，塑料件注射过程的模拟分析等诸多方面均可使用 CAE 分析和验证技术。另外，随着设计的深入、数据的完善，CAE 分析和验证工作按多轮次层层展开，有力地支持了结构设计的可行性，保证了设计方案的优化。全面的 CAE 分析和验证工作也充实了性能设计方面的评价标准和目标值的积累。

图 1-46　车身结构 CAE 分析

4. CAM 技术

计算机辅助制造（Computer Aided Manufacturing，CAM）有狭义和广义两个概念。CAM 的广义概念指用计算机与生产资源的直接或间接接口对制造工序进行计划和控制，其广义内容应包括 NC、CNC、DNC、CAPP、GT、FMS、零部件制造装配及质量管理等方面的技术。从产品的设计制造重点方面考虑，狭义 CAM 主要指借助计算机软件功能来完成对加工件数控机床加工程序的编制和加工数据的准备。目前，CAM 不仅在车身模具、夹具制造方面得到了全面应用，还在样车试制阶段发挥了关键性作用，保证了样车质量与研发进程。

常用的 CAM 软件除了前面介绍的 CAD 软件有相应模块外，还有一些专用软件，如 MasterCAM、SurfCAM、CAMWORKS 和 HyperMILL 等。

5. 虚拟现实技术

虚拟现实（Virtual Reality，VR）技术可以提供一个极具临场感的交互式视镜仿真和信息交流环境。它具有三个重要特征：临场感、交互性和构想性。虚拟现实技术在汽车设计领域已经得到了广泛的应用。运用虚拟现实技术，可以建立 3D 数字模型，通过立体投影及虚拟交互手段，使设计师在产品开发的早期，直观地观测、分析、研究数字产品，同时为方案评审提供了准确的数据。

虚拟现实技术是一种先进的计算机用户接口，它强调将用户和计算机视为一体，通过多媒体的方法将信息进行可视化，展现在用户面前。用户通过专用的设备进入虚拟的环境中，以各种习惯的方式与计算机进行人机交互。图 1-47 所示为利用虚拟现实技术进行车身设计与演示的示例。

图 1-47　利用虚拟现实技术进行车身设计与演示示例

利用虚拟现实技术，设计师不再局限于固定的油泥模型，突破了传统的功能决定形式的束缚，进而能充分发挥人的创造性，使得设计中渗入了更多实用性、艺术性和更多综合的因素，使车身的形式和功能在更高层次上实现了有机的结合和统一。

6. CFD 技术

利用计算流体力学（Computational Fluid Dynamics，CFD）方法可以开展内流和外流两种情况下的汽车空气动力学特性研究。外流问题主要包括汽车行驶时，即与空气产生相对运动时，汽车周围的空气流动情况和空气对汽车的作用力（该作用力称为空气动力），以及汽车部件形状对空气流动和空气动力的影响。此外，空气对汽车的作用还表现在对车身表面的清洁、气流噪声、车身表面覆盖件的振动等。内流问题主要包括空气对发动机的冷却、车厢内的通风换气、空调系统的影响等问题，如图 1-48 所示。

7. 数字样机技术

数字样机技术（Digital Mock-Up，DMU）作为目前世界汽车行业产品开发的主流技术，在提高汽车产品开发的速度与质量方面起着越来越重要的作用。从宏观上来说，DMU 技术是一套基于协同作业机制与理念的并行工程开发技术，在产品的设计阶段就充分考虑产品的装配环节及其相关的各种因素的影响，在满足产品性能与功能的条件下，通过改变零部件装配结构来降低装配时的复杂性。从微观上来说，它是一套结合一系列专用模块，如浏览、运动干涉分析、空间漫游及拆装模拟、结构优化等分析工具的实用高新技术。采用数字化预装配技术（Digital Pre-Assembly）后，能在设计阶段发现机构运动干涉等潜在的设计质量问题，从而优化机构运动路线，确保机构的可制造性、可装配性和可维修性，进而提高产品的开发速度与质量。图 1-49 所示为车身内饰部件的装配模拟。

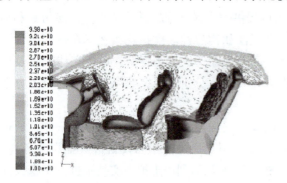
图 1-48　利用 CFD 分析车身内流场

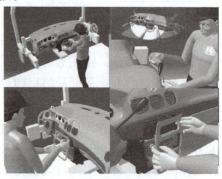
图 1-49　车身内饰部件的装配模拟

DMU 技术在车身产品开发中的应用主要体现在以下几个方面。

1）白车身焊装过程模拟，包括焊接顺序、焊枪运动空间和焊点分布等。

2）车门玻璃装配模拟，可以直观地仿真整个装配过程，避免了在设计阶段制作实物模型进行实体验证的高成本，消除了设计阶段的隐患所导致的后期装配过程中的反复设计。

3）运动干涉分析，包括轿车四门两盖及其附件的运动干涉分析、商用车驾驶室的翻转校核等。

习　　题

一、判断题

1. 客车车身的应力蒙皮不参与承载，只在车身上起装饰作用。　　　　　　　（　　）

二、选择题

1. 车身一般包括（　　）、外装件、内装件和电气附件等。

A. 车桥　　　B. 白车身　　　C. 车门　　　D. 车架

2. 轿车白车身主要由前车身、（　　）、侧围、顶盖及后部车身等部分组成。

A. 前机舱盖　B. 车身　　　C. 车门　　　D. 地板

三、填空题

1. 大客车车身上的蒙皮可以分为（　　　　）和（　　　　）两种。

2. 白车身通常系指（　　　　），主要由车身本体、闭合件及其他可拆卸结构件组成的总成。

3. 轿车的白车身一般由大量的车身冲压零件焊接而成，主要由（　　　　）、（　　　　）、（　　　　）、（　　　　）、（　　　　）等部分组成。

4. 客车车身的主要结构件包括（　　　　）、（　　　　）和（　　　　）。

5. 一般的车身产品开发分为（　　　　）、（　　　　）、（　　　　）、（　　　　）、（　　　　）和（　　　　）六个阶段。

四、简答题

1. 车身的主要功能有哪些？

2. 对比分析承载式车身和非承载式车身的优缺点。

3. 一般的车身产品开发需要哪几个阶段？

4. 什么是对标分析？其主要目的是什么？

第二章 车身总体设计

第一节 车身总布置

一、概述

车身总布置设计是对车身内外形、前机舱、行李舱、前后围、地板、车窗、内饰总成和部件（仪表板、座椅和操纵机构等），以及备胎、动力电池、燃油箱和排气系统等，在满足整车布置和造型要求下进行尺寸控制和布局的过程，是在整车总布置的统一要求下进行的，通常由整车总布置、车身、底盘、动力系统、电气以及附属设备等部门的设计人员协同完成。

车身总布置设计是总体设计的重要内容，是整车开发周期中至关重要的阶段。车身总布置设计是否合理，将直接影响整车的使用性能。在车身总布置设计的同时，造型设计也在进行，两者之间要相互协作、紧密沟通。

在进行车身总布置之前，首先要确定车身三维坐标系，如图2-1所示。车身坐标系中，X为汽车的前后方向，Y为左右方向，Z为上下方向，长、宽、高三个方向的零平面选取原则如下。

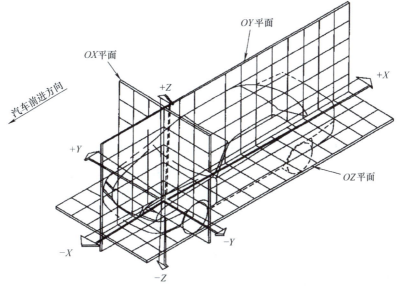

图2-1 车身三维坐标系

1）宽度方向的零平面 OY：通过车辆纵向对称中心线的垂直平面，OY 平面左侧为负，右侧为正。

2）长度方向的零平面 OX：与 OY 平面和 OZ 平面都垂直的平面，该平面一般位于车辆前方以消除负值。我国的行业标准 QC/T 490—2013《汽车车身制图》推荐把通过车辆前轮理论中心线的垂直平面定义为 OX 平面。

3）高度方向的零平面 OZ：与 OX 面和 OY 面都垂直的平面，OZ 平面上方为正，下方为负。我国的行业标准 QC/T 490—2013 推荐取沿车架纵梁上缘上表面平直且较长一段所在平面作为高度方向的零平面，无车架的车辆可沿车身地板下表面平直且较长一段所在平面作为高度方向的零平面。

二、车身总布置设计辅助工具

在进行车身总布置时，由于乘员群体中个体的人体尺寸存在差异，需要在布置图上将这些差异表示出来，以使布置方案适应这些差异。研究者们通过对某些群体的人体尺寸进行测量和统计，制定了用于在设计过程中方便地描述个体差异和群体分布范围的设计图形和工具。通过使用这些工具来进行总布置设计，可以大大提高设计的科学性和合理性。目前使用最多、最典型的是美国 SAE 标准推荐的布置工具系统。

为方便使用布置工具，SAE J1100—2009 标准根据乘坐空间尺寸的差异将汽车分为 A、B 两类，分类依据主要是四组乘坐空间的尺寸范围，见表 2-1。

表 2-1　A、B 类车乘坐空间的尺寸范围

分类	H30—1/mm	A19—1/(°)	W9/mm	A40—1/(°)
A 类车	127~405	>0	<440	15~40
B 类车	405~530	0	440~560	8~18

在定义布置工具时，经常会用到百分位的概念。百分位是人体测量学中的一个术语，用来表示具有某一人体尺寸和小于该尺寸的人占统计对象总人数的百分比。以 95th 百分位人体尺寸为例，表示人群中有 95% 的个体，该尺寸小于此值；有 5% 的个体，该尺寸大于此值。最常用的是 5th、50th 和 95th 三个百分位人体尺寸，它们分别表示小、中等和大尺寸。

（一）H 点装置

人体模型是汽车设计必备的一种测量和模拟分析工具，根据用途的不同可分为布置用人体模型、测量用人体模型、动力学分析人体模型和碰撞人体模型等，既有物理人体模型，也有数字人体模型。

早期车身布置使用的人体模型是人体设计样板，常用塑料板材等按 1:1、1:5、1:10 等常用制图比例制成，用于辅助制图、乘员乘坐空间的布置和测量、校核空间尺寸等。美国福特汽车公司的 S. P. Geoffrey 通过 X 射线法确定了骨骼和关节位置，并得到了躯干和肢体活动范围，据此开发了二维人体设计样板。该样板于 1962 年被收入 SAE J826 标准中，其组成如图 2-2 所示。在该人体设计样板的躯干、大腿和小腿上有基准线，在躯干、H 点、膝关节点和踝关节点处还有角度测量装置，用来确定关节角度。在后来的标准修订中，人体设计样板被更为科学合理的 H 点装置取代。

本章着重介绍布置和测量用人体模型 H 点装置（H - Point Device），参考的标准为 SAE J4002—2022、4003—2019 和 4004—2008。

1. H 点装置概述

H 点装置包括 H 点测量装置（H - Point Machine，HPM）和 H 点设计工具（H - Point Design Tool，HPD）。HPM 是用于建立车内布置的关键基准点和尺寸的物理工具（图 2-3），而 HPD 是简化的 HPM 的 CAD 版（数字版），可以和 HPM 一起使用，也可以独立用于乘员布置的设计（图 2-4）。

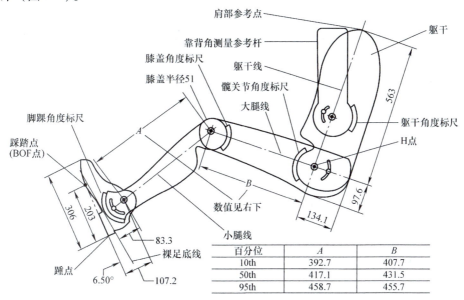

图 2-2　SAE J826 H 点人体设计样板（单位：mm）

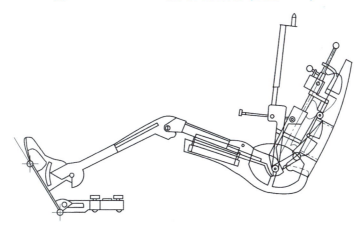

图 2-3　H 点测量装置（HPM）

H 点装置的主要用途：
1）在车身布置时，用于建立车身内部的基准点和尺寸。
2）对这些关键基准点和尺寸进行物理验证。
3）对标时测量竞争车型的布置参数。
4）用于座椅的设计、审核和对标。

在对后面介绍的眼椭圆、头廓包络和手伸及界面等其他布置工具进行定位时，需要确定 H 点装置上的一些关键基准点。图 2-5 所示为 H 点装置最常用的关键基准点、基准线和姿态角。

1) H 点：H 点装置上躯干与大腿的铰接点，模拟人体躯干和大腿的铰接中心，如图 2-6 所示。当 H 点装置在车内正确定位时（不管是在 CAD 中，还是在实际物理校验时），H 点相对于车辆的位置被作为车辆的基准点。如果座椅的位置发生变化，H 点在车内的位置也会发生变化。因此，对于位置可调的座椅，就会有许多个 H 点，而位置不可调的座椅则只有一个 H 点。

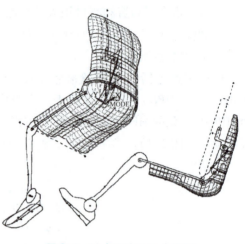

图2-4　H 点设计工具 (HPD)

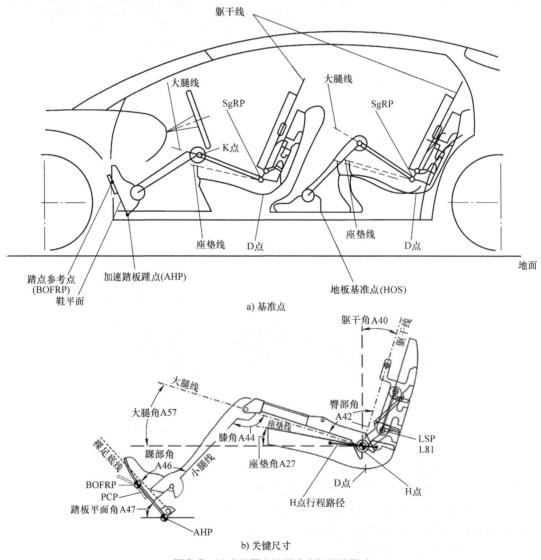

a) 基准点

b) 关键尺寸

图2-5　H 点装置上的基准点和关键尺寸

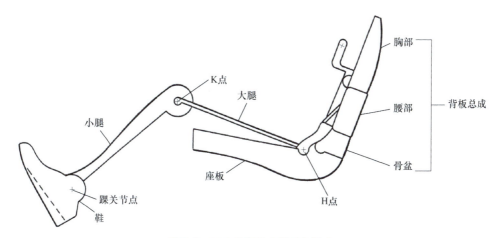

图2-6 H点装置的主要结构组成

2）H点行程路径（H-Point Travel Path）：指定乘坐位置的座椅在所有的调节状态（水平、垂直或倾斜）下H点所有可能的位置。

3）乘坐基准点（Seating Reference Point，SgRP，欧盟和国标称为R点）：制造厂设定的设计H点位置，特别指定为SgRP，该点是用于建立乘员调节工具和尺寸的基本基准点，建立了每个指定乘坐位置的最靠后的正常驾驶或乘坐的H点位置。它考虑了座椅所有的调节状态（水平、垂直或倾斜），但不包括非正常驾驶和乘坐目的的座椅移动。虽然行程可调节座椅在其H点调节轨迹上有许多设计H点，但只有唯——点被定义为SgRP点。驾驶人的SgRP点很重要，它用于定义一些布置工具，同时定义了许多关键尺寸。

4）实际H点：将HPM按规定步骤安放在座椅上时，所测得的H点位置。

5）D点：坐姿状态下H点装置臀部的最低点。

6）K点：H点装置上大腿和小腿的铰接点，即膝关节点。

7）躯干线：H点装置上，自H点出发，平行于后背腰部区域外表面，用于定义躯干角度的直线。

8）腿线：连接腿部两端关节的直线，包括大腿线和小腿线。大腿线连接H点和K点，小腿线连接K点和踝关节点。

9）座垫线：H点装置上，自H点出发，用于定义座垫角度的直线。

10）如图2-7所示，鞋、踏板上的基准点主要有：

• HOS（Heel of Shoe）：H点装置鞋跟端点，其侧向位置位于鞋底中心线处。HOS用于定义AHP和FRP（参见下面的解释）。

• 加速踏板踵点（Accelerator Heel Point，AHP）：当H点装置的鞋按照适当方法根据自由状态的加速踏板定位后，其踵点与地板表面（考虑地毯压塌量）的交点。

• BOF（Ball of Foot）：鞋底表面一点，与踵点相距203mm。其侧向位置位于鞋宽度的一半处。

• 裸足底线：鞋底附近与鞋底成6.5°的直线，用于定义踝关节角度。

• 地板基准点（Floor Reference Point，FRP）：将H点装置的鞋按一定方法定位（鞋底与考虑地毯压塌量的地板表面接触）后，踵点与地板的交点。FRP不适用于驾驶人右脚（用

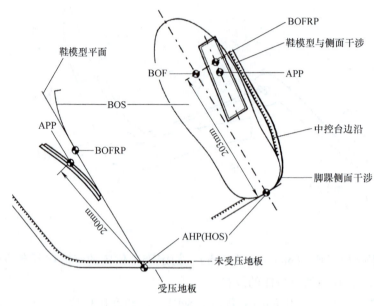

图 2-7 鞋、踏板上的基准点

AHP 代替)。

- 踏点参考点(Ball of Foot Reference Point,BOFRP):脚后跟位于加速踏板踵点(AHP),鞋底放置在加速踏板平面上时,鞋底面上垂直于侧向中心线且距加速踏板踵点 203mm 的直线与加速踏板中心面的交点。

H 点装置主要由背板总成(包括胸部、腰部和骨盆)、座板、大腿、小腿和鞋组成,如图 2-6 所示。腿的尺寸可以调节,但是在建立 SgRP 并利用 SAE J1100 标准进行测量时,腿的长度尺寸见表 2-2。鞋上的裸足底线用于计算踝关节角度,这条线只在 HPD 中有,但是 HPM 中装有用于指示踝关节角度的刻度盘。鞋的尺寸见表 2-3。

表 2-2 腿的长度尺寸

部位	用于建立 SgRP/mm	中等身材男子/mm
大腿	456	431.5
小腿	459	417.5

表 2-3 鞋的尺寸

项目	尺寸
鞋的总长	306mm
BOF 到 HOS 的距离	203mm
踝关节点	HOS 向上 107mm,向前 81mm
裸足底线	HOS 向前 286.9mm,鞋底向上 6°作出的直线,相对于 BOF 高 9.9mm,相对于 HOS 高 32.7mm

2. H 点测量装置

20 世纪 60 年代,美国通用汽车公司的工程师 Michael Myal 设计了一种三维布置尺寸的测量工具。1962年，SAE将该装置纳入SAE J826标准，成为标准H点测量装置（HPM，型号为Oscar）。2002年，SAE J826标准用HPM-Ⅱ取代了原来的Oscar型H点测量装置，2004年SAE J4002又发布了新的H点测量装置，并于2022年发布最新版本。三代H点测量装置如图2-8所示。

a) SAE J826 Oscar型　　　b) SAE J826 HPM-Ⅱ型　　　c) SAE J4002 HPM-Ⅱ型

图2-8　H点测量装置

H点测量装置由鞋、小腿、大腿、座板和躯干组成，各部分均可以拆卸，如图2-9所示。此外，还包括鞋固定装置和头部空间测量装置两个附件。H点测量装置的主要尺寸如图2-10所示。各部分的装配关系如图2-11所示。

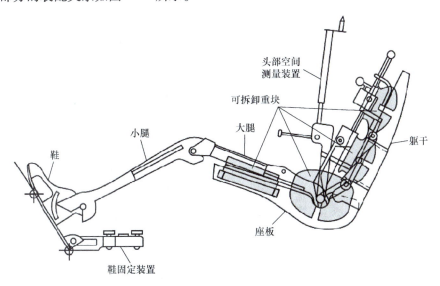

图2-9　H点测量装置

3. H点设计工具（HPD）

HPD的应用在SAE J4004中有完整描述，它是HPM的简化CAD模型，如图2-4所示。它采用三维曲线和曲面来表示HPM各部分的空间形状。HPD模型的鞋、小腿部和大腿部位于身体右侧。模型上以点和线的形式标出了HOS、BOF、H点、小腿线和躯干线等基准点和基准线。由于采用了三维空间点、线和面的表示形式，能够更好地适应现代三维数字化设计环境的要求。HPD工具可以和HPM一起使用，在CAD中进行布置参数测量（详细请参考SAE J4003）。

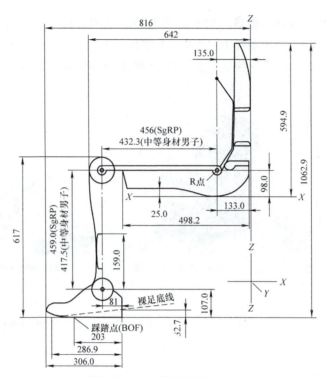

图 2-10　H 点测量装置主要尺寸

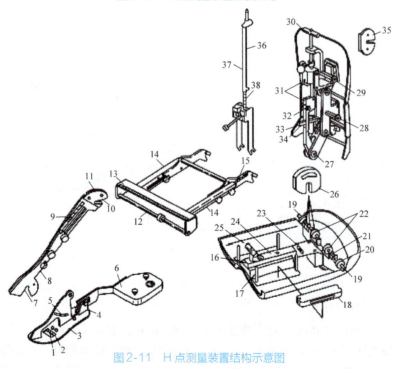

图 2-11　H 点测量装置结构示意图

1—BOF　2—AHP 到 BOFRP 的侧向距离标尺　3—角度计基准面　4—HOS　5—踝关节角度尺　6—鞋固定装置
7—踝关节枢轴卡槽　8—角度计基准面（小腿角）　9—小腿长度标尺　10—膝关节枢轴卡槽　11—膝关节角度尺
12—膝部枢轴杆　13—小腿侧向位置标尺　14—角度计基准面（大腿角）　15—大腿长度标尺　16—加载点
17—大腿重块安装销　18—大腿重块　19—H 点位置杆　20—大腿锁止衬套　21—H 点位置杆　22—躯干锁止衬套
23—侧向水平仪　24—角度计基准面（座垫角）　25—把手　26—骨盆重块　27—H 点枢轴　28—下部重块托架
29—上部重块托架　30—把手　31—角度计基准面（躯干角）　32—头部空间测量装置固定栓　33—加载点
34—腰部支撑量标尺　35—背部重块　36—装有探头的滑动杆　37—角度计基准面（躯干角）　38—有效头部空间标尺

(二) 眼椭圆

1. 眼椭圆相关概念

（1）眼椭圆（Eyellipse，即 Eye 和 Ellipse 两个词的缩写）　指不同身材的乘员以正常姿势坐在车内时，其眼睛位置的统计分布图形。左右各一，分别代表左右眼的分布图形，如图 2-12 所示。

（2）眼点（Eye Points）　简称 E 点，代表眼睛位置，是视野设计过程中视线的出发点。眼点有左右两个，分别代表左右眼睛的位置，左右眼点的距离为 65mm。

（3）头部转动点（Neck Pivot Points）　简称 P 点，是驾驶人头部水平转动的中心点，与 E 点等高，位于左右眼点连线中点后方 98mm 处，如图 2-13 所示。

（4）P1 点和 P2 点　分别用来计算驾驶人左、右侧 A 柱的双目视野障碍角，如图 2-14 所示。

（5）P3 点和 P4 点　分别用来计算驾驶人左、右侧后视镜的间接视野，如图 2-14 所示。

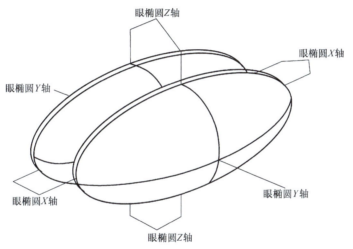

图 2-12　眼椭圆

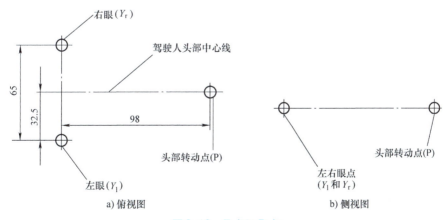

图 2-13　E 点和 P 点

2. 眼椭圆尺寸和定位

SAE J941 制定了三类眼椭圆的尺寸和定位方法，包括 A 类车可调节座椅、A 类车固定座椅和 B 类车三类。本书只介绍最常用的 A 类车可调节座椅的眼椭圆尺寸和定位方法，另外两种眼椭圆的尺寸和定位方法可以参考 SAE J941。

（1）眼椭圆的尺寸　眼椭圆的尺寸主要是指长轴、短轴和竖轴的尺寸，其数值与人体尺寸的数值有很大关系。SAE 给出了美国、日本和荷兰的眼椭圆尺寸，见表 2-4 和表 2-5。

（2）眼椭圆的定位　眼椭圆的定位包括确定椭圆中心位置和倾角。影响眼椭圆定位的布置参数包括：转向盘在前后方向相对于加速踏板参考点（BOFRP）的距离（L6）、座椅高度（H30）、变速器类型（手动/自动）和座椅升程（A19）等，如图 2-15 所示。

2010 版 SAE J941 标准认为：转向盘前后位置和座椅高度是影响眼椭圆中心位置的主要因素。新的定位方法采用了更多、更准确的参数作为定位因子，提高了灵活性和准确性。

1）椭圆倾角的计算。眼椭圆的三个轴线互相垂直。轴线 A_y 方向平行于汽车坐标系 y 轴方向。对于 A 类车可调节座椅的眼椭圆，长轴轴线 A_x 与水平面的夹角应根据 H 点调节轨迹倾角 A19 计算，即：

$$\beta = 18.6° - A19 \tag{2-1}$$

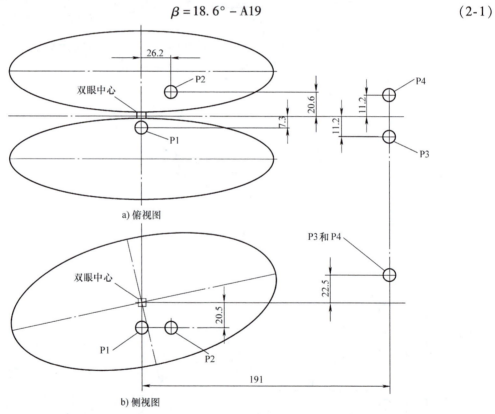

图 2-14　95th 眼椭圆（座椅行程大于 133mm）中 P1、P2、P3、P4 位置（单位：mm）

表 2-4　适合美国人的 A 类车、可调节座椅眼椭圆尺寸

百分位	座椅调节行程（TL23）/mm	长轴 L_x/mm	短轴 L_y/mm	竖轴 L_z/mm
95th	1～133	173.8	60.3	93.4
	>133	206.4	60.3	93.4
99th	1～133	242.1	85.3	132.1
	>133	287.1	85.3	132.1

表2-5 适合日本人和荷兰人的A类车、可调节座椅眼椭圆尺寸

国家	百分位	座椅调节行程（TL23）/mm	长轴 L_x/mm	短轴 L_y/mm	竖轴 L_z/mm
日本	95th	>133	195.1	60.3	93.4
	99th		271.5	85.3	132.1
荷兰	95th		202.0	60.3	93.4
	99th		283.1	85.3	132.1

2）椭圆中心的计算。椭圆中心的三个坐标分量 X_c、Y_c（分别以 Y_{cl} 和 Y_{cr} 代表左、右眼椭圆中心的 Y 坐标）和 Z_c，分别以 BOFRP、OY 和过 AHP 的水平面为定位基准，其计算公式为：

$$\begin{cases} X_c = 664\text{mm} + 0.587(L6) - 0.176(H30) - 12.5t + \dfrac{CM + CF}{2}\cos\beta \\ Y_{cl} = W20 - 32.5\text{mm} \\ Y_{cr} = W20 + 32.5\text{mm} \\ Z_c = 638\text{mm} + H30 + \dfrac{CM + CF}{2}\sin\beta \end{cases} \quad (2\text{-}2)$$

式中，L6 为转向盘中心到加速踏板参考点（BOFRP）的前后距离；H30 为座椅高度；t 为变速器类型，当有离合器踏板时 $t=1$，否则 $t=0$；CM 和 CF 分别为男子和女子眼睛位置分布的上、下 $1-p$ 分位点；β 为侧视图眼椭圆倾角；W20 为 SgRP 点在汽车坐标系中的 Y 坐标。

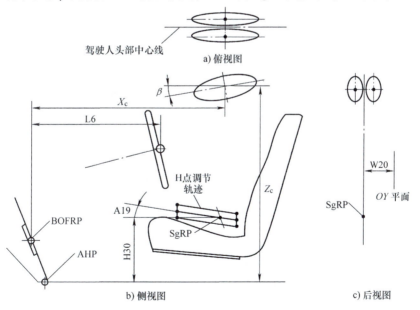

图2-15 影响眼椭圆定位的布置参数

3）适合美国人的A类车可调节座椅眼椭圆定位公式。通过试验统计得出 $\beta=12°$。将美国人体数据代入式（2-1）和式（2-2）中，得到适合美国人的A类车可调节座椅眼椭圆定位公式：

$$\begin{cases} \beta = 12° \\ X_c = 664\text{mm} + 0.587(L6) - 0.176(H30) - 12.5t \\ Y_{cl} = W20 - 32.5\text{mm} \\ Y_{cr} = W20 + 32.5\text{mm} \\ Z_c = 638\text{mm} + H30 \end{cases} \quad (2\text{-}3)$$

3. 眼椭圆的应用

眼椭圆是汽车视野设计的基础，但只有与视线（切线）一起使用才有意义。以 SAE 眼椭圆为理论依据，可进行内外视镜布置、驾驶人前方视野的设计和校核、车身 A/B/C 柱盲区的计算、仪表板上可视区的确定、刮水器布置和刮扫区域校核以及遮阳带位置的确定等。

【例】 驾驶人前方下视野设计

（1）设计要求　使驾驶人前下视野不被前机舱盖、前风窗下边缘、仪表板上边缘或转向盘上缘阻挡，并能看到车头前方一定距离以外的路面。

（2）设计方法　如图 2-16 所示，在侧视图上，以地面上距离车头 d 处的一点 P_d 为 95th 百分位眼椭圆的下切线 L_d，则眼睛位置落在切线 L_d 上方的概率是 95%。如果使发动机舱盖、前风窗下边缘、仪表板上边缘和转向盘上缘都在切线 L_d 的下方，就能以 95% 的概率保证驾驶人的眼睛不被上述物体遮挡并能看到 P_d 点前方的路面，从而满足上述视野要求。

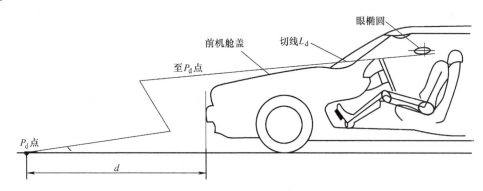

图 2-16　利用眼椭圆进行驾驶人前方下视野设计的方法

（三）头廓包络

1. 头廓包络的定义

头廓包络指不同身材的乘员以正常姿势坐在适宜的位置时，其头廓的包络，用于在设计中确定乘员所需的头部空间。与眼椭圆相对应，头廓包络也包括适用于 A 类车座椅可调式、A 类车座椅固定式和 B 类车的三种类型。

2. 头廓包络的生成原理

通过对人的头部尺寸进行测量和统计，SAE 制定了平均头廓线来描述侧视和后视方向头廓的平均尺寸，如图 2-17 所示。

将平均头廓线样板上的眼点沿着眼椭圆轮廓上半部分运动，平均头廓线随之平动，描绘出的各个位置平均头廓线的包络就是头廓包络面，如图 2-18 所示。

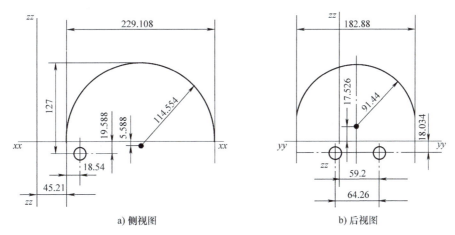

a) 侧视图　　　　　　　　　b) 后视图

图 2-17　SAE 平均头廓线（单位：mm）

3. 头廓包络面的尺寸和定位

（1）头廓包络面的尺寸　头廓包络面的尺寸包括长轴、短轴和竖轴的长度，它与座椅的调节行程和乘客的位置有关。SAE J1052 标准中，对应各种座椅水平调节行程的乘员头廓包络面尺寸（距离头廓包络中心的距离）参见表 2-6，头廓包络面如图 2-19 和图 2-20 所示。

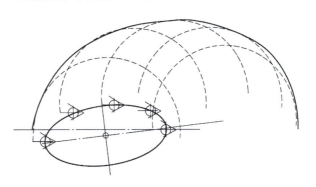

图 2-18　头廓包络面生成原理

表 2-6　A 类车座椅固定和可调节的乘员头廓包络面尺寸　　　　（单位：mm）

百分位	座椅调节行程（TL23）	长轴方向 X	短轴方向 Y	竖轴方向 Z
95th	>133	±211.25	±143.75	±133.50
	1~133	±198.76	±143.75	±133.50
	0（固定座椅）	±161.45	±143.41	±147.07
99th	>133	±246.04	±166.79	±151.00
	1~133	±232.40	±166.79	±151.00
	0（固定座椅）	±181.25	±165.20	±171.20

对于驾驶人和前排乘客来说，头廓包络在 Y 方向的尺寸要向外延长 23mm。具体做法是：沿经过头廓包络中心的 X 平面将头廓包络分为两部分，保持内侧部分头廓包络的位置不变，将外侧部分头廓包络沿 Y 方向向外移动 23mm，然后在两部分之间沿 X、Z 曲线生成相应的曲面，并将两部分头廓包络连接起来，如图 2-20 所示。这时，头廓包络的中心仍在内侧部分的中心处，而不是在新生成的头廓包络的几何中心。

在 SAE J1052 标准中，行程可调节座椅的头廓包络面只在侧视图有向前下方的 12°倾角，其他视图倾角都为零。对于固定座椅，头廓包络在各个视图方向的倾角都为零。

（2）适用于 A 类车的头廓包络面的定位　头廓包络面可以利用眼椭圆的位置直接进行定位，也可以在整车坐标系中进行定位。

1）利用眼椭圆的位置定位。无论是固定座椅还是行程可调节座椅，当定位眼椭圆之后，可以直接根据左右眼椭圆中心连线中点（双眼中心）来定位相应的头廓包络。头廓包络中心相对于该中点的距离见表2-7。

2）在整车坐标中定位。头廓包络还可以直接在整车坐标中进行定位，头廓包络面中心的三个坐标分量 X、Y 和 Z 的计算公式如下。

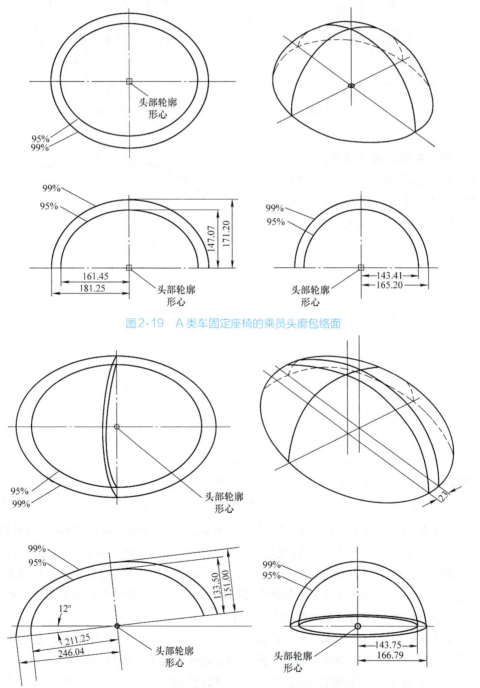

图2-19　A类车固定座椅的乘员头廓包络面

图2-20　A类车座椅可调节的驾驶人头廓包络面（TL23 >133mm）

表 2-7　头廓包络中心相对于双眼中心的距离　　　　　（单位：mm）

座椅调节行程 TL23	X_h	Y_h	Z_h
>133	90.6	0	52.6
1~133	89.5	0	45.9
0（固定座椅）	96.7	0	44.8

当座椅水平调节量 TL23 >0 时，有

$$\begin{cases} X = L1 + 664 + 0.587(L6) - 0.176(H30) - 12.5t + X_h \\ Y = W20 \\ Z = H8 + 638 + H30 + Z_h \end{cases} \quad (2\text{-}4)$$

对于固定座椅（TL23 =0），有

$$\begin{cases} X = L31 + 619\sin\delta + X_h \\ Y = W20 \\ Z = H70 + 619\sin\delta + Z_h \end{cases} \quad (2\text{-}5)$$

式中，X_h、Z_h 的取值见表 2-7；L1 为 PRP 的 X 坐标；L6 为转向盘中心到 PRP 的水平距离；H30 为座椅高度；t 为变速器类型（有离合器踏板时为 1，否则为 0）；W20 为 SgRP 在汽车坐标系中的 Y 坐标；H8 为 AHP 的 Z 坐标；δ 为固定座椅眼椭圆侧视图倾角，其计算公式为

$$\delta = 0.719(A40) - 9.6 \quad (2\text{-}6)$$

4. 头廓包络的应用

乘员头部与车身结构之间的空间对于保证乘员头部活动，以及在颠簸和翻车等情况下使头部拥有必要的缓冲具有重要意义，但该空间设计过大会导致浪费，并增大汽车正面迎风面积而使空气阻力加大。因此，必须科学合理地选取头部空间尺寸，而关键就是能够将乘员头部占据空间的范围描述出来，然后只要控制头顶内饰与乘员头部占据空间范围边界即可，如图 2-21 所示。当做出头廓包络之后，参照对标尺寸 H61，并选择合适的 L38、H41-1、L39 等尺寸，就能够将头部空间和顶盖不同部位的高度确定下来，如图 2-22 所示，这样就为造型和结构设计提供了依据和要求。

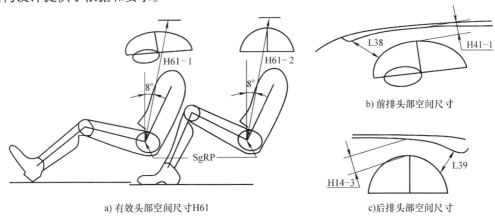

a) 有效头部空间尺寸 H61　　　b) 前排头部空间尺寸　　　c) 后排头部空间尺寸

图 2-21　头部空间和顶盖高度的确定（侧视图）

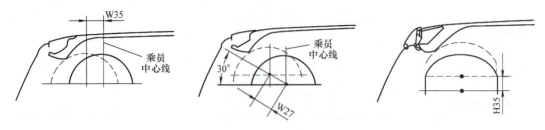

图2-22 头部空间和顶盖高度的确定（后视图）

（四）驾驶人手伸及界面

当驾驶人操纵汽车行驶时，其神经总是处于较为紧张的状态，必须保证驾驶人在身体躯干部位变动不大的情况下，能方便地操纵转向盘、踏板以及各种附件。为此，SAEJ287给出了驾驶人手伸及界面的含义及其应用程序。

1. 相关概念

（1）驾驶人手伸及界面　驾驶人手伸及界面指驾驶人以正常姿势入座、身系安全带、右脚踩在加速踏板上且一手握住转向盘时，另一手所能伸及的最大空间界面。根据安全带形式的不同，有对应于三点式安全带和两点式安全带两种类型的手伸及界面。驾驶人手伸及界面在车内的位置如图2-23所示。驾驶室内手操纵装置的位置都应该布置在此界面范围内。

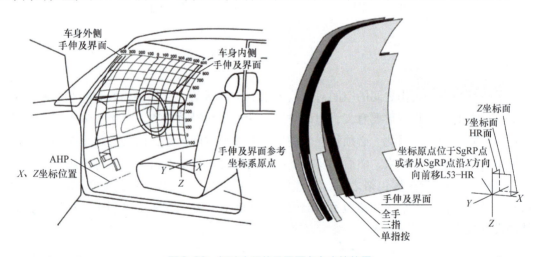

图2-23 驾驶人手伸及界面在车内的位置

（2）通用布置因子　通用布置因子（General Package Factor，简称G因子），是反映乘坐环境布置的代数式，即：

$$G = 0.00327(H30) + 0.00285(H17) - 3.21 \qquad (2-7)$$

式中，H30为乘坐基准点（SgRP）到加速踏板踵点（AHP）的垂直距离；H17为转向盘中心到AHP的垂直距离。

各项尺寸的含义如图2-24所示。

（3）HR基准面。HR基准面（Hand Reach Reference Plane）用于定位驾驶人手伸及界面的平面。它平行于汽车坐标系YZ平面，如果786 − 99G > L53，则位于SgRP处；反之，位于

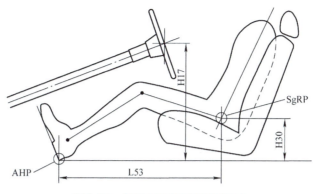

图2-24 驾驶人乘坐环境布置尺寸

AHP 后方，到 AHP 的距离为

$$HR = 786 - 99G \qquad (2-8)$$

2. 驾驶人手伸及界面的描述

驾驶人手伸及界面数据是在手伸及界面测量台上测得，再经统计分析后得到的。将在测量台上测得的数据根据 G 因子和男女比例进行分类，对于三点式安全带和两点式安全带各列成 21 张数据表格，用来构造手伸及界面。其中，G 因子分成 $G < -1.25$、$-1.24 < G < -0.75$、$-0.74 < G < -0.25$、$-0.24 < G < 0.24$、$0.25 < G < 0.74$、$0.75 < G < 1.24$ 和 $G > 1.25$ 七档；驾驶人男女比例分为 50:50、75:25 和 90:10 三种。因此，每张表格对应着一定范围的 G 因子值、确定的驾驶人男女比例和安全带形式。表2-8 给出了手伸及界面数据表格的实例。

手伸及界面上的点位于 HR 基准面前方，表2-8 中的数据表示这些点沿 X 方向到 HR 基准面的距离。数据在 Z 方向以通过 H 点的水平面为基准，向上为正，向下为负；在 Y 方向以通过 H 点的纵向垂直平面为基准，驾驶人向左为外侧，向右为内侧。

表2-8 驾驶人手伸及界面数据表格

（$G < -1.25$、男女人数比例为 50:50、三点式安全带） （单位：mm）

H 点高度	驾驶人中心线外侧							驾驶人中心线内侧						
	400	300	250	200	100	50	0	0	50	100	200	250	300	400	500	600
800	387	438	456	470	490	497	502	493	501	504	495	483	468	426	377
700	463	506	520	531	546	551	556	550	562	566	557	546	532	499	455
600	519	555	567	576	586	586	586	590	605	611	604	595	584	555	514	449
500	556	586	598	606	609	603	589	614	630	638	637	631	622	595	553	486
450	567	595	607	615	615	604	583	620	636	645	649	644	636	609	565	498
400	574	600	612	621	618	601	571	621	637	648	656	654	646	619	572	506
350	576	601	614	623	616	594	555	619	633	646	660	660	654	625	574	511
300	574	597	612	622	611				639	660	662	658	626	572	510
250	567	590	605	617	602				628	657	662	658	624	564	506
200	557	578	596	608	590				613	649	658	656	618	551	498
100	524	544	566	581						624	639	640	593	510	469
0	474									584	607	610	551	449	423
-100	410									528	561	567	493	367	360

3. 驾驶人手伸及界面的定位

要建立驾驶人手伸及界面，首先要定位 HR 基准面。然后，根据表格中的数据就可以构造出手伸及界面。HR 基准面的定位方法如下：

1）确定驾驶室内部的设计尺寸和驾驶人的男女比例，并由式（2-7）计算 G 值。
2）根据式（2-8）计算 HR 基准面 X 方向的位置。

（五）数字人体模型

随着计算机技术的发展和并行工程的应用，在概念设计阶段同时进行三维数字化人机工程设计是现代车身设计的必然要求。以人体参数为基础建立的数字人体模型，是描述人体形态和力学特征的有效手段，是研究、分析、设计和评价人机系统不可缺少的测量和模拟工具。借助数字人体模型，以往要在现实环境中完成的实验，在 CAD 虚拟环境中就能完成，并且还能够模拟更多的人体特征，例如人的力量、活动、与物体接触时身体的变形等。

较早的、相对成熟的 3D 人体系统是诺丁汉大学于 1965 年开发的 SAMMIE，它采用了较简单的形状描述人体骨骼系统和体表，能够模拟驾驶人开车门到驾车的过程，以及常见的驾驶操作过程。后来又出现一些人体系统，如 Cyberman（1980 年）、Ergoman（1982 年）、Anybody（1985 年）、Anthropos（1990 年）等。数字人体模型相关技术随着计算机技术的兴起得到快速发展，目前已出现了上百种数字人体模型软件系统。在人机工程设计领域较为成功的商用数字人体模型系统主要有 Human-solutions/RAMSIS、Dassault/DELMIA Human 等，在 UG – NX、CATIA 等主流设计软件中有集成的模块，如图 2-25 所示。随着人机工程学研究的深入和普及，以及计算机模拟技术的发展和应用，数字人体模型在设计中应用的比重越来越大，汽车人机性能分析和优化越来越多地借助数字人体模型来完成。相比之下，传统的车身布置设计工具更适合在初步的方案设计中应用。

a) RAMSIS　　　　　　　　　　b) DELMIA Human

图 2-25　三维人体模型

为描述人体各肢体间的运动学关系，需要定义骨骼模型。骨骼模型包含人体的肢体段数目、连接形式拓扑关系和各关节的自由度，形成了人体的基本运动学描述。根据骨骼模型可建立任意关节之间的运动学关系，从而对肢体进行驱动或者姿势求解和预测，以完成最基本的人机工程分析。骨骼模型描述了肢体的基本活动形式，完整的人体模型还需建立形象的外表。RAMSIS 系统采用 DIN33402 标准中 Jenik – Bosch 三维人体模板的关节活动方式定义其骨骼模型，每个关节处分别具有 1、2 或 3 个转动自由度，如图 2-26 所示。

在车身总布置设计中，主要根据汽车人机工程学原理，利用数字人体模型进行乘员布置

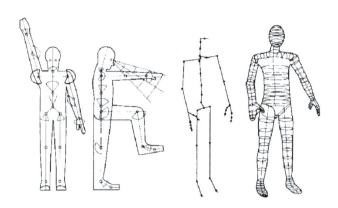

图 2-26　Jenik–Bosch 三维人体模板、RAMSIS 的骨骼模型和外表模型

设计、驾驶人视野分析、操纵件伸及性分析、舒适姿势预测及评价、布置空间分析、进出方便性分析以及前机舱盖和行李舱盖的开启方便性检查等。

三、车身硬点尺寸

确定车身各部分硬点之间的尺寸关系是车身总布置设计的重要内容。所谓的硬点（Hardpoint），是指对于整车性能、造型和车内布置具有重要意义的关键点，而硬点尺寸是指连接硬点之间、控制车身外部轮廓和内部空间以满足使用要求的空间尺寸。轿车的硬点尺寸包括外部尺寸和内部尺寸。外部尺寸包括总长、总宽、总高、轴距、前/后悬长、前/后轮距、接近角、离去角和最小离地间隙等；内部尺寸包括车室内长、宽、高，以及前机舱和行李舱容积等。

车身的硬点尺寸关系必须满足汽车的各项要求：例如，外部尺寸与造型和空气动力性能密切相关，影响汽车的重量和轴荷分配以及整车性能等；内部尺寸应该保证乘员坐姿舒适性、操作方便性、安全性和上下车的方便性等；车身与其他总成之间的间隙应考虑安装空间、运动干涉、维修空间及部件散热等因素。

车身硬点尺寸之间的约束数目繁多，关系复杂，很多硬点之间的关系是依靠大量统计资料和设计者经验来推敲确定的。美国 SAE 根据长期的积累，制定了 SAE J1100 标准用来定义车身的内部和外部尺寸。该标准自 1973 年颁布以来，经过了数次修订和补充而更加完善，目前已被各大汽车公司借鉴和采用。本书以 2009 年颁布的版本进行介绍。

SAE J1100 中给出了硬点、硬点尺寸代号、定义和测量方法。硬点尺寸代号采用前缀加数字并加后缀的形式表示，部分前缀和数字的含义见表 2-9。后缀用 "–1" "–2" 的形式表示该尺寸为第一排、第二排座椅，依此类推。

表 2-9　硬点尺寸前缀和编号

前缀	L	W	H	A	TL	TH
含义	长度尺寸	宽度尺寸	高度尺寸	角度尺寸	H 点位置和行程的长度尺寸	H 点位置和行程的高度尺寸
编号	1~99	100~199	200~299	400~599		
含义	内部尺寸	外部尺寸	行李舱尺寸	货车、厢式货车和 SUV 尺寸		

(一) 车身外部尺寸

车身外部尺寸主要包括长度、宽度、高度和角度等方面的尺寸，SAE J1100 对外部尺寸给出了详细的规定，部分主要的尺寸及定义见表 2-10。长度方面的尺寸主要有轴距、车长、前悬、后悬等，如图 2-27 所示；宽度方向的尺寸主要有轮距、车宽、翼子板间距等，如图 2-28 所示；高度方向的尺寸主要有车高、最小离地间隙、门槛高度、保险杠高度、车灯高度等，如图 2-29 所示；角度方向尺寸主要有风窗倾角、侧窗倾角、接近角、离去角、通过角等，如图 2-29 和图 2-30 所示。

表 2-10 车身外部部分主要尺寸及定义

代号	含义	代号	含义
L101	轴距	H156	最小离地间隙
L103	车长	H103	保险杠离地高度
L104	前悬	H111-1	前门槛高度
L105	后悬	H111-2	后门槛高度
L114	前轮中心线到 SgRP 的水平距离	H115	踏步高度
W101	轮距	H127	前灯高度
W103	车宽	H128	后灯高度
W106	前翼子板外缘间距	A106	接近角（A106-1）或离去角（A106-2）
W107	后翼子板外缘间距	A121	前、后风窗倾角
W120	车门开启时车宽	A122	侧窗倾角
H101	车高	A147	纵向通过角

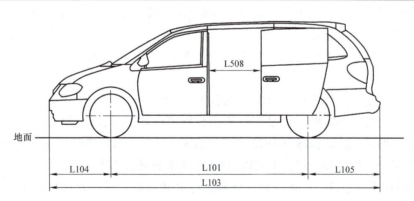

图 2-27 车身外部长度尺寸

车身的外部尺寸主要取决于整车性能要求，同时又受到交通管理规定的限制。该限制主要取决于道路、桥梁及安全等因素，并且已有相关的标准和规定。车身长的轿车，纵向稳定性好、室内容易布置，但是停车占地面积大、通过性不好；车身宽的轿车，室内宽敞、乘坐舒适性好、机构布置空间大、横向稳定性好，但操纵困难，迎风面积大，通过性较差；车身高的轿车，乘员出入车辆方便、室内宽敞、视野开阔，但是空气阻力大、行驶稳定性不好、转弯特性差。车身的长、宽、高之间存在一定的联系，又相互制约。车身的外部尺寸还与发动机、底盘等的尺寸和布置有很大关系。

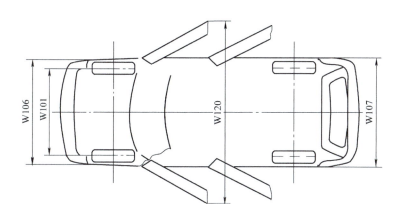

图2-28 车身外部宽度尺寸

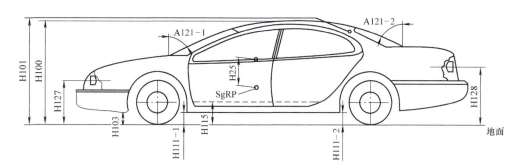

图2-29 车身外部高度和角度尺寸

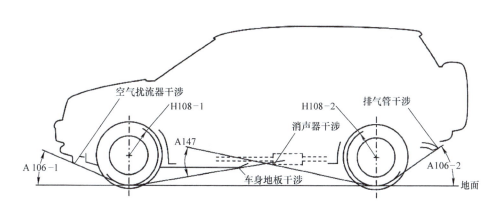

图2-30 车身外部角度尺寸

（二）车身内部尺寸

车身内部尺寸主要包括长度、宽度、高度和角度等方面的尺寸，SAE J1100 对内部尺寸给出了详细的规定，部分主要的尺寸及定义见表2-11，如图2-31～图2-35所示。车身内部尺寸主要影响驾驶人和乘客的乘坐空间，以及驾驶人操控转向盘、变速杆、仪表板操纵按钮等的方便性，这些尺寸数值的确定一般借助于 H 点装置、眼椭圆、头廓包络等车身布置工具，详细的设计过程请参考本章第二节内容。

表 2-11　车身内部部分主要尺寸及定义

代号	含义	代号	含义
L31	SgRP 点 X 坐标	H14	眼椭圆上缘到内后视镜下缘垂直距离
W20	SgRP 点 Y 坐标	H17	转向盘中心到 AHP 的垂直距离
H70	SgRP 点 Z 坐标	H30	SgRP 到 AHP 或 FRP 的垂直距离
L8	AHP 点 X 坐标	H35	后视图上,头廓包络线垂直移动到与顶盖零件接触时,头廓包络线中心移动的距离
W8	AHP 点 Y 坐标	H41	头廓包络线到顶盖的最小距离
H8	AHP 点 Z 坐标	H56	乘员中心面内,D 点到地板的距离
L1	PRP 点 X 坐标	H61	SgRP 沿后 8°线到头顶线的距离加上 102mm
W1	PRP 点 Y 坐标	H74	转向盘中心 Y 平面内,转向盘到未受压座垫距离
H1	PRP 点 Z 坐标	A18	转向盘倾角
L98	FRP 点 X 坐标	A19	H 点调节轨迹倾角
H98	FRP 点 Z 坐标	A27	座垫倾角
W7	转向盘中心 Y 坐标	A40	H 点装置躯干角,用以表示座椅靠背角
L3	乘员最小乘坐空间。与座垫相切的水平面内,前后排靠背的水平最小距离	A42	H 点装置躯干线与大腿线的夹角
L6	PRP 到转向盘中心距离	A44	H 点装置大腿线与小腿线的夹角
L7	转向盘后边缘到躯干线的最小距离	A46	H 点装置小腿线与裸足底线的夹角
L11	转向盘中心到 AHP 的水平距离	A47	踏板平面倾角
L18	前排入口足部间隙	A48	地板平面与水平面夹角
L22	转向盘中心 Y 平面内转向盘下缘到靠背最小距离	A57	H 点装置大腿线与水平面夹角
L34	加速踏板自由状态时,踝关节点到 SgRP 的距离加上 254mm	A60	乘员中心面内,95th 百分位眼椭圆最高点到风窗开口最高点连线与水平面夹角
L38	驾驶人头部(头廓包络线)到前风窗及其附件的最小距离	A61	乘员中心面内,95th 百分位眼椭圆最低点到风窗开口最低点连线与水平面夹角
L39	最后排乘客头部(头廓包络线)到后窗内饰的最小距离	PW7	PRP 到驾驶人中心面 Y 方向距离
L48	后排膝关节 K 点到前座椅靠背最小距离	PW8	PRP 到制动踏板中心面 Y 方向距离
L50	相邻前后 SgRP 间水平距离	PW9	PRP 到离合器踏板中心面 Y 方向距离
L51	乘客踵点位于 FRP 时,其踝关节到 SgRP 距离加上 254mm	PH30	PRP 到 AHP 垂直距离
L53	SgRP 到 AHP 水平距离	TL23	正常驾驶时 H 点水平调节行程
L81	腰部支撑量	TH17	H 点垂直调节行程
W3	过 SgRP 的 X 平面上,SgRP 上方 254mm 到腰线高度范围内左右车门间最小距离	H11	车门入口高度
W5	SgRP 下方 25mm 到上方 76mm 高度范围内,SgRP 前后各 76mm 范围内,左右车门内表面最小距离	H13	转向盘下边缘到大腿线最小距离
W9	后视图上转向盘最大直径	W31	过 SgRP 的 X 平面上,肘靠上方 30mm 处左右车门间最小距离
W27	过侧视头廓包络线最高点 X 平面内,头廓包络线自其对称线和 $Y-Y$ 定位线交点斜向上 30°方向移动到遇到障碍物时的距离	W35	过侧视头廓包络线最高点的 X 平面内,头廓包络线后视图的最小水平向外方向移动量

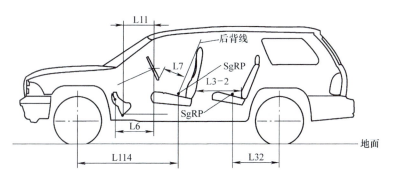

图2-31 车身内部长度尺寸1

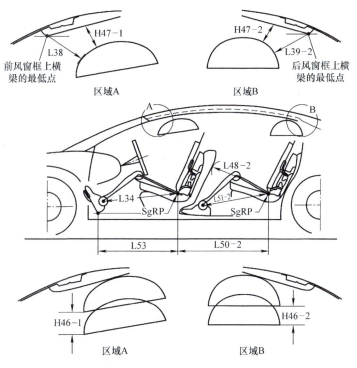

图2-32 车身内部长度尺寸2

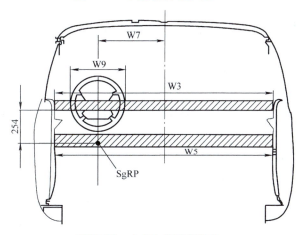

图2-33 车身内部宽度尺寸

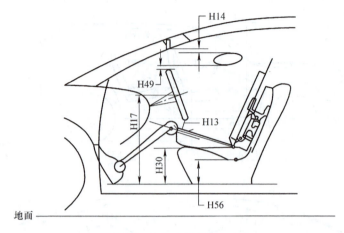

图 2-34　车身内部高度尺寸 1

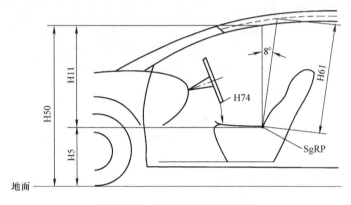

图 2-35　车身内部高度尺寸 2

四、燃油汽车车身部件布置

（一）车身前端布置

1. 前机舱布置

前机舱需根据发动机、变速器、进气系统、散热器、蓄电池及其他各种附件、电气系统等的尺寸和布置来确定空间，并据此进行结构设计。在进行前机舱布置时，最核心的问题是确定动力总成的位置及动力总成及附件与车身零部件之间的合理间隙。本书以前置发动机为例进行分析。

发动机的上、下位置对离地间隙和驾驶人视野都有影响。根据发动机及空气滤清器的高度确定发动机舱盖的高度和倾角，考虑到造型要求可确定前机舱盖的轮廓形状。前机舱盖前端高度可由散热器高度确定，再根据风扇位置便可确定散热器格栅位置及形状。在保证油底壳离地间隙以及发动机等部件与前机舱内表面间隙的条件下，降低前机舱盖高度有利于车身前部造型和驾驶人前下视野。前机舱盖与发动机零件之间的间隙不得小于 25mm，以防止关闭前机舱盖时发动机舱内的零部件受到损伤，而随着碰撞安全性能要求的不断提高，该间隙已增加到 60~100mm。

发动机的前、后位置取决于汽车轴荷分配和离地间隙，同时还要考虑前悬架和转向传动机构的布置。对于发动机前置后驱的汽车，为减小传动轴夹角，一般将发动机布置成倾斜的形式，动力总成的位置可由曲轴中心线与发动机缸体前端面的交点 k 和曲轴中心线的倾角 α（一般为 3°~4°）这两个参数来确定（图2-36）。当今轿车多采用短前悬，如果将发动机横

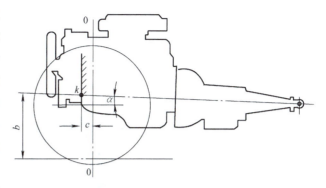

图2-36　确定动力总成位置的主要参数

向布置在前轴后方，将传动系统布置在前轴上方或前方，则发动机及其附件到前机舱盖距离加大，可以减轻前撞对行人头部的伤害；同时，发动机上部有足够的空间来布置那些通常布置在车室内的总成。发动机的前、后位置应与上、下位置一起进行考虑，前、后位置确定以后，就可以确定汽车前围板和冷却系统的位置。

在布置前机舱时，还要考虑装配工艺和维修方便的要求。通常，动力总成和副车架装配在一起后，再安装到车身上，因此必须保证该总成和前机舱周边的装配间隙，保证不会因为安装台架和人为操作而与周边零件发生干涉，必须留出 30~35mm 的间隙。除此之外，实际上还有很多零件也需要作相关的考虑，比如发动机装配完后，需要考虑前端冷却系统的安装、蓄电池的安装以及熔丝盒等零件的安装。通常这个动态装配工艺的间隙要求为 20~30mm，零件质量越小，越易控制，静态的间隙还可以适当缩小。例如：安装蓄电池和熔丝盒时，两者之间的间隙应当不小于 20mm。

另外，在进行前机舱的布置时，还要考虑碰撞安全和对行人的保护要求。布置前机舱时要充分考虑各种正向碰撞的要求，如 56km/h 正碰和 64km/h 偏置碰撞。发动机布置得是否合理，直接的表现就是前围板变形和前机舱内零件对乘员的伤害。因此在进行总布置时，要确保发生碰撞时前机舱内的零件不侵入乘客舱。在汽车与行人发生碰撞时，还要减少对行人的伤害，包括小腿、大腿、成人头部和儿童头部等主要的身体部位。为此，在进行前机舱布置时，要特别注意保险杠的高度及其与舱内部件的距离、前机舱盖与舱内部件的距离的设计。Euro NCAP 根据包络线距离（Wrap Around Distance，WAD）对前机舱盖进行了碰撞区域的划分，包络线是指在车辆正常行驶姿态下，使用软尺在车辆纵向垂直平面内沿着车辆前部结构横向移动，软尺的一端在车辆前部结构外表面上所形成的几何轨迹。所谓包络线距离，是指从地面开始计算，围绕汽车前端沿前机舱盖向后所得的包络线距离，如图2-37所示。1000~1500mm 包络线之间的区域代表儿童头部碰撞区域，要求该区域前机舱盖和舱内部件的距离大于 70mm；1500~2100mm 包络线之间的区域代表成人头部碰撞区域，要求该区域前机舱盖和舱内部件的距离大于 80mm；前机舱盖前沿 1000mm 包络线以下区域，前机舱盖和舱内部件的距离大于 170mm。

2. 前围布置

前围将前机舱与车室隔开。在前围上盖板上固定前风窗玻璃，其车室内侧安装仪表板，

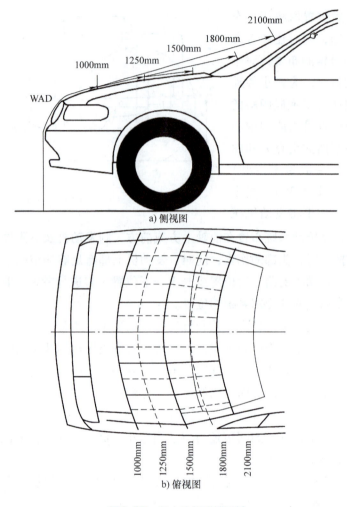

图2-37 行人头部碰撞区域

外侧支撑前机舱盖、安装刮水器,前围下部与地板连接。前围外侧通常还装有隔热和减振、离合器和转向盘等的支架以及暖气设备等。

在进行前围布置时,应保证前围板到发动机后端有足够的间隙,以布置转向机构、制动系统和离合器的管路及附件,以及空调系统的风道。前围下部常采用倾斜面与地板连接,倾斜面一般与前轮罩面相切,以利于前排乘员调整搁脚姿势和布置加速踏板。将前轮前移或发动机位置前移后,前围可相应前移以加大前排乘员的搁脚空间并便于布置踏板。根据前机舱盖后端的高度以及仪表板上表面的位置,可确定前围上盖板的表面高度和形状,初步确定前风窗玻璃的下沿位置,并设置玻璃的安装止口。

3. 轮罩形状设计

作出前轮转向跳动图和后轮跳动图后,可以确定前、后轮罩的空间大小及形状。前轮跳动图需要根据车轮跳动的极限位置和最大转向角来求作。车轮跳动的极限位置与悬架的结构形式、参数以及橡胶缓冲限位块的允许压缩量有关。车轮跳动过程也可用Adams等动力学软件进行模拟。图2-38所示是根据前轮转向和跳动运动求取轮胎运动轨迹的包络面,其包络的空间便是车轮转向、跳动所必需的最小空间，在此基础上再考虑必要的间隙就可确定前轮轮罩形状和翼子板开口尺寸。对于车身后部的非转向车轮，只需根据车轮的跳动情况来确定轮罩形状。

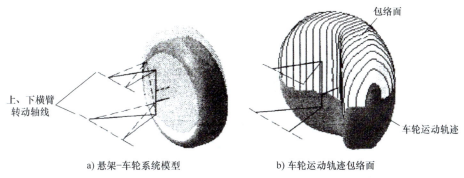

图 2-38　前轮运动轨迹包络面的求取（双横臂独立悬架）

轮罩表面形状不仅要包容车轮在跳动和转向过程中占据的空间，还要考虑悬架–车轮系统的装配误差、导向机构和各铰接点的弹性、轮胎旋转时的离心力和汽车制动力引起的弹性变形，以及安装防滑链所需的空间等。有时还应考虑轮胎表面黏附杂物导致直径增大，以及使车轮能从轮罩中方便取出等情况，因而应在车轮跳转包络面的基础上给出一个间隙空间，从而得到实际需要控制的轮罩表面。间隙的取值由汽车运用的具体区域条件、气候条件和公路状况等因素确定。

4. 踏板布置

SAE J1100 定义了踏板的布置尺寸，如图 2-39 和图 2-40 所示。尺寸的含义见表 2-12。

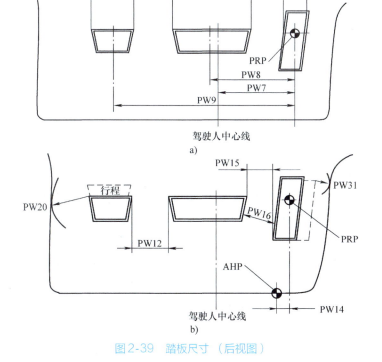

图 2-39　踏板尺寸（后视图）

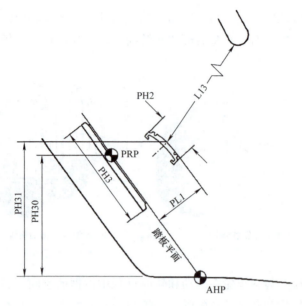

图 2-40 踏板尺寸（侧视图）

表 2-12 踏板尺寸定义

代号	含义	代号	含义
PL1	加速踏板与制动踏板间距（垂直方向）	PW15	加速踏板与制动踏板间距（水平方向）
PL2	制动踏板与离合器踏板间距（垂直方向）	PW20	左脚空间（离合器踏板和车身内护板间距）
PW1	离合器踏板宽度	PW31	加速踏板和车身内护板最小间距
PW2	制动踏板宽度	PH1	离合器踏板长度
PW3	加速踏板宽度（PRP 处）	PH2	制动踏板长度
PW7	踏板基准点（PRP）与驾驶人中心线距离	PH3	加速踏板长度
PW8	踏板参考点（PRP）与制动踏板中心线距离	PH30	PRP 与 AHP 间距（垂直方向）
PW9	踏板参考点（PRP）与离合器踏板中心线距离	PH31	制动踏板中心与 AHP 的垂直距离
PW12	制动踏板与离合器踏板间距（水平方向）	PH32	离合器踏板中心线与 AHP 的垂直距离

在布置踏板时，首先要确定踏板基准点（PRP）的位置。为保证驾驶人长时间操作的舒适性，应确保加速踏板未踩下时踝关节角度 A46 不小于 78°，踩到底后 A46 应不大于 105°。由于 PRP 与 AHP 的距离已知（SAE 推荐为 200mm），因此只需确定踏板平面的角度 A47。SAE J1516 推荐根据座椅高度 H30 计算踏板平面角度的计算公式（适用于 A 类车）为

$$A47 = 78.96 - 0.15(H30) - 0.0173(H30)^2 \tag{2-9}$$

踏板表面的倾斜角度参照踏板平面角来确定，使驾驶人鞋底脚掌处很好地与踏板表面贴合。制动踏板和离合器踏板的位置可参照加速踏板位置进行布置。为保证紧急制动时驾驶人不会误踩到加速踏板，制动踏板和加速踏板表面要错开一定距离（一般情况下加速踏板要比制动踏板低）。

确定所有踏板高度和前后位置后，还要确定踏板的侧向位置，包括离合器踏板与驾驶人

中心线的距离、制动踏板与驾驶人中心线的距离，以及制动踏板与加速踏板之间的间距。对于轿车，应保证踏板中心线之间的距离为 100～150mm。对于商用车，由于其转向柱布置在左右脚的中间位置，还应使制动踏板和离合器踏板到转向柱外壳之间有足够的间隙，以保证驾驶人的鞋距离转向柱外壳仍有少许空间。

5. 转向盘布置

转向盘布置包括确定中心位置及调节范围、倾角和轮缘直径。合理地布置转向盘对于改善驾驶人操纵姿势、减小操舵力，从而降低驾驶疲劳程度具有重要意义。

确定转向盘位置要保证转向盘与仪表板和驾驶人之间的距离合适。转向盘轮缘到驾驶人躯干的最小距离不宜小于 250mm。足够的转向盘与躯干间隙是安全的重要保证。转向盘前后位置在保证与驾驶人之间有一定安全距离的情况下，还要保证驾驶人转动转向盘时的伸及性。转向盘高度的确定要考虑驾驶人上肢的舒适性，太高会造成"端胳膊"的感觉，容易加快疲劳，太低则容易与腿干涉（尤其是操作制动踏板或离合踏板时）。由于不同身材驾驶人乘坐位置和肢体尺寸的离散性，上述要求不容易满足大多数人，因此转向盘位置一般设计成可调节式，使得大多数人都能够通过调节获得舒适的转向盘操作位置。

转向盘倾角（A18）的选定，应该使转向盘轮缘所在平面尽量与驾驶人观察仪表时的接近视线垂直，以获得最佳的仪表视野，另外，还要与手部抓握轴线的方向相适应。图 2-41 所示为手施加于转向盘上的力与转向盘倾角和转速的关系。可以看出，转向盘倾角越大，施加在转向盘上的力就越大，而转速就越小。一般将转向盘倾角选在手容易控制、活动的15°～70°范围内。另外，转向盘倾角的选择还应考虑到车身总体布置方案和车型的不同。

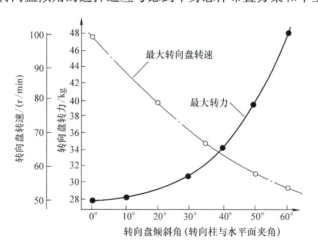

图 2-41　手施加于转向盘上的力与转向盘倾角和转速的关系

轿车转向盘直径通常小于 450mm。太小则使操纵不稳定，且影响仪表视野；太大则会浪费布置空间。现代轿车和很多商用车都装有转向助力装置，不必采用加大直径的办法来减小操舵力。转向盘轮缘截面应尽量采用圆形，直径取 19～28mm 为宜。

6. 仪表板布置

仪表板是汽车操纵控制与显示的集中部位，是汽车的操纵中心和信息传递中心，随时反映汽车的运行状态并接受驾驶人操控。它还是车室内部最引人注目的装饰部件。仪表板布置必须以驾驶人为中心,满足驾驶人对视野、操纵和空间的要求。布置合理的仪表板会使驾驶人感到方便而舒适,反之则可能影响行车安全。

(1) 仪表板高度的确定 仪表板高度不仅受高个驾驶人腿部空间要求的制约,还受矮小驾驶人前方下视野要求的制约,因此设计时要综合考虑。如图2-42所示,根据驾驶人前方地面盲区大小的要求作出前方下视野线 L_d,同时与发动机舱盖和眼椭圆下方相切,则 L_d 与水平面所成的角度即为驾驶人前方下视野角 α。为保证前方下视野的要求,应该使仪表板上方最高点和转向盘轮缘都低于下视野线 L_d。

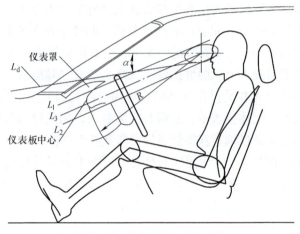

图2-42　汽车仪表板视野设计

(2) 仪表板位置的确定 仪表板应是驾驶人最容易观察到的地方,但驾驶人在观察时,转向盘轮缘、轮辐和轮毂都会在仪表板上形成盲区,如图2-43所示。为此,需在侧视方向,先作转向盘轮缘最高处截面下方和眼椭圆上方的公切线 L_1(图2-42),再作转向盘轮毂上方和眼椭圆下方的公切线 L_2,则仪表板应该布置在 L_1 和 L_2 之间,这样能保证90%的驾驶人可以通过转向盘上半轮缘和轮毂、轮辐之间的空隙观察到仪表。连接仪表板中心和眼椭圆中心的直线 L_3 应平分 L_1、L_2 之间的空间。

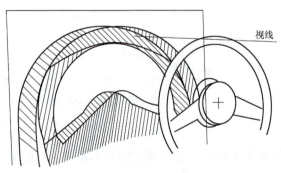

图2-43　由转向盘形成的盲区

考虑到人眼垂直方向的自然转动角度范围为上下各15°,头部垂直方向的自然转动角度范围为上下各30°,为使驾驶人能够轻松自然地观察仪表,仪表板中心和眼椭圆中心的连线 L_3 与水平面的夹角应该在30°范围内。仪表板平面到眼椭圆中心的距离称为视距 R。按照 Henry Dreyfuss 协会的标准,仪表板目视距离最大为711mm,推荐距离为550mm。为保证仪表数字的正确识读，仪表板平面要有恰当的倾角，仪表板平面与直线 L_3 的夹角一般控制在 $90°±10°$ 范围内。仪表板和仪表在宽度方向的位置应布置在可视区域内。

（3）仪表罩布置。仪表罩（遮光罩）的功能是防止光线对驾驶人造成眩目。仪表罩要有足够的深度，以遮住射向仪表板玻璃的光线。设计时应进行眩目检查，如图 2-44 所示。如果入射光经过仪表表面反射后不会与眼椭圆相交，则不会产生眩目现象。仪表罩的布置不能影响前方下视野，并且其厚度要适中，以少占用仪表板的空间。因此，在侧视方向，仪表罩断面应该布置在前方下视野线 L_d 以下、公切线 L_1 的上方，如图2-42所示。仪表罩最前端与转向盘要保持一定的距离，通常大于 80mm，以免发生干涉，此外，还可通过在液晶仪表屏幕贴膜或安装 HUD 代替仪表屏，从而取消仪表罩。

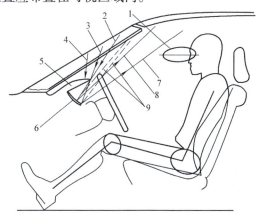

图2-44　仪表罩防眩目检查
1—眼椭圆　2、3—入射光线
（射到仪表板玻璃下边界）　4—被仪表罩遮挡的入射光线
5—仪表罩　6—仪表玻璃　7—入射光线3的反射线
8—入射光线2的反射线　9—法线

（4）操纵件和按钮布置　由于仪表板上手操纵件或按钮的位置相当于仪表板表面的位置，因此确定仪表板断面形状和位置时应考虑驾驶人的手伸及能力，确保驾驶人在不需要大动身体躯干部位的情况下，就能方便有效地操作仪表板上的操纵钮件，从而满足驾驶人的生理要求并减缓疲劳，确保操作有效、迅速且方便。

做出驾驶人手伸及界面后，即可检验操纵件布置。当操纵件在手伸及界面的内侧（靠近驾驶人一侧）时，认为其满足手伸及性的要求。设待检测按钮为点 T，检测方法如下：

1）定位手伸及界面。

2）将待检测点 T 沿 X 方向向手伸及界面投影，得到投影点 P。

3）比较待检测点的 X 坐标 X_T 和投影点的 X 坐标 X_P，得出结论。若 $X_T > X_P$，则待检测点是可伸及的；反之，则待检测点不可伸及。

（二）车身地板布置

1. 地板通道布置

根据前后轮罩位置和形状、离地间隙要求、发动机和传动系统布置形式以及地板和门槛下沿线高度，可初步确定地板高度及布置形式。对于 FF 或者 RR 布置形式，由于地板下部没有传动轴通过，地板可以降低，有利于座椅布置和提高居住性。对于 FR 布置形式，应尽可能减小传动轴通过地板下部所需的地板通道（凸包）高度，提高舒适性并降低地板高度和车身总高。通常在垂直平面上使传动轴呈 U 形布置，如图 2-45 所示。U 形布置既降低了传动轴的轴线高度，又使各万向节叉轴线间的夹角保持在允许的范围内，以提高传动效率。通道与中间传动轴部分之间的最小间隙一般可取 10~15mm。在绘出传动轴的最高轮廓线之后，即可据此确定传动系统上的凸包线。由于传动轴作 U 形布置，前后地板往往形成不大的阶梯，后排乘员将脚搁在前排座椅下面，可改善后排乘员的乘坐舒适性，且后排座椅可适当前移，从而缩短车长，同时能减小后轮罩产生的凸包对座椅布置的影响，增加座垫的厚度和有效宽度。

2. 排气系统布置

排气系统布置影响车身地板的布置。在地板下面装有双排气管、主消声器和在主消声器前后布置的两个辅消声器，这是最理想的消声器布置方案，能高效吸收噪声。地板和消声器间应留有足够的间隙（至少50mm），以避免地板过热。为有效利用车身底部的通风来降低排气管温度，排气系统和消声器应沿着空气的流动方向布置，而在其周围要用隔热、隔声材料层将其与车身其他部分隔开，如图2-46所示。

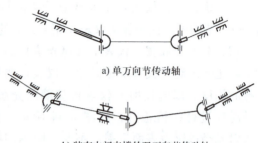

图2-45 传动轴U形布置方案

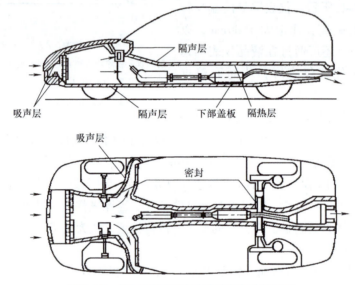

图2-46 排气系统布置与车身内部气流的关系

（三）车身后部布置

1. 后隔板布置

对于三厢式轿车，利用后隔板将乘员舱与行李舱隔开。后隔板上部应保证后风窗玻璃下沿的安装位置。在风窗与靠背之间设置杂物搁板，风窗下沿的外部为行李舱盖支撑位置。为使行李舱增大，一般后隔板的布置与后排座椅靠背的背面平齐，下部与地板连接。对于两厢轿车，后排座椅通常都具有向前翻转折叠的功能，以形成更大的载物空间。

2. 行李舱布置

现代轿车普遍将行李舱布置在车尾。根据整车造型、空气动力学要求和后风窗下沿高度，可确定行李舱的高度和轮廓线，进而确定行李舱的长度和容积。行李舱的有效容积在中级轿车上为 $0.4 \sim 0.7 m^3$，在高级轿车上为 $0.7 \sim 0.9 m^3$。

图2-47所示为两厢和三厢轿车行李舱的布置形式。如果后排座位采用可折叠式座椅，则行李舱容积可大大增加，如图2-48所示。

3. 燃油箱和备胎布置

燃油箱和备胎的布置，对车身有效容积和整车轴荷分配都有很大影响。燃油箱和备胎往往同时布置在行李舱内；对于发动机前置、前轮驱动轿车，后桥取消了主减速器，可有更多空间来布置燃油箱和备胎，且行李舱容积较大，如图2-49所示。

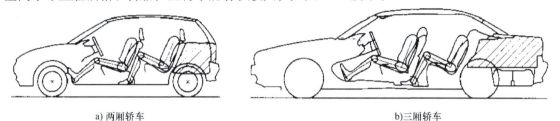

a) 两厢轿车　　　　　　　　　　　　b) 三厢轿车

图2-47　轿车的行李舱布置

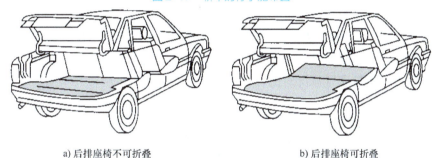

a) 后排座椅不可折叠　　　　　　　　b) 后排座椅可折叠

图2-48　后排座椅的形式对行李舱容积的影响

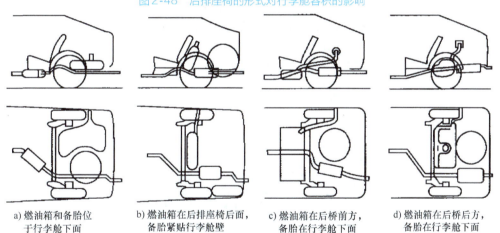

a) 燃油箱和备胎位　　b) 燃油箱在后排座椅后面，　　c) 燃油箱在后桥前方，　　d) 燃油箱在后桥后方，
于行李舱下面　　　　备胎紧贴行李舱壁　　　　　　备胎在行李舱下面　　　　备胎在行李舱下面

图2-49　发动机前置、前轮驱动轿车的燃油箱布置方案

（四）车室内部布置

车室内部布置的核心思想是以乘员为中心，使室内布置适应人的需要，创造出一个操纵方便、安全可靠和美观舒适的驾驶和乘坐环境。车室内部布置包括车室长、宽、高的空间设计，以及座椅、仪表板和操纵件的布置等内容。车室内部布置是进行车身总布置的重要内容，一般是借助于H点装置、眼椭圆、头廓包络等车身布置工具进行尺寸设计，以及座椅、仪表板和操纵件的布置，具体的布置内容和方法请参考本章第二节内容。

五、电动汽车车身布置

对于传统燃油汽车,转向、制动、空调、低压发电、冷却等附件依靠发动机的动力进行工作,且受限于发动机外特性,其传动系统复杂、体积庞大。这些因素带来的复杂机械连接需求限制了发动机的布置位置,也进而限制了传统燃油汽车的构型与空间布置。与传统燃油汽车相比,电动汽车的转向、制动、空调、低压发电、冷却等附件借助自带电机工作,且得益于驱动电机外特性,其变速器档位少(甚至为单一速比)、体积小,这使得电动汽车上各子系统间机械耦合少,布置灵活。如何充分利用电动汽车在构型上的灵活性优势进行布置方案设计,是电动汽车研发的首要问题。

纯电动汽车相比燃油汽车主要差异在前机舱布置和底盘(地板下)布置。纯电动汽车与燃油汽车相比,前机舱中少了发动机、进排气等部件的布置,但需要增加电机、电机控制器、DC/DC变换器、充电机、整车控制器(VCU)、高压线束等部件的布置,其他零部件布置同燃油汽车基本一致,如熔断器盒、蓄电池、洗涤壶、制动主缸等。图2-50、2-51是某燃油汽车和某纯电动汽车前机舱布置概况对比。

图2-50 燃油汽车前机舱布置

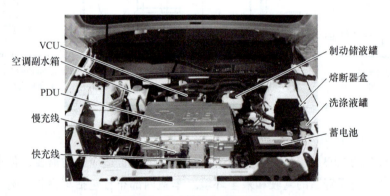

图2-51 纯电动汽车前机舱布置

纯电动汽车与燃油汽车相比,底盘布置少了燃油箱、排气管等部件,但需要增加动力电池(纯电动汽车电池包一般都布置在整个地板下)。图2-52和2-53是某燃油汽车和某纯电动汽车的底盘布置概况。

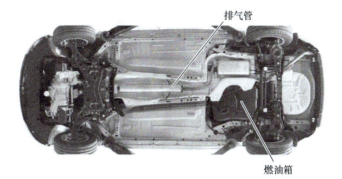

图2-52 燃油汽车底盘布置

图2-53 纯电动汽车底盘布置

1. 动力总成布置

驱动电机是纯电动汽车的核心部件之一，纯电动乘用车一般将单级减速器与驱动电机装配在一起构成动力总成实现驱动功能。

动力总成的布置位置有以下几种：

（1）动力总成布置在前机舱的横置方式　这是经济型纯电动乘用车的主流布置方式，如图2-54所示。

图2-54 前机舱布置方案

（2）动力总成布置在前排座椅下的纵置方式　该方式多用于MPV、M1等车型，如图2-55所示。

图 2-55　前排座椅下的纵置方案

（3）动力总成布置在后排座椅下或后机舱的横置方式　该方式也称后置后驱，这是纯电动平台新的发展趋势，如图 2-56 所示。

图 2-56　后排座椅下布置方案

（4）分布式轮毂电机方式　这是未来车型发展方向，如图 2-57 所示。

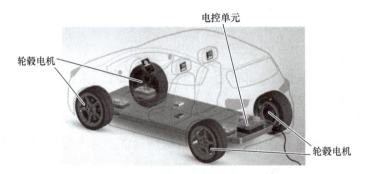

图 2-57　分布式轮毂电机布置方案

2. 动力电池布置

动力电池是电动汽车上最核心的部件之一，它为整车提供能量，决定了纯电动汽车的续驶里程，影响驱动电机的输出功率。由于目前动力电池的能量密度较低，这就决定了要达到较高的续驶里程，需要体积庞大的动力电池。

（1）动力电池布置的要求

1）需要比较齐整的空间。

2）具有承载电池包重量的车身结构。

3）满足碰撞防护的要求。

4）具有一定隔热、防火的要求。

（2）动力电池包布置的原则

1）碰撞安全性，即保证动力电池在碰撞时不发生损坏。

2）平台兼容性，即与选定底盘平台结构相匹配，保证整车电量需求及电压需求。

3）统筹性能，兼顾平衡，即优先满足各系统性能确定动力电池的性能参数，平衡各系统性能间矛盾，统筹确定性能增减，以达到整体最优。

4）装配及检修的方便性，即必须满足工艺对各零部件的装配方便性要求，线路连接、充电、检查和装卸时的高压安全和方便。

目前大多数纯电动乘用车将动力电池布置在车底位置，如图2-58所示。

图2-58　动力电池布置位置示意图

（3）动力电池布置要点

1）电池上方与地板间隙控制在5~10mm。

2）电池前后与副车架间隙控制在20mm以上，以满足电池包对碰撞防护的要求。

3）电池与车身横梁、纵梁或门槛梁间隙控制在15~20mm，满足装配间隙要求。

4）电池与门槛梁外侧间隙要求在200mm以上，或以CAE分析结果指导设计，以满足侧碰安全要求。

3. 高压控制器布置

（1）高压控制器的布置位置

1）高压控制器布置在前机舱的方案如图2-59所示。

图2-59　高压控制器布置在前机舱的方案示意图

2)高压控制器布置在后排座椅下或后机舱的方案如图 2-60 所示。

图 2-60　高压控制器布置在后机舱的方案示意图

(2) 高压控制器的布置原则

1)布置在前机舱时，应考虑行人保护的要求，根据 CAE 分析，要与机盖之间留出安全间隙。

2)与动力总成集成时，应随动力总成一起运动，与周边零部件留出运动间隙。

3)在控制器前后方向留出碰撞溃缩空间，在碰撞发生时，不能侵入乘员舱。

4)考虑高、低压线束，冷却管路的走向空间。

5)考虑插接器插拔空间。

4. 充电座布置

动力电池是纯电动汽车的唯一能量供应源，在使用一段时间以后，需要进行充电以补充能量。充电分为快充和慢充两种：快充需要专门的设备，一般在充电站进行充电时使用；慢充需要车载充电器，使用 220V 电压即可充电。

充电座的布置形式比较多，目前主流的布置方式主要有以下几种：

1)快、慢充电座集中布置在充电口位置，对应于传统燃油汽车加油口位置。

2)快、慢充电座分开布置在充电口位置，车身左、右边各一个，对应于传统燃油汽车加油口位置。

3)慢充电座布置在充电口位置，对应于传统燃油汽车加油口位置；快充电座布置在前格栅位置。

4)快、慢充电座集中布置在前格栅位置。

5)快、慢充电座分开布置在前翼子板位置，车身左、右边各一个。

在实际应用中发现，将充电座布置在前格栅，不利于行人保护；将充电座布置在前翼子板处，会造成邻车进入停车位较困难；但对于高压部件布置在前机舱的车型，可以减短高压线束长度，降低装配难度与成本。对于高压部件位于后机舱的车型，充电座布置在加油口位置上更有利，既能减少线束长度，又方便进入停车位。

5. 乘员舱区域布置

由于电动汽车更加注重智能化设计，如高级驾驶辅助系统（ADAS）、远程通信终端（T-BOX）、行人预警、对外充电等功能，会相应地增加辅助的控制器来实现具体功能。如图 2-61 所示，在整车上布置各种辅助控制器时，需根据具体供应商的要求来进行。

(1) 自动驾驶摄像头的布置　自动驾驶摄像头布置在前风窗玻璃上，尽可能居中靠上水

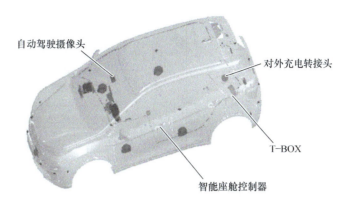

图2-61 控制器布置位置示意图

平布置,摄像头布置不能影响前方上视野及玻璃透明区的设计,且在刮水器刮刷区域之内。

(2) 智能座舱控制器的布置 智能座舱控制器布置在座椅下方,方便拆卸维修。

(3) T-BOX的布置 T-BOX布置在侧围、仪表台内均可,避免与大电流电器元件布置在一起,防止电磁干扰,同时方便与天线及多媒体主机进行通信。

(4) 对外充电转接设备 纯电动汽车通常会配有对外输出的充电设备,如车对车充电、车对用电器充电等设备,通常对外充电转接设备布置在行李舱内,与充电工具放置在一起。

6. 行李舱区域布置

与传统燃油汽车相比,纯电动汽车行李舱一般会取消备胎、千斤顶等设计,取而代之的是充气泵和补胎液,并配有充电枪等工具方便用户充电使用。行李舱布置如图2-62所示。为了实现轻量化,行李舱地板常采用塑料件,这种设计打破了常规的钣金件冲压深度的限制,增大了行李舱空间。

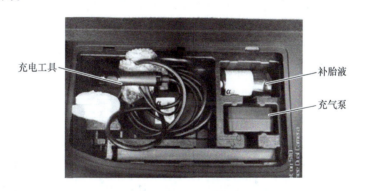

图2-62 行李舱区域布置示意图

在动力总成体积明显减小的状态下,可以在前机舱设计一个前行李舱进一步拓展储物空间,如图2-63所示。

六、车身总布置图

经过布置设计过程并与整车总布置、底盘和造型等部门的人员对车身布置方案进行确认之后，得到所有用于造型和结构设计的硬点和控制尺寸，绘出总布置图。总布置图随着设计过程的进行不断得到丰富和完善。通过对总布置图上各总成、部件装配尺寸链的计算，也可进一步校核它们的位置和尺寸。绘制时应注意以下几方面。

图2-63 前行李舱布置需求示意图

1）通常要画出侧视、俯视和前后视图，各视图上只需将要表达的部分画出即可。长度和高度方向的布置主要借助侧视图表现，宽度方向的结构形状和间隙尺寸借助前后视图体现。侧视图按车辆自右向左行驶的方向绘制。前后视图一般分开绘制，有时左半部为前视图，右半部为后视图。

2）对于全新开发的产品，其总布置图上应绘出车身外形，主要部件（动力系统总成、传动系统总成、行驶系统、转向系统、后视镜、排气系统、备胎、座椅和仪表板等）外形和内饰轮廓曲线，室内布置工具图形（眼椭圆、头廓包络面、H点装置、视线和安全带固定点布置区等），驾驶人座椅、变速杆、驻车制动杆和踏板在其整个活动范围内的若干主要位置，空载、设计载荷和满载状态的车轮和地面线，立柱盲区，最大开度时的车门、前机舱盖和行李舱盖，行李舱容积，主要外形和内部关键尺寸等。

3）为方便查看和量取尺寸，总布置图上要按一定间隔绘出网格线（坐标线），通常间隔大小取100mm或其整数倍。网格线的一端或两端应标注上坐标值，其标注方法因标准不同而不同。

4）标题栏中填写必要的信息，如产品名称、内部代号和制图人信息等。有的总布置图上还包含尺寸明细栏，其中注明主要尺寸的代号和数值。

5）总布置图上还常常注明所参照的标准，以及最后一次更新的日期等。

图2-64~图2-67所示为车身总布置图的图例。

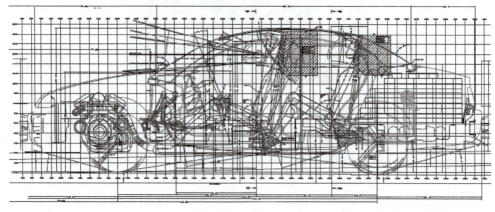

图2-64 车身总布置图（侧视图）

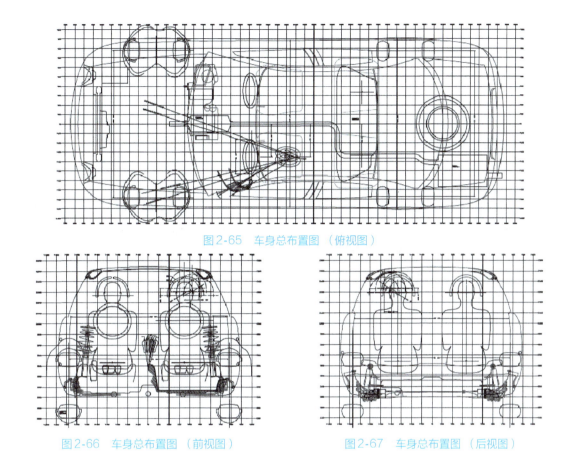

图2-65 车身总布置图（俯视图）

图2-66 车身总布置图（前视图）　　　　　图2-67 车身总布置图（后视图）

第二节 基于人机工程学的车身总布置设计

一、乘员舱内部布置

乘员舱内部布置的主要任务是借助辅助工具（H点装置、眼椭圆等）确定乘员舱内部尺寸。进行车室内部布置时，应重点考虑以下几方面要求。

1）乘员坐姿和座椅布置符合目标乘员群体舒适乘坐的要求。

2）保证车内必需的空间（如腿部空间、头部空间以及转向盘与驾驶人躯干之间的空间等），以保证驾驶人操作灵活、准确，增强舒适性和安全性。

3）操纵装置的布置位置和作用力大小符合人体操纵范围和操纵力特点，使驾驶人操纵自然、迅速、准确而轻便，降低操纵疲劳。

4）驾驶人视觉信息系统适合人眼视觉特性和驾驶人视野要求，且能及时获得正确的驾驶信息。

5）具有被动安全措施，这些措施要符合人体运动特点和车内环境。例如：正确地设置安全带铰接点位置和对人体的约束力，可以降低车辆正碰时二次碰撞的伤害程度。

（一）H 点布置设计

H 点布置是进行车室内部布置的基础和前提。乘员座椅的布置，通过确定不同百分位乘员的设计 H 点位置来实现。对于驾驶人座椅，不仅要确定设计 H 点的位置和行程，还需确定合理的设计 H 点调节方式和调节轨迹，为座椅调节机构设计提供参考。所确定的 H 点位置，是驾驶人下肢舒适的乘坐位置，它与驾驶人坐姿密切相关。

1. 舒适乘坐姿势

人体乘坐的舒适和疲劳程度与坐姿关节角度有关。舒适关节角度通常因车型而异。图 2-68 所示为轿车驾驶人舒适关节角度的范围，仅供参考。

硬点尺寸 H30 是与座椅高度密切相关的重要尺寸。统计分析表明，对于不同类型的汽车，H30 的取值不同，驾驶人姿势随着 H30 的增大呈一定的变化规律，如图 2-69 所示。对于 A 类车，H30 通常在 127～405mm；对于 B 类车，H30 则通常为 405～530mm。

2. 驾驶人设计 H 点布置

由于驾驶人乘坐位置与周围部件存在密切的人机关系，因此驾驶人座椅的布置对驾驶人安全性、坐姿舒适性、视野和操作方便性都具有重要的影响，是车室内部布置中的重要内容。

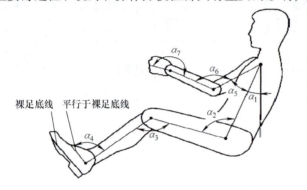

图 2-68　舒适坐姿下的人体关节角度范围

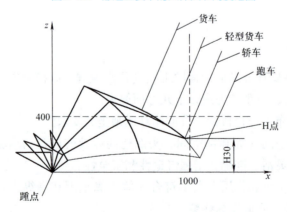

图 2-69　不同类型汽车 H 点高度（H30）和乘坐姿势（单位: mm）

座椅调节行程主要包括 3 种：两向调节行程、四向调节行程和六向调节行程，分别如图 2-70 所示。

对于具有两向 H 点调节行程的座椅，正常驾驶时有两个重要的设计 H 点位置：最前位置

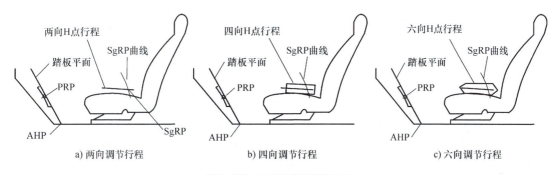

图2-70 座椅调节行程的分类

和最后位置。身材高大的驾驶人乘坐位置通常偏后、偏下，以便于获得良好的前方上视野、降低顶盖高度并避免进出时腿部与转向盘干涉；身材矮小的驾驶人乘坐位置则偏前、偏上，以满足前方下视野和操作转向盘的要求。为保证驾驶人乘坐区域能容纳90%的驾驶人乘坐，应以95th百分位男子的设计H点作为正常驾驶时的最后H点，以5th百分位女子的设计H点作为正常驾驶时的最前H点，如图2-71所示。设计H点的调节范围（包括水平调节量TL23和垂直调节量TH17），根据5th百分位女子和95th百分位男子的设计H点位置确定。如果调节轨迹为曲线，还要根据其他百分位驾驶人的设计H点位置确定调节轨迹的形状。座椅调节机构设计需参照设计H点调节轨迹，其调节范围应大于正常驾驶时设计H点的调节范围。例如：座椅调节机构的前调极限位置可参照1th百分位女子的设计H点确定，后调极限位置参照99th百分位男子的设计H点确定，如图2-72所示。

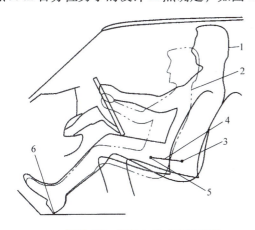

图2-71 驾驶人H点布置原理
1—95th百分位男子 2—5th百分位女子
3—95th百分位男子H点 4—H点调节轨迹
5—5th百分位女子H点 6—AHP

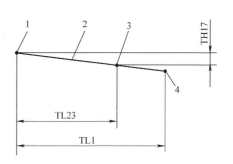

图2-72 H点位置及其调节范围
1—最前H点 2—H点调节轨迹
3—正常驾驶的最后H点（SgRP）
4—最后H点

对于具有四向H点调节行程的座椅，正常驾驶的设计H点调节行程需要根据四个设计H点位置确定：最前最高位置、最前最低位置、最后最高位置和最后最低位置。六向调节行程座椅主要用于一些高级轿车，其调节行程需要根据六个设计H点位置确定。

3. 后排乘客H点布置

后排乘客座椅多为行程不可调节座椅。乘客的H点布置需使用H点装置根据地板线（考虑压塌量）和前排座椅来定位。

下面以第二排乘客的 H 点布置为例来说明后排乘客的 H 点布置过程。

1）将前排座椅定于最后、最低位置。

2）根据乘坐时的 D 点高度画出 D 点高度线。后排乘客座位常常是三个，如果整车发动机布置形式和驱动方式采用 FR 方案，则地板中间的凸包会影响中间乘客座椅的高度。为保证舒适性，必须将中间乘客和两旁乘客的 D 点高度差控制在一定范围内。

3）在保持踝关节角 A47 不大于 130°的条件下，将 H 点装置鞋沿地板线前移，并保证在 D 点始终位于 D 点线上的同时躯干也相应前移，直至鞋或小腿与前排座椅接触。此时的 H 点作为 SgRP，如图 2-73 所示。

乘客的搁脚位置和脚的姿势对前后座椅的间距影响很大。考虑到舒适性和腿部空间的要求，一般将乘客的脚布置在前排座椅下面，并使乘客的膝盖与前排座椅靠背的后面保持必要的间隙。采用阶梯地板布置可保证前排座椅的下部留有足够的搁脚空间，且前后座椅的间距变小，有利于小型轿车的布置。座椅靠背的厚度对乘坐空间的影响很大，应根据车的级别合理选择。

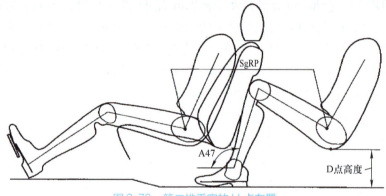

图 2-73　第二排乘客的 H 点布置

（二）顶盖和前后风窗的布置

前后座 SgRP 点确定后，可将头廓包络面定位。根据有效头部空间尺寸 H61-1、H61-2 的经验值，考虑头部间隙尺寸 L38、H41-1、L39 和 H41-2 可确定顶盖的高度，如图 2-74 所示。

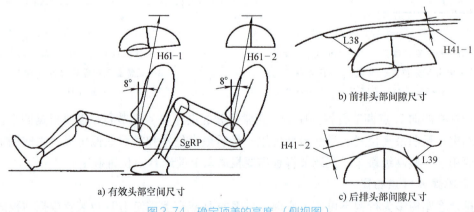

a) 有效头部空间尺寸　b) 前排头部间隙尺寸　c) 后排头部间隙尺寸

图 2-74　确定顶盖的高度（侧视图）

根据前机舱盖高度和前围位置，考虑造型上的要求，可确定前风窗下边缘前机舱盖 C 点位置。根据行李舱盖高度和后围位置，考虑造型上的要求，可确定后风窗下边缘行李舱盖 D 点位置。前机舱盖 C 点决定了车头长度，行李舱盖 D 点决定了车尾长度，二者之间的长度决定了乘员车室的大小，如图 2-75 所示。确定前后风窗角度和开口大小时，需要兼顾驾驶人视野、造型和空气动力学等方面的要求，其关键尺寸如图 2-76 所示。

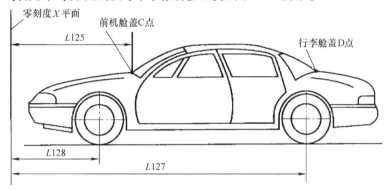

图 2-75 前机舱盖 C 点、行李舱盖 D 点和长度尺寸

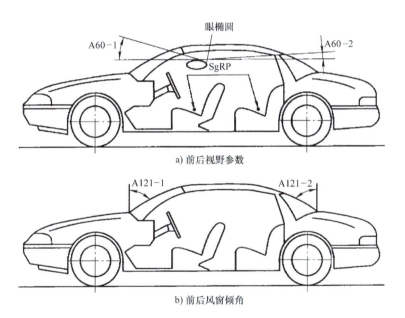

图 2-76 前后风窗的布置参数

（三）车身宽度方向的布置

车身宽度方向的尺寸要保证乘员头部与侧窗、肩部与车门以及肘部与车门之间的间隙，如图 2-77 所示。车身外表面的各点则与顶盖厚度、玻璃下降的轨迹、门锁和玻璃升降的尺寸以及车门厚度等因素有关。在横截面上布置门槛梁和顶盖梁，可以确定门槛和门框的高度。

确定车身侧围倾斜度时，在满足乘员所需空间的基础上，还应考虑上下车的方便性。如图 2-78a 所示，当 K 值（车门上下边缘的水平距离）为零时，乘员的上身必须倾斜 30°以上

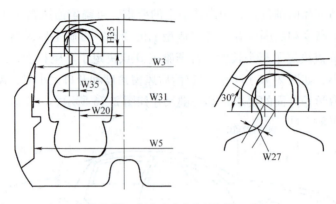

图2-77 车身宽度方向的布置尺寸

才能进入车内，入座非常不便；如果取 $K = 100 \sim 150\text{mm}$（图2-78b），则人的上身稍许倾斜即可入座。$K$ 值也不能过大，否则将因上下比例失调而影响汽车外观，内部空间的利用率也不好，下车不方便，而且玻璃升降占用车门内腔的空间太大，使车门增厚，如图2-78c 所示。

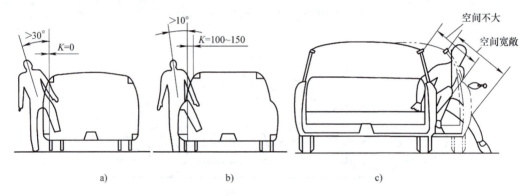

图2-78 K 值和车身侧围倾斜度对上下车方便性的影响

二、视野校核

（一）概述

驾驶人视野是指驾驶人处于正常驾驶位置，且其眼睛和头部在正常活动范围内时，能直接或借助于辅助设备看到的范围，可分为直接视野和间接视野。驾驶人直接视野，是指驾驶人直接看到的范围；驾驶人间接视野，是指驾驶人借助后视镜、摄像机与监视器系统等辅助设备看到的范围。

阻碍驾驶人视线的物体称为视野障碍。被视野障碍挡住而驾驶人看不见的区域，称为盲区。按照眼睛的使用情况，盲区有单眼盲区和双眼盲区之分。所谓单眼盲区，是指左眼或右眼单独观察时，因视野障碍的阻挡而看不见的区域；双眼盲区是指因视野障碍的阻挡而两眼不能同时看见的区域。

以驾驶人环绕视野为例，驾驶人在驾驶位置向周围地面观察时，由于立柱、车门、前机舱盖和行李舱盖等的阻挡，会形成盲区，如图2-79 所示。盲区之外的地方就是可见区域。

视野校核必须选定合适的眼点，而眼点的选定又要以眼椭圆为根据。眼点的选取原则是：选取眼椭圆轮廓上，视野性能最差的眼点。例如：计算可视区要选择使视野最小的眼点，而计算盲区则应选择使盲区最大的眼点。

（二）前方视野校核

1. 前风窗开口视野校核

前风窗开口上沿应该具有足够的高度，以使驾驶人能够方便地观察车头前方12m远、5m高的交通信号灯。前风窗开口下沿高度与前方下视野有关，其高度的选取应保证地面盲区长度在许可范围内。对于轿车和微型车，前方上视野必须给予重视。此外，不合理的前方上、下视野还会影响驾驶人颈部的舒适性。设计时，需要作出各种条件

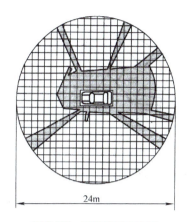

图2-79 环绕视野和盲区

下的上、下视野线，以检查前风窗的布置，如图2-80所示。其中，V_1、V_2两点的定义参见GB 11562—2014《汽车驾驶员前方视野要求及测量方法》。

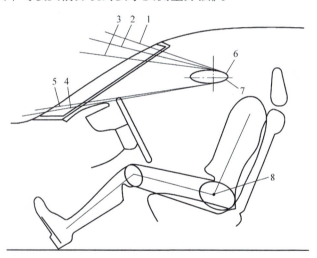

图2-80 前方视野及视角

1—观察交通信号灯的眼椭圆视切线（最小为14°） 2—过前风窗玻璃刮扫区域上边界的眼椭圆视切线（通常为10°）
3—过V_1点的前风窗玻璃透明区上边界视线（7°） 4—过V_2点的前风窗玻璃透明区下边界视线（5°）
5—过V_2点的转向盘轮缘上切线 6—V_1点 7—V_2点 8—SgRP

2. A柱盲区校核

驾驶人一侧的A柱（包括所有能够阻挡驾驶人视线的附件、玻璃密封条等）盲区，是驾驶人前方视野盲区中最主要的部分。由于A柱对驾驶人视线的阻挡，驾驶人常常需要转动眼睛和头部观察自身一侧前方的交通状况，这容易引起疲劳，对安全行车不利。GB 11562—2014采用双目障碍角表示A柱盲区，其大小与A柱本身的结构尺寸和驾驶人眼睛到A柱的距离有关，每根A柱的双目障碍角不能超过6°，具体测量方法请参考GB 11562—2014。

SAE J1050标准评价A柱盲区，只使用眼点高度上的A柱截面尺寸。以计算左侧A柱盲

区为例（图2-81），求作过程如下。

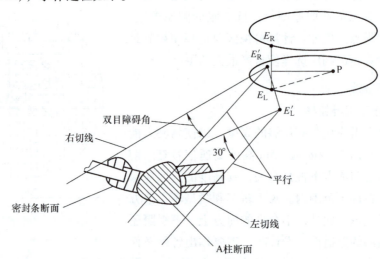

图2-81　SAE J1050推荐的A柱盲区求作方法

1）计算头部转动点P。由于是驾驶人左侧的A柱，应使用P_1的公式计算P点；反之，根据P_2的公式计算P点，如图2-14所示。

2）按照头部转动角为零时计算两个眼点的坐标。

3）在眼点高度上做一水平面，截左A柱得到左A柱断面。

4）计算头部的最小水平转角。通常左眼点转动到极限位置（30°）仍不能看到左A柱断面外侧，因此需要向左转动头部。头部最小水平转角是在保持左眼点向左转动30°的状态下，再向左转动头部至左眼完全看见A柱断面时的头部水平转角。

5）计算A柱双目障碍角。在眼点高度上的水平面内，从左眼点E'_L向A柱断面的左侧做切线，再从右眼点E'_R向A柱断面的右侧做切线，左右切线的夹角就是A柱双目障碍角。有可能出现左右切线平行或在A柱截面前方相交的情况，这时认为A柱盲区不存在。

3. 前风窗刮水器刮扫区域校核

刮水器的功能是刮除风窗玻璃上的雨、雪和其他污物，保持风窗玻璃有良好的视野。刮扫面积指刮水器在风窗玻璃上能刮扫到的有效面积。保证该区域满足驾驶人的视野要求，是布置刮水器的依据。刮扫面积与刮水器的布置位置、刮扫摆角和刮片尺寸有关。在布置刮扫系统时，不仅应保证有足够的刮扫面积，还要有正确的刮扫部位。

SAE J903定义的理论刮扫区是由眼椭圆上下左右四个切平面与前风窗玻璃的交线围成的区域，是重点要刮扫的部位，如图2-82所示。SAE将理论刮扫区域分为A、B、C三个区域，各刮扫区的定义和刮净率要求见表2-13。

表2-13　轿车刮水器的刮扫部位和刮净率要求

区域	刮净率（%）	角度/（°）			
		左	右	上	下
A	80	18	56	10	5
B	94	14	53	5	3
C	99	10	15	5	1

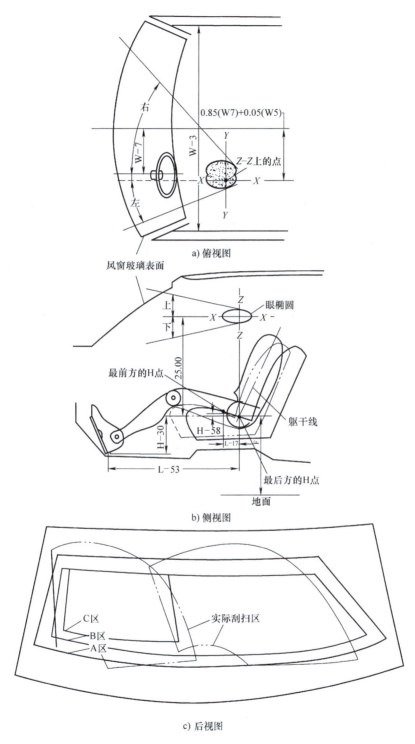

图 2-82 SAE J903 定义的理论刮扫区

由于刮水器的空间运动特性、刮扫轴线空间的布置以及前风窗玻璃的空间形状为曲面等因素，刮水器实际刮扫到的区域常常不能完全覆盖理论刮扫区。为评定刮水器刮扫的有效性，需要计算刮净率,它定义为实际刮扫区和理论刮扫区重合部分的面积与对应的理论刮扫区面积之比。不同理论刮扫区的清晰度要求不同,在驾驶人经常观察的前风窗玻璃区域,清晰度要求要高一些。为求得实际刮扫区,应该对刮水器进行运动分析,建立刮水器的运动学模型,设定刮片的起始角和终止角等运动参数来模拟刮水器的工作过程,将刮片在前风窗玻璃上扫过的实际刮扫区求出来。

(三) 后方视野校核

驾驶人后方视野是驾驶人借助后视镜间接观察到的范围,一般分为两种:驾驶人借助车外后视镜看到的外后视野和借助车内后视镜看到的内后视野。内后视镜通常为平面镜,外后视镜有平面镜和曲面镜两种形式。

汽车后视镜布置应充分考虑人眼的视觉特性,以尽量靠近驾驶人直前视线为宜,这样,驾驶人不用经常转动眼睛和头部就能获得足够的信息。人机工程学推荐:后视镜水平方向的位置位于驾驶人直前视线左右各60°(45°头部自然转动角与15°眼睛自然转动角之和)范围内,垂直方向的位置位于驾驶人直前视线上下各45°(30°头部自然转动角与15°眼睛自然转动角之和)范围内。对于驾驶人侧后视镜,一般推荐镜中心与靠近视镜一侧眼点的连线(或眼椭圆切线)与驾驶人直前视线的夹角不大于55°。观察后视镜的视线不应被立柱阻挡。若通过前风窗观察后视镜,则后视镜应布置在通过前风窗刮扫区域看到的范围内。对于前排乘客侧后视镜,应安装在驾驶人直前视线75°范围内,如图2-83所示。

GB 15084—2022要求汽车在整车整备质量状态,且前排具有一名乘客的条件下,达到下述视野要求:

1) 对于M1和N1类汽车内后视镜,要求驾驶人借助它能在水平路面上看见一段宽度至少为20m的视野区域,其中心平面为汽车纵向基准面,并从驾驶人的眼点后60m处延伸至地平线,如图2-84a所示。

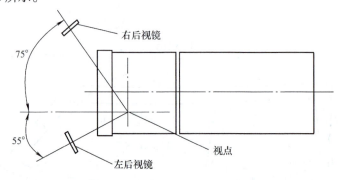

图2-83 汽车后视镜的布置

2) 对于M1和N1类汽车外后视镜,要求驾驶员借助左、右外后视镜应分别能在水平路面上看到4m宽,由平行于车辆纵向基准面并且通过驾驶员侧或乘员侧车辆最外侧点的平面所界定,从驾驶员眼点后方20m处延伸至地平线的区域。同时,驾驶员应能看到从通过驾驶员两眼点的垂面后方4m的点开始,宽度为1m,由平行于车辆纵向基准面并通过车辆最外侧点的平面所限定的区域,如图2-84b所示。

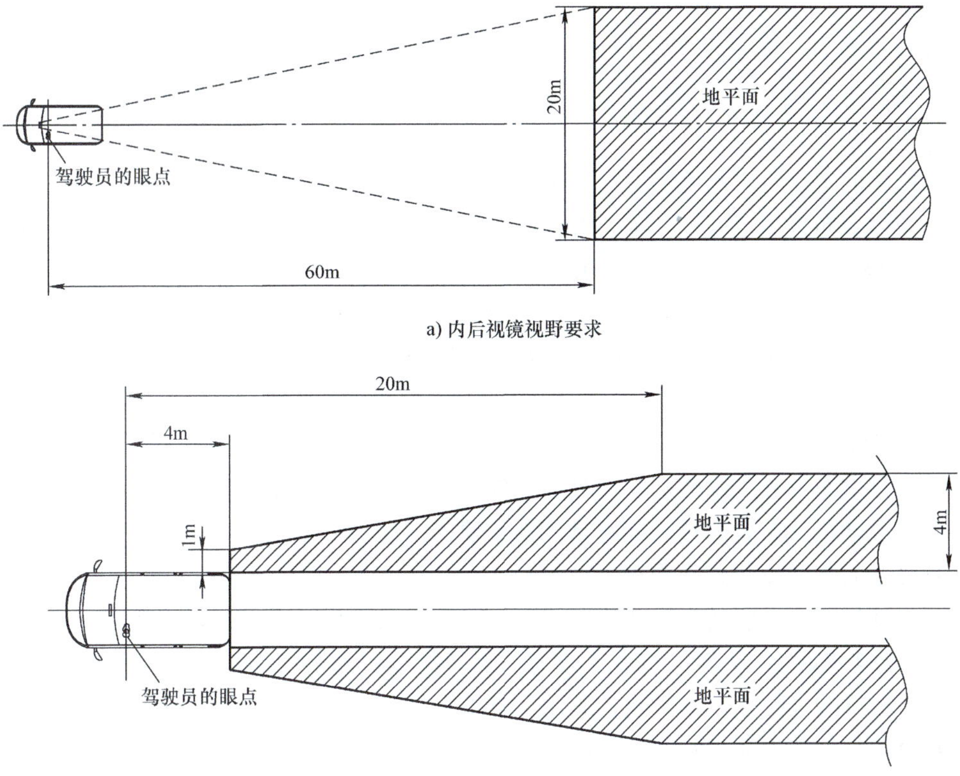

a) 内后视镜视野要求

b) 外后视镜视野要求

图 2-84　M1 和 N1 类汽车内、外后视镜视野的要求

习　题

一、判断题

1. 驾驶人手伸及界面是指驾驶人以正常姿势入座、身系安全带、右脚自由状态，一手握住转向盘时，另一只手所能伸及的最大空间界面。（　　）
2. 视野校核时必须选择合适的眼点，要选取眼椭圆轮廓上视野性能最差的眼点。（　　）
3. 行程可调节座椅上只有唯一一点可以被定义为 SgRP 点。（　　）
4. 眼椭圆是汽车视野设计的基础，但要与视线一起使用才有意义。（　　）
5. 百分位是人体测量学中的一个术语，用来表示具有某一人体尺寸和小于该尺寸的人占统计对象总人数的百分比。（　　）

二、选择题

1. 驾驶人视野校核时，A 柱盲区主要采用（　　）来评价。
A. 单眼盲区　　B. 双目障碍角　　C. 双眼盲区　　D. 单目障碍角
2. 眼椭圆的定位主要是确定椭圆中心位置和（　　）。
A. P 点　　B. X 轴坐标　　C. 倾角　　D. E 点
3. 踏板基准点是指当鞋按照适当方法根据加速踏板定位后，加速踏板表面上与（　　）接触的点。

A. FRP　　　　B. HOS　　　　C. BOF　　　　D. AHP

4. H点是指H点装置上躯干与（　　）的铰接点。

A. 大腿　　　　B. 脚　　　　C. 臀部　　　　D. 小腿

三、填空题

1. 眼椭圆的定位主要是确定（　　）和（　　）。

2. 车室内部布置应以（　　）为中心，满足（　　）、（　　）和（　　）等要求，主要任务是借助辅助工具（H点装置、眼椭圆等）确定（　　）。

3. 在进行机舱布置时最核心的问题是确定动力总成的位置及动力总成及附件与车身零部件之间的合理间隙。发动机的前、后位置则取决于汽车（　　）和（　　），同时还要考虑前悬架和转向传动机构的布置。

四、简答题

1. 什么是汽车驾驶人眼椭圆、驾驶人手伸及界面？各有何作用？
2. 轿车发动机舱布置的核心问题是什么？请详细说明布置的要点。
3. H点装置的主要用途有哪些？
4. 以发动机前置后驱的汽车为例，简要说明布置前机舱时要考虑哪些因素？

五、综合实践题

1. 分析当前智能座舱技术特点，利用文献检索等方法，总结智能座舱布置设计要点。
2. 结合智能汽车发展现状，分析展望无人驾驶技术可能会为汽车车身内部总布置带来哪些变革与挑战。

第三章　车身概念设计

第一节　车身造型设计

一、概述

（一）车身造型设计的特点

人们总习惯从艺术的角度欣赏汽车的外形，而优美的车身外形往往能给人留下难以忘怀的印象。汽车的造型是科技与艺术的完美结合，是一个时代工业水平的综合反映，也鲜明地折射出所处时代的社会政治、经济和文化形态。

车身造型是汽车设计的先行环节之一，也是汽车设计的重要组成部分，造型设计的过程也往往贯穿于整个车身设计开发过程中。车身的整体设计开发始于总布置方案的制定，在制定总部布置方案时，造型设计也会根据车型定位与审美需求与工程开发团队进行磨合，争取获得更加具有美学属性的总布置方案作为造型设计的基础。在汽车总布置和车身总布置设计完成后，车身的尺寸和基本形体便可确定，接着就要进行车身的造型设计。车身造型是在基本形体的基础上构造曲线、曲面、色彩和装饰件等，也就是赋予汽车具体的形象。

车身造型设计属于工业设计领域，是工程技术和造型艺术在汽车产品上的有机结合。车身造型必须满足工程设计和美学两个方面的要求。在车身造型的过程中，既要考虑结构、性能、制造工艺等科学技术因素，也要考虑美学因素和社会因素，并加以综合分析，权衡各种因素的作用和影响。

随着汽车的普及，用户越来越关注汽车的外观及内饰设计，车身造型已成为消费者选购汽车的重要参考因素。因此，造型设计愈发受到汽车生产商的重视。为了与瞬息万变的市场相适应，各厂商都制定了较多的车型方案，以便从中选择适合市场销售形势的方案投产，这需要大量的技术储备和庞大的造型团队。

（二）车身造型设计的分类

根据汽车的部位及作用，车身造型设计可以分为以下几种。

1）外形造型设计：主要设计车身外部的基本形状和保险杠、前照灯等主要部件的形状。

2）内饰造型设计：主要进行车室内部空间的整体及仪表板、座椅等的设计。

3）色彩材质设计：车身颜色、内饰总体色彩的设计，以及内饰材料、织物花纹样式等的设计。

4）零部件造型设计：车辆上的附属件、功能件及其他零部件的造型设计，如轮圈、后视镜、手柄等外饰件和转向盘、音响等内饰件。

5）标志设计：汽车所使用的品牌标记、车名标识及各种装备等的标识设计。

另外，还可以根据设计目的不同进行分类，如产品车的造型设计、概念车的超前设计等。产品车的造型设计是以销售为目的的，造型设计受到很多技术和商品条件的限制；而概念车的超前设计则更侧重于造型美学、空气动力性能等方面。两者在工作性质和工作方法上有所不同。

（三）车身造型设计的基本要素

车身造型设计受到多领域因素的共同制约和影响，既包括车身布置、空气动力学、车身布置和制造工艺等工程方面的因素，也包括市场定位、用户需求、大众审美等社会人文因素。但仅从造型本身来说，决定车身造型设计的基本要素主要是品牌、车型和风格。

1. 品牌

汽车品牌的重要特征是存在一个清晰且明确的品牌识别性。汽车品牌是一种基于可识别性的"设计"，称为品牌基因（Brand DNA）。

品牌基因需要经过数代车型的传承与演变逐渐形成，对于高端品牌尤为重要。车企通过具有高辨识的差异化设计基因，持续强化品牌标志性特征，从而提升品牌认知度，彰显品牌价值。例如，宝马"双肾"格栅的设计历史悠久，风格独特，经典车型3系历经数十年发展，造型不断迭代，但双肾格栅的设计从未改变，如图3-1所示。品牌基因不仅需要随着时间纵向传承，也需要在不同车型产品间实现横向统一。在当前一代的宝马轿车序列中，更加宽大的双肾格栅、U形的缺角多边形天使眼车灯、下进气口边缘形成的上扬"嘴角"等设计元素构成了最新的家族设计基因，如图3-2所示。一个品牌的家族设计基因对造型的影响越大，其推动家族设计基因演变的需求和动力越大。在汽车造型设计因行业技术变化等素影响需要变革的时候，品牌基因有时也会成为变革的阻力。比如，宝马最具标志性的双肾格栅是燃油车时代的产物，当汽车向电动化变革时，格栅的功能性需求降低，那么如何将双肾格栅这一经典元素自然的应用到电动车型设计中，就成为需要持续探索和演进的方向，如图3-3所示。

图3-1 宝马3系设计演化史

图3-2 宝马的家族设计基因

图3-3 宝马品牌基因从燃油汽车（上）向电动汽车（下）演化

品牌基因可以通过"几何特征"和"语义特征"来表达和应用。品牌基因的语义特征表达品牌的造车理念，可由一组核心形容词描述；品牌基因的几何特征则用于表达一种品牌的造型特征和风格特征。汽车前围造型是品牌基因的主要载体，许多知名品牌的造型特征都集中在汽车前围的几何特征上。一个连贯一致的品牌表达是汽车品牌构建的核心。汽车品牌是汽车企业的重大无形资产，品牌价值是汽车最重要的附加值。

2. 车型

所谓车型，是以汽车的功能、用途和相应结构形式为基础的分类，在造型上直接反映了汽车结构布局到汽车造型的映射关系。车型特征是汽车造型识别的感知基础，是汽车造型最基本的功能属性和感知属性。乘用车最常见的分类是轿车和广义多用途车。前者可分为两厢车（掀背式）和三厢车；后者包括 MPV（多用途车）和越野车及轻型货车、SUV 等。不同企业通常根据产品平台采用不同的品牌管理和型谱管理策略。

车型是汽车研发中非常活跃的因素，其发展趋势有：

1）大多数以生产轿车为主的传统汽车制造厂商逐步扩展到多功能车的领域。

2）多功能车，尤其是 SUV 的种群扩大，令车型界限变得模糊。

3）随着智能电动汽车的发展，新的跨界车型不断出现。

车型特征具有造型上的抽象性和具象性。越野车的硬朗和粗犷，跑车的动感和速度感及轿车的舒适温馨和豪华感，都是车型特征对外观造型的直接映射，既有车型尺寸和整车布置的几何特点，又有形面和特征线的造型特点。汽车的侧围造型（侧面轮廓）是车型信息的主要载体，汽车侧围是整车造型设计的基础和出发点，称为侧围包络设计。

3. 风格

英文单词 Style 有多种中文释义，如式样、造型、风格、文体、款式等。"风格"的概念定义起来有一定的困难，但其主要的含义有三个方面：①风格是指外观形式，但更强调外观形式所表现的观念内涵；②风格的符号性多于理性，如流线形风格就是用风格来表现设计师对空气动力学和现代航空工业的直观感受，因此流线形作为风格，它的符号性远远超过严格理性意义上的空气动力学原理；③风格是多义的，是对某一类设计的统称，而不是一个固定的模式，同样的流线形风格也可能有传统和现代之分。

风格对汽车外观造型的影响最重要，也是最具时尚性的元素。汽车风格是汽车文化、民族文化、消费文化和审美品位共同作用的结果。汽车风格中有基于车身结构形式分类，如厢式风格、楔形风格等；也有基于造型流派的分类，如流线形风格、新锋锐风格等。汽车造型具有民族文化的映射，如美国设计的大气、日本设计的精巧、德国设计的严谨、意大利设计的浪漫、北欧设计的自然等，不同的文化底蕴造就了不同汽车造型的民族风格。汽车造型也具有品牌文化，如宝马的进攻性风格、法拉利的意大利血统等。而消费文化中，又有紧凑风格、豪华风格、休闲风格等。不同的生活方式孕育了不同的汽车造型，体现了不同的风格。技术进步与艺术风格表现的结合是一种汽车文化的象征，是汽车文化的标志。

（四） 车身造型设计的要求

车身造型设计的任务是实现艺术与技术的紧密结合，使美学融入自然科学之中。对车身造型设计的要求如下。

1. 使汽车具有鲜明的艺术形象传达

汽车的艺术形象不仅表现在汽车本身的雕塑形体上，还表现在汽车中的装置上，如座椅、灯具等各种装置，以及各种内饰件、仪表、电器等，均需要运用美学法则和构图手法对它们进行艺术加工，使它们互相呼应从而形成统一的艺术形象，表现统一的主题。在车身造型设计过程中，还需要直接运用绘画、雕塑等艺术技巧。因此，各种艺术意识形态、艺术创作手法和技巧都会对汽车的艺术形象产生不同程度的影响。

在塑造艺术形象时，应同时考虑创造性和时尚性。创造性是美术造型设计的灵魂。造型设计师要善于从生活中"捕捉"艺术形象，激发灵感，或参照仿生学，通过概括、提炼来创造出新的形态。美术造型设计还须具有强烈的时代感，随着社会环境的发展变化，人们的审美观点也在改变。因此，求新、求美、好奇和好胜的心理状态往往成为促进造型演变的重要因素。造型设计还要考虑民族性和国情，纵观世界发达国家的汽车造型，都在逐渐形成自己的风格，风格的形成中恰恰都体现了民族性和国情。

2. 使汽车具有良好的空气动力性能

当汽车高速穿过空气时，气流就像一股强劲的飓风一样作用在车身上，对汽车的行驶状态有很大影响。因此，使汽车外形具有良好的空气动力性能是十分重要的。首先，必须使汽车具有合理的外形以便尽量减小空气阻力，这不仅能改善汽车的动力性，还能降低汽车的能耗。其次，还必须使汽车具有良好的空气动力稳定性，因为良好的空气动力稳定性是汽车在高速行驶时保证安全的重要条件之一。

3. 使汽车车身具有良好的加工工艺性

汽车车身由许多大型覆盖件组成。在车身造型设计时，应充分考虑这些零件的生产制造工艺，如尽量减小拉延深度，减少冲压工序，简化冲模结构，使零件具有良好的装焊工艺性等。造型设计师在提交汽车造型方案的阶段中，应与工艺师密切配合，做到互相深入了解并兼顾对方的要求，为设计完美的车身而共同努力。

4. 使汽车具有良好的适用性

车身造型设计必须保证汽车结构合理，保证乘坐安全舒适、操作方便、视野良好。既要避免因迁就产品功能而忽视艺术的偏向，也要避免脱离功能，严重损害功能的唯美偏向。美术造型设计师与结构设计师应密切配合，尽力使完美的艺术形象体现在具体的车身结构上。

5. 应考虑材料的装饰效果

车身造型的效果不仅表现在车身的基本雕塑形体上，还表现在所选材料的装饰效果上。把材料的质地、机理巧妙地融汇在精细的加工方式之中，能很好地体现先进技术带来的美感。汽车车身上采用了多种材料，如钢铁、有色金属、玻璃、纺织品、工程塑料、橡胶、木材、纸和油漆等。美术造型设计师必须深入了解各种材料的性能、工艺方式，正确选用才能表现其装饰效果。

6. 满足新能源智能网联汽车新的需求

包括满足驱动形式的要求、电池的布置要求、智能网联传感器的布置要求，以及车身的低风阻、轻量化等。

二、车身造型发展历程

（一）车身造型发展历程

汽车造型随着时代的发展而不断变化，从最早的马车形车身到20世纪初的厢形车身，再到20世纪30年代中期的甲壳虫形车身、20世纪50年代的船形车身、20世纪80年代的楔形车身，直至今日多样化的车身。由此可以看出，汽车造型设计具有明显的历史时代风格。若从某一历史横断面来看，则各汽车公司的汽车造型设计又呈现着独特的品牌特征。汽车造型设计一方面呈现出统一的时代感，另一方面又呈现出多样性，其发展和演变的历史就是设计师不断开发新资源、采用新技术，并按照审美的规律进行创造的过程。在这一发展过程中，设计师不断协调着材料、结构、工艺、技术与造型美及形式之间的矛盾关系，使设计出的汽车既符合功能要求，又符合人的审美要求。

1. 马车形车身

人类使用车辆已有4000多年的历史。在漫长的岁月中，车辆一直由人力或畜力推动行驶。1765年，英国的詹姆斯·瓦特（James Watt）发明了蒸汽机，拉开了工业革命的序幕。1769年，法国炮兵工程师尼古拉斯·古诺（Nikolas Cugnot）把蒸汽机装在一辆木制的三轮车上，制成了世界上最早的机动车，也是世界上最早的机动交通工具，成为古代交通运输（用人力、畜力或风帆驱动）与近代交通运输（用动力机械驱动）的分水岭。

1876年，德国工程师尼古拉斯·奥托（Nikolas Otto）制成了四冲程的内燃机，为机动车提供了一种轻巧强劲的动力装置。1885年，德国工程师卡尔·本茨（Karl Benz）发明了第一辆三轮汽车并于1886年取得专利，如图3-4所示。同年，德国工程师哥特里布·戴姆勒（Gottlieb Daimler）也制成了一台内燃机并将其安装在一辆改装后的马车上，如图3-5所示。世界上第一辆汽车由马车转变而来，是"马"与"发动机"两个动力源互换的产物。它的车身与马车的形状没有区别，因此还无外形设计可言。直至19世纪末，汽车的车身一直沿用马车的样式，将发动机装在座椅下方，还沿用马车的车轮、钢板弹簧、转向架和制动器等构件，其结构和造型与马车十分相似。图3-6所示为宝马公司于1899年制造的第一辆汽车。

图3-4　卡尔·本茨发明的第一辆三轮汽车

图3-5　哥特里布·戴姆勒发明的四轮汽车

2. 厢形车身

经历了马车形的造型后，为了提高汽车的行驶速度，发动机的尺寸变得越来越大，座位下方已经无法容纳，只能布置在汽车的前面。同时，为了提高乘坐舒适性，在车身上加装了挡风板、挡泥板等构件，并把车身封闭起来。后来，简陋的帆布篷车身逐渐发展为带有木制框架的车身，车身看上去像一个四方形的箱子，因此称为厢形车身。福特公司于1908年推出的T型车（图3-7）就是这一时期厢形车身的典型代表，其外形方正，车身各部分界线明显，车灯、门铰链、备胎等暴露在外，前翼子板、踏脚板、后翼子板连在一起并占据了汽车的左右两侧。T型车的出现，完成了汽车工业的两大突破：一是汽车上几乎所有的零件都实现了标准化；二是采用了流水线装配的生产方式。这奠定了汽车工业发展的基础，也成为汽车车身造型设计的开端。厢形车身造型一直延续到20世纪30年代。

图3-6　宝马公司制造的第一辆汽车

图3-7　福特T型车

3. 流线形车身

随着汽车行驶速度的提高，厢形汽车空气阻力大、无法适应高速行驶的缺点越发明显，因而面临被淘汰的境遇。20世纪20年代，对汽车空气动力学的研究工作逐渐兴起，汽车的形状得以改进。1934年，美国密歇根大学的雷依教授用汽车模型作风洞试验，测量出了各种车身造型的空气阻力系数，随后更多的研究被应用于汽车设计中，流线形汽车随之产生。

1934年，美国克莱斯勒汽车公司推出了著名的气流牌（Airflow）汽车，如图3-8所示。该车发动机舱盖前部倾斜，前后翼子板与车身紧贴，前照灯、备胎等隐入车身内，前风窗玻璃分成向侧面倾斜的左右两块。该车型虽然由于造型过于前卫而销量不佳，但却宣告了汽车造型新时代的开始，对以后若干年的汽车造型产生了很大的影响。

图3-8 克莱斯勒气流牌汽车

流线形汽车中最具代表性、产量最大、影响最大的是1937年德国大众汽车公司开始生产的"甲壳虫"，如图3-9所示。它的造型符合当时的流线形原理且别具一格。该车采用卧式对置4缸的后置发动机，由后轮驱动，发动机、变速器和差速器组成一体，省去了传动轴，使车内地板变得平坦，而车身蒙皮采用整体冲压，既轻便又坚固，工艺性好且容易维修。这种流线形的"甲壳虫"与厢形车相比，乘员活动空间明显变狭小，特别是后排乘员，头顶上几乎没有空间，有一种压迫感。另外，"甲壳虫"遇到横向风具有不稳定性，受横向风作用后，车身前部易随风偏离原来的行驶路线。到20世纪50年代，甲壳虫的全盛时期基本结束，但是由于其造型极具魅力，因此其后续车型一直生产至2019年（图3-10）。截至2003年停产，初代"甲壳虫"累计销量已超过2200万辆。

图3-9 大众"甲壳虫"（1937年款）

4. 船形车身

第二次世界大战后，福特汽车将人机工程学引入车身设计中，推出了具有历史意义的新车型V8，如图3-11所示。该车将整个乘客舱置于前后两轮之间，前部为发动机舱，后部为行李舱，这样的设计非常接近于船的造型，因此被称为船形车身。这种造型明显地将车身分为发动机舱、乘客舱和行李舱三个部分，成为现代三厢轿车的鼻祖。

船形汽车将发动机前置，汽车重心相对前移，而且加大了行李舱，增加了车身纵横面积，使风压中心移位于汽车重心之后，因此解决了甲壳虫汽车横向风不稳定的问题。另外，船形

图 3-10　大众"甲壳虫"(2017 年款)

图 3-11　福特 V8(1949 年款)

汽车的前翼子板与发动机舱盖形成一体,后翼子板与行李舱也成一体,车身侧面从前到后成为一个面,从而减小了侧面的形状阻力。同时在不增加车宽的情况下,扩大了车内空间,也改变了后方视野。船形汽车不论从外形上,还是从性能上都优于流线形汽车,因此一经推出,就像一股强劲的旋风般迅速蔓延,成为当时车身造型的主流。

我国的红旗轿车就是船形车身造型的典型代表,如图 3-12 所示。

图 3-12　一汽红旗轿车

5. 鱼形车身

为了减小空气阻力，提高车速并节省燃料，厢形车演变为甲壳虫形车；为了解决狭小的乘坐空间，考虑到舒适性、视野及行李舱等因素，甲壳虫形又逐渐演变为船形。但是船形车的尾部过分地向后伸出，并形成阶梯状，虽然不如厢形车那么严重，但是高速时也会产生空气涡流。于是，人们尝试逐渐加大船形车后窗的倾斜角度以弱化阶梯状，倾斜的极限即为苗条的鱼形。现在所说的快背式（或斜背式）就是鱼形车的典型代表。最早的鱼形车是通用汽车公司于1952年生产的别克牌轿车，如图3-13所示。1964年，克莱斯勒公司的顺风牌轿车和福特公司的野马牌轿车都采用了鱼形造型。

图3-13　通用汽车公司生产的别克轿车（1952年款）

鱼形车身与甲壳虫形车身都是流线形的，从背部来看也很相近，但二者还是存在很大的区别，如图3-14所示。首先，甲壳虫形是从厢形进化而来的，车身高，前后翼子板和两侧车门处的踏板部分产生涡流的因素较多；而从船形车进化来的鱼形车，车身低，没有阶梯，前后翼子板与车身几乎形成一体，且斜背式的倾斜比较平缓，尾部较长，围绕车身的气流也比较平顺，不易产生涡流。其次，斜背式汽车的后座处于后桥的前方，后座的摇摆小，同时由于后座低，后方视野也好；而甲壳虫形的滑背式，后座较窄，位置处于后桥的上方，摇摆大，后座高，后方视野差。最后，鱼形的斜背式用一个平滑的曲面将车顶后缘与行李舱盖连接起来，增大了行李舱的容积。

图3-14　甲壳虫形与鱼形车身比较

6. 楔形车身

鱼形车身的侧面形状接近飞机机翼的断面形状，高速行驶时容易产生很大的升力，导致汽车的行驶稳定性和操纵性变差。人们为了解决升力问题想过各种方法，但都不能从根本上解决。为了从根本上解决因采用鱼形结构而带来的升力问题，人们进行了反复的探索，最后终于找到了楔形造型：车身前部呈尖形且向下倾斜，高速行驶时的空气流可在前轮产生向下的压力，防止前轮"发飘"；车身尾部如同刀切一样平直，可减小车顶以后部分的负压，防止后部飘起。这种造型最大限度地解决了升力问题。

最早的楔型汽车是1963年生产的意大利司蒂培克·阿本提轿车（图3-15），遗憾的是它诞生于船形汽车兴盛时期，因此在当时并未起到引领车身造型发展的作用。到了20世纪70年代，楔形车开始流行起来，它解决了稳定性问题的同时也解决了升力问题，因此成为高速轿车的基本造型，如富康轿车就属于楔形造型，如图3-16所示。

图3-15　司蒂培克·阿本提轿车（1963年款）

当前，楔形造型仍然是汽车造型的潮流，只不过没有那么典型了，而且现代设计将船形、鱼形融和到楔形造型中，形成了多种形式的复合型造型。

（二）现代车身造型发展趋势

伴随着科学技术的不断发展，现代汽车造型也在迅速变革。机械工程学、人机工程学、空气动力学和现代制造技术等先进科学技术的发展促使汽车造型不断更新、完善，传统与创新艺术风格的有机结合也影响着造型的美学实践。

图3-16　富康轿车（2011年款）

1. 更加注重美学造型和气动造型的结合

纵观汽车车身造型发展史，人们一直在追求最佳车身气动造型，即努力研究能够减小气动阻力且气动稳定性优良的车身造型。

2. 更加注重造型的个性化

随着社会的发展，社会意识和美学观念在不断变化，现代人对汽车外观的个性化要求也会越来越高。不同层次、不同行业、不同群体的审美意识也会大不相同。作为大众化商品的汽车，无疑将出现各式各样更新颖、更个性化的造型。

3. 更加注重内外造型对乘坐舒适性和安全性的满足

车身造型设计必须以人为本，体现人机协调，使汽车适应人的各种生理和心理要求，从而提高工作效率、保障安全、维护健康。未来的车身造型，将在车身外观、人机工程以及室内环境等方面更加注意人性化的发展。

4. 新材料、新工艺将会对汽车造型产生深刻的影响

随着相关产业的发展，新材料、新工艺将不断出现，这为汽车造型提供了更大的发展空间。到目前为止，制约车身造型的一个重要因素就是材料及其工艺性。"造型"并不是一个抽象化的概念，它不可能完全脱离生产实践而单凭艺术与美学独立存在。生产技术是造型设计的基础，技术越先进，工艺越成熟，造型就越能展现得淋漓尽致。

5. 电动化与智能化将会改变现有车身的造型

相比于传统的以内燃机为动力源并通过机械传动的汽车而言，电动汽车的造型将有更多选择。电动汽车完全改变了发动机舱的布置方式，内燃机被电动机取代，机械传动系统被线控系统取代，机械部件占用的空间越来越少，这为汽车造型设计提供了更大的自由发挥空间。

三、车身造型方法和流程

一般的车身造型主要包括以下过程：草图构思、效果图设计、胶带图设计、计算机辅助造型设计（CAS）、模型制作、模型测量和线图设计，同时在造型过程中还要进行必要的空气动力学分析（CFD），以检验车身造型的空气动力学性能。

1. 草图构思

在产品策划阶段，根据产品前期定位、市场需求和技术描述，从造型的角度进行创意构思和造型定位。根据目前同类车型的对标情况，总结出造型的发展趋势，并结合假想用户的审美情趣，确定主要的造型元素和风格。车身造型草图构思如图 3-17 所示。

图 3-17 车身造型草图构思

2. 效果图设计

效果图由具有工业造型技术能力的开发人员完成，采用水彩、彩铅、素描或 CAD 等方式绘制，分为车身外形效果图和车身内饰效果图，如图 3-18 所示。车身外形效果图要表现出车型前面、侧面和后面三者的关系，同时要表现出车门外手柄、外后视镜、刮水器臂和车牌位置等结构细节；车身内饰效果图主要表现出仪表板、中控台、门护板、座椅及相互间的空间位置等。

3. 胶带图设计

胶带图是指用不同宽度和不同颜色的胶带在标有坐标网格的白色图板（一般为薄膜图）上，粘贴上模型轮廓的曲线和线条，将汽车整个轮廓、布置尺寸、发动机位置、车架布置及人体样板都显示出来。胶带可以随时粘贴或撕下，因此胶带图也可以随时修改，十分方便，如图 3-19 所示。设计人员根据胶带图进行修改和调整后，轿车的轮廓曲线就基本确立了。

要求胶带图是 1∶1 全尺寸，以便于型线和尺寸的研究和确认。在胶带图设计期间，造型师、工程师和模型工可就造型和结构方面的可行性进行实时的交流和沟通，并最终达成一致。

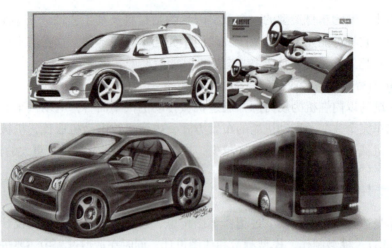

图3-18 车身造型效果图

4. 计算机辅助造型设计

计算机辅助造型设计（CAS）的主要工作是对造型表面进行数学建模，如图3-20所示。进行CAS建模要提供效果图、三视图、边界等必备条件，并且要满足法规项目和结构控制条件的要求。

CAS模型应能准确表达轮廓线、特征线以及曲面间的相互关系；表面顺畅，曲面结构简洁、准确；根据模型用途不同进行不同程度的模型细化，如用于结构分析的模型是粗模型即可，用于进行流体分析的模型不需要进行分缝、分层等。在CAS设计过程中，CAS设计人员应该与造型设计师、结构开发人员等共同对模型进行确认。

图3-19 某轿车胶带图设计过程

图3-20 车身外表面CAS模型

5. 模型制作

模型制作是造型过程中最重要的一个环节，对于一些特别重要的车型，在前期还要制作小比例模型。模型材料主要采用油泥和树脂两类，如图3-21所示。油泥模型多以手工制作为主，主要用于在实体上进行设计方案的三维形体推敲与完善，模型的轮廓曲线和尺寸都是按照严格要求制作出来的，设计人员可以对车身表面的细节部分进行比较和修改。树脂模型多以数控铣削加工，主要用于进行三维数字模型的实物验证。

a) 油泥模型　　　　　　　　　　　　b) 树脂模型

图 3-21　车身模型制作

模型制作的依据是效果图、胶带图及总布置图，制作流程大体可分为骨架制作、模型粗敷、模型精刮和模型装饰。首先根据胶带图完成留有合适余量的骨架，再完成油泥的添加及理论面的刮削，然后完成油泥表面的精确制作，最后进行仿真装饰及仿真件的安装。目前，模型对仿真程度的要求越来越高，如车轮一般会用真轮胎和真轮圈，灯具和一些附件一般也都是实物或高仿真物。

6. 模型测量和 CAD 建模

通过三坐标测量机对全尺寸模型进行测量或扫描，得到模型上离散的点集或点云数据，将点集数据输入计算机，通过专门的 CAD 设计软件建立整个车身的表面数字模型，以供工程设计人员进行详细的三维结构设计。

CAD 建模的一般步骤包括：分析及处理测量数据；提取并编辑特征线及主断面线；确定构造曲面模型的框架、分块及分缝线；创建四边界主曲面；对主曲面进行光顺检查；构造造型特征区域及圆角区域；对曲面模型进行整体检查及调整；对曲面模型进行最终的完善。

CAD 模型的评判准则主要有三条：一是车身 A 级曲面数学模型与造型模型要具有准确的吻合度；二是车身 A 级曲面数学模型曲面要具有高质量的光顺性；三是车身 A 级曲面数学模型各部件间结构的准确性要满足输入的各项条件及要求。

7. 计算机流体动力学（CFD）分析

空气动力学特性是汽车的重要特性之一，它直接影响汽车的动力性、经济性、操纵稳定性、舒适性和安全性。而汽车的外部造型对于整车的空气动力特性影响最大。因此，在造型阶段就利用 CAD 模型进行 CFD 分析，能够及时发现造型方案中存在的缺陷，获得最佳的空气动力学特性，缩短车身开发时间并降低成本。某轿车 CFD 分析效果如图 3-22 所示。

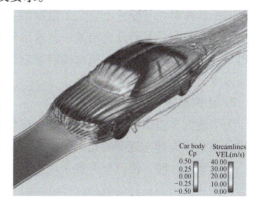

图 3-22　某轿车 CFD 分析效果

四、车身造型的美学基础

汽车造型的艺术性，是通过造型设计师的创作反映到汽车形体上的，造型设计师需要采取完美的艺术形式去反映一定的思想内容，就是说要有明确的目的和正确的创作态度，用高度的艺术技巧把正确的审美观和思想感情表达在汽车的艺术形象上。

尽管艺术不像科学那样具有严密的推理性，很难准确地下结论，尽管美的现象多种多样、人的审美观又是千差万别，但仍有一些共同的客观规律可以依循。在汽车造型设计过程中，既不可不遵循规律而随意发挥，又不能把客观规律视为僵化的教条，不分具体情况和场合到处套用，而应该对客观规律仔细分析研究和总结，并灵活运用。

（一）整体感、比例规律和线形组织

1. 整体感

汽车造型与其他艺术品一样，最重要的是要具有整体感。统一完整是汽车造型首要的标准。

一个统一的整体是由各个局部构成的，这些局部都必须有机地联系起来，相互呼应，才能反映一定的主题和一定的思想内容，才能具有美的感染力。反之，如果把各个互不联系的单元机械地堆砌在一起，尽管每一部分都很精美，但却会使整体显得繁琐和凌乱，达不到应有的艺术效果。

形象的重复与再现，能使一个整体的各部分互相联系起来。在汽车的形体上，常常使其各部分重复某一线条，重复某一形状或方向，使其以同一比例划分重复出现等，这都易于获得整体感。

如果在上述重复与再现的基础上加以适当变化，则会使整体造型更加活跃。提倡整体统一，并不等于千篇一律地精确重复，并不是忽略对立与变化。没有鲜明的对比，就不可能烘托出明确的主题，正如单调的音响或平淡的造型不可能获得良好的效果一样，只有抑扬顿挫的乐曲、色彩鲜明、层次明确的绘画以及生动活泼、凹凸有致的塑形，才能给人以深刻的印象和鼓舞作用。

但是这种对立与变化不应是无限制的竞争，不应造成主次不分的紊乱局面。因此，为了反映明确的主题，就必须突出某一艺术形象，如使某种线条、形状、方向或色彩被充分地强调出来，而其余各部分有组织地围绕着它进行变化，这样便可达到主次分明、突出重点，获得既多变又统一的艺术效果。

2. 比例规律

为了使汽车造型获得整体感，首先应使汽车的三维空间具有均衡的比例，如长、宽、高的比例关系，头部与尾部的比例关系，门窗的比例关系，虚与实、宽与窄以及凸和凹等的关系。在造型设计时，使汽车的各个尺寸重复一种或几种比例关系，或者以一个或几个数列为基础，往往能得到良好的效果。

黄金分割比例被广泛地应用于物体或建筑物的造型中，实践表明，这些物体和建筑物都产生了含蓄多彩而又易于统一的装饰效果。这一比例也可以在汽车上应用。然而，黄金分割比例并不是绝对的或唯一的，在整体造型时，通常还采用其他一些比例划分方法，如简单的

整数比、平方根比例以及其他数列关系。

事实上,汽车的比例和各部分尺寸受到各总成和零件的尺寸与布置、合理的重量分配、汽车的行驶性能等复杂因素的影响,造型设计师的任务是协同总布置设计师及结构设计师调整汽车各部分的尺寸,使比例关系趋于合理,尽量达到统一均衡的效果,但绝不可为了追求某种结构上难以实现的比例关系而严重损害汽车的性能。

3. 线形组织

车身上的线条种类很多,如果它们在形状或方向上没有联系,就会显得杂乱无章。因此,必须使车身上的线条以一定的方法组织起来。

第一种方法是在汽车上采用重复的形状和线条。图3-23所示是运用绘制"比例曲线"的方法得到有变化的重复线条和形状的例子。图3-23a所示是轿车前翼子板切口的形状,为了使后翼子板切口的形状与它相呼应,将它置于直角坐标系中,然后将 y 坐标按照比例进行压缩,从而求得后翼子板切口的形状(图3-23b)。用绘制"比例曲线"的方法派生出的曲线,与原始曲线有一定的内在联系,又有一定的差别,既有重复,又有变化,对美化汽车的艺术形象有很大帮助。

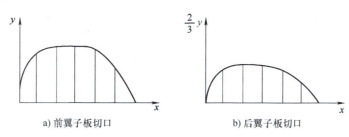

a) 前翼子板切口　　　　b) 后翼子板切口

图3-23　前、后翼子板切口曲线的重复与变化

第二种方法是在汽车上采用有组织的线条,如放射的、相互平行的、相互垂直的、曲率相等的以及几何形状相似的等。图3-24所示为这种方法在车身上应用的例子,尽管这是40多年前绘制的一张典型的车身线条组织方法例图,但至今仍然有较大的参考价值。

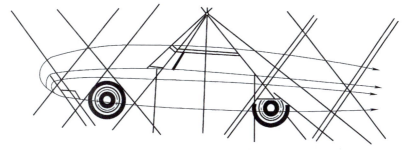

图3-24　车身线形组织示例

(二) 车身造型的动感和人的视觉规律

1. 车身造型的动感

汽车的造型与建筑物及其他工艺品的造型有很多相近之处,但也存在区别。前者是活动的物体,而后者是静止的。轻和快是一切高速交通工具的特点,因此造型设计必须使汽车获

得相当的动感。

汽车的动感姿态整体来说可呈现出两种倾向，即稳重和运动。强调运动的姿态就要有较强的动势；而强调稳重的姿态在动势上可以适当弱化。但无论哪种姿态，前提都是平衡。对于当前大部分的车型而言，流畅的运动感是普遍审美追求，因此既有动势又有平衡是整车姿态的关键。

使汽车具有动感的方法有下面几种。

（1）采用仿生学方法使汽车的外形与自然界的运动物体的外形相似　在大自然适者生存的法则指引下，生物身上的大多数部位都经过了不断的进化，它们必须跑得更快、跳得更高。如此独特的身体构造对于设计汽车是极具指导意义的，甚至成为汽车设计灵感的来源。而这种目前被汽车设计者们广泛采用的设计思路被称为"仿生设计"。在车身设计中，运用仿生学原理的例子屡见不鲜，如大众甲壳虫、道奇蝰蛇、保时捷911等都是让人过目难忘的经典。

（2）使汽车具有流畅的线条和光顺的车身表面　图3-25a所示的直线 AC 到 CB 的过渡是借助于两段圆弧 AD、DB 来实现的。直线 AC 在切点 A 处有无穷大的曲率半径，而圆弧 AB 在点 A 处的曲率半径为 R_1，因此此处的连接是不光顺的（曲率半径由无穷大突变为 R_1）；当线形由圆弧 AD 向 DB 过渡时，曲率半径在切点 D 处又从 R_1 突变为 R_2；而当由圆弧 DB 向直线 CB 过渡时，曲率半径又从 R_2 突变为无穷大。这些突变不仅破坏了线条的流畅性，还会造成不连续的光学反射效果。如果这个过渡借助于双曲线或抛物线来实现，则它们在 A 和 B 处都有相当大的曲率半径，能获得较为光顺的过渡（图3-25b）。

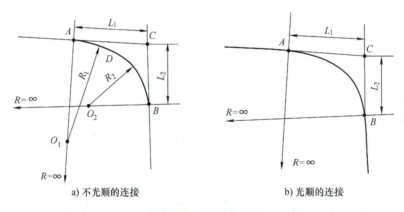

a）不光顺的连接　　　　　　　　b）光顺的连接

图3-25　线形的过渡

（3）强调水平划分线和削弱垂直划分线　因为汽车的运动方向是水平方向，所以必须充分地强调这个方向的线条。强调水平划分线的方法有如下三种：

1）在汽车的侧面镶上水平的装饰条。

2）在汽车侧面的覆盖零件上刻出前后直通的浮雕线。

3）用两种不同的色彩水平地划分汽车车身表面。

削减车窗支柱的数目和宽度，以及增大支柱间的跨距是削弱垂直划分线的最好办法，但这种处理方法与保证车身结构强度、刚度有矛盾。例如：某些轿车在侧窗顶部和窗台上镶有两条水平的镀条，使人的视觉由垂直的侧窗支柱向两条亮度很大的水平镀条转移，从而起到了削弱垂直划分线的作用。又例如：某些汽车采用深色的侧窗玻璃并把垂直的支柱涂黑，使几块侧窗玻璃和支柱在视觉上融合成一个和谐的整体。深色的侧窗玻璃还能削弱室内造型和色彩对外形不必要的干扰。

显然，在汽车上随意地增加垂直线，或是在垂直的立柱（如 B 柱）上单独地镶上显眼的饰条，这都是错误的。

此外，使汽车获得动感，还可运用不同色彩或不同质感对比的方法，如车身采用浅且轻快的色彩，增加车身上部玻璃的面积等。

应该指出，使汽车获得动感与提高汽车的空气动力性能的措施并不完全相同（前者只与人的视觉有关，而后者则是以力学为依据），但在造型时应使两者有机地结合起来。

2. 人的视觉规律

人的视觉常常受物象吸引力的支配而变化，在车身造型时要充分考虑这一点。

人会把物象感知为歪曲的形象，形成错觉。例如：轿车的腰线在汽车侧面造型上有重大意义，如果在侧视图上把它画成直线，则看起来是下凹的。这首先是受车身上半部线形的影响，特别是放射式窗立柱的影响而造成的错觉（图 3-26a）；其次是由于人眼的位置比腰线高，而且车身中部比头部和尾部都宽，因此导致的透视效果（图 3-26b）。

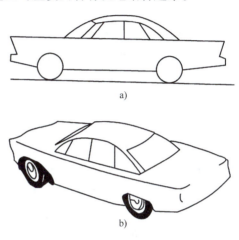

图 3-26　汽车腰线的下垂感

白色图形比同样尺寸的黑色图形看起来要大一些，因为白色反射的光量较多，属于扩张性颜色；黑色吸收的光量较多，属于收缩性颜色。光滑表面比同样尺寸的粗糙表面看起来大一些，这是因为光滑表面反射强烈而粗糙表面属于漫反射。饱和红色的图形比饱和蓝色的同样尺寸的图形看起来要小一些，也是红色光比蓝色光的折射率小的缘故。

为了使汽车显得较大，就需要使汽车表面十分光滑并配以浅色车漆。浅色车漆可以避免太阳把车身晒得过热，还可以缓和高光点与车身色彩的强烈对比。此外，为了使汽车显得矮而长且重心低而稳，常常将汽车下部喷上深色车漆；如果要使汽车显得短而轻，其下部可喷上浅色车漆。如果汽车的各个总成和构件的比例由于结构的限制而无法协调，则可以通过巧妙地用不同的深浅色彩区域的对比来纠正不匀称的感觉。

作为活动物体，汽车外形感及车身线条的形状，在高速运动时会产生某种变化，因为人眼对高速运动物体线形的感受要比它们静止时吃力得多。例如：车身线形过渡不光顺的汽车，在行驶时，往往由于人眼的惯性（视觉暂留）而自然地将线形展平，因而使汽车具有与静止时完全不同的外形感。

（三）车身表面的光学艺术效果

汽车要讲究雕塑美，正如建筑物讲究体面凹凸进退、阴阳变化一样。不过汽车车身表面要比建筑物表面光滑得多，其反光效果更为强烈。

车身表面就像一面光亮的镜子，必须按照球面镜的光学规律去分析其反射效果。曲线过渡得不光顺的车身，其光学效果差。研究车身的光学规律，不仅是为了检验车身是否光滑，更重要的是赋予汽车合理的形状。比如平面镜是很光滑的，但它却不能产生理想的反射效果，只能如实地反映外界物象。当汽车转弯或从建筑物的阴影中驶出来时，平面车身的明暗层次将会随外界物象产生较大的变化，使人觉得车身好像在扭动。为了避免这一缺陷，应该有意识地去组织车身表面的明暗层次。将车身表面设计成具有不同的曲率，从而使它具有不同的聚焦能力；将车身表面各区段设计成具有不同的倾斜度，从而承受不同的光照量，这是有意识地组织车身表面明暗层次的关键。

从光学上可以知道，某一表面承受的光照量，与该表面的法线和投射光线夹角的余弦成正比。如图 3-27 所示，将车身侧面分成三种不同的倾斜度，若光线按图示箭头方向投射，则区段 1 上单位面积承受的光照量最多，区段 2 次之，区段 3 最少。如果人站在汽车侧面观察，这时就看到车身侧面分成三条明暗不同的带状区域，如果使区域的尺寸符合一定的比例关系，就会获得较好的艺术效果。

图 3-28 所示是两种截面形状不同的镀铬装饰条，截面 a 的设计是正确的，它看起来光亮夺目，而截面 b 的设计则没有把光线反射到人眼内，因而未能充分利用电镀件强烈反射的特性，其光学设计是不成功的。

车身表面不同曲率的区段，其聚焦能力是不同的。曲率大（曲率半径小）的区段，聚焦能力强，影像浓缩；曲率小（曲率半径大）的区段，聚焦能力弱，影像扩散。

近代轿车腰线以下有一条"光亮线"，无论车身表面处于什么环境中，"光亮线"始终是车身表面亮度较大的地方。光亮线不但要圆滑流畅，而且其宽度和亮度也不应产生突变。"光亮线"在曲率大的地方显得窄而明亮，在曲率小的地方显得宽而暗淡，而在曲率很小的地方就消失了。在纵横"光亮线"相交处，即球面半径较小处，可以找到光亮中心。

图 3-27　使车身侧面各区段具有不同的倾斜度，从而承受不同的光照量

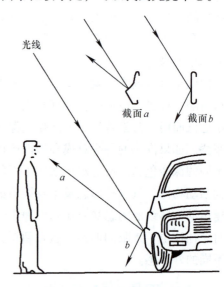

图 3-28　两种截面形状不同的镀铬装饰条的反射效果

在车身侧面刻出浮雕，对各区段的曲率仔细设计，可使车身表面形成明暗不同的区段，

或出现"最亮"和"次亮"等几条"光亮线",这使车身的明暗层次更丰富,还有助于加强汽车的动感和车身刚度,因而这种方法在目前被广泛应用。

总之,在汽车外形设计时,正确地考虑车身表面的光学规律,就能使汽车外形获得良好的光学艺术效果。当我们观察没有光泽的油泥模型时,尽管油泥模型具有十分动人的雕塑美,但我们却不可能发现这个车型的光学缺陷。因此,在雕塑模型时,绝不可忽略对模型进行光学分析。

(四)汽车的色彩设计

对于交通工具来说,优美的色彩设计能提高汽车的外观品质并赋予级别及豪华程度的含义,引起人们的购买欲望,提高产品的竞争力。合理的色彩设计,能对人的生理和心理产生良好的影响,使人消除疲劳、精力集中、心情舒畅、提高效率。

色彩视觉是人辨别不同波长的光波的能力。色彩的种类很多,色相、明度和纯度是用来描写和鉴别色彩的三个基本属性。色相是区别色彩种类的名称,不同的色相,其光波的波长亦不同。明度也称光度,是色彩的明暗程度,即物体色彩对光线的反射程度。一般接近黄、白的色彩较亮,接近蓝、紫的色彩较暗,同一色相加进白色则明度增大,加进黑色则明度减小。纯度又称饱和度或色度,也就是接近标准色(标准光谱色)的程度,通常以纯色在某色中所占比例的大小来判断纯度的高低。标准色,就是不夹杂有黑、白、灰的色相。

自然界一切物体都具有色彩,人类在长期劳动和实践中逐渐地使色彩视觉与各种感觉器官通过大脑神经活动建立了复杂的联系,形成对各种色彩的心理感觉——寒暖感(冷或热的感觉)、进退感(近或远的感觉),以及各种不同的象征感。在色彩设计时,如何利用色彩给人的感觉规律对人产生心理影响,是一个需要反复推敲和研究的极其重要的问题。不同地域和车型对色彩的偏好不同,从全球市场来看,黑、白、灰色车漆占绝对主导。据巴斯夫对2018年全球汽车市场的色彩分布情况的分析,白色车漆占比40%,彩色车漆中蓝色的配置率最高,达到8%。分车型大小来看,大型车中黑色漆占比为39%,显著高于黑色在小型车中13%的占比。此外,小型车中彩色占比明显更高,因为大型车偏向商务和稳重,而小型车偏向灵动和活泼,故颜色偏向明快和鲜艳。

进行汽车色彩设计时,首先要考虑的是主色调,即选择正确的色彩去反映主题思想。汽车其他各部分的色彩应围绕主色调进行变化,以达到多样统一的效果。一般来说,大型车多采用无彩色或纯度较低的彩色,此类颜色所产生收缩效果可使得车身看起来较为紧凑、坚实,同时能够表现沉稳、端庄、冷峻的商务气质;小微型车常配置有膨胀效果的彩色,由于明度和纯高的颜色看起来轻、体量大,以此来增强车辆在视觉上的体量感,并突出车辆的灵动和活泼;跑车配色常使用高纯度、高明度的彩色。朱红色、橙色、黄色等积极的颜色常给人一种朝气蓬勃、昂扬向上的态度,同时高纯度、高明度的色彩能够增强华丽感,因此运动和跑车的色彩经常应用此类色彩,以表现动感与激情;越野车配色常采用原始的自然色或高纯度彩色,沙漠黄、军绿等原始的自然色与越野车使用场景匹配,彰显跋山涉水、穿林越草的"硬汉风格",橙、黄、红等波长较长的颜色容易带来兴奋之感,能够更好地表现越野车的运动激情。

室内的色彩设计,要在保证驾驶人操作方便的基础上减少疲劳,并给乘客营造出舒适、娴静的休息环境。此外,要注意室内色彩和外部色彩的关系,使之围绕汽车的主色调进行变化。因此,室内色彩的明度和纯度都不宜过高,在设计时应注意以调和为主。

为了避免刺目的光线反射,仪表板通常采用黑色或深暗的色彩,并避免装置会分散驾驶人注意力的饰物。地毯色彩的明度和纯度都应较低,纹样不应层叠累赘,并避免与底色有明显的对比。顶篷的色彩对人的心理影响较大,既不应过于浓重而产生沉闷抑郁之感,又不应过于明亮而失去娴静的气氛,一般用中等明度、中等纯度或明度稍高、纯度稍低的色彩较为适宜。座椅的色彩要与顶篷、地板相互协调,但有时可采用纯度略高的色彩稍微增添室内活跃的气氛。采用深色的侧窗玻璃会增加室内娴静的气氛。

五、车身造型特征

(一) 车身造型特征

汽车是一件复杂的机械产品,由多个部分组合而成。车身造型本身可以作为一个整体分析,每个部件又都能单独作为相对独立的造型实体表现出其特征性。车身整体的特征可以看作是由各个特征组合成的特征集合。不同的车身造型特征表现出不同的汽车外观,因此车身造型特征可以被作为一个实体来研究。一方面,车身造型特征包含着汽车的结构信息和功能信息,这与该特征包含的汽车车身部件名称是一致的,如发动机舱盖、前照灯、风窗玻璃等;另一方面,车身造型特征也是设计师的创意和经验载体。

在一款车型的开发中,基于相同的车身结构布置,通过所表现出的不同造型,如腰线、前照灯、尾灯、侧面轮廓、轮罩、侧窗等,可以表达不同的设计概念与不同的造型方案,如图 3-29 所示。因此,车身造型特征是对车身造型概念的直接反映,车身造型特征是车身造型的载体,车身造型对于风格、品牌、类型的体现,都是通过特征这个载体实现的。

图 3-29 车身结构相同的四种造型

在认知一辆汽车的时候,不同的特征引起的注意程度和视觉反应是不同的。通过实验发现,汽车整体造型和汽车前端造型特征的受注意部位最多,即多数人在观看汽车时,视点多停留于如下几个区域,见表 3-1。

表 3-1　车身造型特征认知部位重点

整体造型	车身比例
	车身圆弧变化
	车身颜色
车身前端	进气格栅样式
	前照灯样式
	发动机舱盖的面
车身尾端	尾灯形式
车身侧面	侧车门形式
	侧面轮廓线走势

这些特征是人们在观看汽车时首先注意到的部分，也是造型信息最集中、信息量最大、最重要的部分，因此是车身造型设计时的重点。设计师的设计理念不同，对于不同的车型，引起人们首先关注的车身造型特征就会有所不同。例如：新甲壳虫首先引起人们关注的是车身的圆弧变化和车身比例，其次是前照灯和侧门的形式等；而宝马 7 系首先引起人们关注的则是前照灯组合和进气格栅的样式，其次是侧面腰线、发动机舱盖及车身比例等。

（二）车身造型特征线

1. 造型特征线

线条在造型艺术中具有非常普遍的意义，它极富内涵，能表现运动，暗示出块体，展现出三维空间形式的意境。汽车造型本身就是复杂的三维立体造型，而在设计师的画笔下，造型特征是通过造型特征线来表达的。正是造型特征线对造型特征富有含蓄性、表现性、象征性与抽象性的表达，设计师的创意才能够通过造型特征线被他人感受到，使得汽车的概念设计阶段可以在 2D 的情况下完成。在设计创作中，由于灵感的转瞬即逝，设计师通常希望可以用最快和最直接的方式把想法表达出来，草图便是最适当的表达方法，因此设计师的创意、经验都包含在草图的线条中。

汽车造型虽是一个复杂的自由曲面问题，不过其基本造型元素仍然是点、线、面。从描述造型的角度看，点虽然具有重要的造型意义，但其对造型描述不充分；面虽然最能表达形态的全部内容，但其过于复杂，不易被表达。而线源于点而展成面，是"承下启上"的造型元素。线条既包含了可以联系点和面的重要造型信息，又没有了点的琐碎及面的冗余，因此线在对造型特征的表达中比点和面都更有优势。

草图是设计师的"视觉思维"工具，汽车造型草图按侧视、前 45°和后 45°绘制，线条是草图中表达造型、推敲造型的主要媒介。线条几乎携带了造型的所有特征信息，其实草图中的线条许多就是以特征线的形式出现的。汽车草图的表达主要涉及三种特征线形：顶端线（Crown Line）、造型线（Form Line）和区域线（Area Line）。

顶端线即汽车侧面轮廓线，是表达和控制整车造型信息量最大的特征线，又是汽车造型的对称线。由于在草图中造型线无法表示曲面的凹凸等曲率情况，设计师通常会在需要表示的面上加上顶端线来表示曲面的走势，因此顶端线是草图中表达造型结构作用最大的线。造型线是汽车造型块面，如侧窗、前风窗玻璃等部件的轮廓线，具有丰富的造型语言和结构意义。区域线可以看作是面与面之间的边界线，表达造型的区域和过渡特征。这些特征线形在草图中同时包含着形态内涵和结构信息。

2. 典型车身造型特征线分析

（1）顶端线　车身的顶端线是从侧视角度观察到的位于车身顶部、体现车型的空间曲线，属于侧面轮廓的一部分，该形线带有汽车风格造型信息。顶端线是草图和建模的起点，对车身造型风格与类型产生着重要的影响。

车身的顶端线形状多样，在对大量案例进行比较和分析的基础上，通过聚类将汽车的顶端线归纳成两类，如图3-30所示。

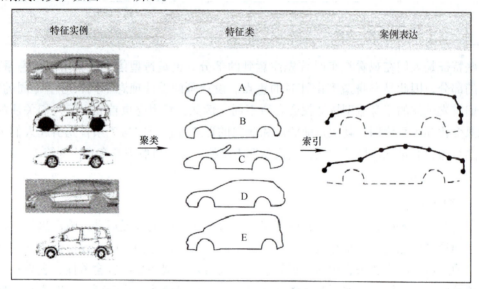

图3-30　车身顶端线基本型归类

由图 3-30 可知，在不同类别车型中，顶端线是侧面轮廓中最为重要的一个部分，包含了汽车的五个部件，即前机舱盖、前风窗玻璃、车顶、后风窗玻璃与行李舱盖板。这些曲面在制造工艺中都要求曲面精度达到 A 级。通常，顶端线可以用三条线段表示：前机舱盖为一段；前风窗玻璃和车顶为一段，后风窗玻璃根据车型的差异属于不同的线段；行李舱为一段。

在对顶端线进行总结的过程中发现，通常前机舱盖与前风窗玻璃的线段没有剧烈变化，车顶的线段在敞篷车中消失，在其他车型中变化也不大；后风窗玻璃的线段变化剧烈，在三厢车中，后风窗玻璃与车顶和前风窗玻璃的线段曲率是连续的，与行李舱段不连续；而在两厢车中，后风窗玻璃与车顶线段没有曲率的连续，而与行李舱线段连贯。因此，最终得出两种顶端线的基本型。

用户在接触到一辆汽车时，会通过对顶端线曲率和线段之间角度的感受对车型风格进行判断。如图 3-31 所示，A 代表 $P2$—$P3$ 线和 $P3$—$P4$ 线间的夹角，B 代表 $P3$—$P4$ 线和 $P4$—$P6$ 线之间过渡圆角的大小。由分析可知，A 和 B 的数值越接近 90°，汽车风格感觉越粗犷结实，机械感越强烈。A 和 B 的数值越大，汽车的风格感觉越流畅精致，速度感、生物感越强烈。如图 3-32 所示，在三厢车中，C 代表 $P6$—$P7$ 线与 $P7$—$P8$ 线的夹角，C 越接近 90°，汽车的风格感觉越趋向怀旧，粗犷结实。C 的角度越大，汽车的风格感觉越趋向未来感、速度感。$P2$ 点的位置越高，汽车的风格感觉越硬朗。

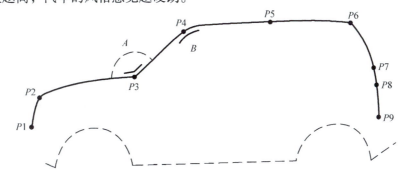

图 3-31　越野车中顶端线夹角对造型风格的影响

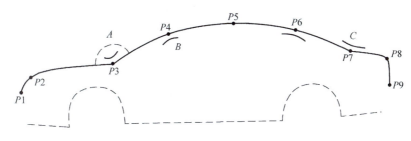

图 3-32　三厢车中顶端线夹角对造型风格的影响

（2）腰线　汽车的腰线带有汽车外观意象信息，能够增强车身侧围刚度，它是位于侧窗下沿线下方并与下沿线成一定夹角的空间曲线。虽然顶端线和腰线一样是空间曲线，但是顶端线并没有自身的变化形式，而腰线作为车身重要的造型装饰线，其变化十分丰富。

虽然腰线存在于面与面之间，与过渡特征线的特点十分相似，有时有明显的造型，有时甚至不出现明显的腰线折痕。但它对汽车造型设计的影响巨大，因此在概念草图中，腰线总是会被着重考虑，设计师认为腰线是连通汽车前后围造型的关键，是气韵和光感流动的表达。因此，一般把腰线归为主要特征造型。

从俯视的角度看，腰线在侧车窗下沿线的外侧并沿车中心线在两面对称存在。不管是哪种腰线设计，除了考虑气动布局之外，主要是为了配合汽车整体的造型从而提升设计美感。通过对大量案例的总结，发现汽车的腰线数量主要有一条、两条和两条以上三种情况。由于腰线的自身变化十分丰富，因此对于其矢量表达图，需要从侧视图和前视图两个方面进行描述，如图 3-33 所示。

从侧视图上观察，腰线的造型有前低后高、前高后低、中间凸起和中间凹陷四种。由于腰线的曲率变化大，造型充满各种可能。有的车型腰线只是作为配角出现，而在有的车型上（如宝马 Z4），腰线独特的造型引发了整个侧面形面走势的变化，腰线的造型成为设计的亮点和主角。从前视图上观察，腰线的造型主要有三种：一种是很典型的增加侧面刚度的腰线，有一个明显的折痕；一种是为了强调腰线而为其增加了一个折面，有明显的回弯折痕；一种是弱腰线，几乎看不见折痕或者没有折痕。

研究发现，用户对腰线所引发的汽车造型风格最敏感。腰线的前倾角度越大，汽车的风

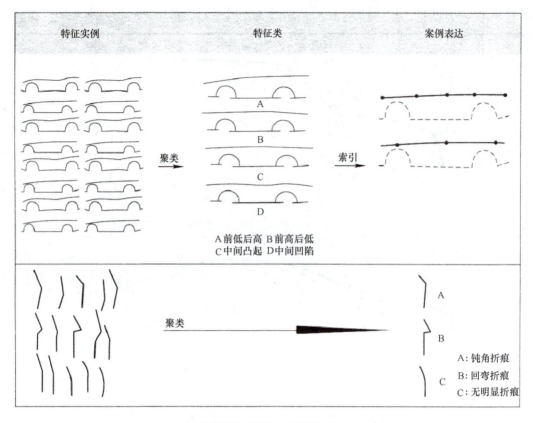

图 3-33 腰线基本类型归类

格感觉越具有运动性;腰线的倾斜角度越平缓,汽车的风格感觉越稳重、商务;腰线越被强调,汽车的风格感觉越锋锐、强劲。两条或三条腰线的设计能激发用户很大的兴趣,视觉刺激效果强烈。

(三) 车身比例

汽车设计是从侧面开始的,侧面的车身比例分为:整体比例、前后比例和上下比例,这些比例对汽车的外形有重要影响。

1. 整体比例

用轴距除以车高,便可得到汽车的整体比例值。轿车作为最常见的汽车类型,其整体比例最为大众熟悉,这也成为人们判断汽车整体比例的一个基点。如图 3-34 所示,三款不同类型的汽车来自同一平台,它们轴距相同,车长相近,但车高相差较大,这使它们有着不同的整体比例:尚酷的车高不及高尔夫,因此看上去感觉"长",而 Yeti 比高尔夫高,因此看上去感觉"短"。在各种汽车类型中,跑车的车高在 1.1~1.4m 间,SUV、MPV 的车高在 1.6~1.9m 间。这些类型的汽车对车高的要求比较宽松,说明对比例的要求也比较宽松,而轿车则不同,其车高被严格地控制在 1.4~1.5m 间,这说明对轿车的比例要求较为严格,因此下面将重点讲解轿车的车身比例。

车辆造型中的直观衡量单位是轮径,对于不同级别的车型,其长度和高度与车轮数(以

图 3-34　大众汽车公司轴距相同的不同车型（单位：mm）

车轮直径的倍数为尺度来衡量）符合一定的规律。例如：劳斯莱斯轿车在造型比例上一直遵循"高度为车轮的 2 倍"；幻影车型长 5770mm，车高 1648mm，车轮轮圈直径达到 22in（约 558.8mm），宽大的整车尺寸令车辆看起来稳重大气，豪华感十足，如图 3-35 所示。三厢轿车级别越高，后悬越长，前后轮之间的轮径数也越多，如图 3-36 所示。SUV 车轮尺寸大，纵向轮径数相比轿车更少，如图 3-37 所示。

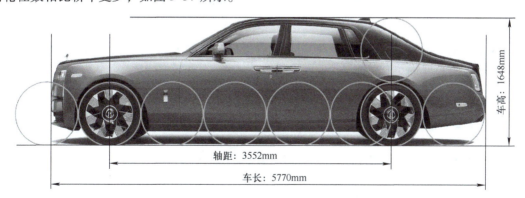

图 3-35　劳斯莱斯幻影车轮比例

所有级别的轿车车高相差不大，但级别越高的轿车轴距越长，因此随着级别的变化，其整体比例也在发生变化。选取各个级别代表车型的轴距除以车高，得到它们的整体比例值，再将这些数值制成图表，如图 3-38 所示，从中可以看出车身整体比例的趋势。随着级别的升高，轿车的整体比例值逐渐增大；而随着比例值的增大，外形给人的感觉也越"矮"、越

图 3-36　部分不同级别三厢轿车的侧向比例对比

图 3-37　部分 SUV 的侧向比例对比

"长"。矮意味着重心低，稳定性强；长则意味着舒展，更加美观。因此，整体比例值最大的大型轿车给人的心理感受最高档。

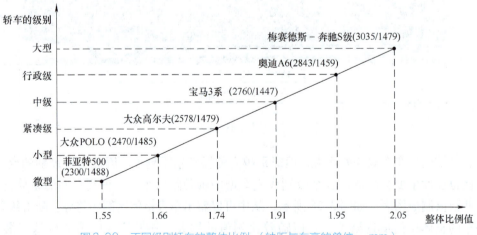

图 3-38　不同级别轿车的整体比例（轴距与车高的单位：mm）

在整体比例相同的情况下，车顶越长，人的视线向后方的延伸性越强，这在心理上"拉长"了车身。因此，同一个车型的旅行款看上去比三厢款更长，而相同轴距的两厢轿车由于车顶比三厢轿车长，使车身显得更舒展，如图3-39和图3-40所示。

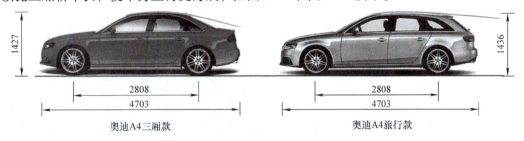

图3-39　奥迪A4三厢款与旅行款的对比（单位：mm）

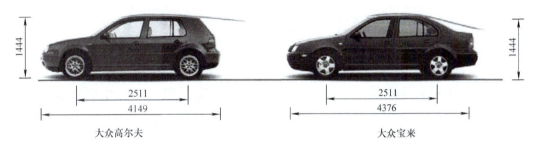

图3-40　大众高尔夫与宝来的对比（单位：mm）

紧凑级轿车的轴距较短，因此整体比例值较低。设计两厢轿车时，由于车顶足够长，车身还能伸展开来，而设计三厢轿车时难度就要大许多。三厢轿车的设计讲究前后均衡，因此A柱与C柱的倾角应接近。而如今轿车A柱的倾角都比较大，C柱的倾角也只能随之增大，而倾角的加大就会导致A柱结束点后移、C柱起始点前移，二者向B柱靠拢便会缩短车顶的长度，如图3-41所示。车顶太短会导致车身显得高、显得短，这与轿车"越长越高档"的心理感受背道而驰，于是C柱被整体后移，让车顶保持足够的长度，但C柱的后移又会缩短行李舱盖的长度，使"尾巴"变短，如图3-42所示。为了解决这种矛盾，现在普遍采用的方法是将A柱、C柱与车顶的交角模糊处理，让原本的三根线条"无缝对接"形成一根长线条，使车顶不再孤立存在，车身更流畅，整体感更强，并从视觉上形成向后的延伸感，如图3-43所示。

图3-41　三厢轿车的A柱、C柱与车顶的关系

2. 前后比例

绝大部分大型轿车都采用前置后驱的布局形式，这使它们有着短前悬与长车鼻，而后悬

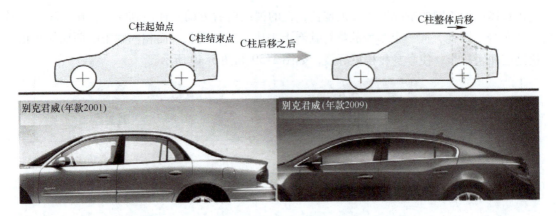

图3-42 三厢轿车C柱与行李舱盖的关系

图3-43 车顶的弧线

长于前悬，生成了一个"体面"的车尾，第二次世界大战之后美国的三厢轿车设计中对此尤为重视。与大型轿车相同，行政级轿车中绝大多数都是前置后驱；中级轿车大多为前置前驱；紧凑级轿车及以下绝大多数都是前置前驱。因此，随着级别的下降，轿车的A柱越来越贴近前轮。

同是前置前驱轿车，前、后悬的长度不同也会产生不同的前后比例。如图3-44所示，阿尔法·罗密欧159的前悬明显长于后悬，这使车身前后比例轻度失衡，人的视觉重心被"推"向前，因此，该车在静止时也表现出运动的趋势；斯柯达昊锐的前悬与后悬长度相当，这使车身前后比例较为均衡，显得四平八稳。

3. 上下比例

从发动机舱盖与前风窗的交接点引出一条水平线，将车身分为上、下两个部分，即为上、下比例。上、下比例虽是垂直方向的比例，它影响的却是水平方向的视觉感受，即"高即是短，矮即是长"。如今的轿车随着A柱倾角的增大，其上下比例值亦在变小，也就是说车窗在变窄。如图3-45所示，当A柱与C柱的倾角加大后，车顶长度缩短，车身显得"尖"、"高"。为了保证车顶有足够的长度，便将车窗整体上移。但车高不变，这导致车窗被"切"去一部分，而躯干的高度也随之被动增加，上、下比例值由此变小，如图3-46所示。

六、智能电动汽车造型特点

电动汽车历史悠久，其诞生甚至早于内燃机汽车。1881年，法国工程师古斯塔夫·特鲁夫以三轮马车为基础造出了第一辆电动汽车，使早期的汽车工业形成了蒸汽汽车、电动汽车

图3-44　不同前、后悬长度的对比

图3-45　上、下比例的变化示意1

图3-46　上、下比例的变化示意2

和内燃机汽车三分天下的格局。20世纪20年代后,内燃机技术迅速发展,而电池技术却进步缓慢,导致电动汽车进入没落期。直到20世纪90年代,电动汽车又重新进入人们的视野。1990年,通用发布了一款纯电动概念车Impact Concept,它的无格栅前脸造型体现了当时人们对电动汽车区别于内燃机汽车造型的探索,如图3-47所示。此后,电动汽车的发展进入了新时代。

图3-47　通用纯电动概念车Impact Concept

近年来，随着电动汽车的飞速发展，越来越多的互联网企业和创业公司也进入电动汽车行业。这些企业没有传统汽车企业的束缚，提出了很多革新性的造型特征，对电动汽车的造型发展起到了很大的推动作用。电动汽车的外观造型一开始沿用传统汽车造型，后来修改细节，如今正向着全面突破传统内燃机汽车造型语言的方向发展。电动汽车使用更精炼的造型语言，弱化机械式美感，造型更强调逻辑感、科技感和功能性，更接近电子产品的造型语言；并运用简洁而有高级感的线条，克制地控制型面变化，追求极致化的细节处理，期望消费者产生"纯粹"的联想。

1. 车身造型布局设计

与内燃机汽车相比，以发动机和变速器为核心的动力系统变成了由动力电池包、电机等组成的电动系统，为电动汽车整车的总体布置带来了巨大变化，如图3-48所示。由于纯电动汽车是以车载动力电池作为能源，与内燃机汽车相比，纯电动汽车在车身组成上省去了发动机、油箱以及机械传动轴等大型机械零件，同时作为动力模块的电机体积远小于燃油发动机，使得纯电动汽车内部空间布局可以更加灵活。电动汽车使用车载动力电池作为动力，其电池组在车身平台的布置方式直接影响着其造型设计。在传统内燃机汽车架构下进行改造的电动汽车，当动力电池包布置于地板下时，会导致整车高度增加。除此之外，基本与原平台的内燃机汽车差别不大。通过这种方式改造的电动汽车，其动力电池布置空间受到很大制约，会影响整车的续驶里程。为了扩大动力电池组的布置空间，更合理地利用空间，很多企业研发出全新的电动平台，将电池组布置于前后轴之间的底盘部分。由于这种全新的布置形式带来的差异，基于电动平台的汽车整体尺寸设计（长、宽、高、轴距、前后悬等）将与内燃机汽车有很大区别。由于电池被布置于前后轴之间的底盘部分，因此，为了提升电池容积，在整车长度相同时，电动汽车会偏向于更长的轴距，使整车造型变得修长，不仅仅使车辆的速度感得到提升，姿态比例也会发生变化，所传达的感性意象也自然发生改变。如图3-49所示，比亚迪汉DM-i侧面比例协调，姿态优美；线条流畅而有逻辑性，相近线条间富有变化。

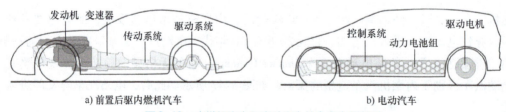

a) 前置后驱内燃机汽车　　　　　　　b) 电动汽车

图3-48　内燃机汽车和电动汽车的车身布置差异

图3-49　比亚迪汉DM-i

与内燃机汽车相比，电动汽车 A 柱与 C 柱的倾角更大，很多电动汽车的 A 柱底端更靠前，A 柱的倾斜角更大，以起到弱化车头视觉效果的作用，甚至有些电动汽车会做类似单厢车的形态，使车辆前风窗玻璃与车头在三维形态上更连续，即二者的倾斜角度更接近。在发动机舱的功能被取消的情况下，这样的造型特点可以明显区分开内燃机汽车与电动汽车，而且这样的处理方式可以增大乘员舱的容积，且这种形态的车身可以获得更低的风阻系数。

在打破了传统汽车的总布置和车身形式后，设计师们对传统汽车的车型（轿车、SUV 等）也进行了重新思考，进而诞生了"inside out"的设计理念，汽车不再是在已有的外形下塞入乘员舱，而是由乘员舱出发加上外观和 4 个轮子。在这种设计理念的引导下，电动汽车出现了越来越多的难以用传统分类方式进行划分的车型，如图 3-50 中的蔚来 eve 概念车，像是轿车、MPV、SUV 的结合产物，许多电动概念车都表现了设计师对于电动汽车创新车型特点的探索。

图 3-50　蔚来 eve 概念车

2. 格栅设计

电动汽车的前脸造型设计是其外饰设计的视觉焦点之一。格栅一直是汽车前脸上的重要造型特征，起到传承家族基因、体现品牌形象的作用。电动汽车没有为发动机散热的需求，为了降低空气阻力系数，前格栅和两侧进气口取消或缩小，目前主要有 3 种不同的设计趋势：①在三维形态上仍保留格栅的形式，但格栅内由原来通透的覆盖件变成封闭覆盖件，很多传统汽车企业在造型方面都会采用这样的处理方式，既能保证家族形象的传承，又能体现电动化的特点，如图 3-51a 所示的奥迪 Aicon Concept 及宝马 iX3。②前脸不保留格栅的三维形态，但是通过二维的方式在前脸保留格栅的形状特点，如图 3-51b 所示的奔驰 EQA Concept 及日产 IMx Kuro Concept，通过材质的替换或灯带的方式勾勒出格栅的形状。③直接采用无格栅设计，前脸彻底抛弃格栅的造型，这种处理在特斯拉等新兴的不需要考虑家族基因传承的电动汽车品牌中出现较多，如图 3-51c 所示的特斯拉 Model 3 和蔚来 ET5。

3. 灯光系统设计

传统内燃机汽车的技术条件限定了交互的模式、约束了操作行为，叠加用户消费的惯性思维，造成变化的局限性。直到 20 世纪 80 年代前半期，世界上大部分车灯仍是密封式光束照灯，尺寸和形状的标准化，严重约束了前照灯的设计自由度。而电动汽车外形设计的"变"在光的使用上有强烈的体现。在避免改变物理性造型产生高昂成本的前提下，通过点阵密排或矩阵式光源和软件独立控制技术，使电动汽车车灯造型具备明显的智能化特征。极致的灯光设计理念造就了全新的车灯造型，车灯的横向尺寸逐渐加长，配合智能交互灯组，呈现出独特的前脸布局风格，如图 3-52 所示。伴随技术的进步，车灯造型已经不限于静态效果，也会通过灯光的变化展现动态效果。这不仅增强了车辆的科技感和实用性，也为汽车造型带来新的发展，如图 3-53 所示。

a) 封闭式格栅

b) 平面化格栅

c) 无格栅设计

图3-51 电动汽车的前脸造型设计

图3-52 同时采用贯穿灯和智能前照灯的高合 HiPhi X

图3-53 小鹏 G9 前灯动态效果

同时多种形式的灯光效果，也让灯光在人与车之间、车与车之间、驾乘人员与车辆之间的互动形式更加丰富。此时灯光充当人－车之间的信息介质所能够传递的信息更加丰富可控，智能灯控系统结合光源改进了汽车的智能和人文性，如奔驰的 F015 的概念车，车前脸上集成了灯光矩阵和激光系统在通过灯光变化进行交互的同时，激光系统还可以投影出相关信息让行人更容易理解驾驶人的意图，如在路口激光可以投影出斑马线到路面上从而指引行人通行，如图 3-54 所示。

图 3-54　奔驰 F015 的灯光系统

随着汽车电动化、智能化、网联化与共享化的不断发展，越来越多的新技术将被应用在电动汽车的设计研发中，未来的智能电动车造型设计将不再受制于传统汽车的造型设计框架，其造型设计在新的技术以及新的时代背景下将会有无限可能。

第二节　汽车空气动力学基础

一、概述

汽车空气动力学是研究汽车与空气运动之间相互作用规律，以及气动力对汽车各性能影响的一门学科。空气动力是汽车的重要特性之一，它直接影响汽车的动力性、能耗、操纵稳定性、舒适性和安全性。近年来，随着车速的不断提高，汽车的空气动力性能越来越为人们所重视，已成为研究汽车车身设计中的基础学科之一，而且是评价汽车车身设计水平的重要依据。

汽车空气动力学的研究主要包括以下几方面：

1）汽车行驶中的气动力和气动力矩的研究。主要研究怎样使汽车具有较小的气动阻力以减少能耗、提高动力性，以及怎样使汽车具有较小的升力、侧向力和横摆力矩，以保证良好的操纵稳定性。

2）汽车表面及周围的流谱和局部流场的研究。分析作用在汽车上的气动力机理，有利于改善汽车表面雨水流的路径，减小表面尘土堆积，降低气动噪声和面板颤振。

3）发动机和制动装置空气冷却问题的研究。目的是减小冷却通路和散热器的内部空气阻力，提高冷却效果。

4）汽车内部自然通风和换气问题的研究。主要研究车身进、出风口的最佳位置，车内进出风量、风速及风路，使汽车具有良好的通风换气性能，以保证良好的舒适性。

二、汽车空气动力学基础

（一）气动力与气动力矩

汽车行驶时，若周围无风，则当其相对于地面做匀速运动时，相对于静止的空气也做匀速运动。有风时，情况就改变了。为方便研究，假定空气相对于地面是静止的，并假设汽车在水平道路上做匀速运动。这样，根据相对运动原理，就可以把汽车看成是静止的，空气绕汽车周围流过去。当相对速度不超过 100m/s 时，可近似地认为流经汽车周围的空气不受压缩，即空气密度不受汽车运动的影响。

将流经物体的气流的属性，如速度 v、压强 p、密度 ρ 等表示为空间坐标 (x, y, z) 和时间 t 的函数，如 $v = v(x, y, z, t)$、$p = p(x, y, z, t)$、$\rho = \rho(x, y, z, t)$，分别称为速度场、压强场、密度场，其总合称为流场。随时间变化的流场称为非定常流场；不随时间变化的流场称为定常流场。为了研究气流的运动，在气流中引入一条假想的曲线，其切线的方向与该时刻气流质点速度向量的方向相同，该曲线称为流线。流线所给出的是在同一时刻，线上各气流质点运动方向的图形。而在某一时刻的流场中，许多流线的集合称为该时刻气流的流谱。通过流谱可以描述气体流动的全貌。

设有一个空气质点，在某一时刻通过图 3-55a 中的 A 点，并在汽车周围的流场中，沿着流线的轨迹运动。在匀速条件下，紧接着到达 A 点的空气粒子都沿着同样的轨迹运动。因此，可以认为流线在空间的位置是固定的，并隶属于流线族。流线族则构成汽车周围的流谱。汽车的外形和车速决定着其周围的流谱。利用实车或模型进行风洞实验，可将流谱显示出来。通过对空气质点运动的研究可以发现，在汽车前面较远处流线是平行的，空气质点间相对做匀速运动，没有受到干扰，但在汽车附近的流线则呈现出复杂的状况，形成所谓的"扰流区"，空气质点间的相对速度变化较大。

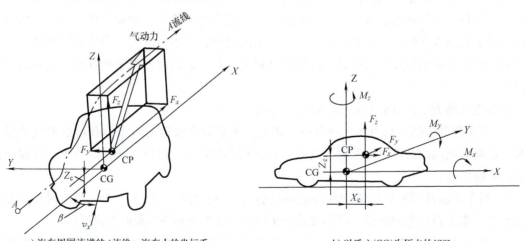

a) 汽车周围流谱的 A 流线，汽车上的坐标系与气动力坐标系和气动力矩　　　　b) 以质心(CG)为原点的 XYZ

图 3-55　汽车上的坐标系和气动力

根据伯努利（Bernoulli）原理，在气流满足定常流、不可压缩流、无摩擦流、流体沿流线流动的前提下，气流的静压强 p 和动压强 p_q 之和应为常数。动压强 $p_q = \dfrac{\rho}{2}v^2$，则有

$$p + p_q = p + \frac{\rho}{2}v^2 = H \text{（常数）} \tag{3-1}$$

式中，v 为空气流速（m/s）；ρ 为空气密度（kg/m³）；常数 H 可由无限远前方处气流状态求得。

式（3-1）表明，当某处气流速度 v 改变时，此处静压强 p 也必将改变，而压强总和 H 不变。

将整个汽车外表面上压力合成，从而得到作用在汽车上的合力，称为气动力 F。合力在汽车上的作用点称为风压中心（Center of Pressure，记作 CP）。由于汽车外形的对称性，风压中心在汽车的对称平面内。气动力 F 与气流速度的平方、迎风面积 S 以及车身形状系数 C_F 成正比，即

$$F = p_q S C_F = \frac{1}{2}\rho v^2 S C_F \tag{3-2}$$

式中，S 为汽车正面投影面积，又称参考面积；C_F 与车身形状有关。

将气动力 F 分解为三个分力，分别为气动阻力 F_x、侧向分力 F_y 及气动升力 F_z，即

$$F_x = \frac{1}{2}\rho v^2 S C_D \tag{3-3}$$

$$F_y = \frac{1}{2}\rho v^2 S C_y \tag{3-4}$$

$$F_z = \frac{1}{2}\rho v^2 S C_z \tag{3-5}$$

相应的空气阻力系数 C_D、侧力系数 C_y 和升力系数 C_z 分别为

$$C_D = F_x \Big/ \left(\frac{\rho}{2}v^2 S\right) \tag{3-6}$$

$$C_y = F_y \Big/ \left(\frac{\rho}{2}v^2 S\right) \tag{3-7}$$

$$C_z = F_z \Big/ \left(\frac{\rho}{2}v^2 S\right) \tag{3-8}$$

若把气动力的三个分力转换到汽车的质心（Center of Gravity，记作 CG）上，则有相应的三个气动力矩，分别为纵倾力矩、横摆力矩和侧倾力矩，如图 3-55b 所示。

纵倾力矩又称俯仰力矩 M_y（以使汽车抬头为正）：

$$M_y = F_x Z_c - F_z X_c = p_q S (C_D Z_c - C_z X_c) = p_q S L C_{My} \tag{3-9}$$

式中，X_c、Z_c 为风压中心到质心的距离；L 为特征长度，一般为汽车轴距；C_{My} 为俯仰力矩系数。

横摆力矩 M_z（以汽车右偏为正）：

$$M_z = p_q S L C_{Mz} \tag{3-10}$$

式中，C_{Mz} 为横摆力矩系数。

侧倾力矩 M_x（以汽车右倾为正）：

$$M_x = p_q S L C_{Mx} \tag{3-11}$$

式中，C_{Mx} 为侧倾力矩系数。

由式（3-6）可知，汽车的阻力系数 C_D 可定义为作用在迎风面积上的平均压力 F_x/S 与动压力 $\frac{\rho}{2}v^2$ 的比值，可见 C_D 是一无因次量，它与汽车的尺寸无关，仅仅取决于形状，是衡量和评价车身外形空气动力特性的一项重要指标。同理，侧力系数 C_y 和升力系数 C_z 也是无因次量。

1. 汽车的空气阻力

汽车的空气阻力 F_x 是与汽车运动方向相反的气动力。由式（3-3）可知，其大小与空气阻力系数 C_D、迎风面积 S、空气密度 ρ 及车速 v 的平方成正比。汽车的空气阻力主要由以下五部分组成：

1）形状阻力。它又称表面压差阻力，是由汽车前部正压力和车身后部的负压力的压力差产生的。它占气动阻力的 60% 左右，是气动阻力的主要部分。车身各表面的形状及其交接处转折方式是影响形状阻力的主要因素。

2）摩擦阻力。它是因空气的黏滞性而在车身表面产生的摩擦力，其数值取决于车身表面的面积和光滑程度，约占空气阻力的 9%。

3）诱导阻力。它是气动升力所产生的纵向水平分力，一般约占气动阻力的 5%～7%。要减小诱导阻力，就应设法减小升力。

4）干扰阻力。它又称附件阻力，是由暴露在汽车外部的各种附件引起气流相互干扰而形成的阻力。这些附件包括外后视镜、门把手、刮水器、流水槽、照明灯、保险杠等。它约占气动阻力的 15%。

5）内部阻力。它又称内循环阻力，是由冷却发动机的气流和车内通风气流形成的阻力，约占气动阻力的 10%～13%。

汽车的空气阻力是汽车空气动力学研究中首先要关心的重要问题，因为它直接影响到汽车的燃油消耗、加速性能和最高车速。

（1）空气阻力对最大车速的影响 在水平路面上匀速行驶的汽车，牵引力 F_t 与滚动阻力 F_f 及空气阻力 F_x 相平衡，即

$$F_t = (G - F_z)f + \frac{1}{2}C_D \rho v^2 S \tag{3-12}$$

式中，G 为汽车总重力；f 为滚动阻力系数。

因此，可以得到最大车速为

$$v_{max} = \sqrt{\frac{F_{tmax} - Gf}{\frac{1}{2}\rho S(C_D - C_z f)}} \tag{3-13}$$

当 F_{tmax} 和 G 一定时，减小空气阻力系数 C_D、提高 C_z 可使最大车速提高。但是提高 C_z 会降低牵引力 F_t，且会影响汽车的操纵稳定性，因此降低 C_D 值是关键。

（2）空气阻力对汽车加速性能的影响 汽车在水平路面匀速行驶时，行驶阻力消耗的功

率为

$$P_r = (G - F_z)fv + \frac{1}{2}\rho C_D S v^3 \tag{3-14}$$

发动机功率 P_e 和阻力功率 P_r 的关系为

$$P_r = \eta P_e \tag{3-15}$$

式中，η 为传动效率。

由于正常作用在汽车上的升力 F_z 都不大，因此忽略升力项并将式（3-15）对时间求导数，可以得到：

$$\frac{dv}{dt} = \frac{dP_e}{dt}\frac{\eta}{Gf + \frac{3}{2}\rho C_D S v^2} \tag{3-16}$$

由式（3-16）可见，加速度 $\frac{dv}{dt}$ 与空气阻力系数 C_D 有近似反比关系，加速度随空气阻力系数的增大而减小。减小空气阻力和重力都可提高汽车的加速能力。同时，汽车的加速能力还与汽车的车速有关。当汽车从静止开始行驶时，$v = v_0 = 0$，其加速度的值可能为最大；而当它达到最大车速 v_{max} 时，加速能力将大为降低，这是因为车速增加使空气阻力大大增加而导致加速能力下降。

（3）空气阻力对燃油经济性的影响　汽车匀速直线行驶时，百公里油耗 Q（单位：L/100km）为

$$Q = \frac{Wb_e}{102\rho} \tag{3-17}$$

式中，W 为汽车百公里能耗（kW·h）；b_e 为发动机的有效油耗率 [g/(kW·h)]；ρ 为燃油的密度（kg/L）。

百公里能耗 W 可以用滚动阻力和空气阻力来表示，因此，百公里油耗 Q 又可以表示为：

$$Q = \frac{(F_f + F_x)b_e}{3672\rho\eta} \tag{3-18}$$

因此，降低空气阻力 F_x 可以降低燃油消耗 Q。当高速行驶时，F_x 比 F_f 大得多，节油效果更加明显。当然，空气阻力 F_x 对燃油消耗量的影响与汽车类型、道路状况、发动机特性及使用工况有关，并不能简单地一概用式（3-18）来计算，通常由试验来确定。

总之，空气阻力 F_x 对汽车的燃油经济性和动力性影响较大，应减小空气阻力的大小，而减小 F_x 的主要方法是降低空气阻力系数 C_D。目前各种类型汽车的 C_D 值见表3-2。

表3-2　各类型汽车的 C_D 值

车型	C_D 值	车型	C_D 值
小型跑车	0.23～0.45	货车	0.40～0.60
轿车	0.30～0.55	大客车	0.50～0.80
旅行车	0.40～0.57	重型货车	0.65～1.0

2. 汽车的气动升力

汽车的气动升力垂直于其运动方向，即垂直于地面，向上为正。它会降低轮胎的附着力，对汽车行驶性能不利，应设法减小。它会影响汽车的驱动性、操纵性和稳定性，质量轻和质

心靠后的汽车对升力特别敏感。因此，从安全角度考虑，减小气动升力比降低气动阻力更加重要。

由式（3-5）可知，升力 F_z 与升力系数 C_z 成正比。升力系数 C_z 是汽车上、下表面曲率的函数，也是上、下表面压力差的函数。它反映了车身形状和位置状态对升力的影响程度，是评定汽车升力特性的重要指标。作用在汽车前轴上的升力称为前轴升力，其升力系数记为 C_{zF}；同理，后轴升力系数记为 C_{zR}。

理想的汽车流线形与飞机机翼剖面相似。机翼上下两个表面的曲率不同，使得流经上表面的气流流速大于流经下表面的气流流速，由压力差产生有利于飞机上升的升力。对于汽车来说，也会由于同样的原因产生升力，只不过是与飞机相反，使汽车的底部流速大于上部流速进而产生负升力是最理想的。

在判断汽车的升力时，常用到中线、弦线、拱度和迎角等概念，如图3-56所示。中线指汽车横截面中心点的连线。中线与汽车前端面和后端面的交点，称为前缘和后缘。前缘和后缘的连线称为弦线。中线弧线高度与弦长之比称为拱度。显然，减小拱度可使中线变得平坦一些，从而改善升力状况。但对轿车来说，要想从车身造型上减小拱度是十分困难的。评价车身外形与升力关系的指标称为迎角。迎角指弦线与水平线之间的夹角。一般规定：前高后低的弦线，其迎角为正，反之为负。显而易见，在正迎角下，迎角越大升力越大，因此，为了减小升力，应使迎角为负值。

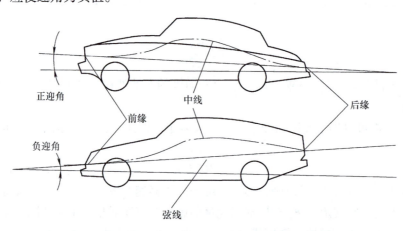

图3-56　汽车的中线和迎角

减小汽车升力的一些措施有：

1）采用负迎角造型，可使流入汽车底部的空气减少，避免底部气流阻塞，也有利于底部空气向尾部低压区疏导，使底部气流保持一定的流速，从而减小升力。

2）在汽车前端底部加扰流板，可减少进入底部的气流量，还能使底部气流顺利地向尾部或侧面流动，并保持一定的流速，这样也可使升力系数下降。

3）使汽车底板尾部上翘一个角度以疏导底部气流，可降低升力系数。

4）汽车底板向两侧面略微翘起，使底部气流有一部分流向两个侧面。由于汽车的两侧面是对称的，不会形成压差，两侧面的压力低于底部压力，因此当气流向两侧疏导时加快了底部的气流速度而使升力下降。

3. 汽车的空气动力稳定性

汽车行驶时，如果没有侧滑角，作用在汽车上的气动力只有空气阻力 F_x、气动升力 F_z 和俯仰力矩 M_y。在实际行驶情况下，由于受到侧向自然风的作用以及转弯、让车、超车等原因，汽车经常处于有一定侧滑角的运动状态。此时，作用在汽车上的气动力还有侧向力 F_y、横摆力矩 M_z 和侧倾力矩 M_x。如果侧向风强烈或汽车外形设计不正确，则在严重情况下会使汽车因稳定性恶化而导致事故。因此，汽车的行驶稳定性主要表现为横摆运动的稳定性。

风压中心 CP 的位置对汽车空气动力稳定性影响较大。设汽车风压中心 CP 到质心 CG 的距离在 X 轴的投影为 X_c。当风压中心靠近汽车前轴时（图3-57a），横摆力矩 $M_z = F_y X_c$，使汽车绕 Z 轴顺时针方向转动，即顺侧向风转动，进一步增强了侧向风力的作用，从而导致恶性循环，使汽车失稳。若风压中心 CP 在质心 CG 之后（图3-57b），则横摆力矩 M_z 使汽车产生逆时针方向转动，从而削弱了侧向风力的作用，使汽车趋于稳定。因此，造型设计时，应尽量减小汽车前部侧面的投影面积，使风压中心靠近后轴。

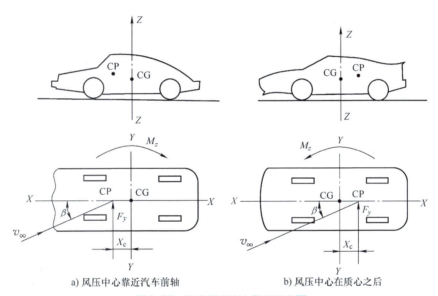

a) 风压中心靠近汽车前轴　　b) 风压中心在质心之后

图3-57　汽车受侧向力影响示意图

研究汽车空气动力稳定性的方法，也可以从研究汽车侧向力 F_y 对汽车横摆运动稳定性的影响入手。当等速直线行驶的汽车有前轮转角阶跃输入时，汽车转向运动的稳态和瞬态响应是评价汽车稳定性的重要特征。

1) 当不考虑气动侧向力 F_y 时，在前后车轮侧偏刚度 $K_1 = K_2$，且其他值一定时，决定汽车转向特性的最基本因素是质心位置 CG。设质心至前轴的距离为 a，至后轴的距离为 b，则当 $a - b = 0$ 时，汽车具有中性转向特性；当 $a - b < 0$ 时，汽车具有不足转向特性；当 $a - b > 0$ 时，汽车具有过度转向特性。

2) 当考虑气动侧向力时，汽车的转向特性可看成由不计 F_y 的转向特性和转向增量叠加而成。转向增量的性质由稳定性因数 k 的增量 Δk 的正负所确定。

$$\Delta k = \frac{[(a-d)(K_1+K_2)-(K_1a-K_2b)]K_yb + \left[(a-d)-(K_1a-K_2b)\dfrac{d}{K_2L}\right]K_ymv^2}{K_1K_2L^2 + K_1K_yLdv^2} \quad (3\text{-}19)$$

式中，d 为前轴到 CP 的距离在 X 轴的投影；L 为汽车轴距。

Δk 取决于风压中心的位置以及行驶速度。$\Delta k > 0$ 为不足转向增量；$\Delta k < 0$ 为过度转向增量；$\Delta k = 0$ 时的车速称为变号速度 v_{cf}。

3）在 $a - d > 0$ 的情况下，当汽车车速 $v < v_{cf}$ 时，Δk 为正值，F_y 的影响对汽车将产生不足转向增量；当汽车车速 $v > v_{cf}$ 时，Δk 为负值，F_y 的影响对汽车将产生过度转向增量。在 $a - d < 0$ 的情况下，当汽车车速 $v > v_{cf}$ 时，Δk 为正值；$v < v_{cf}$ 时，Δk 为负值，情况正好与上述相反。

4）一般来说，气动侧向力 F_y 对汽车转向特性有不可忽视的影响。因此，在进行汽车稳定性分析时，应考虑 F_y 的影响。为使汽车不出现横摆失稳状态，总希望汽车具有不足转向特性。为此，当汽车前后轮侧偏刚度 K_1 和 K_2 相近时，希望汽车做到 $a - b < 0$、$a - d < 0$，即从结构上保证质心 CG 在 $L/2$ 之前，风压中心 CP 在质心 CG 之后。

（二）汽车周围的流谱

1. 附面层与分离现象

理论上假设空气是非黏滞性的，而实际上空气具有黏滞性，即当气体相对于物体表面运动时会产生内摩擦作用。与物体表面接触的气体将受到该表面的阻滞使相对速度为零。临近该表面的空气层也被黏滞摩擦力所阻滞，其相对于表面的运动速度也随与物体表面的距离而变化。距离越大，空气粒子受黏滞性的影响越小，它们的运动也更快些。当与物体表面的距离超过一定数值时，空气粒子的运动将不受黏滞性的影响，其速度与外部气流速度相等。因此，围绕着运动物体的一个相对薄的空气层内，气流速度有着急剧的变化，存在着速度梯度，该气流层称为附面层或边界层。可以根据速度梯度在附面层内的状况来区分附面层的类型。当气流速度不很大时，附面层内各层间速度变化小，各层间是以不同速度错动的，称为层流。当附面层内各层间速度梯度较大时，整个附面层充满了涡流，称为湍流。图 3-58 所示为附面层内的速度分布情况，其中 h 为附面层厚度。图 3-59 所示为沿汽车表面的附面层。可见，仅在汽车前部有一个很小的层流区域，其余部分都是湍流，故可以认为汽车的所有表面实际上均被湍流附面层所覆盖。

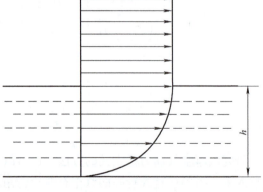

图 3-58　附面层内的速度分布

由于汽车外表面很少是平直的，大多在三个轴线方向均有不同的弯曲，从而形成二维或三维曲面。当汽车高速行驶时，按照伯努利原理，迎面来的气流的速度在不同表面处是不同的：在凸起部分，气流速度升高而使该部分气压下降，同时还保留着一定厚度的附面层；在凹下部分，气流速度降低而使该部分气压升高，同样在该表面也保持着一定厚度的附面层。当气流从凸起部分向凹下部分流动时，气压由低升高，气流要克服压力的升高才能继续运动，气流速度也就变慢，使附面层内的气体"堆积"起来并逐渐变厚，于是会使距物体表面某一

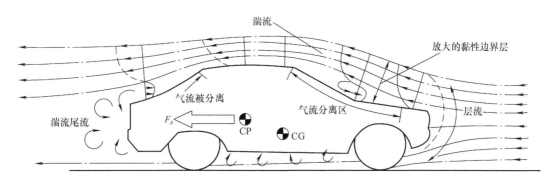

图 3-59 沿汽车表面的附面层

点 K 处的气体粒子失去其动量，速度为零。气流在这一点与表面开始分离，该点称为分离点，如图 3-60 所示。而更靠近物体表面的气流方向变为负值，空气发生倒流。从 K 点起形成一个分离面 $K-K'$，在分离面后部，产生了一个个涡旋，涡旋被外层气流带走，同时又有新的涡旋产生以补充被带走的涡旋，这种现象称为分离现象。

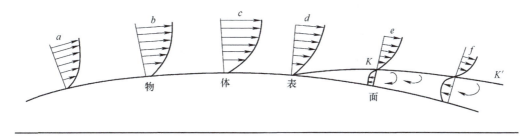

图 3-60 分离现象

汽车前部气流通常自发动机舱盖沿向上倾斜的表面移动，此时空气粒子速度增加。车身外形在发动机舱盖和前风窗玻璃处出现转角，故流速会变慢。此处车身表面气流在 S 点出现分离现象，如图 3-61 所示。而后，气流压力逐渐升高，气流在风窗玻璃上的 R 点再次附着。由于汽车纵向截面向后逐渐变小，使气流速度逐渐变慢，在汽车尾部，气流会再一次分离而形成汽车的尾流。汽车尾流可以认为是汽车通过空气与其表面间的黏滞性，将本身的动量给予了尾部的气体，并使其随着汽车运动。

2. 汽车前部的流谱

图 3-61 所示为汽车前部的流谱情况。影响发动机舱盖和前风窗玻璃转角部位气流的主要因素为：

1）发动机舱盖和前风窗玻璃间夹角 γ：夹角 γ 越大，前风窗玻璃上的附着点 R 越靠上，发动机舱盖上的分离点 S 则越靠前，如图 3-62 所示。

2）发动机舱盖的三维曲率和结构：发动机舱盖在水平方向的曲率越大，分离点 S 越前移。

3）前风窗玻璃的三维曲率和结构：前风窗玻璃法向曲率增大，附着点 R 将下移。

现代轿车的发动机舱盖曲率均较小，对 S 点无显著影响。但发动机舱盖侧面不要设置凸起物以免阻碍气流流向两侧。在前风窗玻璃下沿附近设通风口，有利于减小该处涡流的影响。

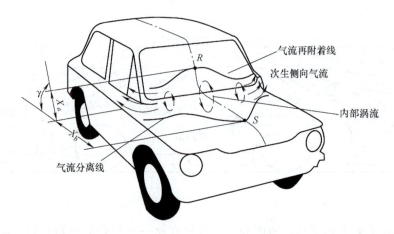

图3-61 汽车前部的流谱

二维圆柱曲面或其他曲面形状的前风窗玻璃，有利于气流向两侧流动，使再附着线向前风窗玻璃下沿方向降低。气流运动还受到前风窗玻璃上下沿的密封条、凸边及刮水器等的影响。

3. 汽车尾部的流谱

当气流沿汽车表面流动到其尾部时，气流分离形成尾随在汽车后

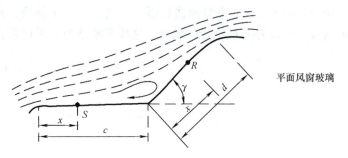

图3-62 发动机舱盖上的分离点和前风窗玻璃上的附着点

面的湍流尾流。可以用一个简单流线形体来研究尾流，如图3-63所示。气流在其尾部的分离线成圆环形，尾流从此处形成。尾流区的局部气压相同且低于大气压力。如果将该流线形体后部伸入尾流区的部分截掉，则作用在其上的实际气动力合力并不会改变。轿车造型中的"短尾"造型方法，就是将隐入尾流区的车身切短，形成垂直于主轴线的后截面，使气流在同一截面上自然分离。尾流中主要是负压，从而产生运动阻力。一般称后截面为"基面"。在设计中，应设法减小基面面积以使尾流负压值减小，从而降低阻力。实际中，轿车的外形要比轴对称的流线体复杂得多。图3-64所示为轿车周围的压强分布及尾部的流谱状况。在设计汽车尾部造型时，首先应避免尾流涡漩对路面造成过大的紊流，以减少尘土飞扬；其次应考虑引导气流对后风窗玻璃等部位有一定的冲刷作用，以防尘土的沉积。

4. 汽车底部的流谱

汽车在地面上行驶与飞机在空中的飞行运动差异很大，这主要是缘于汽车底部和地面之间气流的黏滞和干扰。进入汽车底部的气流可以看作首先以与汽车运动相反的方向相对于地面运动；然后，由于黏附到汽车底部上而随汽车一起运动。可见，车底的气流先是向后运动，汽车驶过后又向前运动。这种局部的阵风是一种分离气流，产生一种沿地面与汽车一起运动的漩涡。因此，汽车底部流谱是一种相当复杂的、强烈的湍流，并对汽车的气动力影响很大。一般认为，汽车底部和地面之间的气流状态受下列因素的影响：

1) 底部的平滑程度。

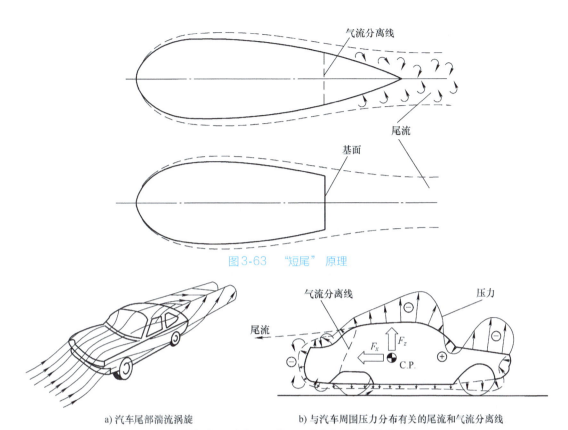

图 3-63 "短尾"原理

a) 汽车尾部湍流涡旋　　b) 与汽车周围压力分布有关的尾流和气流分离线

图 3-64　汽车周围的压强分布与尾部的流谱

2）离地间隙：若底部粗糙，则阻力随离地间隙的增加而略有增大；若底部平滑，则阻力随离地间隙的增大而减小。

3）车辆宽度、长度和高度之比以及车身造型。

4）地板的纵向和横向曲率：纵向曲率使底部平均流速增加，相应使平均压力降低而减小了升力；横向曲率有利于气流向两侧边缘流动，压力从中部向地板两侧逐渐降低而使气流总拥塞程度减小，有利于减小空气阻力。但横向曲率过大容易引起过量的横向气流，并与侧面气流相干扰而产生额外的涡旋和湍流。

5. 汽车周围的涡系

汽车在行驶中，其周围会产生涡漩。如在发动机舱盖和风窗玻璃之间会形成涡漩，并且与侧面气流作用并一起后移形成尾涡。底部气流沿地板曲面流向侧面，也与侧面气流形成另一个涡漩，并沿侧面后移。上下两对涡漩相互作用和吸引，形成随汽车移动并附在汽车侧面的两对附着涡漩，随后逐步合并成一对尾随涡漩，如图 3-65 所示。为减小和消除涡流和气体分离引起的摩擦阻力和动能损失，某些轿车在尾部安装导流翼来改变气流速度，减轻涡流和分离现象。或者改变车身侧面的形状，在后风窗的两侧形成局部凸起以使气流加速，也有同样的作用。

6. 汽车的内部流场与表面压强分布

汽车的内部气流包括发动机或制动器冷却的气流，以及车厢内部通风的气流两部分。内部气流对车外流谱有两方面的影响：一是由于一部分气流引入车内而降低了外部气流作用于

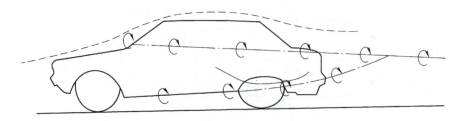

图 3-65　汽车周围的涡流状况

车身表面的压力；二是外部气流在通过内部结构时，由于摩擦、涡流及泄漏而损失了动量。以上两项的综合结果形成了内部气动阻力。研究内部气流的目的是恰当地引入外部气流，以最有效地完成通风、冷却后再排出车外，同时使气流对整车气动性能的影响最小。

（1）车身的表面压强分布与车内的通风　车身表面压强的大小及分布与汽车内部流场有关，它是选择车身的通风进出口位置及估计通风量的依据。车身的表面压强一般用压强系数 C_p 来表示：

$$C_p = \frac{p - p_0}{\frac{1}{2}\rho v^2} \tag{3-20}$$

式中，p 为车身表面压力（Pa）；p_0 为标准大气压（Pa）；v 为气流速度（m/s）；ρ 为空气密度（kg/m³）。

图 3-66 所示为不同车型的车身表面压强分布特性。驾驶室前围板上的正压力约占车身总宽范围内压力的 70%~80%，左右对称断面附近的压强系数 $C_p = 0.35 \sim 0.60$。可以在有高的正压强系数的前格栅处和驾驶室前围板附近以及发动机舱盖后部设置进风口，出口设置在负压区，如后柱、后风窗下方、车顶后端、地板下方等。轿车一般将进风口设在发动机舱盖后部，出风口设在后风窗柱下部。货车一般将进风口设在前围上部（平头车）或发动机舱盖后部（长头车），出风口设在后风窗柱下部或后门柱侧面。大客车的进风口常在前围或前风窗上部，或在车顶开设顶窗进风，而出风口设在后风窗柱上。

（2）发动机冷却　发动机冷却问题主要在于保证其散热效率。前置发动机可以利用前部气流来散热。冷却气流可以从前面面罩的格栅、保险杠上部与格栅下条之间的间隙，以及保险杠上的开口或保险杠下部的间隙进入。一般来说，前围面罩格栅处的气流速度较弱，保险杠下部气流速度最强，特别是在高速行驶时，该处气流对发动机冷却效果最好。对于后置发动机来说，如果进出风口位置设计不当，不仅散热效果不好，还可能会将尘土带入而堵塞散热器，因此必须慎重设计。可以考虑采用强制散热的方式。

要使汽车的空气阻力系数最小而又能使冷却效率最大，关键是控制散热器气流入口面积和出口面积，在实现有效散热的同时，阻力又不会太大。如果入口面积过大，气流流速将减慢并在入口边缘形成小漩涡，气流因摩擦损失和动量损失而增大阻力；如果入口面积过小，则因冷却风量不足而影响散热。如果出口面积过大，气流流速减慢并会在出口边缘形成小漩涡而增加内部阻力；如果出口面积过小，则同样带不走足够的热量。

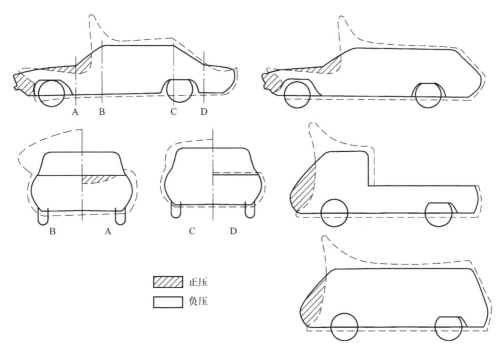

图3-66 不同车型的车身表面压强分布特性

三、车身空气动力学设计

正如第一节所述,汽车的外形从厢形、流线形、船形、鱼形到楔形,经过了五个发展时期。随着汽车车速的不断提高,为了保证较小的空气阻力和升力,提高行驶稳定性,汽车的外形必然在楔形的基础上不断进行改进。在进行车身的造型设计时,空气动力学是一项重要的考虑因素。

(一) 轿车车身气动外形设计

车身基本外形对空气动力特性有很大影响。最佳气动外形设计的原则是:使沿车身表面的气流不分离,车身表面外形不应急剧变化,表面外形变化处应平滑过渡,从车身前端至后端的外形曲线连续;A柱处气流的流动是很重要的,应尽可能保证前风窗两侧玻璃用相同的曲率,保持气流从前风窗向侧窗流动的连续性;A、B、C柱尽量配置在玻璃内侧,保证车身表面的平滑化;车身尾部外形应使气流不产生分离,尽量减小尾涡,尾涡应尽量远离车身;避免车身上下左右的气流混合产生涡流;注意车身底部的光滑程度,最好采用整体平顺的地板,并尽量避免零部件的凸起;车身外饰件(如后视镜等)、侧面均应保证气流流畅地通过,不产生气流分离;轮胎应有适当的宽度等。以上问题在设计中都应充分注意。

在进行轿车的外形设计时,降低空气阻力系数是重点考虑的设计目标。图3-67给出了一种简单的根据汽车外形特征估算空气阻力系数的方法。图3-67中,每一行代表了一类车身造型特征,而每一类中又根据空气动力性能的优劣分为6级,则汽车的空气阻力系数可以根据每行的分级值进行估算。

$$C_D = 0.16 + 0.0095\Sigma \tag{3-21}$$

式中,Σ为所有9行的分级值之和,$9 < \Sigma < 39$。

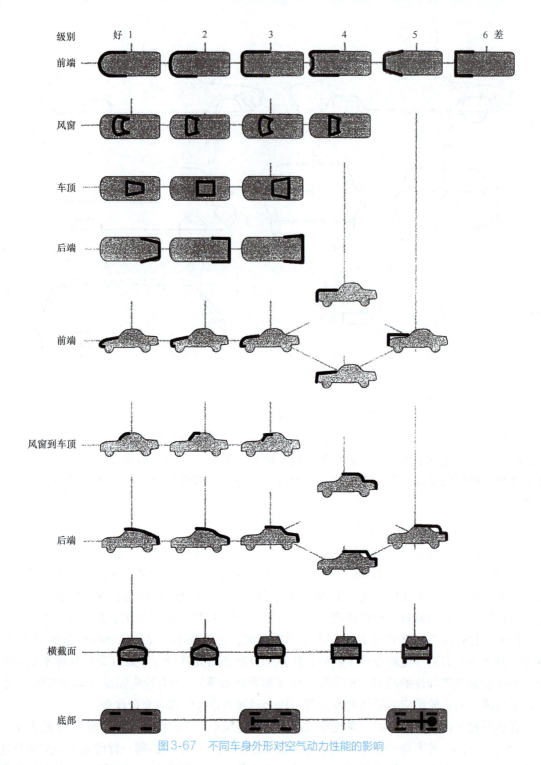

图 3-67　不同车身外形对空气动力性能的影响

（二）车身外形设计的局部优化
1. 车身前端造型设计的优化
车身前端造型对气动阻力的影响举足轻重。对汽车而言，没有良好的前端气动造型，其他的气动造型就没有多大意义。前端造型对气动阻力的影响因素很多，主要有前端形状、前端边角、前保险杠形状与位置、前阻风板形状与位置、进气口形状和格栅形状等。

车身前端形状的棱角圆化可以防止气流的分离，以降低 C_D 值。如图3-68a所示，车身前端的不同流线形试样，其阻力减小量不同，可以看出图中下凸型方案最好。图3-68b所示为车身前端边角局部圆化后的效果。尖的车身前端边角相当于一个气流分离触发器，气流遇尖角立即分离，在其后部形成涡流而增加阻力。

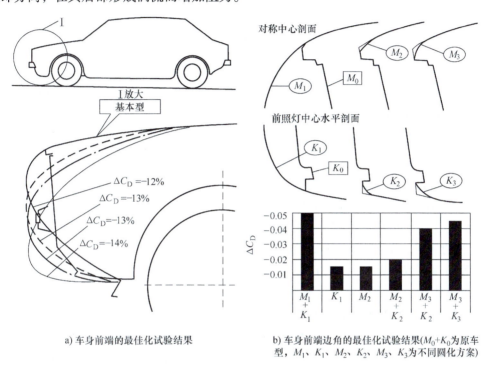

a) 车身前端的最佳化试验结果

b) 车身前端边角的最佳化试验结果（M_0+K_0为原车型，M_1、K_1、M_2、K_2、M_3、K_3为不同圆化方案）

图3-68 车身前端及其边角的最佳化

前保险杠的形状包括整个轮廓形状和断面形状。保险杠前方迎面很容易形成气流的阻滞现象。阻滞区会形成压力，并使其产生涡流。因此前保险杠的断面形状应是凸形断面，过渡部分圆滑化，以保证气流可以顺利地分流并转折到后部，不使气流产生阻滞现象，如图3-69所示。

前保险杠的位置越接近车身本体，则越容易使车前部气流急剧转折，故应使保险杠尽可能向前方伸出，以减少急剧转折的气流形成涡流而使阻力增加。同时，前保险杠向前方伸出多些可起到更好的轻微碰撞缓冲作用，对行车安全是有利因素。但前保险杠位置向前方伸出会使车长增加，故伸出长度受到限制。综上，应从整车综合的最终效益来权衡取舍。

前保险杠与车身本体间隙应尽量减小，但在以往的结构形式中，为保证在行驶时不至于振动，使保险杠碰撞或摩擦车身本体，而不得不在前保险杠与车身之间留有一定的间隙，而这与空气动力学要求恰好相反。当代车身与前保险杠在结构上已形成刚性连接，并在间隙处装有弹性塑料板件作为连接处的覆盖件。这样可使间隙消失，气流情况大为改善，既可提高气流进入散热器的效率，又可减小阻力和升力。

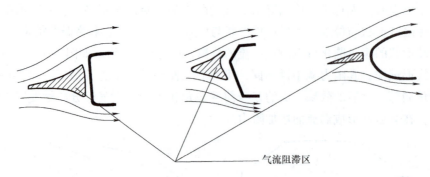

图 3-69 不同剖面的前保险杠前方形成的气流阻滞区

保险杠俯视形状两端应与车身本体形状相匹配，消除棱角与装饰端头，使转折圆滑、流畅，从而减小气流的分离，防止涡流产生。

车身前端的倾斜或直立与阻力系数密切相关，如图 3-70 所示。当倾角为负值（俗称车头向后仰）时，有利于气流通过；当倾角为正值（俗称车头前倾）时，容易造成气流阻滞而使阻力和升力增加。

散热器进气口与格栅的形状，对车头的阻力有直接而显著的影响。除格栅本身投影面积、宽度、形状和位置间隔密度影响空气阻力外，格栅后方空间的大小也有影响。发动机与散热器之间距离很近

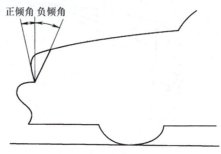

图 3-70 车身前端面倾角

时，空气流量减小，使格栅对空气阻力的影响也减小。较为理想的格栅，应当是本身阻力很小，同时在汽车低速和高速行驶时，能调节进入散热器的气流量。相同的格栅安装于不同形状的进气口和不同的位置时，对阻力所产生的影响也不相同。总的来说，进气口后部气流密度降低，产生的阻力也降低。也就是说，在设计格栅或进气口位置时，应尽可能避开高静压力区域。但在散热器要求一定进气效率时，仍要将进气口或格栅位置放在适当的静压力分布区域内。

2. 发动机舱盖与前风窗造型设计

发动机舱盖与前风窗造型对气动阻力的影响主要有以下三个方面：

1) 发动机舱盖的三维曲率与倾角。
2) 风窗的三维曲率与倾角。
3) 发动机舱盖和前风窗间的夹角与接合部位的细部结构。

发动机舱盖与前风窗一般都具有纵向和横向曲率。纵向曲率直接影响上缘气流的流动状态；横向曲率直接影响侧向气流的流动状态。设计合理的三维曲率将减少气流分离和气动阻力。试验表明，前风窗倾斜（以前风窗下沿为基点）与水平线的夹角为 25°～30°时，风阻系数最低。

3. 车身侧面形状的优化

整个车身侧面虽然不是迎面产生阻力的区域，但其形状和流过它的气流流型却会严重影响整车的空气动力性能。

对侧面气流影响最大的部分，是车身前端与侧面的转角形状，它可能会引起涡流，致使

侧面气流流型受到破坏,因此,应使这部分形状圆滑过渡,避免形成棱角。

对侧面气流有影响的,还有发动机舱盖前缘形状。此处的气流将有一部分流到侧面,直接加入侧面气流。发动机舱盖两侧以及前翼子板侧边形状,将对车身前部气流流向车身侧面的趋势起到控制与疏导的作用。要尽量避免在这部分产生涡流,否则将使侧面气流受到干扰和破坏。

A柱形状及流水槽也是影响侧面气流的因素。如果A柱的外形设计成直角形,则在拐角附近就会因产生气流分离而使阻力增加,故一般A柱外形均设计成圆滑过渡形。但因制造、使用的原因,A柱上一般都有凹槽、凸面和小棱角,大多还有凸出的流水槽。这些都会影响到气流在侧窗上的分离,并造成气动噪声和对侧窗的尘土污染,对C_D值的影响也很明显,因此对A柱要精心设计。

轮口处往往会产生涡流,严重影响侧面的气流。另外,轮口周围形状设计不当还会使车轮溅起尘土、泥污,污染车身。因此,必要时可将轮口周围形状设计成可以产生正压的曲面,使部分侧面气流流入轮口,而不是使轮口内气流或涡流流出侧面。一些轿车的四个轮口外部拱起,使轮口区域处于气流正压力状态,这样便可控制轮口内气流对侧面平顺气流的干扰与泥污喷溅的影响。

4. 车身后部形状的设计

图3-71所示为德国大众所做试验,从中可知,车身后风窗后倾角对尾部流谱有显著影响。当$\varphi<30°$时,气流的分离点在B点,一般称为快背形流谱。当$\varphi>30°$时,气流的分离点在A点,一般称为方背形流谱。方背形汽车的后风窗处在尾流之中,涡流使雨水、尘土等脏物附着在上面,既难看又影响视野。快背形后风窗处在平顺气流中,在气流冲刷下不易附着脏物,其尾流区也较小,因而气动阻力较小。从减阻效应看,快背形随着φ的减小,使顶部平坦且C_D下降;方背形在φ继续增大时,分离点后移,C_D也有所下降,但减少有限。30°时的φ角称为临界后倾角,此时,由于车尾具有强大的纵向涡流而使C_D值达到最大。

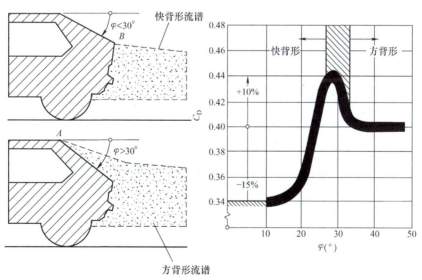

图3-71 后风窗后倾角对尾部流谱的影响

不同的车身后部形状因车后形成的尾涡不同而具有不同的阻力和升力，方背式车具有中等程度的阻力和较低的升力，常见三厢式轿车为阶梯背形式，阻力和升力均较大。车身后部带有一定程度的横向收缩，可使侧面气流改善，有益于降低阻力，但过大的收缩则无必要。

（三） 加装气动附加装置

在汽车上安装各种气动附加装置，也可以使其气动性能得到明显的改善。

1. 前扰流器

在前部加装扰流器的目的是减少流入底部的空气量，以免在车底不平整处产生过大的涡流强度与阻塞气流，达到减小阻力系数与升力系数的目的。但是扰流器的存在又会加大汽车迎风面积，从而增加气动阻力。这两者是矛盾的，因此适当的扰流器高度和位置非常重要。现在的一些轿车，已把前扰流器和车身前部造型巧妙地结合起来，不再是一种附件。如图3-72所示，扰流器与车身前裙板连成一体，中间开有合适的进风口，可加大气流度，降低车底气压。

图3-72　前扰流器

2. 后扰流器

在轿车车身后部设置后扰流器的目的在于推迟涡流的产生，减弱涡流的强度并形成局部正压，以降低阻力系数和升力系数。是否在车身后部装设扰流器，要视车身后部的形状及具体气流流动状况而定。对于具有平顺气流的快背型车，有可能起到较好的作用，如图3-73所示；对于阶梯背型车，由于气流早已分离，无需再在尾部加装扰流器；对于方背式车，有时在顶盖后缘装设扰流板，有利于降低阻力与升力，如图3-74所示。有些车在车身后部装设后下阻风板，可防止底部灰尘上卷，减少尘土堆积。

图3-73　后扰流器

3. 导流罩

轿车的车身具有较简洁而完整的外形，而货车和大客车，尤其是半挂车等，车身形式繁

图3-74　顶盖后缘扰流板

多，在驾驶室和车厢之间还存在间隙，这为降低风阻和改善气流增加了难度。目前，多在驾驶室顶盖上面安装一个导流装置（图3-75），使驾驶室与车厢之间呈流线形过渡，以此引导流过驾驶室上部的气流与厢体的上表面"衔接"，使气流沿封闭车厢顶盖表面很近的地方流动，从而降低空气阻力系数。有的驾驶室与导流罩做成一体，导流罩本身就是驾驶室的车顶。

图3-75　在货车上加装导流罩

四、汽车空气动力学试验

汽车空气动力学是一门经验科学，大量重要的结论都来自对试验数据的分析和处理。汽车空气动力学试验包括风洞试验和道路试验。风洞试验能够在汽车设计研发的早期开展，是目前汽车空气动力学试验研究所依赖的主要手段。

风洞试验难以再现实际道路上的真实环境，因为汽车在道路上行驶时不仅存在风、雨、尘土、阳光，同时还要考虑路况、实际路面的太阳光漫射和温度附面层，以及自然风的非稳态特性、多辆汽车交汇、过隧道等。因此，汽车实际的空气动力学性能还需要经过道路试验进行验证。

（一）汽车风洞结构

风洞是一种按照一定要求而设计建造的管道，可利用动力装置等设备在管道中产生可以调节的气流，以此来模拟大气流的状态以进行空气动力学试验。很多大型汽车公司都不惜巨资建造大尺寸的专用汽车试验风洞,将其作为开发高性能汽车的重要手段。

1. 风洞的类型

风洞的种类很多,按照气流速度的不同,风洞可分为低速风洞、亚声速风洞、跨声速风洞、超声速风洞、高超声速风洞和超高速风洞,其中,汽车风洞属于低速风洞。汽车风洞还可分为气动及声学风洞和气候风洞两类,前者根据尺寸大小又分为模型风洞和实车风洞。

模型风洞主要用于进行汽车比例模型(模型比例有1:2、1:2.5、3:8、1:4、1:5、1:10)的风洞试验和大量气动造型前期的实验,具有投资少、运行经济、测量方便等优点。但由于流场一般不能与实车运行时的流场完全一致,且模型难以真实模拟汽车表面细节、汽车内流及车轮转动等,因此难以获得准确的试验数据,必须对试验结果进行大量的校核与修正。实车风洞又分为大型全尺寸风洞和小型全尺寸风洞,主要用于实车或1:1模型的空气动力学试验。实车风洞可以基本满足试验所要求的各种条件,其流场与实际情况具有较好的相似性,所获取的数据相对可靠准确,但造价较昂贵、运行维护费用高。

2. 风洞的基本构造

汽车风洞的基本结构形式有4种:直流闭式、直流开式、回流闭式和回流开式。直流式风洞直接从大气中吸入空气,气流通过试验段后,直接排到大气中。这种风洞结构简单,制造成本低,但是所用风扇电动机功率大,不易保持恒定的空气温度和湿度,风洞内的气流受自然风影响大,噪声高,遇雨雪和大风天气时难以进行正常的试验。回流式风洞所用的空气在一个闭合的回路中运行,因而其能量损失小,风扇电动机所需功率小,容易保持恒定的空气温度和湿度,运行成本低,噪声小,但其结构复杂,建造成本高,当运行时间较长时,需要装置冷却系统降温。

回流式汽车风洞洞体主要由收缩段、试验段、扩散段、动力段和稳定段组成,如图3-76所示。

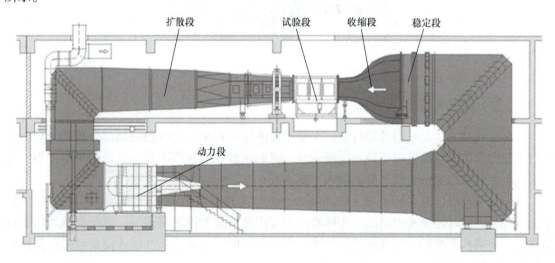

图3-76 回流式汽车风洞洞体结构示意图

收缩段位于试验段的前面,随着其横截面积的不断缩小,气流从入口被逐渐加速到试验段所需要的参数值。收缩段的一个重要特性参数是收缩比,收缩比大的风洞所消耗的能量大,但可得到紊流度较低的气流，一般汽车风洞的收缩比 K 为 $2\sim4$。

试验段是风洞的核心部位，试验对象、模拟环境条件的一些装置及测量仪器、观察控制室等都设置在这里。试验段的三维尺寸和风速是风洞的重要参数，三维尺寸不仅决定了汽车风洞的性质（实车还是模型），还直接影响到流场品质和试验结果的可靠性。

扩散段的作用是通过风道横截面积的增加，降低风洞中气流的速度，从而降低能量损失，它一般位于试验段的后面。扩散段管道的横截面积通常采取逐渐增大的方法，从而将试验段出口处的动能最有效地转变成压力能。扩散段应有适当的长度，其扩散角一般不超过 $5°\sim6°$。

动力段一般包括电动机、风扇、整流罩、等流计、止旋片等。它的作用是不断为风洞中的气流补充能量，以保证气流以一定的速度恒稳地在风洞中流动。调节风速的方法通常有两种：调节电动机的功率和风扇的桨叶角度。装在风扇前的导流片和装在风扇后的止旋片都可用于消除风扇所造成的旋流，从而改善气流的状态。

稳定段的主要作用是消除涡漩、稳定气流状态。在稳定段中通常装有整流网（阻尼网）和蜂窝器。整流网一般由金属丝制成，主要用以将气流涡漩转换成大量的能迅速衰减的小涡漩，因此虽然在离网很近的距离内会增加紊流度，但离开网一定距离后，气流的紊流度会大大降低。蜂窝器一般由一定宽度的金属薄片制成，用以消除气流的低频脉动，并和整流网一起消除空间的不均匀性。由于蜂窝器在沿风洞轴线方面有一定的宽度，故可以减少气流速度对于风洞轴线的倾斜脉动。

（二）汽车风洞试验内容

汽车风洞试验的目的在于得到准确反映汽车行驶状态下的空气动力特性数据。汽车风洞试验主要包括以下内容。

1. 气动力和气动力矩的测量

汽车的测力试验主要是测定气动六分力系数随横摆角的变化关系，并由此对汽车进行空气动力特性的定量评价，其中空气阻力系数的测定是最重要的一项。气动力天平是用来进行测力试验的测量仪器。根据天平测量分量的数量分为单分量天平、三分量天平和六分量天平三种。按其工作原理，主要分为机械式天平和电阻应变式天平两种。

2. 汽车表面压强分布测量

汽车表面压强分布与汽车的气动阻力、风噪声、面板震颤以及通风、换气等装置的合理布置都有密切的关系，试验时用压强测量仪器确定。压强分布试验所测得的压强，最后应转换为无量纲的压强系数。

压强测量方法主要包括静压测量和总压测量，其中，静压测量又包括壁面静压测量和气流静压测量。

进行压强分布试验时，采用模型比实车方便。试验前，首先确定模型上的测压部位、测压点数及点位坐标，然后在这些点处开孔。为了不影响试验数据，一般应尽量使孔径小，并将测压管埋入孔内，用砂纸打磨以保证车身表面的光滑。各测压孔所感受的压强通过测压管、传导管与压强测量仪器相连接。在压强变化剧烈的地方应将测压孔布置得适当密一些，压强变化平缓处则适当疏一些。

3. 流谱显示试验

流谱显示和气流显示试验用于测定车辆内外的空气流动、车身表面的尘土污染以及车窗上的水滴流动等现象。试验既可以在道路上进行，也可以在模型风洞或实车风洞中进行。流谱显示试验主要有四种方法：丝带法、烟流法、油膜法和激光流态显示法。

丝带法是用于观察表面流谱的常用方法。它通过观察粘贴在模型表面上的丝带的运动状况来确定模型表面的流谱。丝带法简单易行，各点流态清晰可见，但受丝带本身的重量和惯性影响，与真实的流态还是略有差异。

图3-77所示为烟流法显示的车身周围的气流流场，以及车身表面的分离流和尾部涡流等。试验时，烟流发生器产生烟，并由梳状管排出烟丝，也可用化学法生烟。烟流试验风速通常控制在10~20m/s之间。

油膜法主要用于汽车表面污染的研究。将混有一定颜色的、不易挥发的、黏度较大的油液均匀地喷涂在模型或汽车表面，根据模型表面的油膜上的风纹可看出气流的方向和流速大小。使用油膜法可使表面流谱图像一目了然，并可在风洞停止吹风后

图3-77 烟流法测量汽车周围流谱

一段时间内保持其表面流谱，但是需要长时间吹风，油易流淌，模型及风洞易脏。

激光流态显示法就是利用激光粒子图像测速技术，进行瞬时实时测量的方法。粒子图像速度场仪的本质是一种图像分析技术，可在瞬时冻结流场给出二维和三维速度分布。一个完整的粒子图像测速系统通常由成像系统和图像处理系统组成。双脉冲激光片光源和照相机构成成形系统。片光源由脉冲激光通过柱透镜形成，用于照射动态微粒场，拍摄粒子场照片的相机垂直于片光源。图像处理系统主要由氦氖激光器、阔束器、空间滤波器以及计算机图像系统组成，用于从两次曝光的粒子图像中提取速度场。激光流态显示法的最大优点是突破了空间单点测量的局限性，可在同一时刻记录下整个流场的有关信息，并且可分别给出平均速度、脉动速度和应变率。计算机图像处理技术的发展使得粒子图像速度测量技术不仅具有激光多普勒测速仪单点测量的精度，还可以定量描述流场。

4. 水流模拟试验

水流模拟试验用于模拟雨天汽车车身上雨水的流径及雨滴飞溅情况，一般在汽车风洞中进行。试验方法为在水流中掺入荧光添加剂，喷射到未受干扰的气流中。通过紫外线的激发，试验者可清晰地观测到雨水流径及雨滴飞溅的情形。

5. 会车模拟试验

会车试验主要是模拟汽车会车时所受的气动影响。在单个风机的风洞中，通常采用的方法是将一辆车的模型固定不动，另一辆车的模型被固定在绕弧线轨道摆动的摆锤下端，并控制它从距固定模型一定距离处摆过。目前也有一些大型风洞具有两个风机，可以进行会车试验。

6. 尘土污染模拟试验

灰尘和泥垢的沉积不仅影响车辆的美观，还会影响行驶安全。为防止某些特定部位沉积灰尘和泥浆，须进行灰尘污染模拟试验，进而采取防沉积措施。在进行试验前，在车身上可

能沉积灰尘的部位薄薄地喷上一层油。试验时，为模拟汽车行驶时卷起的灰尘和泥土，把滑石粉注入气流中，然后驾驶汽车通过该气流区，根据车身上滑石粉附着的状况来判断灰尘的沉积状态。

第三节 计算几何理论基础

一、概述

传统车身设计制造方法的主要特点，实际上是对复杂的空间曲面外形所采取的一整套特殊的实物模拟和"移形"。尽管传统方法有直观、严格、可长期保存等优点，在车身工程的发展过程中起过很大作用，但正因为它利用实物来传递尺寸和外形，给设计和生产准备工作带来了很大工作量。例如：雕塑1∶1油泥模型、绘制主图片和车身零件图、制作主模型等，都需要耗费大量的手工劳动和时间，致使设计和生产周期加长，影响产品的更新换代。

为了使设计人员从繁琐、重复的制图和其他非创造性劳动中解放出来，长期以来，人们就在探求利用数学方法来代替人工制图法，但过去受到计算工具的限制，仅限于采用较简单的数学方法，进展也较迟缓。计算机技术的飞速发展，为车身设计的数字化提供了物质条件。如前所述，车身上的很多零件（特别是大型覆盖件）具有很复杂的空间曲面，但无论该曲面如何复杂，决定其图形的却只有四个因素，即坐标系、点、线和面。而本质上不过只有坐标系和点两个因素，因为空间上的任何一点都可以用 X、Y、Z 三个坐标值来表示，点在空间做有规则的运动即可构成光顺的线和表面。因此，我们完全有可能采用数学方法（即用一组数学方程）来描述汽车车身的外形。这种用数学方法构成的外形模型就称为外形数学模型，实际上也就是把真实的对象（如车身）设想成数学上的曲线和曲面，由此出现了一门新的数学分支——计算几何。这门学科推广应用于有关的工程技术领域，称为"计算机辅助几何设计"（Computer Aided Geometric Design，CAGD），也就是一般所说的计算机辅助设计（CAD）。

车身的某些截面可以用二次曲线、圆弧或直线等基本线条来构成，但是，由于结构、布置、气动和美感等方面的特殊要求，其外形曲线不可能都依赖于上述简单的基本线条。下面介绍一些常用曲线和曲面的表示方法。

二、三次样条曲线

基于传统的车身设计方法进行"移形"时，往往需要将1∶1模型上测量下来的一批型值点（离散）标注在主图板上，然后用有机玻璃或木质样条把这些点连成一条光滑曲线。在计算机辅助设计中，需要用一组数学方程来描述所要求的车身外形。以上两种方法都存在做一条完全通过或逼近给定型值点的光滑曲线的问题，通常称为曲线拟合，实际上就是按曲线选择公式的问题，常用的是样条插值法。

在主图板上绘制车身外形轮廓线时，通常采用"样条尺"工具（图3-78）。它是一根富有弹性的木条或有机玻璃条，调整样条尺外形，尽量使其对准型值点，然后用压铁压住，沿着样条尺即可画出所需的曲线。如果将样条看作弹性细梁，将压块看作作用在此梁上的集中载荷，则上述绘制曲线的过程，在力学上就可以抽象为求弹性梁在外加集中载荷作用下的弯曲，在小挠度情况下，由材料力学知识，可得：

$$M(x) = EIK(x) \quad (3-22)$$

式中，$M(x)$ 为作用在梁上的弯矩；E 为材料的弹性模量；I 为梁横截面的惯性矩；$K(x)$ 为梁的曲率，其计算公式为

图 3-78　样条尺

$$K(x) = \frac{y''}{(1+y'^2)^{3/2}} \quad (3-23)$$

此方程为一个非线性方程。如果在每个点之间弯曲得不剧烈，即在所选定的直角坐标系中 $|y'| \ll 1$（即小挠度）的情况下，可以忽略 y' 的影响，从而使挠度 y 的二阶导数为

$$y'' = \frac{M(x)}{EI} \quad (3-24)$$

此时，变形曲线 $y = f(x)$ 为分段三次多项式，且在压铁处的函数值、一阶导数和二阶导数都是连续的，这些就是三次样条函数的力学背景，也就是说，这种挠度曲线导致了数学上三次样条函数概念的建立。在建立较为复杂的车身外形数学模型时，一般只涉及三次空间曲线就够了。

三、贝塞尔（Bezier）曲线和曲面

1. 概述

20 世纪 60 年代初，法国雷诺汽车公司的工程师贝塞尔花了近 10 年的时间，根据以"逼近"为基础的参数曲线表示法，创造出一种适合于汽车外形设计的系统，称为 UNISURF。1972 年，该技术在雷诺汽车公司正式使用，定名为贝塞尔曲线。

贝塞尔最初的想法是从以下简单方法中得到启示的：随手用折线勾画外形轮廓，然后描绘若干光滑曲线段来逐步逼近，以获得所需的外形。上述方法如图 3-79 所示，这是美工人员速写绘画时常用的手法。

具体来说，其外形设计过程大致如下：将从汽车的油泥模型或外形曲线上取来的数据，以原尺寸大致描绘在图板上，然后按此草图勾画出一个多边形，再将各顶点坐标输入计算机，经过计算后画出一条相应的曲线。对于空间曲线，则可在两视图上分别逼近。一般来说，只需对贝塞尔多边形的顶点稍加调整，仅需几次迭代便可获得令人满意的结果。简而言之，贝塞尔法的精髓在于："将复杂曲线的描绘简化为多边形描绘"。此法提出后，在计算机辅助几何设计领域中产生了很大影响。

车身外形是由自由曲线和自由曲面构成的，它很适合于前述的用折线勾画外形轮廓的那种"以直代曲"设计意图，而贝塞尔曲线正好能满足这种要求，其优点在于计算简单，一旦它的特征多边形位置确定以后，曲线就唯一确定了，而且曲线的形状和特征多边形很相似。

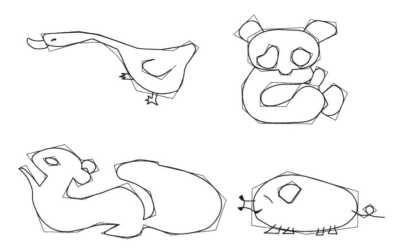

图 3-79　速写绘画时常用的逐步逼近法

当生成的曲线不够理想时，只要适当调整多边形的顶点就能奏效。以下简要介绍贝塞尔曲线的几何作图法。

当特征多边形的顶点 b_i（$i = 0, 1, \cdots, n$）给定后，可以这样来画出所对应的贝塞尔曲线。对于固定的区间 $t \in [0, 1]$，在特征多边形以 b_i 和 b_{i+1}^m 为两端点的第 i 条边上找出一点 $P_{i,1}(t)$，将这条边分成比值为 $t:(1-t)$ 的两段，于是得到分点为

$$P_{i,1}(t) = (1-t)b_i + tb_{i+1}^m, \quad 当 i = 0, 1, \cdots, n-1 \tag{3-25}$$

这几个点组成一个（$n-1$）边形，对此，新的多边形重复上述操作，又可得到一个（$n-2$）边形的顶点 $P_{i,2}(t)$（$i = 0, 1, \cdots, n-2$）。依此类推，连续作 n 次以后，只剩下一个单点 $P_{0,n}(t)$，它就是贝塞尔曲线上对应于参数 t 的点 $P(t)$。让 t 在 $[0, 1]$ 间变动，就可以求出贝塞尔曲线上的所有点。

现以 $n = 4$，$t = 1/3$ 为例，得出 $P_{0,4}$（$t = 1/3$）点，此过程可由计算机来进行（图 3-80）。

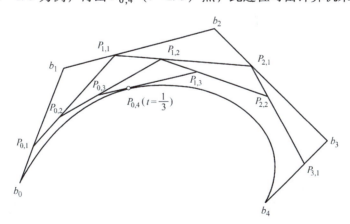

图 3-80　利用特征多边形作对应曲线的方法

这种由特征多边形作出其对应曲线的方法是纯几何性的，十分简便。

2. 贝塞尔曲线

贝塞尔曲线采用一组特殊的基函数，使得基函数的系数具有明确的几何意义。其曲线方程为

$$p(t) = \sum_{i=0}^{n} a_i f_i(t), \quad 当 \ 0 \leq t \leq 1 \tag{3-26}$$

其中，从 a_0 到 a_n 首尾相连的折线称为贝塞尔控制多边形，如图 3-81 所示。

$$f_i(t) = \sum_{j=i}^{n} (-1)^{i+j} C_n^j C_{j-i}^{i-1} t^j, \quad 当 \ i = 0, 1, \cdots, n \tag{3-27}$$

英国人 Forest 于 1972 年将上述贝塞尔曲线中的控制多边形顶点改为绝对矢量的 Bernstein 基表示形式：

$$p(t) = \sum_{i=1}^{n} d_i B_{i,n}(t), \quad 当 \ 0 \leq t \leq 1 \tag{3-28}$$

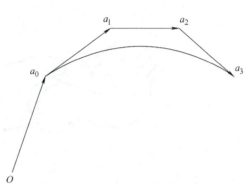

图 3-81　边矢量定义的控制多边形及生成的贝塞尔曲线

式中，d_i 为曲线的控制顶点；$B_{i,n}(t)$ 为 Bernstein 基函数，表示为

$$B_{i,n}(t) = C_n^i t^i (1-t)^{n-i}, \quad 当 \ i = 0, 1, \cdots, n \tag{3-29}$$

贝塞尔基函数曲线如图 3-82 所示。Bernstein 基函数曲线如图 3-83 所示。

贝塞尔曲线的性质如下：

1) 端点性质。贝塞尔曲线的起点、终点与相应的特征多边形的起点、终点重合，即 $p(0) = d_0$，$p(1) = d_n$。

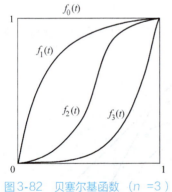

图 3-82　贝塞尔基函数（$n=3$）

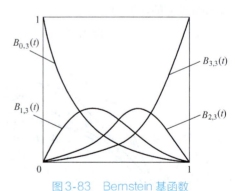

图 3-83　Bernstein 基函数

2) 对称性。保持贝塞尔曲线各控制顶点的位置不变，只把次序完全颠倒过来，由新的控制顶点序列构成的贝塞尔曲线，与原贝塞尔曲线形状完全相同，参数化方向相反，也就是贝塞尔曲线具有对称性（并不是形状对称）。曲线的对称性表明，由同一特征多边形定义的贝塞尔曲线是唯一的。

3) 凸包性。点的集合 $\{\sum_{i=0}^{n} \lambda_i d_i \mid \sum_{i=0}^{n} \lambda_i = 1, 0 \leq \lambda \leq 1, (i = 0, 1, \cdots, n)\}$ 称为由点列

d_0，d_1，…，d_n 张成的凸包。贝塞尔曲线具有凸包性，就意味着在几何图形上，贝塞尔曲线上各点恒位于特征多边形的凸包之中，如图 3-84 所示。

4）几何不变性。贝塞尔曲线的几何不变性是指曲线的某些几何特性不随坐标变换而变化的特性。贝塞尔曲线的形状只和其特征多边形顶点有关，不依赖于坐标系的选择。

5）交互性。根据控制多边形顶点可以画出贝塞尔曲线的形状，要改变贝塞尔曲线的形状，只要改变控制点即可，如图 3-85 所示。

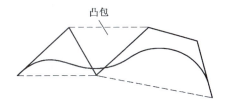

图 3-84 贝塞尔曲线的凸包性

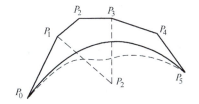

图 3-85 贝塞尔曲线的交互性

6）保凸性。如果平面上的凸多边形能导致所生成的曲线为凸曲线，则称这个生成曲线的方法具有保凸性。我们把控制顶点按顺序连接起来，如果这样形成一个凸多边形，则由此控制顶点序列构成的贝塞尔曲线是一条凸的平面曲线，如图 3-86 所示。

7）变差缩减性。如果贝塞尔曲线的控制多边形是一平面图形，则该平面内的任意直线与曲线的交点个数不多于该直线与控制多边形的交点个数。贝塞尔曲线比控制多边形的波动数少，也就是贝塞尔曲线比控制多边形所在的折线更光顺，如图 3-87 所示。

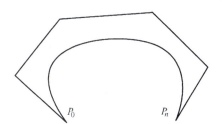

图 3-86 贝塞尔曲线的保凸性

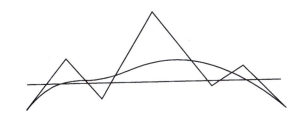

图 3-87 贝塞尔曲线的变差缩减性

3. 贝塞尔曲面

曲线运动形成曲面，为了获得更加复杂的曲面，不妨让曲线在运动中发生变化。由此可见，曲面也可以被定义为变化着形状的曲线在空间中的轨迹。为将曲面用数学公式表示出来，假设运动的曲线是以 u 为参数的 m 次贝塞尔曲线，则

$$p = \sum_{i=0}^{m} b_i B_{i,m}(u), \text{当} 0 \leq u \leq 1 \tag{3-30}$$

定义该曲线的 $m+1$ 个控制顶点分别沿空间的 $m+1$ 条曲线运动，而这 $m+1$ 条曲线又都是参数 v 的 n 次贝塞尔曲线，其表达式为

$$b_i = \sum_{j=0}^{n} b_{i,j} B_{j,n}(v), \text{当} 0 \leq v \leq 1 \tag{3-31}$$

组合这两个方程式，可以得到贝塞尔曲面的方程式为

$$p(u,v) = \sum_{i=0}^{m}\sum_{j=0}^{n} b_{i,j}B_{i,m}(u)B_{j,n}(v),$$
$$当\ 0 \leq u,v \leq 1 \qquad (3\text{-}32)$$

式中，$b_{i,j}$ ($i=0, 1, \cdots, m$; $j=0, 1, \cdots, n$) 为曲面的控制顶点，控制顶点在 u 向和 v 向分别构成了 $m+1$ 和 $n+1$ 个控制多边形，并组成曲面的控制网格，如图 3-88 所示。

贝塞尔曲线的许多性质，如端点性质、对称性、几何不变性等，对贝塞尔曲面也相应成立。类似的，为了保证贝塞尔曲面的有效控制，贝塞尔曲面参数的次数一般不宜取得过高，m 和 n 的取值一般不超过 5。

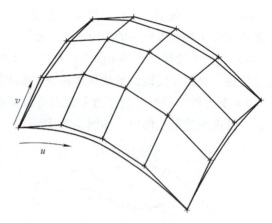

图 3-88 贝塞尔曲面及其控制网格（$m=4$，$n=3$）

四、B 样条（B-Spline）曲线和曲面

贝塞尔曲线可以理解为对给定特征多边形的逼近，这种逼近形式很适合于自由型曲线外形的设计，是目前计算机辅助几何设计中一种广泛应用的方法。但是，由于贝塞尔曲线、曲面采用单一参数多项式的整体表示，难以构造形状复杂的曲线、曲面，不得不借助拼接。拼接虽然使用灵活，但是用起来不够方便。贝塞尔曲线、曲面有整体性，不可能做局部的修改，移动一个控制顶点将波及整条曲线或整张曲面，局部修改很困难。当控制顶点较多时，特征多边形的边数较多，则多边形对曲线的控制减弱。

Gordon、Riesenfeld 和 Forrest 等人在研究贝塞尔曲线的基础上，用 B 样条基函数代替贝塞尔曲线的 Bernstein 基函数，用这种方法构造的曲线、曲面，叫作 B 样条曲线、曲面。B 样条方法兼具贝塞尔方法的一切优点，具有表示与设计自由型曲线、曲面的强大功能，使设计的曲线、曲面具有很好的局部修改能力和更大的灵活性，同时也容易保证曲线的连续性，使曲线光顺拼接问题简单化。

1. B 样条曲线

B 样条曲线方程为

$$p(t) = \sum_{i=0}^{n} b_i N_{i,k}(t) \qquad (3\text{-}33)$$

式中，b_i ($i=0, 1, \cdots, n$) 为控制顶点；$N_{i,k}(t)$ 为 k 次规范 B 样条基函数，其定义如下：

$$\begin{cases} N_{i,0}(t) = \begin{cases} 1, & 当\ t_i \leq t \leq t_{i+1} \\ 0 & 其他 \end{cases} \\ N_{i,k}(t) = \dfrac{t-t_i}{t_{i+k}-t_i}N_{i,k-1}(t) + \dfrac{t_{i+k+1}-t}{t_{i+k+1}-t_{i+1}}N_{i+1,k-1}(t) \\ \qquad 规定\ \dfrac{0}{0} = 0 \end{cases} \qquad (3\text{-}34)$$

式中，t_i ($i=0, 1, \cdots, n$) 是对应于给定数据点的节点参数。

同理，可以得出三次 B 样条曲线的矩阵表达式：

$$p(t) = \begin{bmatrix} t^3 & t^2 & t^1 \end{bmatrix} \frac{1}{6} \begin{bmatrix} -1 & 3 & -3 & 1 \\ 3 & -6 & 3 & 0 \\ -3 & 3 & 0 & 0 \\ 1 & 0 & 0 & 0 \end{bmatrix} \begin{bmatrix} b_0 \\ b_1 \\ b_2 \\ b_3 \end{bmatrix}, 当 0 \leq t \leq 1 \quad (3-35)$$

由于它是参数的三次函数，其两个端点具有以下性质：

$$\begin{cases} P(0) = \frac{1}{6}(b_0 + 4b_1 + b_2) = \frac{1}{3}\left(\frac{b_0 + b_2}{2}\right) + \frac{2}{3}b_1 \\ P(1) = \frac{1}{6}(b_1 + 4b_2 + b_3) = \frac{1}{3}\left(\frac{b_1 + b_3}{2}\right) + \frac{2}{3}b_2 \end{cases}$$

$$\begin{cases} P'(0) = \frac{1}{2}(b_2 - b_0) \\ P'(1) = \frac{1}{2}(b_3 - b_1) \end{cases}$$

$$\begin{cases} P''(0) = (b_2 - b_1) + (b_0 - b_1) \\ P''(1) = (b_3 - b_2) + (b_1 - b_2) \end{cases} \quad (3-36)$$

因此，三次 B 样条曲线段的起点 $P(0)$ 落在 $\triangle b_0 b_1 b_2$ 的中线 $b_1 b'_1$ 上距 $b_1 1/3$ 处。该点的切向量 $P'(0)$ 平行于 $\triangle b_0 b_1 b_2$ 的底边 $b_0 b_2$，长度为其一半。该点的二阶导向量 $P''(0)$ 等于向量 $b_1 b'_1$ 的 2 倍。终点和起点的情况相对称。

按此特点即可大体确定这一段三次 B 样条曲线，如图 3-89 所示。如果在此特征多边形上增加一顶点 b_4，则 $b_1 b_2 b_3 b_4$ 可决定下一段三次 B 样条曲线。由于上一段的终点信息向下一段的始点信息仅与 $\triangle b_1 b_2 b_3$ 有关，且其位置向量、切向量与二阶导向量都分别相等，因此三次 B 样条曲线具有二阶导数连续的特性。

B 样条曲线的性质如下：

1）局部性。改变 B 样条曲线特征多边形的某一个控制顶点，只能对曲线的局部产生影响，而对其他曲线段不会引起任何改变。这种局部性的特点是 B 样条优于其他曲线的独到之处。

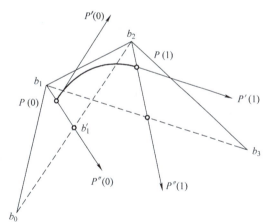

图 3-89　三次 B 样条曲线

2）保凸性。如果特征多边形是凸多边形，则 B 样条也呈凸形而不会出现拐点和奇点。

3）B 样条还具有很强的表达能力，它不仅可以表示一般的平面曲线和空间曲线，还能表示奇点、重点以及直线与曲线衔接段，这些都是其他样条所无法比拟的。

2. B 样条曲面

从三次 B 样条曲线拓广到三次 B 样条曲面与贝塞尔曲面的形成是类似的，只是函数表达形式不同：

$$p(\mu, \omega) = \sum_{i=0}^{3} \sum_{j=0}^{3} N_{i,3}(\mu) N(\omega) b_{i,j},$$
$$当\ 0 \leq \mu, \omega \leq 1 \tag{3-37}$$

曲面的几何特性如图 3-90 所示。

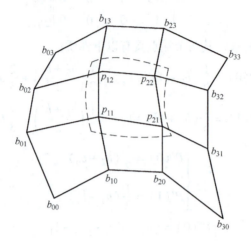

图 3-90　三次 B 样条曲面的几何特性

三次 B 样条曲面的最大优点在于它能十分方便地实现曲面片之间的连接，而且可实现二阶导数连接。

五、非均匀有理 B 样条（NURBS）曲线和曲面

B 样条方法在表示与设计自由曲线、曲面时显示了强大的威力，然而在表示与设计初等曲线、曲面时却遇到了麻烦。因为 B 样条曲线，包括其特例的贝塞尔曲线都不能精确表示出抛物线外的二次曲线，而只能给出近似表示。近似表示将带来处理上的麻烦，以及设计偏差。为了改造现有的 B 样条方法，保留它描述自由型形状的长处，同时扩充其统一表示二次曲线与二次曲面的能力，就要应用有理 B 样条方法。在形状描述实践中，有理 B 样条方法多以非均匀类型出现，而均匀 B 样条方法及贝塞尔方法可以看成是非均匀 B 样条方法的特例，因此人们习惯称其为非均匀有理 B 样条（Non – Uniform Rational B – Spline，NURBS）方法。NURBS 方法的提出就是为了找到与描述自由型曲线、曲面的 B 样条方法既相统一，又能精确表示二次曲线与二次曲面的数学方法。

1. 非均匀有理 B 样条曲线

有理函数是两个多项式之比，因此有理样条是两个样条函数之比。k 次有理 B 样条曲线可以定义为

$$P(t) = \frac{\sum_{i=0}^{n} \omega_i \boldsymbol{P}_i B_{i,k}(t)}{\sum_{i=0}^{n} \omega_i B_{i,k}(t)} = \sum_{i=0}^{n} \boldsymbol{P}_i R_{i,k}(t) \tag{3-38}$$

$$R_{i,k}(t) = \frac{\omega_i B_{i,k}(t)}{\sum_{j=0}^{n} \omega_j B_{j,k}(t)} \tag{3-39}$$

式中，$R_{i,k}(t)$ $(i=0, 1, \cdots, n)$ 为 k 阶有理基函数；$B_{i,k}(t)$ 为 k 阶 B 样条基函数；P_i $(i=0, 1, \cdots, n)$ 为特征多边形控制顶点位置矢量，顺序连接成控制多边形；ω_i 为与 P_i 对应的权因子，首末权因子 ω_0、$\omega_n > 0$，其余 $\omega_i \geq 0$，并且顺序 k 个权因子不同时为零，以防止分母为零并保留凸性质，使曲线不因权因子而退化为一点。

节点矢量为 $T = [t_0, t_1, \cdots, t_i, \cdots, t_{n+k}]$，节点个数为 $m = n+k+1$ (n 为控制项的点数，k 为 B 样条基函数的阶数)。如果 $T = [t_0, t_1, \cdots, t_i, \cdots, t_{n+k}]$ 是非均匀节点矢量，则 $P(t)$ 称为非均匀有理 B 样条曲线。

当移动 k 次 NUBRS 曲线的一个控制顶点 P_i 或改变所联系的权因子 ω_i 时，将仅影响定义在区间 $[t_i, t_{i+k+1}]$ 上那部分曲线的形状，对曲线其他部分不产生影响。若固定所有控制顶点及除了 ω_i 之外的所有其他权因子不变，则当 ω_i 变化时，NURBS 曲线随之变化。ω_i 增加，曲线被拉向控制顶点 P_i；ω_i 减小，曲线被推离控制顶点 P_i；当 $\omega_i \to +\infty$ 时，曲线通过 P_i 点。即权因子 ω_i 的减小或增加起到对曲线相对于顶点 P_i 的推拉作用。

图 3-91 所示为用同样的数据点生成的非均匀 B 样条曲线和均匀 B 样条曲线。由图中可以看出，非均匀 B 样条曲线比均匀 B 样条曲线具有更好的光顺性。

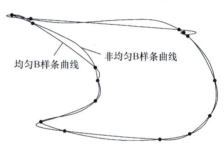

图 3-91 非均匀 B 样条曲线比均匀 B 样条曲线更符合数据点的分布

2. 非均匀有理 B 样条曲面

由双参数变量分段有理多项式定义的非均匀有理 B 样条曲面为

$$P(u,v) = \frac{\sum_{i=0}^{m}\sum_{j=0}^{n} \omega_{i,j} P_{i,j} B_{i,p}(u) B_{j,q}(v)}{\sum_{i=0}^{m}\sum_{j=0}^{n} \omega_{i,j} B_{i,p}(u) B_{j,q}(v)} = \sum_{i=0}^{m}\sum_{j=0}^{n} P_{i,j} R_{i,p;j,q}(u,v) \tag{3-40}$$

式中，$P_{i,j}$ 为矩形域上特征网格控制点列；$\omega_{i,j}$ 为相应控制点的权因子，规定四角点处用正权因子，即 $\omega_{0,0}$、$\omega_{m,0}$、$\omega_{0,n}$、$\omega_{m,n} > 0$，其余 $\omega_{i,j} \geq 0$；$B_{i,p}(u)$ 和 $B_{j,q}(v)$ 为 p 阶和 q 阶的 B 样条基函数；$R_{i,p;j,q}(u,v)$ 为双变量有理基函数：

$$R_{i,p;j,q}(u,v) = \frac{\omega_{i,j} B_{i,p}(u) B_{j,q}(v)}{\sum_{r=0}^{m}\sum_{s=0}^{n} \omega_{r,s} B_{r,p}(u) B_{s,q}(v)} \tag{3-41}$$

3. 非均匀有理 B 样条方法的特点

NURBS 方法在 CAD 与计算机图形学领域得到了广泛的应用，现有的三维软件大多采用这种表示方法，它具有如下一些优点：

1) 既能表示标准解析形状（初等曲线曲面），又为自由曲线、曲面的表示与设计提供了一个公共的数学形式，因此采用一个统一的数据库即可存储两类形状信息。

2）通过操纵控制顶点和权因子为各种形状设计提供了充分的灵活性。权因子的引入成为几何连续样条曲线、曲面中形状参数的替代物。

3）计算稳定迅速。

4）有良好的几何解释，使得它对有良好几何知识，尤其是画法几何知识的设计员特别实用。

5）有强有力的几何配套技术（包括节点插入/细分/消去、升阶、分裂等），能用于设计、分析和处理等各个环节。

6）在比例、旋转、平移、剪切和平行与透视投影等变换下是几何不变的。

7）NURBS 是非有理 B 样条形式及有理与非有理贝塞尔形式的推广，B 样条的很多技术推广也可得到。

当然，NURBS 方法也存在一些问题：

1）需要额外的存储以定义传统的曲线、曲面。如传统的整圆表示仅用圆心、半径和垂直于圆所在平面的法矢即可，而 NURBS 表示一个整圆至少需要 7 个控制顶点和 10 个节点。

2）权因子的不合适应用可能导致很不好的参数化，甚至毁掉曲面结构。

3）某些技术用传统形式比用 NURBS 工作更好，如两曲面刚好相交，则求交时 NURBS 便难以处理。

4）某些基本算法如反求曲线、曲面上的点的参数值，存在不稳定的情况。

实际上，这些问题并非 NURBS 所特有。对于任何一种方法，都必须扬长避短。NURBS 方法最重要的优点就是其统一表达自由曲线、曲面和解析曲线、曲面的能力。因而，当几何形体同时存在自由曲线、曲面和解析曲线、曲面时，用 NURBS 方法最为有效。

第四节　曲面测量及计算机表面建模方法

汽车车身由点云表示到曲面表示需要做大量的工作，如测绘的点云需要处理，坐标需要对正。复杂曲面需要合适的构建方法以保证其质量和构建速度，构建好的曲面还需要进行质量的检查与评价。在这个过程中，设计师必须快速、高质量地获得符合造型和工程需要的数字模型。要快速、高质量地完成设计任务，就必须有一套合适的处理流程和正确的处理方法。

一、车身曲面测量

（一）点云数据的采集

点云数据采集是指采用某种设备和测量方法获取实物表面的几何信息，并将所获数据存储或输出。数据采集是汽车车身曲面建模的基础，数据采集方法直接影响最终车身模型的质量和整个工程的效率，高效、高精度地实现车身表面的数据采集是汽车车身曲面建模中的一项关键技术。实际应用中，常因模型表面数据采集的问题而影响重构模型的精度。因此，如何取得较佳的物体表面数据一直是车身逆向工程的一个主要研究内容。目前，一般利用三坐标测量机进行车身表面点云数据的采集。

三坐标测量机是 20 世纪 60 年代发展起来的一种高效的精密测量设备，它可以用于零部件的尺寸、形状及相对位置的检测,还可以用于划线、定中心孔、光刻集成电路等,并可以对连续曲面进行扫描及制备数控机床的加工程序等。三坐标测量工作的实质是将模拟量转化为数字量,测量结果输出的是数字量,因此可以进行数据处理,甚至建立数学模型,进行实物编程,生成数控加工或绘图用的程序。三坐标测量机能够高效、高精度地实现复杂车身零部件的测量,是车身逆向工程实现的基础和关键技术,也是车身质量检查的重要手段。

一般按照测头是否和零部件表面接触,将测量机分为接触式三坐标测量机和非接触式三坐标测量机。接触式测量的基本原理是力-变形原理,它可以进行触发式或者连续的数据采集。接触式测量机已有几十年的历史,发展相当成熟,有较高的准确性和可靠性,且与被测件表面的反射性、颜色及曲率等关系不大。但其测量速度慢,需对测量探头半径进行补偿,接触力使测头与被测件之间发生局部变形,会影响测量精度,因此当要求较高的测量速度或被测件表面材料较软时不宜采用接触式测量。非接触式测量主要运用光学原理进行数据采集,其测量系统通常称为3D扫描仪,测量方法有激光三角形法、激光测距法、结构光法、干涉法、结构分析法等。非接触式测量因测量速度快,不必作测头半径补偿,被测件材料不受限制等原因,近年来发展十分迅速,在实际应用中逐渐占据主导地位。非接触式测量的精度易受被测件表面反射特性及环境光线等影响,且噪声较高。

1. 接触式三坐标测量机

接触式三坐标测量机是最早发展起来的一种三坐标测量设备,可对车身油泥模型、白车身总成、前风窗玻璃、仪表板和座椅等部件进行测量,也可以配合零件检测数据进行车身焊装质量的检测,如图3-92所示。

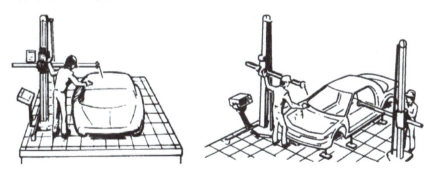

图3-92 利用接触式三坐标测量机进行油泥模型和白车身测量

接触式三坐标测量机的原理是:将被测件置于三坐标的测量空间之内,测出接触点处的坐标位置,根据这些点的空间坐标值,经过计算可以求出被测件的几何尺寸、形状及位置。三坐标测量机主要是比较被测量与标准量,并将比较的结果用数值表示出来。测量机有三个方向的标准器(标尺),利用导轨实现沿相应方向的运动,还需要三维测头对被测件进行探测。此外,通过与相应的计算机控制系统连接,三坐标测量机还能实现数据自动处理和自动检测的功能。

2. 非接触式三坐标测量机

近年来,非接触式测量在车身曲面测量中的应用越来越广泛。下面介绍几种常用的非接触式测量机的测量原理。

① 激光三角形测量法。工作原理：由激光器（通常是半导体激光器）发出的光，经光学系统形成一个很细的平行光束照到被测工件表面上。由工件表面反射回来的光，可能是镜面反射光，也可能是漫反射光。三角法测量应用漫反射光进行测量，可以测量倾斜的表面，也可测量粗糙、无光泽的表面。漫反射光斑按照一定的三角关系成像于光电检测器件的不同位置，从而测量出被测表面的坐标。激光三角法有工作距离大、测量范围广、测量速度快、光斑直径小等优点，但测量精度不太高。

② 光纤式测量法。工作原理：通过被测量的形面变化来调制光波，使光纤的光波参量随被测量的形面变化而变化，从而根据被测信号的大小求得被测形面的空间位置关系。光纤式测量的优点是灵敏度高、耐腐蚀、电绝缘、不受电磁干扰、光路可弯曲、便于遥控测量。但其价格较高，被测表面状态的变化对测量精度影响较大。

③ 视像测量法。视像测头是用显微镜和投影的方法进行瞄准的发展。测头通常由照明、放大镜、CCD 摄像头与监视器组成。通过一定方式的照明，将物体的几何轮廓变为光学轮廓。视像法测量可一次获得整个视野的测量信息，具有较好的精度，因此应用范围较广，但影响其测量精度的因素较多。在车身逆向工程中应用较多。

（二） 点云数据的处理

数据处理是逆向工程的一项重要技术环节，它决定了后续 CAD 模型重建过程能否方便、准确地进行。根据测量点的数量，测量数据可以分为一般数据点和海量数据点。根据测量数据的规整性，测量数据又可以分为散乱数据点和规矩数据点；不同的测量系统所得到的测量数据的格式是不一致的，且几乎所有测量方式和测量系统都不可避免地存在偏差。因此，在利用数据进行 CAD 重建前，必须对测量数据进行处理。数据处理工作主要包括：数据格式的转化、多视点云的拼合、点云过滤、数据精简和点云分块等。

1. 点云数据中的误测点剔除

使用三坐标测量机测量被测面的形面信息时，因每次扫描测量的区域限制，测量时总会有不需要的信息进入测量点云。在测量过程中，有时由于测量设备的标定参数发生变化、测量环境的突变或对仪器的误操作，也会产生错误的点云信息。如果不对误测点进行处理，就会造成不必要的点云数据增加，而且会影响对点云数据的直观评价。一般测量软件都提供了误测点的后期处理工具。

2. 点云数据的坐标对齐与定位

受测量范围的限制，要获得完整的点云数据有时需要多次测量。每次扫描得到的点云数据都需要坐标对齐，即多视对齐。目前，尽管大多数非接触式测量设备都具有能自动将不同角度的扫描点云数据对齐的功能，但还是有部分的点云数据需要通过人工应用后处理软件进行对齐处理。

测量的点云一般只建立在其默认的测量坐标系中，这会导致测量点云坐标系与被测件工程坐标系不一致的情况出现。因此，在对测量点云进行 CAD 建模前，首先要将测量点云的坐标系定位到被测件的工程坐标系中。坐标系的定位是一个关键的步骤，它直接影响到 CAD 建模的复杂程度。有时，在测量之前就应对点云定位做必要的准备工作，为后期的测量坐标定位提供准确而方便的信息。点云数据的坐标定位通常在专门的点云处理软件中完成。车身点云数据的对齐和定位，一般采用点云数据的点、线、面等几何特征作为对齐和定位的依据。有时，测量的点云没有明确的对齐依据，也可以根据两块点云之间的相对位置关系，通过平移和转动点云数据，逐渐对齐点云到正确的位置。这个过程需要截取各个方向的很多点云截面，根据这些点云截面的相对位置关系调整点云之间的位置关系，直到在最精确的偏差范围内对齐点云，或将车身点云数据定位到车身坐标系中。

3. 点云数据的编辑

对点云数据的编辑主要有分块、复制、删改、精简等。

通过对测量点云进行精简，可以减少点云数据中重复或是不必要的点信息，通常可采用均匀网格法和非均匀网格法。均匀网格法的原理是首先对点云数据进行均匀网格划分，然后从每个网格中提取样本点，网格中的其余点被剔除。均匀网格法能够剔除被认为是噪点的点信息。均匀网格法适用于简单零件表面的快速处理，但对于被测件的某些重要边或曲率变化较大处的点却没有给予重点保护，容易造成重要信息的丢失。而非均匀网格法则很好地解决了这种问题。它分别计算各点的法矢，根据法矢信息进行点云数据的处理。在法矢夹角较小（曲率变化小）时去除点，在法矢夹角较大（曲率变化大）时保留点。CAD 软件可以根据用户给定的夹角参数和三角形边长来精简点云。

点云分块是曲面建模重要的第一步。分块方式直接影响后续的曲面构造方式、曲面的拼接和过渡效果。分块时，首先要区分点云各部分的重要程度，找出基本面和过渡面。基本面是产品外形面积较大且具有较大曲率半径和一致凸凹曲率趋势的曲面，是对产品外形的整体风格产生重要影响的基础部分，也是产品功能区域的基础部分。过渡面是连接两个或多个基础面的曲面，一般都是形状狭长、曲率较大、曲率变化剧烈的区域。过渡面一般对产品的整体风格影响较小，是产品外形的次要部分。就曲面质量而言，对基本曲面要求较高，既要求保证曲面与点云的偏差精度，又要求保证曲面光顺性，不能出现不协调的反光现象；而对过渡面则要求尽量光顺，保证基本曲面之间的几何连续性。

4. 点云数据的标准格式转换

目前常用的几个 CAD 软件的数据结构和格式各不相同，影响了设计和制造之间的数据传输和程序衔接。目前通行的办法是利用几种常用的数据交换标准（如 IGES、STEP、DXF、ASCII 等），通过这些文件数据格式的转换，使测量数据能够输入到 CAD 软件中。

二、车身表面建模方法

1. 车身曲面分类及要求

与一般的机械零件完全不同，汽车车身上的很多零件都有复杂的三维曲面，尤其是外覆盖件。汽车车身曲面按照可见性的高低可分为 A 级（CLASS A）曲面、B 级曲面和 C 级曲面，其中以 A 级曲面的要求最高，C 级要求最低，B 级介于两者之间。

汽车车身 A 级曲面，是指汽车车身外表面中的高可见区域曲面，对这些曲面要求非常高，包括发动机舱盖、前后翼子板、前后保险杠、车门、A 柱、B 柱、C 柱、后背门、顶盖、侧围以及内饰件中的高可见区域曲面等。

对于汽车车身 A 级曲面，在工程实践中要求非常高。首先，车身曲面要符合造型特征要求，曲面拼接的连续性在理想的 G2（二阶几何连续）或者以上连续，当然，造型特征要求不连续者除外。单个曲面的补片数（patch 数）在 u、v 两个参数方向上都是 1（通常说的贝塞尔曲面），其控制顶点数目要控制在 6 排（5 次）以内，控制顶点分布规则有序，各行控制顶点间角度变化均匀。单个曲面上尽量没有反凹现象。曲面之间的拼接连续性要在曲率 G2 或者以上连续，其连续性偏差 $G0 < 0.002\text{mm}$，$G1 < 0.02°$，$G2 < 0.5\text{mm}^{-1}$。

C 级曲面是指汽车车身曲面中的不可见曲面或极少可见曲面，这些曲面的连续性要求达到相切（$G1$）或者以上连续，局部可达位置 G0 连续，但以不影响制造为前提。C 级曲面包括车身内板、内饰件中的不可见部分、地板等。C 级曲面之间的拼接位置偏差小于 0.01mm，角度偏差小于 0.1°。对于极难拼接处，位置偏差可放宽为 0.02mm，角度偏差可为 0.5°，有些不重要的易成形小件的位置偏差甚至可放宽到 0.05mm，角度偏差可为 1°。C 级曲面的补片数可为多片，次数也可放宽到 6～12 次，这样可以在保证质量的前提下提高建模的效率。

B 级曲面是介于 A 级曲面和 C 级曲面之间的一类曲面，是车身曲面中的少可见曲面，如门框面、仪表板下部面、顶盖和某些内饰件的下部少可见面。对于 B 级曲面，如果条件允许，还是应尽量向 A 级曲面的标准靠拢。如果难以处理，则可适当放宽要求，如其连续性可适当放宽到相切（$G1$）连续，且其位置连续偏差可放松到 0.005mm，角度为 0.05°，其补片数两个方向可放松为 5。

2. 车身曲面的光顺

（1）光顺的概念　光顺是一个工程上的术语，包括光滑（Smooth）和顺眼两层含义。光滑是客观评价，指空间曲线和曲面的参数连续性或几何连续性，主要是从数学角度考虑。例如：数学上的一阶导数连续的曲线就是光滑曲线。顺眼是主观评价，指人对空间曲线、曲面凹凸过渡的感觉。光顺则既有数学上的连续要求，又需要考虑功能（如美学、空气动力学、加工难易程度等）方面的要求。

对于平面曲线，一般只要满足下列三条准则，就可以认为其是光顺的：
① 曲线二阶连续。
② 没有多余的拐点。
③ 曲率变化较均匀。

图 3-93 所示是曲线光顺与不光顺的对比。其中，a) 曲线满足光顺的三条准则，b) 和 c) 曲线不满足准则①和③，而 d) 曲线三条准则都不满足。

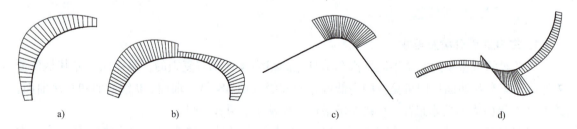

图 3-93　光顺的曲线与不光顺的曲线对比（带有曲率的变化图示）

对于空间曲线，数学上的光顺准则为：
① 二阶光滑性。

② 不存在多余拐点。
③ 曲率变化较均匀。
④ 不存在多余变挠点。变挠点是指挠率为零的点，通常与挠率变号点相关。
⑤ 挠率变化比较均匀。

在满足数学要求的基础上，光顺曲线还要满足造型设计师的主观美学要求。在实际应用过程中，一般把空间曲线投影到三个正交平面上，可以以这三条投影曲线的光顺性作为空间曲线光顺性的判据。

曲面的光顺准则更为复杂，通常根据曲面上的关键曲线（如 u、v 两个方向的等参线，或曲面与某一组平行平面的一系列截线等）是否光顺以及曲面的曲率（主曲率、高斯曲率、平均曲率等）变化是否均匀等来判断。曲面的光顺准则为：
① 关键曲线（曲面的骨架线）光顺。
② 网格线无多余拐点（或平点）及变挠点。
③ 主曲率变化均匀。
④ 高斯曲率变化均匀。

以上讨论的都是局部光顺准则，只是对曲线、曲面光顺性的一个大致的定性描述，在实际应用时还需对其作定量描述。另外，不同的光顺法中，所采用的光顺准则也不尽相同。

(2) 曲线光顺的方法 对曲线的光顺处理主要有选点修改法和优化法等。优化法又可以分为整体优化法和局部优化法。

① 选点修改法。选点修改法首先要判断影响曲线光顺的坏点。该方法的关键在于坏点的判别与修改。坏点的判别可以由用户根据观察的交互式方法来确定，也可以根据一定的光顺准则来判别，由程序自动地判断哪些点是坏点。在处理实际问题时，应该使用交互式与自动相结合的方法，具体情况具体分析。

选点修改法一般包括初光顺和精光顺两个阶段。

圆率法是一种选点修改法，它不需要插值曲线，而是从离散型值点分布的几何位置出发，直接判断型值点序列的光顺性，进而挑出坏点并进行光顺修改。圆率法采用圆率的二次差变最小作为光顺目标。

在平面上给出了型值点 P_i（$i=0, 1, \cdots, n$）和两边界切向 m_0、m_n，过相邻 3 点 P_{i-1}、P_i、P_{i+1} 所做圆的相对曲率 K_i 称为在点 P_i 处的圆率。当圆弧 $P_{i-1} P_i P_{i+1}$ 走向为逆时针时，K_i 为正。边界点 P_0 处的圆率 K_0 则以过两点 P_0、P_1 和 P_0 处的切向 m_0 所做的圆来确定。同理可以确定 K_n。于是可以得到对应于型值点 P_i（$i=0, 1, \cdots, n$）的圆率 K_i（$i=0, 1, \cdots, n$）。

在初光顺阶段，符号序列 {sgn（K_i）} 中，凡使其连续变号的点都为坏点。初光顺的目标是达到圆率符号序列无连续变号。

在精光顺阶段，在圆率差分 $\Delta K = K_i - K_{i-1}$ 的符号序列 {sgn（ΔK_i）} 中，凡使其连续变号的点都为坏点。精光顺的目标是达到圆率差分符号序列无连续变号。

② 整体优化法。能量法和最小二乘法光顺都是将曲线、曲面的光顺问题转化为最优化问题进行求解。能量法可以对空间曲线进行整体光顺，而不需要将空间曲线投影以后进行光顺，使得其在实际应用中方便简洁。

能量法的力学模型相当直观，给定一组待光顺的型值点Q_i（$i=0,1,\cdots,n$），过光顺后的型值点P_i（$i=0,1,\cdots,n$）做一条插值的弹性线，并在P_i与Q_i两点之间挂一条弹性系数为a_i的小弹簧，如图3-94所示。因此，包含样条和小弹簧在内的整个系统能量为

$$E_i = E_{in} + E_{spring} = \frac{1}{2}(EI)^2 \int k^2(s) \mathrm{d}s + \frac{1}{2}\sum_{i=0}^{n} a_i \parallel P_i - Q_i \parallel^2 \qquad (3\text{-}42)$$

式中，EI为弹性线的刚度；$k(s)$为曲线在弧长s处的曲率。使E达到极小的曲线$P(t)$就是用能量法光顺后的曲线。

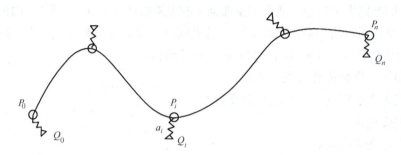

图3-94　能量法的原理

最小二乘法只能对函数样条进行光顺。两者的区别是所采用的目标函数不同。能量法采用样条的应变能作为目标函数，光顺的目标是使样条的应变能变小，即曲线的绝对曲率变小。最小二乘法采用样条的剪力跃度的平方和作为目标函数，光顺的目标是使样条的剪力跃度的平方和较小，从而使样条的曲率变化比较均匀。

③ 局部优化法。整体优化法具有很好的整体光顺效果，但计算量大，计算速度慢。为了减少计算量，提高计算效率，可采用局部优化法。在局部优化时，每次光顺处理中只将少数控制顶点作为未知量，采用最优化的方法对其进行调整，而其他控制顶点则保持不变。

在实际应用中，有时给定的大部分型值点是比较好的，只是少数型值点不够理想，如果采用整体优化法，必然耗费大量时间，而且会使一些不应该被修改的型值点被修改。如果采用选点法和局部优化法相结合的方法，则可以扬长避短。另外，有时还会遇到带有约束条件的光顺处理，比如关键的型值点要求保持不变、边界位置、切矢保持不变等。

（3）曲面光顺的方法　对曲面进行光顺有两种方式。一种是将曲面的光顺性转变成网格线的光顺性问题进行处理，即只要对曲面上的两族或三族曲线进行光顺处理，称为网格线光顺。但对三族剖面线独立进行光顺时，必须满足网格的协调条件，即分属于两族的每对曲线在空间必须是相交的，不允许出现间隙。这个过程称为三向光顺。为了满足协调的条件，通常需要对三族剖面线反复进行对比迭代。如果曲面的两族等参数线光顺了，就认为曲面达到了光顺，即将曲面的光顺转化为参数线网格的光顺。另一种方式则根据曲面特有的一些量对曲面进行光顺处理，而并不仅仅考虑曲面的网格线，如能量法。

3. 利用点云数据进行车身曲面建模的方法

在车身的逆向工程中，利用点云数据进行曲面建模是最关键、最复杂的环节。在车身曲面建模领域常用的CAD软件有CATIA、UG/NX、UG/Imageware、Pro/ENGINEER、Alias等。

目前使用的建模方法主要有以下几种：

1）曲线拟合法。用一个多项式的函数通过插值去逼近原始的数据，最终得到足够光滑的曲面。曲线是构成曲面的基础，在逆向工程中常用的模型重建方法是：首先将数据点通过插值或逼近拟合成样条曲线，然后采用造型软件完成曲面片的重构造型。该方法的特点是原理比较简单，只要多项式的次数足够高就可以得到满意的曲面，但容易造成计算的不稳定，同时边界的处理能力也比较差，一般用于拟合比较简单的曲面。

2）曲面片直接拟合法。该方法直接对测量数据点进行曲面片拟合，获得曲面片，经过过渡、混合、连接形成最终的曲面模型。算法包括基于有序点的 B 样条曲面插值、对任意测量点的 B 样条曲面逼近等。这种方法的优点是快速直接，在生成曲面过程中可以较好地控制曲面与点云的偏差和曲面的光顺质量，缺点是对生成的曲面进行光顺性调整比较困难。

3）点数据网格化。网格化实体模型通常将数据点连接成三角面片，形成多面体实体模型。

三、车身曲面质量的评价方法

汽车车身曲面的评价包括两个方面：一是曲面特征的评价；二是曲面质量的评价。特征评价是造型人员根据汽车造型要求，评价所做的曲面是否符合造型意图。这里主要阐述曲面质量的评价方法。曲面质量评价的主要方法有控制顶点法、曲率梳法、斑马线法、曲率颜色图法和连续性精度的评价等。由于 A 级曲面要求最高，因此本节以 A 级曲面的评价为例来讨论，B 级曲面和 C 级曲面的评价只要降低相应的要求即可。

1. 利用控制顶点评价汽车车身 A 级曲面

控制顶点是决定汽车车身曲面质量的根本因素。利用控制顶点评价曲面时，要求控制顶点排列均匀或变化均匀，曲率大处控制顶点可密集些，曲率小处稀疏些；在曲面的两个方向上，控制顶点的分布都要按照曲面的走势分布；曲面可以根据边界情况进行控制顶点的分布；在进行控制顶点的分布时，必须考虑它们与周边曲面的连续性条件。

图 3-95 所示为某轿车发动机舱盖曲面及其控制顶点。该发动机舱盖前部和后部的曲率变化较大，中间部分曲率变化较小，根据曲率变化的不同将其分成 3 个曲面来光顺。另外，前部和后部的曲面控制顶点较为密集，而中间部分的控制顶点稀疏。该发动机舱盖整体呈梯形，因此 3 个曲面的控制顶点排列也呈梯形，在 u 向每排控制顶点之间变化是在一条较为光滑的曲线上。总体上，该发动机舱盖控制顶点排列根据特征变化而呈现出规律性的变化。

如果将图 3-95 中间曲面的控制顶点按照图 3-96 所示情形排列，可见其控制顶点有些紊乱，虽然所得到的新曲面与原曲面最大偏差为 0.37mm，对车身曲面光顺来说该精度满足要求，但中间曲面与右侧曲面之间的相切偏差在 0.06° 以上，偏差较大，不满足要求。而图 3-95 中间曲面的排列可以使曲面之间的相切偏差达到 0°，提高了拼接的质量和效率。

光顺评价时，一定要从曲面的正面和侧面两个交叉的方向来看曲面控制顶点的排列，曲面不仅要贴近点云，其控制顶点在两个交叉方向上还要按照点云的走势有规则地排列，这样单个曲面品质高，且对后续的曲面拼接有利，还能提高曲面的光顺质量和效率。图 3-97 所示为侧面视角的发动机舱盖中间曲面控制顶点排列，左侧曲面圆圈中的两个控制顶点沿法向下移，而周边的控制顶点适当上移，所得曲面与原曲面最大偏差为 0.47mm；右侧曲面与该曲面拼接后进行曲率梳检查，发现曲率梳出现异常波动。造成这种情形的原因是左侧曲面拼接方向的控制顶点在法向没有按照曲面的特征形状进行合理排列，因此尽管曲面与原曲面偏差不大，为满足拼接的连续条件，也导致右侧曲面出现了异常波动。而图 3-98 控制顶点排列规则，右侧曲面向左侧曲面拼接时容易满足连续条件，则右侧曲面拼接后有较高的品质。

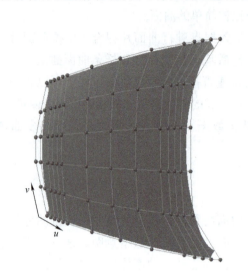 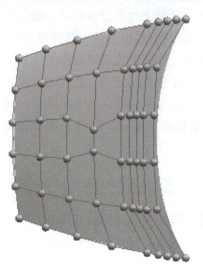

图 3-95　某轿车发动机舱盖曲面及其控制顶点　　图 3-96　中间曲面控制顶点排列紊乱

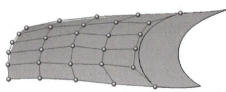 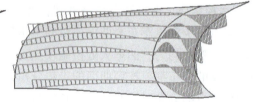

图 3-97　曲面控制顶点的法向排列及其曲率梳检查

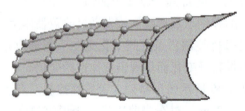 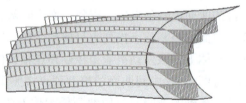

图 3-98　理想曲面控制顶点法向排列及其曲率梳检查

2. 利用曲率梳对 A 级曲面进行评价

利用曲率梳评价 A 级曲面实际上是在曲面上取一系列的断面曲线，对断面曲线的曲率梳进行分析，从而评价曲面本身及曲面间连续性的品质。

利用曲率梳分析曲面断面线，指检验曲率梳外缘的变化情况和拼接曲线之间曲率梳的情况。首先用曲率梳分析单条曲线的品质。单条曲线要求曲率梳没有扭曲和波浪，外缘平坦，或者从一端向另一端逐渐变化。相拼接的曲线，根据其几何连续的条件，有图 3-99 所示的几种情况。图 3-99a 所示的是曲线位置（G0）连续的曲率梳检查情况。可以看出，当曲线只满足位置连续时，只有拼接处的控制顶点重合，而曲线曲率梳在连接处有夹角，且一般来说其外缘高度也不相同。在光顺实践中，除非是曲面的特征要求这样，否则一般是不允许出现这种情况的。图 3-99b 所示的是曲线相切（G1）连续的曲率梳评价情况。在拼接处两曲线的控制顶点重合，左侧曲线右端两控制顶点与右侧曲线左端两控制顶点共线，曲率梳在公共点处没有夹角，但是其外缘高度存在差距。除非曲面特征要求这样，否则这种情况在高可见区的曲面也是不允许出现的。图 3-99c 所示的是曲线曲率（G2）连续的曲率梳评价。在这种情况下，两曲线在拼接处控制顶点排列符合曲率连续的几何条件，曲率梳在公共点处没有夹角，而且曲率梳外缘也是等高的。对于 A 级曲面来说，这种情况是可以接受的。图 3-99d 所示是理想的曲率连续的曲率梳评价。此时曲线的控制顶点排列接近三阶（挠率）连续的几何条件，曲率梳在公共点处没有夹角和差距，而且曲率梳外缘也是光滑过渡的，是理想的曲率连续情况。因此，对于 A 级曲面构建来说，这是一种理想情况。

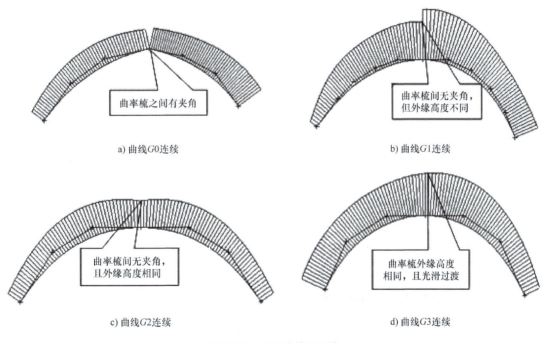

图 3-99 曲线连续的评价

如果在评价时或者在光顺阶段发现曲率梳不符合 A 级曲面的要求，则要从相关曲面的控制顶点查找其问题并进行修改，直到完全满足要求为止。

3. 利用斑马线（反射线）评价 A 级曲面

在光顺评价的实践中，对于多个互相拼接的曲面，有的曲面平坦（曲率很小），有的曲面弯曲（曲率很大），在用曲率梳评价时难以找到合适的放大系数。因此工程上也经常用斑马线（反射线）来评价 A 级曲面的品质。反射线法是用日光灯照射到车身曲面上来检查车身曲面光顺性的一种方法。用直线近似表示日光灯，如图 3-100 所示，设其参数方程为

$$q(t) = q_0 + t\,\boldsymbol{q}_d \qquad t \in \mathbf{R} \qquad (3\text{-}43)$$

式中，q_0 为直线上的一点；$\boldsymbol{q}_d$ 为直线的方向矢量。

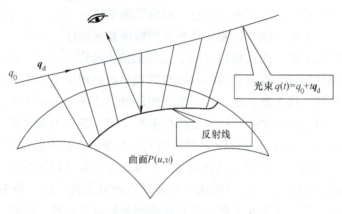

图 3-100　反射线模型

设给定的曲面为 $P(u, v)$，视点为 v，对于曲面上一点 $P(u_0, v_0)$，该点到视点的反射光方向 r 为

$$r = v - P(u_0, v_0) \qquad (3\text{-}44)$$

因为入射角等于反射角，进入该点的入射光方向应为

$$s = -r + 2(r, n(u, v)) \qquad (3\text{-}45)$$

在参数 (u, v) 处，若以 $P(u_0, v_0)$ 为始点，以 s 为方向的射线（称为入射光线）和 $q(t)$ 相交，说明日光灯发出的光线照射在曲面 $P(u, v)$ 上可以反射到视点，这样的点称为 $q(t)$ 在曲面上的反射点，该束光线反射点的集合为一条反射线。则平行的、等间距的日光灯 $q_i(t)$ 在曲面 $P(u, v)$ 上得到一组反射线，利用反射线的品质可以评价曲面的光顺性。

在车身外表面中，单个曲面的曲率变化平缓，斑马线的走向应该很光顺，粗细变化均匀。图 3-101a 所示为某车型前风窗玻璃大面，该曲面斑马线粗细均匀或者变化均匀，斑马线之间间隔均匀。而图 3-101b 所示的曲面斑马线出现波浪状，因此曲面品质较差。

a) 斑马线分布均匀，曲面有极高的品质　　　b) 斑马线分布混乱，曲面品质较差

图 3-101　某轿车前风窗玻璃曲面的斑马线评价

对于曲面相拼接，用图 3-102 所示的两个曲面拼接后的斑马线情况来说明。图 3-102a 中的两曲面是位置连续，因此其斑马线在公共边界处相互错开。在做 A 级曲面时，除非特征要求这样，否则一般是不允许的。图 3-102b 中两个曲面是相切连续的，两曲面的斑马线是对齐

的，但是斑马线之间在拼接公共边界处有尖角，一般的 A 级曲面大面拼接也是不允许的。图 3-102c 所示的是两曲面曲率连续的情况，这时的斑马线在拼接处是光滑过渡的，一般的 A 级曲面必须达到这样的要求。图 3-102d 所示是理想的曲率连续情况。

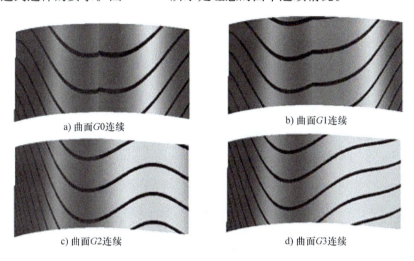

图 3-102　曲面连续的斑马线评价

4. 利用曲率颜色图评价 A 级曲面

利用控制顶点、曲率梳和斑马线虽然可以较好地对曲面进行评价，但是对于要求极高的高级轿车 A 级曲面来说还有些欠缺，因此工程上有时用曲率颜色图来对曲面进行评价。在自由曲面的曲率颜色图评价中，常用的曲率有高斯曲率、平均曲率、最大曲率和最小曲率。

过曲面的一点有无数条曲面的截面线，通常这些截面线的曲率是不相等的。在该点处，这些截面线的法曲率中有一个最大值 k_{max} 和一个最小值 k_{min}，高斯曲率 K 和平均曲率 H 可以用下式表示：

$$K = k_{max} k_{min} \tag{3-46}$$

$$H = \frac{k_{max} + k_{min}}{2} \tag{3-47}$$

用曲率颜色图评价曲面品质就是将曲面的曲率用颜色显示出来，调整其参数，使颜色变化处于要检测处。如果颜色变化自然，则说明该区域的曲率变化均匀；如果该区域颜色变化不自然，或者呈现跳跃，则说明该处的曲面曲率变化异常，需要对该处进行调整。

曲率颜色图可以用来评价曲面相拼接的情况，图 3-103 所示为两曲面相拼接的示例。图 3-103a 所示是两曲面位置连续，可以看出两拼接曲面在边界处有剧烈的颜色变化。图 3-103b 所示是两曲面相切连续的情况，可以看出两曲面拼接边界处的颜色变化比位置连续时要好些，但还是有比较大的变化，因此该处仍然有明显的分界线。图 3-103c 所示是两曲面曲率连续的情况，这时的两曲面颜色变化比较均匀，看不出明显的分界线，这是做 A 级曲面的基本要求。图 3-103d 所示是两曲面理想的曲率连续情况，两曲面的拼接处完全没有分界线，颜色过渡自然，品质非常好。

对多个曲面进行整体分析，一般用高斯曲率和平均曲率比较合适。图 3-104 所示的是某

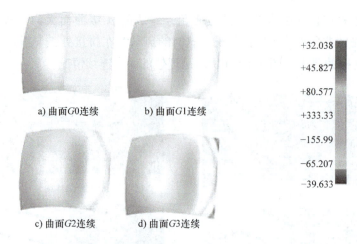

图3-103 曲面连续的高斯曲率评价（单位：mm^{-1}）

车前翼子板高斯曲率分析示例。在颜色变化剧烈的地方，曲率值的变化大；反之则小。由分析可见，该翼子板无论是大面内部品质，还是面与面之间的拼接都是比较好的，因为其颜色变化是根据曲面曲率大小的变化而逐渐变化的，没有突变的地方。

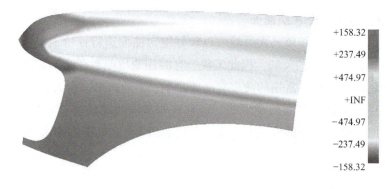

图3-104 某车前翼子板高斯曲率分析图（单位：mm^{-1}）

如果是对曲率变化比较剧烈的曲面进行评价，则用最大曲率比较合适。图3-105所示为用最大曲率颜色图评价同一个翼子板时的情况。由图可见，右侧曲率较小，因此其颜色基本一致，而在左侧曲率变化比较显著处，其颜色变化比较大，这样容易发现大曲率曲面，并判断曲面之间的品质是否符合A级曲面的要求，该图左侧显示大曲率处曲面有良好的品质。

如果想评价小曲率曲面处的质量，则用最小曲率颜色图比较合适。图3-106所示就是用最小曲率颜色图来对同一个翼子板曲面进行评价。由图可见，右侧曲面的曲率相对来说较小，因此曲率颜色变化较大，对于曲面及其间的关系暴露得比较明显，而左侧曲面因曲率大，所以颜色变化就不很明显，用最小曲率颜色图来评价是合适的。该图也显示，右侧小曲率曲面有很高的品质。

5. 曲面拼接连续性精度的评价

在工程实践中，除了对A级曲面进行上述评价之外，还要对曲面拼接连续性的精度进行评价。一般的A级曲面拼接连续性精度包括位置连续、相切连续和曲率连续三项内容。对于

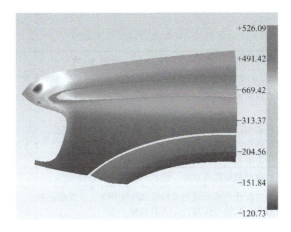

图 3-105 用最大曲率颜色图对某翼子板进行评价

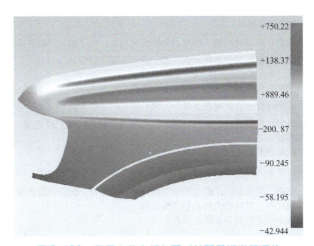

图 3-106 用最小曲率颜色图对某翼子板进行评价

高可见 A 级曲面,位置连续的最大偏差值小于 0.002mm,相切连续的最大偏差值小于 0.02°,而曲率连续的最大偏差值小于 0.5mm^{-1}。

当然,曲面的曲率连续和理想曲率连续也不是必需的,如有的过渡曲面比较小,或者为了造型特征的要求,有时可设计为相切连续。在一些少可见部位,曲面的几何连续性次数和精度也可以适当放宽。

6. A 级曲面质量综合评价标准

对于汽车车身 A 级曲面,在评价的时候首先要关注其基本曲面。正如前文所述,基本曲面的内部质量及其连续性评价可以从曲面 u、v 两个参数方向的补片数目、阶次、控制顶点的排列,以及其截面线的曲率梳、斑马线和高斯曲率图颜色变化等方面着手。过渡曲面内部质量及其连续性同样也可以从曲面 u、v 两个参数方向的补片数目、阶次、控制顶点的排列,以及其截面线的曲率梳、斑马线和高斯曲率图颜色变化等方面着手。如果基本曲面和过渡曲面构造得准确,则基本曲面和过渡曲面的连续性评价只用曲率梳、斑马线和高斯曲率图来评价即可。需要特别指出的是,无论是基本曲面还是过渡曲面,造成其质量好坏的根本原因是曲面控制顶点的排列,而斑马线、曲率梳和高斯评价则是其表象。表 3-3 给出了 A 级曲面综合评价的标准。

表 3-3　A 级曲面综合评价标准

评价内容		评 价 标 准
基本曲面	基本曲面内部质量	曲面在 u、v 两个参数方向是单片体，控制顶点小于或等于 6 排
		控制顶点在曲面的同侧，排列均匀或变化均匀，并按照点云走势排列，易于满足后续拼接的连续条件
		曲面任意截面线的曲率梳形状一致，或者呈规律性变化 斑马线间隔均匀或变化均匀 高斯曲率图颜色均匀自然，或者变化自然
	基本曲面之间的连续性	相拼接的曲面控制顶点对齐，满足拼接的连续条件
		拼接处两曲面任意截面线曲率梳外缘高度相等，且光滑连接 斑马线对齐，且没有尖角，呈光滑连接 高斯曲率图颜色均匀自然，或者变化自然
		曲面拼接最大偏差 $G0<0.002\mathrm{mm}$，$G1<0.02°$，$G2<0.2\mathrm{mm}^{-1}$
过渡曲面	过渡曲面内部质量	曲面在 u、v 两个参数方向是单片体，控制顶点小于或等于 6 排，极少数曲面在和基面拼接边的方向可以在 8 排内
		控制顶点在曲面的同侧，排列均匀或变化均匀，易于满足拼接连续条件
		曲面任意截面线的曲率梳形状一致，或者呈规律性变化 斑马线间隔均匀或变化均匀 高斯曲率图颜色均匀自然，或者变化自然
	过渡曲面之间的连续性	相拼接的过渡曲面控制顶点对齐，满足拼接的连续条件
		拼接处两过渡曲面任意截面线曲率梳外缘高度相等，且光滑连接；斑马线对齐，且没有尖角，呈光滑连接
		高斯曲率图颜色均匀自然，没有突变
		曲面拼接最大偏差 $G0<0.002\mathrm{mm}$，$G1<0.02°$，$G2<0.5\mathrm{mm}^{-1}$
基本曲面与过渡曲面的连续性		拼接处两过渡曲面任意截面线曲率梳外缘高度相等，最好光滑连接 斑马线对齐，且没有尖角，呈光滑连接 高斯曲率图颜色均匀自然，没有突变
		曲面拼接最大偏差 $G0<0.002\mathrm{mm}$，$G1<0.02°$，$G2<0.5\mathrm{mm}^{-1}$

习　题

一、判断题

1. 无论是基本曲面还是过渡曲面，造成其质量好坏的根本原因都是曲面控制顶点的排列，而斑马线、曲率梳和高斯评价则是其表象。（　）

2. 车身后风窗采用方背型方案可以使后风窗处在平顺气流中，在气流冲刷下不易附着脏物。（　）

3. 车身造型设计时，使汽车底部流速大于上部流速进而产生负升力是最理想的。（　）

4. 当汽车前后轮侧偏刚度相近时，希望从结构上保证质心靠近前轴，风压中心在质心之后。（　）

5. 在设计汽车造型时，为了使汽车具有动感，要强调垂直划分线而削弱水平划分线。（　）

6. 车身的整体比例值是指用车长除以车高。（　）

7. 为了减小汽车升力，应该使迎角为正值。（　）

8. 贝塞尔曲线的形状只和其特征多边形顶点有关，不依赖于坐标系的选择。（   ）
9. 为了提高汽车的空气动力稳定性，造型设计时应使风压中心靠近后轴。（   ）
10. 汽车的空气阻力中，诱导阻力是指气动升力所产生的纵向水平分力。（   ）
11. 确定车身侧围倾斜度时，K 值选择越大越好。（   ）
12. 汽车前围造型是品牌基因的主要载体，侧围造型是车型信息的主要载体。（   ）
13. 改变贝塞尔曲线特征多边形的某一个控制顶点，只能对曲线的局部产生影响，而对其他曲线段不会引起任何改变。（   ）

二、选择题

1. 在汽车车身结构早期开发阶段，最应该对（   ）频率范围内的车身振动特性给予关注。
   A. 1~2Hz   B. 4~12.5Hz   C. 10~100Hz   D. 22~25Hz
2. A 级曲面要求连续性在（   ）或者以上连续。
   A. A1   B. A2   C. A0   D. A3
3. 贝塞尔曲线的（   ）表明，由同一特征多边形定义的贝塞尔曲线是唯一的。
   A. 几何不变性   B. 对称性   C. 凸包性   D. 端点性质
4. 对于平面曲线，一般只要满足（   ）准则，就可以认为其是光顺的。
   A. 曲线二阶连续 B. 曲率变化较均匀   C. 不存在多余变挠点 D. 没有多余的拐点
5. 在利用曲率颜色图对曲率变化比较剧烈的曲面进行评价时，一般采用（   ）曲率比较合适。
   A. 最小   B. 最大   C. 平均   D. 高斯
6. 汽车草图的表达主要涉及三种特征线形，分别是顶端线、造型线和（   ）。
   A. 腰线   B. 区域线   C. 肩线   D. 裙线

三、填空题

1. 作用到车身上的三个气动力矩分别为（   ）、（   ）和（   ）。
2. 曲面质量评价的主要方法有控制顶点法、（   ）、（   ）、（   ）和连续性精度的评价等。
3. 决定车身造型设计的基本要素主要是（   ）、（   ）和（   ）。
4. 汽车的（   ）是品牌基因的主要载体，汽车的（   ）是车型信息的主要载体。
5. B 样条曲线的性质包括（   ）、（   ）和较强的表达能力。
6. 汽车车身曲面的评价包括两个方面：一是曲面（   ）的评价，二是曲面（   ）的评价。
7. 复杂的车身外形一般通过（   ）的方式来实现，也就是通过作一条完全通过或逼近给定型值点的光滑曲线来模拟实际曲线的方法。
8. 流线是气流中一条假象的曲线，其（   ）的方向与该时刻气流质点速度向量的方向相同。在某一瞬时的流场中，许多流线的集合，称为该瞬时气流的（   ）。

四、简答题

1. 汽车空气动力学的主要研究内容有哪些？

2. 请解释什么是分离现象？
3. 简要画图分析风压中心位置对汽车空气动力稳定性的影响。
4. B样条曲线的性质有哪些？
5. 什么是汽车车身A级曲面，车身曲面质量评价的主要方法有哪些？
6. 汽车车身A级曲面的要求有哪些？

五、综合实践题

1. 利用官方网站或国际车展等发布的当年最新车型信息，归纳分析智能电动汽车造型发展趋势。选择至少一个具体的智能电动汽车品牌或型号，分析其造型设计如何体现上述趋势。
2. 自行选择2~3款汽车，分析其气动外形设计特点，预估其空气动力学系数并与公开数据进行对比。

第四章 车身结构力学性能分析计算

所有的分析计算工作都应从基本概念出发，这样才可能对模型计算结果有深刻的理解。本章将针对车身弯曲性能、扭转性能、耐撞性能以及振动性能等车身结构力学性能进行分析计算工作，从基本概念出发，尽量选用简单的基本计算分析模型，以利于指导车身结构力学模型的建立、计算和分析。

第一节 车身结构力学载荷工况条件

在概念设计阶段，需要用到车身结构性能估算的简单模型，所采用载荷条件均根据实际复杂道路载荷条件进行了大幅简化。

这种简化的载荷只适用于缺乏实测数据或仿真数据的早期开发阶段。随着开发工作的深入开展，开发人员所掌握的信息越来越多，应该及时对车身结构设计模型中的有关载荷条件进行修正，以得到与实际情况更加贴近的计算结果。此外，各公司都会基于大量开发工作所积累的经验数据，建立本公司的载荷条件数据库。本节介绍的是一般性经验数值。

一、动载荷系数与安全系数

为了保证车辆结构在各种工况条件下不会因瞬时过载而丧失性能，并且确保结构具有期望的疲劳寿命，设计师需要对结构可能遭受的载荷工况作出预估。在汽车产品的早期开发阶段，结构设计工作所关注的重点在于瞬时强度，通常采取的前提假设是"如果结构能够抵抗可能遇到的最严重载荷，则认为它具有足够的疲劳寿命"。在结构的早期设计中，一般是根据经验确定一个动载荷系数，对结构所承受的静态载荷进行倍乘，将其作为等效的动态载荷，即：

$$动态载荷 = 静态载荷 \times 动载荷系数$$

不同工况下动载荷系数的取值如图4-1所示。

对于重要结构的设计，一般还会在动载荷系数之外，倍乘一个额外的"安全系数"，即

$$等效载荷 = 静态载荷 \times 动载荷系数 \times 安全系数$$

在早期设计中，是将车身结构作为一个整体进行载荷施加的。随着设计工作的深入，对于关闭车门、发动机舱盖等所产生的局部载荷也需要进行计算分析。

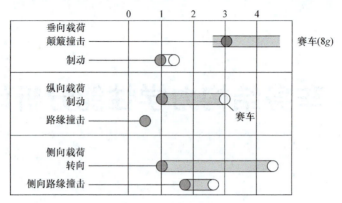

图4-1 动载荷系数

二、垂向对称载荷工况（弯曲工况）

由车体自身质量引起的载荷，作用在垂直平面，即 $X-Z$ 平面，载荷沿车身纵向分布，产生绕 Y 轴的弯矩。典型工况为图4-2a所示的两前轮或两后轮停于对称的路障凸起上，以及如图4-2b所示的使用道路清障车时的拖车工况。垂向对称载荷工况的力学模型如图4-3所示。

a) 路障工况

b) 拖车工况

图4-2 典型垂向对称载荷工况

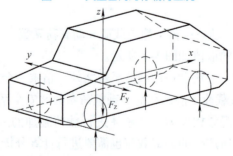

图4-3 垂向对称载荷工况的力学模型简图

垂向对称载荷工况下，所使用的动载荷系数选用原则见表4-1。对于越野车，动载荷系数的选取可高达6。

表4-1　垂向对称载荷工况的动载荷系数选用原则

车型	普通轿车	客车	载重汽车	特种汽车
动载荷系数	2.0~2.5	2.0~2.5	3.0	3.5~4.0

三、垂向非对称载荷工况（扭转工况）

与上文中两个前轮或后轮同时停于凸起上不同，当只有一个车轮处于凸起上时，由于左右侧悬架对车身的反作用力存在差异，车身受到扭转力矩的作用，产生了扭转工况，比较极端的试验工况如图4-4a所示。与此相比，更常见的扭转工况为汽车转向时，在离心力的作用下，车身侧倾、左右侧车轮间存在载荷转移，这也是典型的扭转工况（同时也是典型的侧向载荷工况），如图4-4b所示。这种垂向非对称载荷造成汽车绕 X 轴的转矩。一般而言，对设计开发工作来说，扭转工况是比弯曲工况更需关注的载荷工况。在汽车的实际使用中，扭转工况都是与弯曲工况同时出现的，真正的纯扭转载荷工况在实际使用条件下是不存在的。

a) 扭转工况试验路面　　　　　b) 转弯侧倾工况

图4-4　典型的垂向非对称载荷工况

在进行扭转载荷工况模拟时，不同的车辆因机械尺寸和几何特性存在差异，对于相同的凸块高度，所产生的扭转载荷差异很大。为了将扭转工况载荷与车辆的使用环境结合起来，标准化的扭转工况凸块高度应满足：

① 能够使同一车轴上的另一个车轮刚刚离开地面。

② 其他车轮仍处于地面支撑状态。

所采用的力学模型如图4-5所示。

此载荷工况下所产生的车身扭转特性将取决于由前、后悬架系统所产生的侧倾

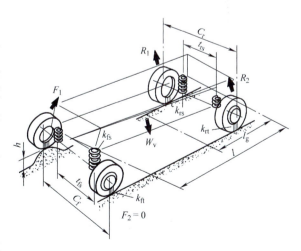

图4-5　扭转工况力学模型

角刚度，以及车身的扭转刚度。可将其看作一个由两个扭转弹簧并联后再与另一个扭转弹簧串联而成的力学系统，系统的扭转刚度由下式确定：

$$\frac{1}{K_{TOTAL}} = \frac{1}{K_{FRONT} + K_{REAR}} + \frac{1}{K_{BODY}} \quad (4\text{-}1)$$

式中，K_{FRONT} 为前悬架系统侧倾角刚度；K_{REAR} 为后悬架系统侧倾角刚度；K_{BODY} 为车身扭转刚度。

相对于悬架系统侧倾角刚度，汽车车身关于纵向轴的扭转刚度通常要大很多，也就是说车身扭转刚度对总扭转角 θ 的影响很小。在这种情况下，$1/K_{BODY}$ 这一项非常小，可以从式（4-1）中将其忽略。忽略车身扭转刚度，可将扭转载荷工况的力学模型简化为图 4-6 所示的系统。

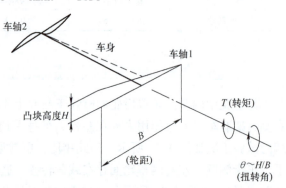

图 4-6 由凸块高度 H 所带来的扭转力矩

对于图 4-6 所示的系统，凸块高度 H 所带来的转矩 T 为

$$T = K_{TOTAL}\theta \quad (4\text{-}2)$$

其中，$\theta \approx H/B$。

因此有：

$$T = K_{TOTAL}\frac{H}{B} \quad (4\text{-}3)$$

转矩 T 是由左右侧车轮上载荷转移所引起的，载荷由刚刚与地面失去接触的一侧车轮转移到另一侧车轮。

将图 4-6 中的车轴 1 抽取出来，其中的几何及力学关系如图 4-7 所示。

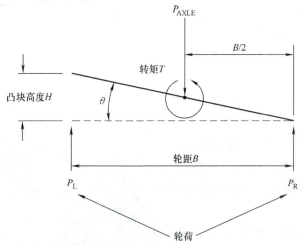

图 4-7 车轴 1 的几何及力学关系

根据图 4-7 所示的力学关系，建立力平衡关系式：

$$P_L + P_R = P_{AXLE} \quad (4\text{-}4)$$

即

$$P_L = P_{AXLE} - P_R \qquad (4\text{-}5)$$

式中，P_{AXLE} 为车轴的总轴荷；P_L、P_R 分别为左侧车轮和右侧车轮的反作用载荷。

根据力矩平衡关系式，有

$$T = (P_L - P_R)\frac{B}{2} \qquad (4\text{-}6)$$

可推导出：

$$T = (P_{AXLE} - 2P_R)\frac{B}{2} \qquad (4\text{-}7)$$

$$P_R = \frac{1}{2}P_{AXLE} - \frac{T}{B} \qquad (4\text{-}8)$$

由此可以得到：

$$P_L = \frac{1}{2}P_{AXLE} + \frac{T}{B} \qquad (4\text{-}9)$$

当达到右侧车轮刚刚离开地面的临界状态时，转矩将会达到临界值，即 $P_R = 0$（$P_L = P_{AXLE}$）。根据式（4-8）和式（4-9）可知，左右侧车轮载荷大小与凸块高度的关系如图4-8所示。

应当注意的是，上述临界状态发生时，与地面失去接触力的车轮总是处于轴荷最轻的车轴上。因此，存在如下关系式：

$$T_{MAX} = P_{AXLE}\frac{B}{2} \qquad (4\text{-}10)$$

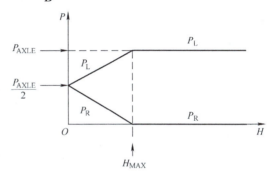

图4-8　左右侧轮荷与凸块高度的关系

式中，P_{AXLE} 为最小的轴荷。

于是，由式（4-2）和式（4-10）可得到所能产生的最大转矩 T_{MAX}：

$$T_{MAX} = K_{TOTAL}\frac{H_{MAX}}{B} = P_{AXLE}\frac{B}{2} \qquad (4\text{-}11)$$

式中，H_{MAX} 是造成右轮悬空的凸起高度，即

$$H_{MAX} = \frac{P_{AXLE}B^2}{2K_{TOTAL}} \qquad (4\text{-}12)$$

通常，由于现代乘用车所采用的主弹簧刚度较低，在所选用的凸块高度尚未达到 H_{MAX} 值时，悬架系统中的限位缓冲块已经开始起作用了。缓冲块刚度比主弹簧刚度大很多，扭转载荷将通过限位缓冲块施加到车身上。推荐的凸块高度值见表4-2。如果车辆经常被应用于恶劣环境中，则应附加一个额外的动态系数。

表4-2　扭转工况凸块高度推荐值

车型	轿车	客车	载重汽车	特种汽车
凸块高度/m	0.2	0.25	0.3	0.4
附加系数	1.3	1.3	1.5	1.8

应将该扭转载荷工况下产生的转矩当作纯扭转载荷来使用,这就需要将其中的弯曲载荷分量消除掉,可将其等效为两对大小相等、方向相反的载荷对,如图 4-9 所示。由于始终存在重力,这种理想的载荷工况并不存在,但其在车身结构中产生了与弯曲载荷工况非常不同的内部载荷,因此在设计工作中对这种理想载荷工况进行考虑是非常重要的。

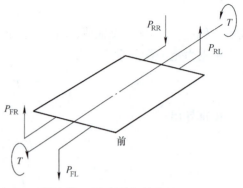

图 4-9 理想的纯扭转载荷工况

四、纵向载荷工况

车辆在使用过程中遇到的纵向载荷主要来源包括:加速、制动工况下作用在轮胎与地面接触点的牵引力和制动力所带来的载荷;车辆在行驶过程中车轮驶过凸起、凹坑等冲击特征路面时造成的纵向冲击载荷;离合器接合及脱开不平顺所引起的纵向冲击载荷。

1. 制动工况

对于制动工况,通常所采用的载荷系数见表 4-3。

表 4-3 制动工况载荷系数

车型	轿车	客车	载重汽车
载荷系数	1.0g	0.7g	0.7g

由于整车质心高度的缘故,制动过程中存在前后载荷的转移,力学模型如图 4-10 所示。

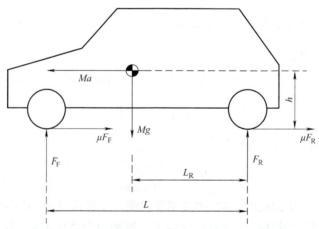

图 4-10 制动工况下的载荷转移力学模型

根据图 4-10 所示力学模型建立力的平衡方程:

$$Ma = \mu Mg = \mu F_F + \mu F_R \tag{4-13}$$

式中,μ 为地面摩擦系数;M 为车辆质量;a 为制动加速度。

针对后轮建立力矩平衡方程:

$$F_F L = Mg L_R + Mah \tag{4-14}$$

根据式(4-13)和式(4-14),可求得前轴垂向反作用力 F_F 为

$$F_F = Mg(L_R + \mu h)/L \tag{4-15}$$

同理，后轴垂向反作用力 F_R 为

$$F_R = Mg(L_F - \mu h)/L \tag{4-16}$$

2. 脉冲输入工况

当汽车驶过三角形凸块或者长坡形凸块时，将在纵向上受到冲击载荷。这里以台阶状凸起为例进行纵向载荷的受力分析，所采用的力学模型如图 4-11 所示。

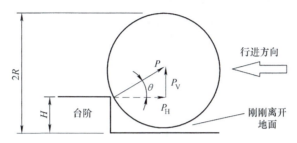

图 4-11　纵向冲击工况力学模型

从图 4-11 可以看出，该冲击工况的定义为：车轮在行进方向遇到一个高度为 H 的台阶，临界状态选定为车轮刚刚被抬升离开地面的状态。使用图中的符号定义并假设静力平衡，建立平衡方程。

垂直方向：　　　　　　　　　$P\sin\theta = P_V$ 　　　　　　　　　(4-17)

水平方向：　　　　　　　　　$P\cos\theta = P_H$ 　　　　　　　　　(4-18)

可推导出：　　　　　$P_H = (P_V/\sin\theta)\cos\theta = P_V/\tan\theta$ 　　　　(4-19)

式中，P_V 为垂向上车轮所受静态载荷；P_H 为分解得到的纵向载荷分量；$\sin\theta = (R-H)/R = 1-(H/R)$，假设滚动半径和轮胎的静力半径大致相等。

这忽略了包括车轮惯性在内的动态影响。这种情况下，这些动态影响是非常重要的，Garrett（1953）提出了一个动态载荷系数 $K_{DYN}=4.5$，因此有：

$$P_H = K_{DYN}(P_V/\tan\theta) \tag{4-20}$$

对于一个给定的凸起高度 H 以及垂直方向车轮受力 P_V，正如图 4-12 所显示的，车辆受到的纵向载荷 P_H 取决于车轮半径（较小的车轮会产生较大的力）。

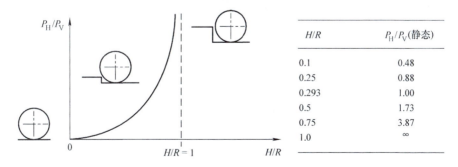

图 4-12　纵向载荷与台阶高度的关系

当台阶尺寸较大，接近车轮半径大小时，纵向力会变得非常大（因为 $\tan\theta$ 这一项接近零)。实际上,纵向力不会如图 4-12 所示那样达到无穷大,因为悬架的强度会为车辆所受载荷设定一个极限值。Pawlowski(1969 年)建议台阶高度 H 应该与扭转载荷工况(垂向非对称载荷工况)所采用的高度值一致。

五、侧向载荷工况

车辆在使用过程中遇到的侧向载荷来源主要包括:由于轮胎的侧滑(趋势)引起的路面摩擦反力;汽车轮胎受到路肩侧向挤压所导致的倾覆力。

1. 转向工况

对于转弯侧倾工况(图 4-4b)所引起的侧向载荷,通常所采用的力学模型如图 4-13 所示。

由于汽车转向所能带来的最大侧向载荷为

$$\text{Max. Force} = \mu M g \tag{4-21}$$

式中,μ 为地面摩擦系数;M 为整车质量。

2. 车轮与路肩撞击工况

在车轮与路肩撞击工况下,最大侧向力出现在一侧车轮与路肩相撞而使另一侧车轮离开地面腾空的情况下,这种工况下的力学模型如图 4-14 所示。

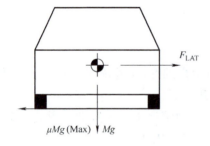

图 4-13 汽车转向所引起的侧向载荷力学模型

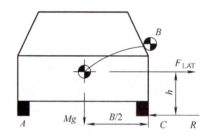

图 4-14 汽车车轮与路肩撞击所引起的侧向载荷力学模型

利用上图所示的符号,对 C 点建立力矩方程,为

$$F_{\text{LAT}} h = M g \frac{B}{2} \times K \tag{4-22}$$

因此有

$$F_{\text{LAT}} = \frac{M g B}{2 h} \times K \tag{4-23}$$

式中,F_{LAT} 为侧向力;h 为重心到 C 点的垂直距离;B 为轮距;K 为动态安全系数(K 取 1.4~1.75)。

需要注意的是,上述计算式不能作为预测或评估汽车倾覆或翻倒的一种方法,只能用作对作用于车身及附件上侧向力的初步估算。

六、组合载荷工况

在现实情况下，许多道路载荷会同时发生。例如：由于重力始终存在，至少总有加速度为 $1g$（有时会更大，如在车轮遇到垂向凸起冲击时）的垂向载荷，不会存在只受扭转而不受弯曲的理想工况，因此通常要同时考虑弯转矩组合工况。类似的，汽车的实际使用工况大多是上述理想载荷工况的组合。为了便于计算，通常将载荷情况分割成单独的理想化的情况，然后把结果结合起来，通过叠加得出实际载荷工况的影响。

第二节 车身弯曲性能分析计算

汽车车身结构分析内容主要包括：车身结构强度、车身刚度和低阶模态参数。汽车车身结构强度是反映产品可靠性的重要指标。目前，汽车企业从偏重强度指标转变为同时将汽车车身刚度、低阶模态参数也作为产品开发的关键指标。一般而言，依照刚度准则确定的结构往往也能够充分满足强度准则，但反之则不一定。对于承载式车身，轿车车身的刚度特性具有举足轻重的作用。如果刚度特性设计不合理，将直接影响轿车车身的安全性、NVH 性能、可靠性等关键性指标。车身结构的低阶弹性模态参数不仅是控制汽车 NVH 性能的关键指标，还能反映车身整体刚度性能的优劣。

车身弯曲性能是指车身在垂向对称载荷作用下，车身结构力学特性应满足的车身弯曲刚度和强度要求。

一、车身弯曲性能的强度和刚度设计要求

1. 车身弯曲强度要求

汽车车身结构的最根本作用之一是将汽车的各零部件安装并固定在正确的位置上，动力总成、悬架及转向系统，以及车内的驾驶人和乘员等都为车身结构所承载。对于包括乘员及汽车各子系统质量的静止车身，一般将其简化为如图 4-15 所示的简支梁模型。对车身结构的要求是在这些载荷的作用下，车身不能出现断裂破坏状况。

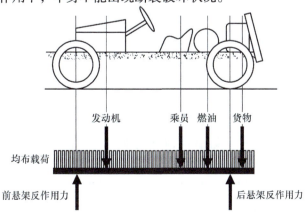

图 4-15 车身结构简支梁模型

在图 4-15 所示载荷及边界条件下，利用材料力学计算方法可以确定车身长度上任一位置处的剪力和弯矩，如图 4-16 所示。对车身结构的强度要求是在这些弯矩的作用下不会产生断裂。

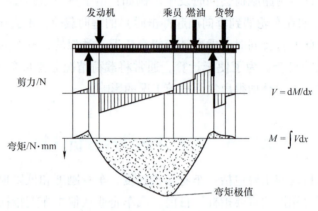

图 4-16　车身剪力和弯矩

还有几种比静载荷工况更重要的弯曲工况。第一种是动态工况，在这种工况下，汽车子系统的惯性力在使用过程中产生比静止工况更大的力。这种状况下的力和力矩可以分别由静载荷状况下的力和力矩乘以动载荷系数（动载荷系数一般选 2）求得。第二种状况是顶起或拖车工况，如图 4-17 所示。这种工况是包括乘客自重的一种极限状况。尽管它不是典型工况，但是它代表着一种乘客不希望发生、但有可能会发生的弯曲失效工况。不管是前面顶起还是后面顶起，都会产生比静态工况更大的弯曲力矩。弯曲工况力矩图如图 4-18 所示。

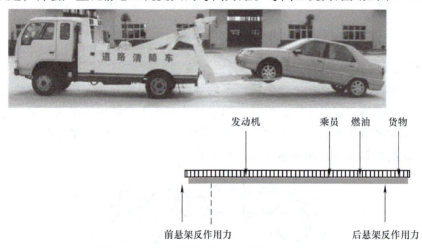

图 4-17　拖车工况等效模型

综合考虑以上工况，定义车身所承受的最大弯矩包络线，如图 4-18 所示。在实际设计时，需要寻找一种简单的实验图，该图可以得到接近的弯矩包络线。

为了定义该实验图，以车身为研究对象，车身由悬架固定点支撑，在座椅位置作用一个或两个载荷（H 点载荷）。图 4-19a 是按照这种方式加载的车身弯矩图。我们把此图叠加在车身的弯矩图上，如图 4-19b 所示。通过改变 H 点载荷的大小，可以估算出最大弯矩的包络线，产生的载荷数据就成为衡量汽车弯曲强度的标准。由于在这个试验中，座椅所承受的载

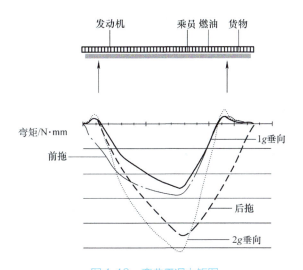

图 4-18　弯曲工况力矩图

荷实际上是施加在了 H 点上，因此这个试验被称为 H 点弯曲试验。

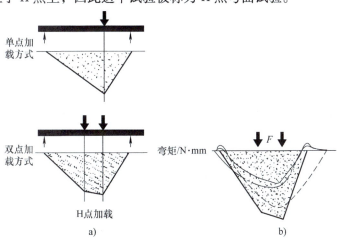

图 4-19　H 点弯曲试验图

图 4-20 所示是 H 点弯曲试验装置。可以用这样一个标准弯曲试验比较汽车的弯曲性能。

图 4-21 所示是 20 辆汽车的最大弯矩样本。弯矩取决于车身子系统质量的分布、车身纵向尺寸，特别是轴距的大小。由图 4-21 可以看出，现代轿车车身结构设计要求在约 7000N·m 弯矩作用下保证足够的弯曲强度。

2. 车身弯曲刚度要求

底盘匹配与调校是汽车产品开发工作的重要环节，实现整车底盘性能最佳匹配与调校效果的基本前提是，在整车产品开发的概念设计阶段明确各关键设计参数的选取范围。关键设计参数包括：轴荷分配边界值、整车质心高度、空气动力学升力系数、底盘离地间隙、车身弯曲刚度、车桥连接点局部刚度、转向柱刚度以及那些与汽车振动频率和悬架行程密切相关的弹簧参数等。

车身弯曲刚度对整车性能的影响更多体现在汽车行驶在粗糙路面时，驾乘人员对汽车的主观感受。具有较高车身弯曲刚度水平的汽车将为驾乘者带来"敦实""装配良好"的主观感受，使乘员在驾驶方面有安全和自信的感觉；反之，如果车身弯曲刚度水平较低，将使驾乘者产生"松垮""晃动"的不良感觉。

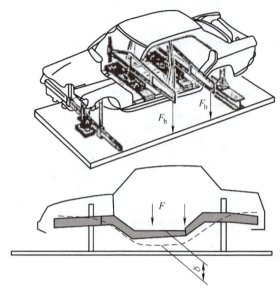

图4-20　H点弯曲试验装置图

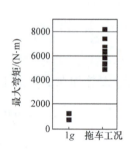

图4-21　20辆汽车的最大弯矩样本

随着顾客对乘用车舒适性要求的不断提高，汽车的NVH性能作为整车的一项重要性能日益受到重视。在进行汽车NVH性能开发与控制时，不仅要设定合适的整车目标，还要将整车指标分解到系统和部件。系统和部件的指标包括各系统和部件的共振频率分布、刚度要求等。

对欧洲车身会议（2010—2023年）及中国轻量化车身会议（2013—2014年、2019—2023年）所报告车型的相关数据进行整理，车身前两阶的模态频率样本值如图4-22所示。

由图4-22a、图4-22b可以看出，现代轿车的一阶模态频率普遍为24～32Hz，二阶模态频率普遍为30～36Hz。由图4-22c、图4-22d可以看出汽车能源动力类型对车身前两阶模态频率的影响不大。对于性能要求更高的轿车产品，在概念设计阶段，会为其设定更高的一阶及二阶模态频率目标值。此外，由于附件质量对模态频率起到降低作用，因此相比白车身，带附件车身的模态频率要低许多。

对于大多数车型来说，当白车身安装前风窗玻璃后，对其弯曲模态频率几乎没有显著影响，但是其扭转模态频率约是安装前的1.4倍（约提高10Hz）。

从图4-23可以看出，现代轿车车身弯曲刚度的典型数值为11000～14000N/mm。合适的弯曲刚度对舒适性来说是非常重要的，较高的弯曲刚度对减少相对变形也是很有意义的，因为车身变形在使用中会产生"吱吱嘎嘎"声。对于有较大质量负荷的汽车（如配置较高的豪华轿车）或者整车长度较长的轿车，为了得到满意的弯曲共振频率，就需要更高的静态弯曲刚度。

综上所述，对于一般的中级轿车而言，弯曲强度设计要求在7000N·m弯矩作用下车身不发生永久变形；弯曲刚度设计要求要达到11000～14000N/mm的水平。

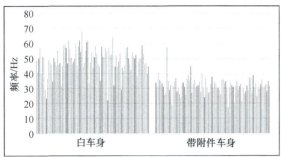
a) 一阶车身模态频率(99个车型)

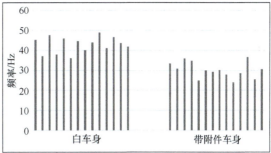
b) 二阶车身模态频率(99个车型)

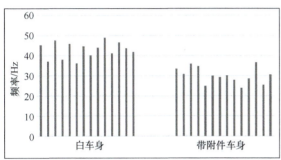
c) 一阶车身模态频率(纯电动车)

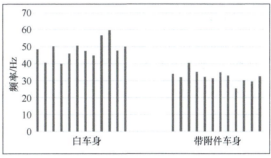
d) 二阶车身模态频率(纯电动车)

图4-22　车身模态频率样本值

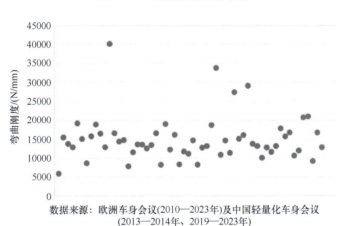

数据来源：欧洲车身会议(2010—2023年)及中国轻量化车身会议
(2013—2014年、2019—2023年)

图4-23　弯曲刚度样本数据（58个车型）

二、车身弯曲强度"简单结构面法"模型

绝大多数现代轿车采用冲压钢板、点焊连接而成的整体式车身结构。车身结构的形状非常复杂，即使拆下其中的部分构件，剩余的结构仍可以承载所受到的各种基本载荷，只是其刚度和强度等性能指标有所下降，因此它是典型的"冗余结构"。对于这种"冗余结构"，如果要对其进行准确的强度和刚度分析，则需采用有限元法等高级计算分析手段。但是，如果期望对车身结构的主要载荷传递路径、载荷作用方式等内容有较明晰的了解，在研究有限元

模型为代表的复杂模型之前，最好能借助简化模型。

对汽车结构受到的载荷和应力进行分析的简单模型有很多，最有用的分析方法是由华沙工业大学的 Janusz Pawlowski 博士提出的简单结构面法（Simple Structural Surface，SSS）。该方法的详细介绍请参考 Janusz Pawlowski 博士的著作《Vehicle Body Engineering》。简单结构面法（SSS）可以用来对作用在车身主要结构件上的载荷及其传递路径进行分析。

1. 简单结构面的定义

简单结构面在自身所在平面内是刚性的，在其他平面则是柔性的，即在自己的平面内能够承受载荷（拉力、压力、剪切、弯矩），但不承受平面外的弯矩，其基本原理如图 4-24 所示。

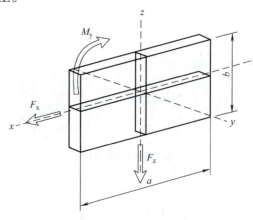

图 4-24　简单结构面基本原理图

根据拟进行计算分析的目的不同，可以采用不同精度的分析模型，如图 4-25 所示。

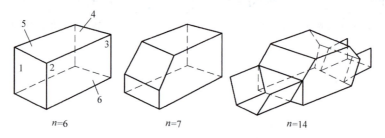

图 4-25　不同精度的简单结构面模型

2. 弯曲工况的简单结构面模型

以下将分析在整体弯曲强度试验中所施加的载荷，是如何传递到车身每个结构单元上的。为了实现所施加弯曲载荷 F 的传递分解，对于图 4-26 所示的 H 点弯曲试验单点加载工况，基于简单结构面法（SSS），可建立图 4-27 所示的弯曲工况简单结构面分析模型。

首先，对车身列写力平衡方程，确定出前后轴悬架系统对车身的支撑力 R_f 和 R_r。对前轴列力矩平衡方程：

$$2R_r(a+b+c+d) - 2F(a+b) = 0 \tag{4-24}$$

车身竖直方向的力平衡方程：

$$2R_f + 2R_r - 2F = 0 \tag{4-25}$$

由此，可求解出前后悬架系统的支撑力分别为

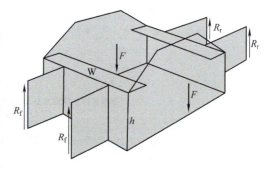

图 4-26　H 点弯曲试验单点加载工况

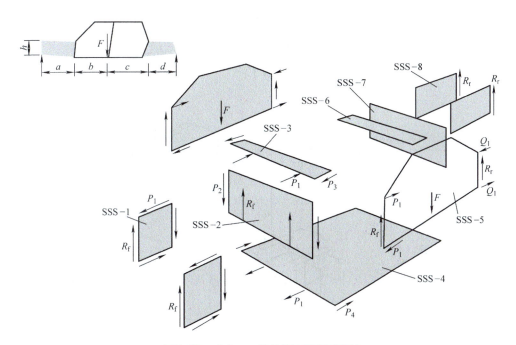

图4-27 弯曲工况简单结构面分析模型

$$R_{\mathrm{f}} = \frac{c+d}{a+b+c+d}F; \quad R_{\mathrm{r}} = \frac{a+b}{a+b+c+d}F \tag{4-26}$$

接下来，利用所建立的简单结构面模型对载荷 F 进行分解。

（1）结构面 SSS-1（图4-28a）

列写力矩平衡方程：

$$P_1 h - R_{\mathrm{f}} a = 0 \tag{4-27}$$

于是，

$$P_1 = R_{\mathrm{f}} \frac{a}{h} \tag{4-28}$$

（2）结构面 SSS-2（图4-28b）

于是，

$$P_2 = R_{\mathrm{f}} \tag{4-29}$$

（3）结构面 SSS-3（图4-28c）

于是，

$$P_3 = P_1 \tag{4-30}$$

（4）结构面 SSS-4（图4-28d） 类似于 SSS-1，由 SSS-8 可确定出 Q_1：

$$Q_1 = R_{\mathrm{r}} \frac{d}{h} \tag{4-31}$$

于是，

$$P_1 - P_4 - Q_1 + Q_4 = 0 \tag{4-32}$$

（5）结构面 SSS-5（图4-28e） 结合上文有关信息，结构面 SSS-5 的受载情况为

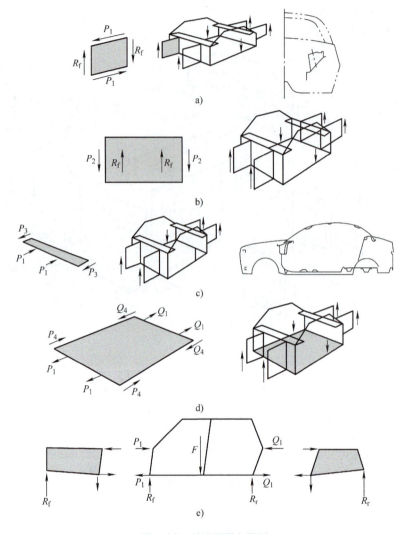

图 4-28 结构面受力模型

$$P_1 = R_f \frac{a}{h}; \quad Q_1 = R_r \frac{d}{h}; \quad R_f = \frac{c+d}{a+b+c+d}F; \quad R_r = \frac{a+b}{a+b+c+d}F$$

类似地，可以分解得到结构面 SSS–6 和 SSS–7 所承受的载荷。

通过分解得到的车身结构各单元所承受载荷，可以根据截面设计原则为这些载荷设计合适的截面形状和尺寸，最终保证车身整体所期望的弯曲强度水平。

三、车身弯曲刚度"三组分"模型

上一节讨论了根据整体弯曲强度要求如何计算出每个结构单元的强度要求，以及怎样利用这些要求来设计单元。现在，根据整体弯曲刚度要求，计算车身承载梁的弯曲刚度要求。

1. 刚性接头假设条件下的分析模型

借鉴图 4-29 所示的"可变参数弯曲振动实验车"基本原理，可以建立图 4-30 所示的车身弯曲刚度"三组分"模型。这个模型可用于对车身弯曲刚度起主要作用的承载框架进行设计。

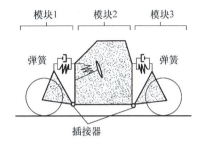

图 4-29 可变参数弯曲振动实验车

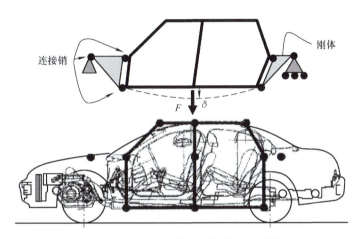

图 4-30 车身弯曲刚度 "三组分" 模型

在这个"三组分"模型中，前悬架固定装置后部结构与纵梁前部结构通过两个连接销刚性地连接。其中一个连接销与 A 柱底部连接；另一个与门槛梁连接。与此类似，后悬架固定装置前部与纵梁后部也通过两个连接销刚性地连接。车身框架的受力情况隔离体如图 4-31 所示。

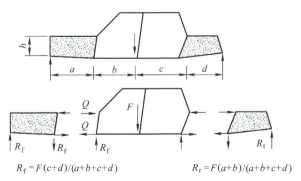

$R_f = F(c+d)/(a+b+c+d)$ $R_r = F(a+b)/(a+b+c+d)$

图 4-31 弯曲工况框架结构受力隔离体模型

【例】 车身框架计算模型

某车身承载结构框架的外部尺寸如图4-32所示。

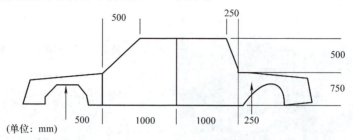

图4-32 侧框架分析模型外部尺寸

根据上述框架截面的初始结构尺寸，建立图4-33所示的有限元分析模型。该有限元模型中各梁单元之间通过刚性接头连接，约束了其前悬架固定点三个方向的平移（三个方向的转动未加约束），约束了后悬架固定点垂直方向和非平面方向的平移。在B柱与门槛梁相连接的点处施加了一向下的作用力，来模拟H点弯曲工况。

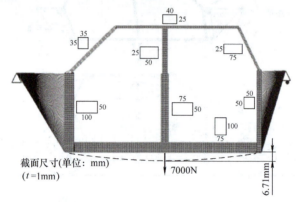

图4-33 刚性接头条件下的车身侧框架简化分析模型

在7000N的垂向载荷作用下，利用该简化的单侧车身弯曲刚度有限元分析模型，可得到6.71mm的垂向挠度。因此，车身弯曲刚度可由下式计算得到：

$$K = 2 \times \frac{7000\text{N}}{6.71\text{mm}} = 2086\text{N/mm}$$

如果将这一计算结果与对实际车身结构实测的数据相比较，就会发现这一计算刚度约是实测刚度值的2倍。造成该模型预测结果与实际情况偏差较大的原因主要是上述分析模型中的刚性铰链假设存在问题。车身结构中两个以上承载构件相互交叉连接的部位称为接头（或节点、铰链等）。车身结构的内力通过接头传递，在传力的过程中，接头的变形会影响整个车身结构的变形。有研究表明，车身接头刚度对整个车身刚度的影响可达50%~70%。

2. 柔性接头条件下的分析模型

上小节中所建立的分析模型忽略了一个非常重要的薄壁梁截面物理特性：两个或者多个薄壁梁的连接存在无法忽视的局部变形量，这一变形造成了接头的柔性特性，如图4-34所示。

引入接头刚度的概念对上小节的分析模型进行修正，在各接头处以具有转动刚度的节点来取代原模型中的刚性连接。修正后的分析模型如图 4-35 所示。

下面以 183 页示例中的模型为例，如图 4-36a 所示，在 6 个接头处施加合理的接头刚度，对分析模型进行修正，重新进行有限元计算。所得到的计算结果如图 4-36b 所示。

由图 4-36 可以很方便地看出考虑接头刚度对车身弯曲刚度计算结果的影响。在模型中 6 个接头柔性的影响下，车身结构的弯曲刚度为：

$$K = 2 \times \frac{7000\text{N}}{10.7\text{mm}} = 1308\text{N/mm}$$

该模型所得到的车身框架弯曲刚度为刚性接头模型计数值的 62.7%，这一结果更接近弯曲刚度的实测值。

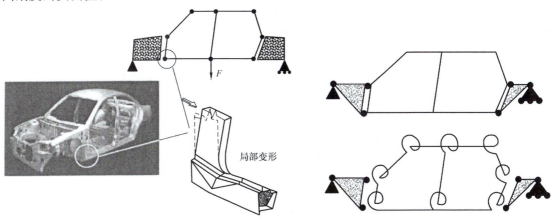

图 4-34　接头的柔性特性　　　　图 4-35　考虑接头柔性的车身框架
　　　　　　　　　　　　　　　　　　　　　　简化分析模型

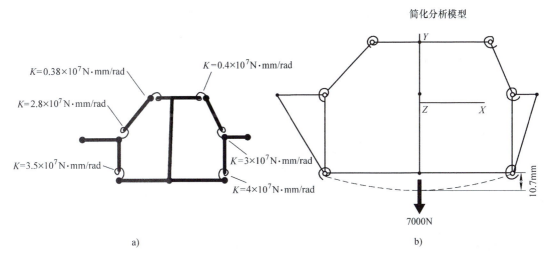

图 4-36　接头刚度对弯曲刚度的影响

如果利用车身弯曲刚度"三组分"模型计算得到的弯曲刚度没有满足设计要求，则需要对承载框架各梁截面的初始尺寸进行调整，或者修改各接头刚度水平，利用所建立的分析模型进行反复循环，直至满足所需的弯曲刚度要求。

第三节 车身扭转性能分析计算

一、车身扭转性能的强度和刚度设计要求

与前文所介绍的车身弯曲性能相似，对于扭转性能的设计要求有两类：扭转强度要求和扭转刚度要求。

1. 车身扭转强度要求

为了确定扭转强度要求，需要给车身施加一个最大转矩，研究它的使用状况。车辆的使用者希望在撤掉这一最大扭转力矩之后，车身能够恢复自身形状而没有任何永久变形的产生。如车身结构力学载荷工况条件部分所介绍的那样，在汽车单侧的一个车轮因被顶起而使得另一侧车轮刚刚离开地面的情况下，或者汽车单侧车轮因掉入沟壑而使得另一侧车轮支撑全部轴荷时，车身将承受最大转矩。沟渠扭转实验原理如图4-37所示。

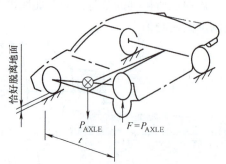

图4-37 沟渠扭转实验原理图

这时，车身所承受的转矩为

$$T_{\max} = P_{\text{AXLE}} \frac{t}{2} \tag{4-33}$$

式中，P_{AXLE}为轴荷；t为轮距。

在这一最大扭转力矩的作用下，设计者希望当移除此载荷后，车身不发生永久变形。实验室条件下所采用的车身结构扭转试验装置示意如图4-38所示。

图4-39所示为20款从经济型轿车到豪华轿车的扭转力矩样本值。

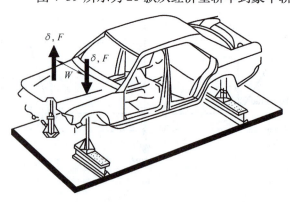

图4-38 车身结构扭转试验装置示意图

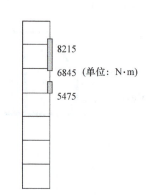

图4-39 20款轿车扭转力矩样本数据

由图4-39可以看出，现代轿车车身结构设计的基本要求，是保证在不低于7000N·m的扭转力矩作用下，车身不发生永久变形。

2. 车身扭转刚度要求

要求车身具有较高的扭转刚度是由以下两方面的需要决定的：良好的操纵性能、良好的 NVH 性能。

（1）确保良好的操纵性能　汽车转向时，在离心力的作用下，车身发生侧倾，左右侧车轮间存在载荷转移。在轮胎侧偏特性的作用下，会导致汽车操纵稳定性能发生异化。在进行悬架系统设计时，一般都是在车身为刚体这一基本假设条件下进行的。在离心力的作用下，汽车的侧倾力学模型如图 4-40 所示。

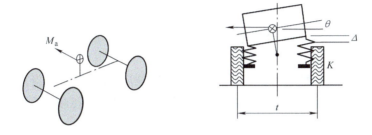

图 4-40　汽车侧倾力学模型

在车身为刚体的假设下，整车的侧倾角刚度模型如图 4-41a 所示。

对于某款典型的中级轿车，其前/后轮距为 1560mm，前/后悬架系统刚度为 23.4N/mm。假设其悬架系统没有配置横向稳定杆，整车的侧倾角刚度均由悬架系统所产生，则侧倾角刚度为

$$K_{\text{RollVehicle}} = K_{\text{RollFront}} + K_{\text{RollRear}} = \frac{t^2 K_{\text{rideFront}}}{2} + \frac{t^2 K_{\text{rideRear}}}{2} = 1000 \text{N} \cdot \text{m}/(°)$$

所计算得到的侧倾角刚度为 $1000\text{N} \cdot \text{m}/(°)$，这是比较合理的水平，能够保证在正常的汽车转向工况下，车身侧倾角保持在较低水平，并保证良好的操纵稳定性能。

当考虑车身的弹性，将车身扭转角刚度纳入整车角刚度模型时，得到如图 4-41b 所示的力学模型。

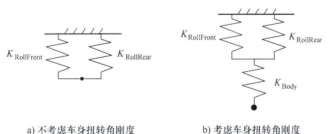

a）不考虑车身扭转角刚度　　b）考虑车身扭转角刚度

图 4-41　整车侧倾角刚度分析模型

此时，整车的侧倾角刚度为

$$\frac{1}{K_{\text{Effective}}} = \frac{1}{K_{\text{RollSuspension}}} + \frac{1}{K_{\text{Body}}} \qquad (4\text{-}34)$$

对式（4-34）进行处理，得到：

$$K_{\text{Effective}} = \frac{K_{\text{RollSuspension}} K_{\text{Body}}}{K_{\text{RollSuspension}} + K_{\text{Body}}} \quad (4\text{-}35)$$

于是有：

$$\frac{K_{\text{Effective}}}{K_{\text{RollSuspension}}} = \frac{\frac{K_{\text{Body}}}{K_{\text{RollSuspension}}}}{1 + \frac{K_{\text{Body}}}{K_{\text{RollSuspension}}}} \quad (4\text{-}36)$$

式（4-36）建立了整车的侧倾角刚度与悬架侧倾角刚度之间的关系，当比率 $K_{\text{Effective}}/K_{\text{RollSuspension}}$ 达到 0.9 的水平时，车身扭转刚度将是悬架侧倾刚度的 10 倍。一般而言，对于乘用车，车身扭转刚度比悬架侧倾刚度高一个数量级，即达到 10000N·m/(°) 左右的水平时，能够保证整车具有较好的操纵稳定性能。

（2）确保良好的 NVH 性能　要求车身具有较高扭转刚度的第二个目的是保证车辆在不规则路面上行驶时，驾乘人员有良好的车感。车感与车身扭转模态频率有关，一般而言，模态频率越高，车感越好。

将车身的扭转振动问题简化为单自由度质量 - 弹簧振动系统，这里质点质量为刚性连接的车辆子系统的有效惯性质量，弹簧刚度是车身扭转刚度。这样，车身扭转刚度的设计要求就与车辆扭转振动模态频率关联起来。

图 4-42a 所示是满足车辆扭转频率范围的几款车的扭转刚度实测值（其中电动汽车采用了无电池箱情况下测量的数据）。当扭转刚度为 20000N·m/(°) 时，车辆性能良好，不仅车感好，相对变形也达到最小，产生的"吱嘎"声等不期望的异响自然就很小了。

需要注意的是：根据保证 NVH 性能所要求的车身扭转刚度值 20000N·m/(°)，要高于为满足操纵稳定性需求所要求的 10000N·m/(°)，需要将其中的较大值作为车身扭转性能结构设计的要求。强调高操控性能的赛车往往具有很高的侧倾角刚度，这时按照操纵稳定性需求所要求的车身扭转刚度可能会大于 NVH 性能所要求的车身扭转刚度。图 4-42b 所示是统计中几款电动汽车的扭转刚度实测值，可以看出考虑动力电池箱影响后的数据集中在 30000N·m/(°) 以上，较无电池箱的情况约提高 10000N·m/(°)。

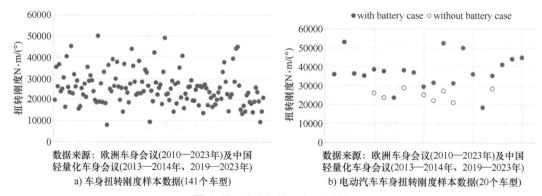

图 4-42　车身扭转刚度样本数据

综上所述，对于一般的中级轿车而言，扭转强度设计要求是在 7000N·m 的扭转力矩作用下车身不发生永久变形；扭转刚度设计要求是要达到 20000N·m/(°) 左右的水平，对于电动汽车,安装动力电池箱后需要达到30000N·m/(°)左右。

二、车身扭转强度"简单结构面法"模型

对于车身扭转强度结构设计工作,需要做的是如何根据整体的车身扭转强度要求,根据受力关系将所受的扭转力矩分解为每个受载结构单元上作用的剪力,并确保每个结构单元具有足够的强度。

20世纪70年代,针对车身扭转特性分析的早期计算机分析模型,将车身结构简化为图4-43所示的梁框架结构。但是其计算结果很不理想,仿真计算得到的车身扭转刚度值仅为实测值的10%~30%。

研究表明,面单元这一抗剪类型的单元是抵抗扭转载荷的主要结构成分。当模型中引入面单元后,能够显著改善分析模型的计算精度,可被用来对扭转载荷作用下的车身结构特性进行合理解释。在车身扭转性能设计部分,将车身结构简化为由一系列抗剪单元所构成的六面体方盒模型,如图4-44所示。

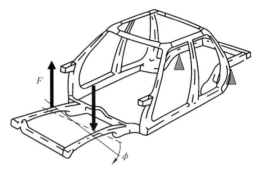

图4-43 车身扭转特性的梁框架结构

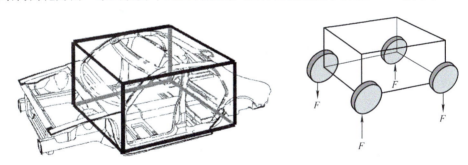

图4-44 车身扭转特性的方盒模型

在盒子前面两个顶点处作用一个扭转力偶,后面两个顶点处作用一个大小相等、方向相反的扭转力偶,如图4-45所示。这个力偶的大小就是前文介绍的扭转强度要求。

接下来,需要了解施加到车身结构上的转矩是如何作用到具体的车身承载结构件上的。依据简单结构面法,可建立扭转工况下车身简单结构面分析模型,如图4-46所示。

针对乘员舱部分,可以对各简单结构面所承受的载荷进行具体确定,分析模型如图4-47所示。

由图4-46可知,施加到乘员舱部分的转矩T为

$$T = R_f W' \tag{4-37}$$

接下来,利用已建立的简单结构面模型,进行转矩T到各个简单结构面的传递分解。

(1) 结构面 SSS-1(前围板)

$$h_1 Q_1 + W Q_2 - T = 0 \tag{4-38}$$

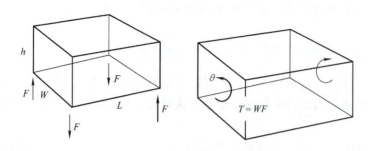

图 4-45　方盒模型受力简图

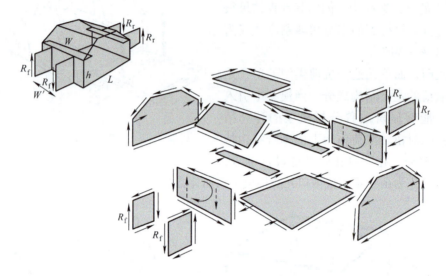

图 4-46　扭转工况下车身简单结构面分析模型

（2）结构面 SSS-2（前风窗）

$$L_s Q_1 - W Q_3 = 0 \tag{4-39}$$

式中，$L_s = \sqrt{L_1^2 + (h_0 - h_1)^2}$。

（3）结构面 SSS-3（车顶）

$$L_R Q_1 - W Q_4 = 0 \tag{4-40}$$

（4）结构面 SSS-4（后风窗）

$$L_b Q_1 - W Q_5 = 0 \tag{4-41}$$

式中，$L_b = \sqrt{L_2^2 + (h_0 - h_2)^2}$。

（5）结构面 SSS-5（行李舱后隔板）

$$h_2 Q_1 + W Q_6 - T = 0 \tag{4-42}$$

（6）结构面 SSS-6（底板）

$$L_F Q_1 - W Q_7 = 0 \tag{4-43}$$

（7）结构面 SSS-7（侧围）

$$(h_0 - h_1) Q_4 + [L_F(h_0 - h_2) + L_2(h_2 - h_1)]/L_b Q_5 - L_F Q_6 + h_1 Q_7 = 0 \tag{4-44}$$

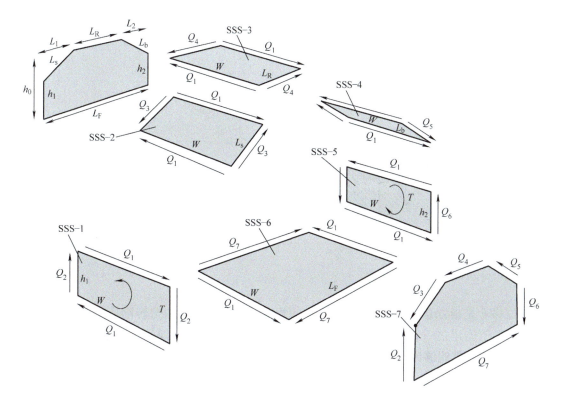

图4-47 扭转工况的乘员舱简单结构面模型

综合以上力平衡关系式，列写如下求解方程：

$$\begin{bmatrix} h_1 & W & 0 & 0 & 0 & 0 & 0 \\ L_s & 0 & -W & 0 & 0 & 0 & 0 \\ L_R & 0 & 0 & -W & 0 & 0 & 0 \\ L_b & 0 & 0 & 0 & -W & 0 & 0 \\ h_2 & 0 & 0 & 0 & 0 & W & 0 \\ L_F & 0 & 0 & 0 & 0 & 0 & -W \\ 0 & 0 & (h_0-h_1) & [L_F(h_0-h_2)+L_2(h_2-h_1)]/L_b & -L_F & 0 & h_1 \end{bmatrix} \begin{bmatrix} Q_1 \\ Q_2 \\ Q_3 \\ Q_4 \\ Q_5 \\ Q_6 \\ Q_7 \end{bmatrix} = \begin{bmatrix} T \\ 0 \\ 0 \\ 0 \\ T \\ 0 \\ 0 \end{bmatrix} \quad (4-45)$$

根据式（4-45）可求解出各载荷 Q_1、Q_2、Q_3、Q_4、Q_5、Q_6、Q_7，即实现了扭转载荷工况条件下，所施加转矩到各结构面的载荷分解。通过分解得到的车身结构各单元所承受载荷，可以根据截面设计原则为这些载荷设计合适的截面形状和尺寸，最终保证车身整体所期望的扭转强度水平。

三、车身扭转刚度"方盒"模型

在上一小节，介绍了如何将车身的扭转强度设计要求分解，得到每个结构单元上作用的剪力，进而通过结构单元的具体结构设计来确保每个结构单元有足够的强度。下面介绍如何将车身扭转刚度设计要求分解为每个结构单元的具体设计要求。

1. 分析模型简化

这里仍然以六面体方盒为例,但是现在所关注的是在转矩作用下方盒的弹性角位移,如图 4-48 所示。

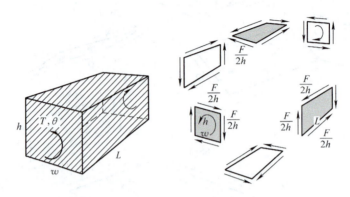

图 4-48 方盒的弹性角位移

角位移 θ 是指方盒前/后面之间所发生的相对转动角。方盒的扭转刚度 K 定义为 T/θ 的值。我们希望能建立一个数学模型,在给定方盒的尺寸、面单元厚度和材料属性的情况下,利用该数学模型就能够计算得到车身结构的扭转刚度。为此,基于能量法,对这一车身扭转刚度数学模型进行推导。

2. 面单元剪切应变能

当一个面承受剪力作用,面将扭成图 4-49 所示的菱形,能量以弹性能的形式储存。承受均匀剪力的面单元剪应变能为

$$e = \int_{\text{Volume}} \frac{\tau\gamma}{2} \mathrm{d}V \tag{4-46}$$

式中,τ 为剪应力;γ 为剪应变;$\int_{\text{Volume}}$ 表示对面板的全部体积进行积分。

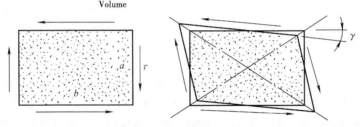

图 4-49 剪力作用下的面板模型

假设面板承受的剪力是均匀的,τ 和 γ 是常数,根据板尺寸 a、b、t,材料剪切模量 G 和剪切流 q,方程表示为

$$\tau = \frac{q}{t}, \quad V = abt, \quad G = \frac{\tau}{\gamma} \tag{4-47}$$

于是,有:

$$e = \int_{\text{Volume}} \frac{\tau^2}{2G} dV = \frac{\tau^2}{2G} abt = q^2 \frac{ab}{2Gt} \tag{4-48}$$

式中，G 为剪切模量；a、b 为面板的尺寸；t 为面板的厚度。

注意：储存的弹性能与剪切刚度（Gt）成反比。也就是说，面板的剪切刚度越大，储存的应变能就越小。现在用剪应变能的结果来求封闭方盒结构的扭转刚度。

3. 扭转能量模型

在方盒上作用的转矩使方盒转动了角 θ，这个转矩就做了一定量的功，功的大小为 $W = \frac{1}{2}T\theta$。在面板里储存的剪应变能实际是弹性能。根据能量守恒定律，外部所做的功等于内部储存的总能，由此确定了一个旋转偏移的等式：

外部转矩做的功 = 储存在面板内的所有剪应变能之和

面板内所储存的剪切应变能为

$$\frac{q^2}{2}\left[\left(\frac{wh}{Gt}\right)_{\text{前}} + \left(\frac{wh}{Gt}\right)_{\text{后}} + \left(\frac{wL}{Gt}\right)_{\text{顶}} + \left(\frac{wL}{Gt}\right)_{\text{底}} + \left(\frac{hL}{Gt}\right)_{\text{侧1}} + \left(\frac{hL}{Gt}\right)_{\text{侧2}}\right]$$

根据能量守恒定律，得到：

$$\frac{T\theta}{2} = \frac{q^2}{2}\left[\left(\frac{wh}{Gt}\right)_{\text{前}} + \left(\frac{wh}{Gt}\right)_{\text{后}} + \left(\frac{wL}{Gt}\right)_{\text{顶}} + \left(\frac{wL}{Gt}\right)_{\text{底}} + \left(\frac{hL}{Gt}\right)_{\text{侧1}} + \left(\frac{hL}{Gt}\right)_{\text{侧2}}\right] \tag{4-49}$$

由图 4-48 所示力学关系，得到剪切流公式为

$$q = \frac{F}{2h} = \frac{\left(\frac{T}{w}\right)}{2h} = \frac{T}{2wh} \tag{4-50}$$

将剪切流代入式（4-49），得：

$$T\theta = \frac{T^2}{4w^2h^2}\left[\left(\frac{wh}{Gt}\right)_{\text{前}} + \left(\frac{wh}{Gt}\right)_{\text{后}} + \left(\frac{wL}{Gt}\right)_{\text{顶}} + \left(\frac{wL}{Gt}\right)_{\text{底}} + \left(\frac{hL}{Gt}\right)_{\text{侧1}} + \left(\frac{hL}{Gt}\right)_{\text{侧2}}\right] \tag{4-51}$$

对其进行整理，有：

$$\frac{1}{2}T\theta = \frac{1}{2}\left(\frac{T}{2wh}\right)^2 \sum_{\text{所有面}} \left(\frac{ab}{Gt}\right)_{\text{第}i\text{面}} \tag{4-52}$$

$$\theta = T\left(\frac{1}{2wh}\right)^2 \sum_{\text{所有面}} \left(\frac{ab}{Gt}\right)_{\text{第}i\text{面}} \tag{4-53}$$

扭转刚度为

$$K = \frac{T}{\theta} = (2wh)^2 \frac{1}{\sum_{\text{所有面}} \left(\frac{ab}{Gt}\right)_{\text{第}i\text{面}}} \tag{4-54}$$

根据每个面的特性，下式给出了封闭六面方盒的扭转刚度表达式：

$$K = (2wh)^2 \frac{1}{\left(\frac{ab}{Gt}\right)_{\text{面1}} + \left(\frac{ab}{Gt}\right)_{\text{面2}} + \left(\frac{ab}{Gt}\right)_{\text{面3}} + \left(\frac{ab}{Gt}\right)_{\text{面4}} + \left(\frac{ab}{Gt}\right)_{\text{面5}} + \left(\frac{ab}{Gt}\right)_{\text{面6}}} \tag{4-55}$$

式中，K 为方盒的扭转刚度；G 为剪切模量；w 为方盒的宽度；h 为方盒的高度；a、b 为面板的尺寸；t 为面板的厚度。

4. 等效模型

根据式（4-55）可知，车身扭转刚度由六面体方盒六个面的刚度所构成，将此式进行变换，重新表达为

$$K = (2wh)^2 \frac{1}{\left[\dfrac{1}{\left(\dfrac{Gt}{ab}\right)}\right]_{面1} + \left[\dfrac{1}{\left(\dfrac{Gt}{ab}\right)}\right]_{面2} + \left[\dfrac{1}{\left(\dfrac{Gt}{ab}\right)}\right]_{面3} + \left[\dfrac{1}{\left(\dfrac{Gt}{ab}\right)}\right]_{面4} + \left[\dfrac{1}{\left(\dfrac{Gt}{ab}\right)}\right]_{面5} + \left[\dfrac{1}{\left(\dfrac{Gt}{ab}\right)}\right]_{面6}} \tag{4-56}$$

如果将式（4-56）中每个面的常量 $\dfrac{Gt}{ab}$ 定义为面板的刚度，则可以将车身扭转刚度看作由六个面板的扭转刚度串联而成。系统的等效刚度与各弹簧刚度的关系为

$$\frac{1}{K_{EQ}} = \frac{1}{K_1} + \frac{1}{K_2} + \frac{1}{K_3} + \frac{1}{K_4} + \frac{1}{K_5} + \frac{1}{K_6}$$

$$K_{EQ} = \frac{1}{\left[\dfrac{1}{K_1}\right] + \left[\dfrac{1}{K_2}\right] + \left[\dfrac{1}{K_3}\right] + \left[\dfrac{1}{K_4}\right] + \left[\dfrac{1}{K_5}\right] + \left[\dfrac{1}{K_6}\right]} \tag{4-57}$$

由串联弹簧系统的基本知识可知，如果在串联弹簧系统的末端施加拉力，则弹簧系统的拉伸量是由这组弹簧中刚度最小（最软）的弹簧所决定的，这就是所谓的"短板理论"，也称"木桶原理（Cannikin Law）"，如图4-50所示。

如果要增加这个串联弹簧系统的整体刚度，最有效的办法就是增加系统中刚度最小弹簧的刚度。这就为满足车身结构扭转刚度设计要求指明了方向：要提高车身结构扭转刚度，最重要的是确定方盒模型中哪个面是最软的，即找出哪个面的刚度 $\left(\dfrac{Gt}{ab}\right)$ 是最小的，然后对这个面的刚度进行提高。

图4-50　"木桶原理"图

5. 算例

对于前文所推导的车身结构扭转刚度计算模型，由于其前提假设条件过于理想化，在实际应用过程中尚存在一定的问题。现举例说明：对于某车型，将其简化为六方体方盒模型，方盒的长、宽、高分别为2000mm、1400mm、1250mm；所有面板的材质均为钢材，剪切模量 G 为 80000N/mm²；钢板厚度为1mm。将上述参数代入式（4-55），计算结果如下：

$$K = 4 \times (1400\text{mm})^2 \times (1250\text{mm})^2 \times \frac{1}{2 \times (21.88 + 35 + 31.25)\,\text{mm}^3/\text{N}}$$

$$= 6.95 \times 10^{10}\,\text{N·mm/rad} = 1220000\,\text{N·m/(°)}$$

可以看出，根据式（4-55）计算模型得到的扭转刚度值约是设计目标值 20000N·m/(°) 的60倍，很明显是某个环节发生了问题。

问题发生在该模型的前提假设条件：方盒模型的各面板为理想平面，在扭转载荷作用下依旧保持完美的平整度。在这样的模型假设条件下，如果这个封闭的方盒受到扭转作用，则

方盒每个面的刚度都很高。实际上，汽车车身表面与这种理想平面之间存在很大的差异，实际车身有很多曲面形状，如隆起、加强筋、孔洞，它们还经常是带有柔性节点的梁结构，或者需考虑风窗玻璃或者胶接方式影响的结构。因此，对于前文所建立的理想模型需要进行修正，将模型中的剪切刚度（Gt）修正为有效剪切刚度（Gt）$_{EFF}$，则车身结构扭转刚度修正模型为

$$K = (2wh)^2 \frac{1}{\sum_{\text{All Surfaces}} \left[\frac{ab}{(Gt)_{\text{EFF}}}\right]_{\text{Surface}i}} \quad (4\text{-}58)$$

6. 有效剪切刚度

为了确定有效剪切刚度（Gt）$_{EFF}$的值，可以采用面板剪切刚度实验装置进行测试。这个实验装置由四个端部通过销连接的刚性杆组成，其中有两个销与地面相连，剪切力作用在与这两个销对应的杆上（图4-51a），可以测量剪切力作用方向上的偏移量。对于这个由4根刚性杆形成的边框结构，如果其内部没有面板的支撑，则很难抵抗如图4-51所示的剪切力载荷，在剪力 F 的作用下就会变成图4-51b中的菱形结构。

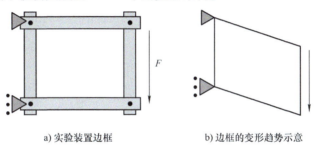

a）实验装置边框   b）边框的变形趋势示意

图4-51　有效剪切刚度实验装置原理

在上述边框内部安装被测面板，得到完整的有效剪切刚度实验装置，如图4-52a所示，在剪切力 F 作用下，该装置所发生的位移量为 δ，边框旋转角度为 γ，相应的几何关系如图4-52b所示。不同的剪切力与位移量之间的对应关系如图4-52c所示，据此可定义实验曲线的刚度 S。利用剪切模量的概念，可得到以下关系式：

$$G = \frac{\tau}{\gamma}, \quad \tau = \frac{F}{at}, \quad \gamma = \frac{\delta}{b}$$

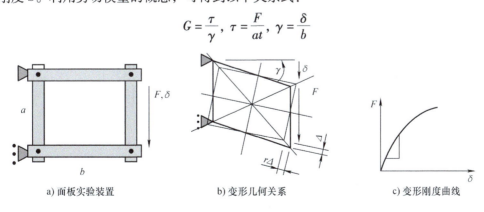

a）面板实验装置   b）变形几何关系   c）变形刚度曲线

图4-52　有效剪切刚度（Gt）$_{EFF}$实验装置示意

$$(Gt)_{\text{EFF}} = \left(\frac{F}{\delta}\right)\left(\frac{b}{a}\right) = S\left(\frac{b}{a}\right) \tag{4-59}$$

式中，$(Gt)_{\text{EFF}}$ 为所推导的有效剪切刚度；S 为测量的刚度关系 $\left(S = \dfrac{F}{\delta}\right)$；$a$ 为施加剪切载荷所在边的尺寸；b 为与 a 相邻边的尺寸。

这个实验是一种用来确定面板有效剪切刚度的方法，其中刚度 S 可以通过实际物理实验测取，也可以根据有限元仿真计算得到。通过实验或者仿真计算的方式得到每个抗剪单元的有效剪切刚度，就可以利用前文所述的修正公式计算得到车身扭转刚度。

7. 方盒模型的扩展

乘客舱部分的内部载荷如图 4-53 所示。通过把前文介绍的车身扭转刚度方盒模型所使用的扭转刚度方程，从六面体方盒推广应用到由多个面组成的封闭式乘客舱，来确定更接近真实结构的车身扭转刚度，如图 4-54 所示。

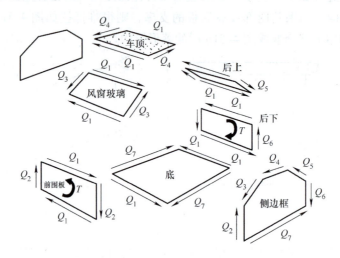

图 4-53 乘客舱部分的内部载荷

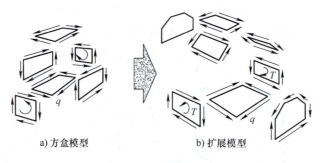

a) 方盒模型　　　b) 扩展模型

图 4-54 方盒模型的扩展

这里，外部转矩做的功等于所有面的剪切应变能：

$$\frac{1}{2}T\theta = \sum_{\text{所有面}} \frac{1}{2}q^2\left[\frac{ab}{Gt}\right]_{\text{第}i\text{面}} \tag{4-60}$$

两边同除 T^2 以对其进行变换，得：

$$\frac{\theta}{T} = \left(\frac{q}{T}\right)^2 \sum_{\text{所有面}} \left[\frac{S_i}{(Gt)_{\text{EFF}}}\right]_{\text{第}i\text{面}}$$

$$K = \frac{1}{\left(\dfrac{q}{T}\right)^2 \sum_{\text{所有面}} \left[\dfrac{S_i}{(Gt)_{\text{EFF}}}\right]_{\text{第}i\text{面}}} \qquad (4\text{-}61)$$

式中，S_i 为 i 面的面积。(q/T) 要解出矩阵方程 $Q = A^{-1}T$ 后才能求出，q 为产生的剪切流。

据此，进行实际车身扭转刚度计算的步骤如下：

1）在结构上施加转矩 T，然后用公式 $Q = A^{-1}T$ 求出内部剪力 Q_i。

2）求出未作用外部转矩的任何一个面上的剪切流 q，用剪力除以剪力作用的那条边的长度。然后计算 q/T 的值，这里用的转矩是第一步用的值。

3）求出每个面的有效剪切刚度 $(Gt)_{\text{EFF}}$。

4）将 (q/T)、$(Gt)_{\text{EFF}}$ 和面板面积代入式（4-61）中，即可求出整个车身的扭转刚度。

对于某电动轿车，其基本尺寸如图 4-55 所示。

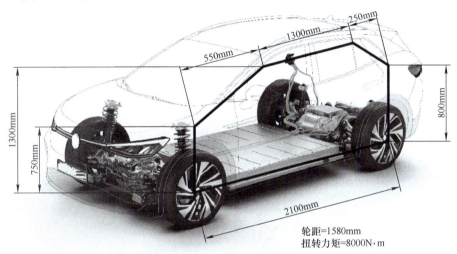

图 4-55　某电动轿车基本尺寸参数

对于车身左右侧围，按前文所介绍的侧围框架进行考虑，其他面简化为厚度为 1mm 的钢制平板。

在扭转力矩 $T = 8000\text{N} \cdot \text{m}$ 时，可求得内部剪力 Q1~Q7 的值，如图 4-56 所示。

车身顶盖的长度为 1300mm，可以算出剪切流：

$$q = 2747\text{N}/1300\text{mm} = 2.1131\text{N}/\text{mm}$$

$$q/T = (2.1131\text{N}/\text{mm})/(8000000\text{N} \cdot \text{mm}) = 2.64 \times 10^{-7}\text{mm}^{-2}$$

假定每个侧围框架的有效剪切刚度为 $(Gt)_{\text{EFF}} = 234\text{N}/\text{mm}$

假定其他面的刚度为 $(Gt) = 80000\text{N}/\text{mm}$

据此，可算出整个车身的扭转刚度为 $K = 11572\text{N} \cdot \text{m}/(°)$。计算过程及结果如图 4-57 所示。

如果通过计算发现所得的车身扭转刚度不能满足设定的车身扭转刚度设计要求，则可以

$$A \cdot Q = T$$

$$\begin{bmatrix} 750 & 1580 & 0 & 0 & 0 & 0 & 0 \\ 778 & 0 & -1580 & 0 & 0 & 0 & 0 \\ 1300 & 0 & 0 & -1580 & 0 & 0 & 0 \\ 559 & 0 & 0 & 0 & -1580 & 0 & 0 \\ 800 & 0 & 0 & 0 & 0 & 1580 & 0 \\ 2100 & 0 & 0 & 0 & 0 & 0 & -1580 \\ 0 & 0 & 550 & 1900 & -2100 & 750 \end{bmatrix} \cdot \begin{bmatrix} Q_1 \\ Q_2 \\ Q_3 \\ Q_4 \\ Q_5 \\ Q_6 \\ Q_7 \end{bmatrix} = \begin{bmatrix} 8000000 \\ 0 \\ 0 \\ 0 \\ 8000000 \\ 0 \\ 0 \end{bmatrix}$$

$$A^{-1} \cdot T = Q$$

$$\begin{bmatrix} 0 & 0 & 1.093 & 3.776 & 4.173 & 1.490 & 3.140 \\ 6.329 & 0 & -0.519 & -1.792 & -1.981 & -0.707 & -1.490 \\ 0 & -6.329 & 0.538 & 1.859 & 2.055 & 0.734 & 1.546 \\ 0 & 0 & -5.430 & 3.107 & 3.434 & 1.226 & 2.583 \\ 0 & 0 & 0.387 & -4.993 & 1.476 & 0.527 & 1.111 \\ 0 & 0 & 0.553 & -1.912 & 4.216 & -0.755 & -1.590 \\ 0 & 0 & 1.453 & 5.018 & 5.547 & -4.348 & 4.173 \end{bmatrix} \times 10^{-4} \cdot \begin{bmatrix} 8 \times 10^6 \\ 0 \\ 0 \\ 0 \\ 8 \times 10^6 \\ 0 \\ 0 \end{bmatrix} = \begin{bmatrix} 3339 \\ 3479 \\ 1644 \\ 2747 \\ 1181 \\ 3373 \\ 4437 \end{bmatrix} \begin{matrix} Q_1 \\ Q_2 \\ Q_3 \\ Q_4 \\ Q_5 \\ Q_6 \\ Q_7 \end{matrix}$$

图 4-56　算例车型构件的内部剪力值计算结果

面板	面板面积/mm^2	等效截切刚度 $[(Gt)_{EFF}]$/(N/mm)	$\left[\dfrac{S_i}{(Gt)_{EFF_i}}\right]$/(mm³/N)
前围板	1185000	80000	14.8
风窗玻璃	1229240	80000	15.4
车顶	2054000	80000	25.7
后上	883220	80000	11.0
后下	1264000	80000	15.8
底板	3318000	80000	41.5
左侧围	2516250	234	10753.2
右侧围	2516250	234	10753.2
		Sum	21630.6

$$K = \dfrac{1}{\left(\dfrac{q}{T}\right)^2 \sum\limits_{\text{所有面}} \left[\dfrac{S_i}{(Gt)_{\text{EFF}}}\right]} = 6.63 \times 10^8 \, \text{N} \cdot \text{mm/rad}$$

图 4-57　算例车型的扭转刚度计算结果

考虑返回车身侧围框架的有限元模型，对有关结构进行修改，以增加有效剪切刚度。此外，可以将"剪切应变能"作为一个有力的工具，用来指导设计者在有关梁结构和铰链中快速发现对整体刚度影响最大的元素，以期更加有效地实现对结构的改进。

第四节　车身结构耐撞性能分析计算

一、概述

世界卫生组织《道路安全全球现状报告（2023）》的统计表明，每年全世界约有 130 万人因道路交通事故而失去生命。还有 2000 万～5000 万人受到非致命伤害。我国已成为世界第一大汽车生产国和消费国，同时也是交通事故最严重的国家。从 1987 年起，我国的道路交通事故死亡人数就位居世界第一。2023年全国共发生道路交通事故175万起，死亡人数达到50万人。因此，如何最大限度地保证车辆碰撞时人员的安全、减少事故造成的损失，具有重要的现实意义。

汽车安全分为主动安全和被动安全两大类。主动安全是保证驾驶人安全有效地驾驶，避免发生事故；被动安全系统则是指不幸发生意外时，如何将损失降到最低。

降低交通事故伤害的最佳方式就是预防并避免事故的发生。主动安全就是通过各种措施来将各种可能发生的车祸消除在萌芽状态，如应用制动防抱死系统（ABS）、电子制动力分配系统（EBD）、牵引力控制系统（TCS）、电子稳定控制系统（ESP）、轮胎气压监测系统（TPMS）、自动紧急制动系统（AEB）、车道保持辅助系统（LKA）、车道偏离、智能照明系统、驾驶人疲劳监测及预警系统等。

很多情况下，车祸是不可避免的。发生车祸后汽车对乘员的保护能力如何，就取决于汽车的被动安全性能。汽车被动安全主要包括采用安全带、安全气囊等乘员约束系统，车身结构耐撞性（Crashworthiness）设计和可溃缩式结构设计等。车身结构耐撞性设计是决定安全保护性能的关键，正确佩戴安全带可以有效降低车祸死亡率，安全气囊需要与安全带配合才能发挥最大作用。

汽车碰撞通常分为正面碰撞、侧面碰撞、后面碰撞，还有滚翻和撞行人情况等。在交通事故中，发生不同形式碰撞的比例和人员死亡率是不同的。从图4-58和图4-59可见，正面碰撞事故占总数的67%，但由于设计上对此已采取了很多成功的措施，因此导致人员死亡数只占碰撞事故死亡总人数的31%。侧面碰撞事故占总数的28%，但由于侧撞中对乘员的保护更困难，因此人员死亡占比较高（占事故死亡总人数的34%）。有时事故发生后汽车会滚翻，虽然发生这种情况的概率较低，但死亡占比很高（占事故死亡总人数的33%），其中多数是由于乘员被甩出乘员舱造成的。后面碰撞事故发生的比例也很小，而且通常是低速碰撞，死亡比例也很低，颈部的鞭梢性伤害是经常出现的伤害形式。与乘员相比，行人在交通事故中也常受到伤害。过去，汽车被动安全研究中的乘员保护一直是核心内容，而行人安全技术却发展较慢。现在，这个问题已经引起了普遍的重视。

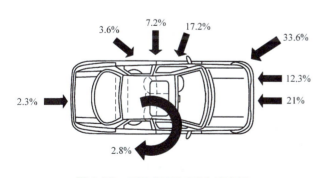

图4-58 不同碰撞形式发生的比例

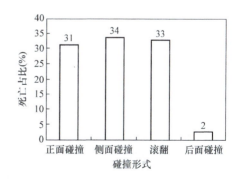

图4-59 不同碰撞形式的人员死亡占比

二、正面碰撞性能分析

汽车碰撞类型中最常见的是正面碰撞，其中100%重叠正面碰撞的占比又最高，为

16.3%。尽管100%重叠正面碰撞仅仅是前面碰撞的一种类型,但相关建模技术、分析技术以及有关结论很容易扩展到其他碰撞类型。下面主要以100%重叠正面碰撞为例对相关结构性能设计进行阐述。

1. 正碰事件历程

汽车前部与车辆或者其他物体发生碰撞,被碰物体的材料属性和运动速度等碰撞接触条件存在很大的差异性,为便于讨论,这里假设被碰物体为静止的刚性壁障。碰撞事件被简化成:一个质量为 m 的汽车以速度 v 匀速运动;在 $t=0$ 时刻,与静止的刚性壁障接触;随着汽车变形,汽车的速度逐渐减小,直到 $v=0$,这时汽车达到最大变形量 Δ。图4-60a、b 分别为碰撞事件发生之前及终止时刻的示意图。

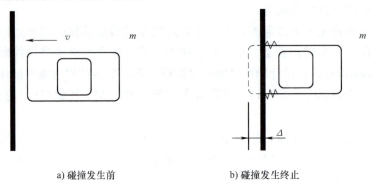

a) 碰撞发生前　　　　　　　　b) 碰撞发生终止

图4-60　正面100%重叠刚性壁障碰撞

如果对碰撞过程进行更详细的刻画,则通过数值仿真和实车碰撞实验手段得到的某型中级轿车的正面碰撞过程如图4-61所示。

图4-61所示工况为 56km/h 正面全宽碰撞试验,初始动能为 172kJ。碰撞初期,以保险杠、吸能盒变形为主吸收碰撞能量。随着车辆不断向前运动,前纵梁、副车架、上边梁等结构加入碰撞吸能过程。车体前端结构在整个碰撞过程中,材料不断向壁障附近流动,造成材料堆积。当车体达到动态位移最大值后,车体回弹直至碰撞结束。

图4-62a 所示是某型车碰撞过程中,壁障面上的载荷与时间的典型关系曲线。刚开始碰撞时,由于前保险杠遭到破坏,产生的载荷还比较小,随后当腰线开始加载时,载荷图线产生一个凸起,说明产生的载荷突然增加数倍。另一个载荷突变发生在 $t=35ms$ 时刻,这时刚性发动机与壁障发生碰撞,发动机突然减速。之后,随着发动机结构继续发生折叠变形,产生的载荷都相对稳定。图4-62b 所示是汽车质心速度与时间的关系曲线。注意:这个曲线在任意时刻 t 的斜率就是那一时刻汽车质心的加速度。汽车车速一开始是逐渐减小,在 $t=30ms$ 时,车速开始呈陡斜线下降,直至为零。这个陡斜线的斜率就是驾驶舱的减速度。

对于碰撞实验,希望将乘客受到的碰撞伤害降到最低。碰撞过程中的车辆质心加(减)速度水平直接反映了伤害程度的大小,如果质心的加速度水平较低,则意味着对乘员的伤害量也将较小。因此,可以将控制碰撞过程中的加速度水平作为正碰耐撞性结构的一个关键设计要求。

2. 正碰简化模型

为了对碰撞过程的加速度响应进行研究,首先建立一个简化后的单质点模型来对其进行

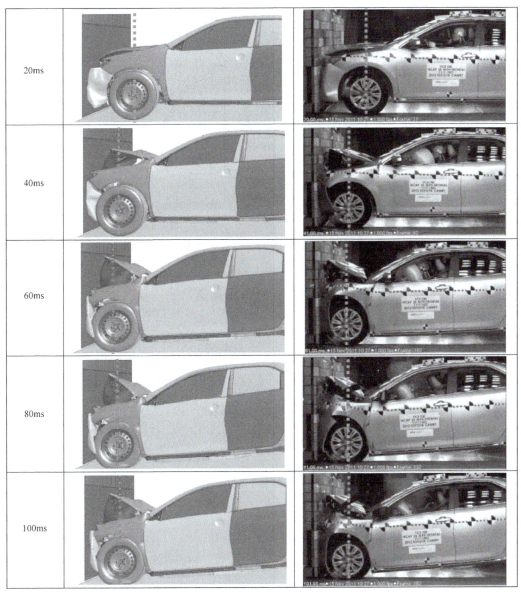

图 4-61 典型的正碰工况时间序列

研究（图 4-63）。假设在碰撞过程中，质量为 m 的车辆所受到的碰撞载荷是一个常量 F_0，则车身前部用以吸收碰撞能量的结构在时间历程上是均匀变形的。其力学模型如图 4-63b 所示。

根据牛顿第二定律，在 $t=0$ 时刻，汽车前部受力单元与壁障接触。作用在汽车上的所有力为

$$m\ddot{x} = -F_0 \tag{4-62}$$

质点加速度：

$$\frac{d^2x}{dt^2} = -\frac{F_0}{m}$$

积分后：

$$\frac{dx}{dt} = \frac{F_0}{m}t + C_1$$

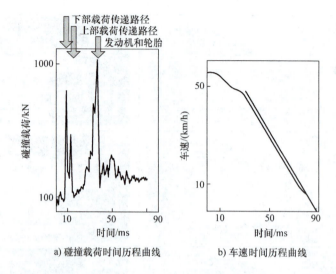

a) 碰撞载荷时间历程曲线　　b) 车速时间历程曲线

图 4-62　典型的正碰时域响应特性

当 $t=0$，碰撞初始速度为 $\mathrm{d}x/\mathrm{d}t = v_0$，所以质点速度为

$$\frac{\mathrm{d}x}{\mathrm{d}t} = -\frac{F_0}{m}t + v_0 \qquad (4\text{-}63)$$

积分后：

$$x = -\frac{F_0}{2m}t^2 + v_0 t + C_2 \qquad (4\text{-}64)$$

当 $t=0$，汽车前部的变形为零，即 $x=0$。因此有

$$x = -\frac{F_0}{2m}t^2 + v_0 t \qquad (4\text{-}65)$$

碰撞结束时，汽车速度为零，即

a) 壁障撞击

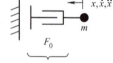
b) 单质点模型

c) 载荷特性

图 4-63　单质点模型

$$\frac{\mathrm{d}x}{\mathrm{d}t} = -\frac{F_0}{m}t + v_0 = 0 \qquad (4\text{-}66)$$

可求出碰撞结束的时间 t_{FINAL} 为

$$t_{\text{FINAL}} = \frac{mv_0}{F_0} \qquad (4\text{-}67)$$

根据单质点模型，得到碰撞过程中的位移、速度和加速度特性如图 4-64 所示。

基于这个简化模型，可以通过将碰撞载荷定义为随变形变化的非线性曲线来进行单质点模型的扩展。采用的载荷-变形特性曲线如图 4-65 所示，这里需要注意的是，该非线性曲线所围成的面积与前面所使用的定载荷曲线所围成的面积相同，这就意味着这两种变形模式所做的功是相等的。

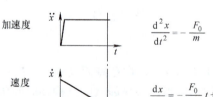

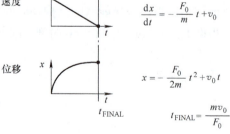

图 4-64　单质点模型计算结果

可以用碰撞效率系数对这个非线性碰撞载荷特性曲线进行描述：

$$\eta = \frac{F_{\text{avg}}}{F_{\text{max}}} \quad (0 < \eta < 1) \tag{4-68}$$

由于 $a = F/m$，这个系数也可以表示为

$$\eta = \frac{F_{\text{avg}}}{F_{\text{max}}} = \frac{ma_{\text{avg}}}{ma_{\text{max}}} = \frac{a_{\text{avg}}}{a_{\text{max}}} \tag{4-69}$$

利用碰撞效率系数，可以对不同的碰撞加速度特性曲线反映出来的乘员伤害水平高低进行定性评估。对碰撞过程车辆质心加速度响应曲线和与之对应的乘员头部加速度响应曲线进行分析，可知碰撞效率系数越接近 1，即车辆质心加速度响应曲线越接近方形，乘员头部伤害水平越低。因此，在进行汽车前部吸能区结构设计时，应尽量将碰撞过程的车辆质心加速度响应曲线设计成方形。

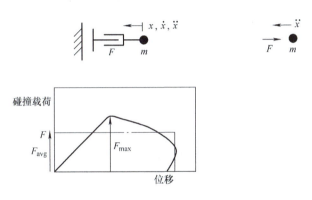

图 4-65　非线性碰撞载荷特性

刚性壁障正碰实验车的加速度峰值区间为 $20g \sim 30g$。一般来说，较小的加速度峰值，对乘员造成的伤害也较低，可以将加速度峰值 $20g$ 作为进行吸能区结构设计的目标值。

汽车前部的有效吸能区域如图 4-66 所示，为了更好地利用这些吸能区，在进行吸能区结构设计时，需要保证：①尽量使汽车的加速度响应变化较小，也就是使碰撞效率系数接近 1（$\eta = a_{\text{avg}}/a_{\text{max}} \sim 1$）；②汽车的加速度峰值限制在 $20g$ 左右。

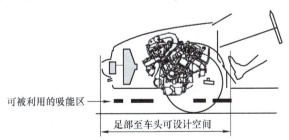

图 4-66　汽车前部有效吸能区

3. 正碰结构设计准则

根据正碰过程车辆响应特性的分析结果，针对正碰载荷工况的结构设计准则可归纳为一句话：车身结构的设计应能实现车辆以可控的均匀加速度响应特性对碰撞能量进行吸收。可以将这一基本设计准则分解为车身结构初期设计阶段的三个要求：

① 汽车加速度响应特性的峰值 $a_{\max}$。
② 合理的吸能区可变形空间 Δ。
③ 尽量均匀的碰撞载荷力 F_{avg}。

这几个设计要求之间彼此关联，不能进行独立设定，它们之间的关系可以根据汽车碰撞前后的能量守恒关系进行说明。碰撞发生前，系统的动能为 $1/2mv_0^2$，其中，v_0 是实验时的初始车速；碰撞发生后，动能为零，汽车变形过程中，碰撞力所做的功为 $F_{\text{avg}}\Delta$，因此有

$$1/2mv_0^2 = F_{\text{avg}}\Delta \tag{4-70}$$

式中，$F_{\text{avg}} = \eta F_{\max}$，$F_{\max} = ma_{\max}$。

可推导出：

$$a_{\max} = \frac{v_0^2}{2\eta\Delta} \tag{4-71}$$

该公式说明了汽车质心加速度峰值 $a_{\max}$（与乘员受到的伤害水平有关）、变形空间 Δ（与汽车造型和布置有关）、碰撞结构效率系数 η（与车身结构特性有关）和碰撞速度之间的关系。

根据上述公式所建立的各参数之间的关系，针对车身前部吸能区的结构设计，应遵循如下步骤：

1）基于限制乘员伤害指标的需求，确定车身允许的加速度峰值 $a_{\max}$。

2）利用式（4-71），确定结构效率系数与碰撞变形量的乘积 $\eta\Delta$，设定许可的碰撞变形空间 Δ，得出碰撞结构效率系数 η。

3）根据步骤2）得出的结构效率系数，计算出碰撞中许可产生的平均载荷 F_{avg} 和最大碰撞载荷 $F_{\max}$。

4）将步骤3）得出的各载荷作用于车身前部吸能区的结构单元上。

5）根据经验对步骤4）得到的载荷在车身结构各传力路径上进行分配，一般的分配比例是：前机舱盖及翼子板承受10%；翼子板上部下方的结构（发动机舱上纵梁等）承受20%；前纵梁等中部车身结构承受50%；下部支架承受20%。

通过合理地设置碰撞力传递路径，使碰撞能量直接传递到车身框架上，有利于碰撞能量的吸收。辅以车身A柱、门槛以及B柱铰接位置的加强，引导碰撞能量的分流，保障乘员舱的完整性，确保碰撞中及碰撞后乘员拥有良好的生存空间，并能够顺利脱离事故车辆。

要实现理想的车身结构耐撞性，就要在进行车身结构设计时实现：在碰撞过程中前部吸能区能够按照所期望的变形特性（加速度响应、力响应等）产生永久塑性变形以吸收碰撞能量；乘员舱能够提供足够的刚性以保障乘员的生存空间，并在乘员约束系统的保护下尽可能减小各项伤害指标。

由于以前纵梁为主的中部车身结构件传递约50%的碰撞力，因此这里主要介绍前纵梁的结构设计问题。

为了获得尽量高的碰撞效率系数，也就是使车身加速度响应曲线接近方形，在选择结构形式时，矩形截面的薄壁结构件是种比较好的选择，在轴向载荷的作用下，其压溃实验的变形过程如图4-67所示。

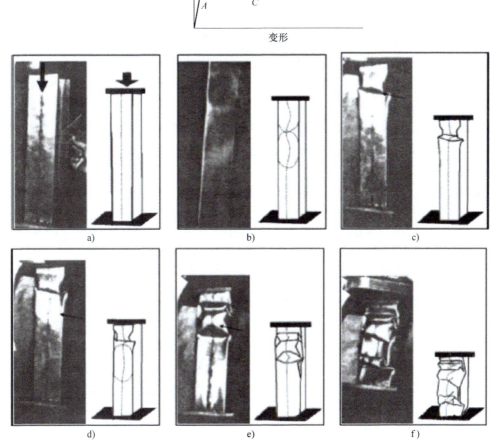

图4-67　轴向载荷作用下矩形截面薄壁结构压溃实验

薄壁梁的破坏形式主要有两种：一种为材料破坏，即最大应力超出许用应力导致材料屈服；另一种为梁失去稳定，即整体或局部失稳。

整体失稳是由于梁细长而横向支撑不足产生弯曲，局部失稳是由于某薄壁在达到最大应力前失去稳定而造成整个截面破坏。汽车结构中的梁长度相对较短，整体失稳现象不常见，破坏大多源于薄壁梁的局部失稳。

发生正面碰撞时，车身前部结构主要用来抵抗碰撞，确保乘员舱内乘员的安全性。因此，在前部结构中主要考虑轴向压溃力。

断面静压溃力（P_{MAX}、P_M）：断面静压溃力是评价断面轴向承载能力的参数，主要包括断面的最大静压溃力（P_{MAX}）和平均静压溃力（P_M）两个参数。最大静压溃力是考虑了材料破坏和薄壁板失稳的影响；平均静压溃力是考虑梁初始破坏后峰值力减弱的因素。P_M代表梁的初始破坏后平均轴向强度，也是梁在轴向压溃中的吸能能力，是汽车前纵梁碰撞安全设计中最主要的参数。

在汽车正面/后面碰撞结构优化设计中，一般考虑将 P_M 最大化，如发舱纵梁（前部）、后地板纵梁（后部）等。在侧面碰撞优化设计时，一般考虑将 P_{MAX} 最大化，因此设计 A 柱和 B 柱时，最大静压溃弯矩 M_{MAXy} 和 M_{MAXz} 尤为重要。

根据美国钢铁协会的研究结论，以发动机舱纵梁断面为例，为获得最大的断面静压溃力，需要重点对发舱纵梁断面的主体断面形式和焊接翻边布置进行优化设计。在相同的主体断面情况下，焊接翻边布置在主体断面的中间位置的断面静压溃力最大。在相同焊接翻边布置位置，主断面的传力"角"越多，断面静压溃力越大。因此，建议在结构允许的条件下，尽量将焊接翻边布置在主体断面的中间位置，并尽量增加断面的传力"角"，如采用六边形、八边形（"8字"）的断面形式。

由于铝合金挤压梁具有更稳定的轴向变形吸能效果，越来越多的车型前纵梁采用铝合金挤压件设计，其截面形状通常采用"日"（奥迪 Q7）、"目"（蔚来 ES 8）或"田"字形，以提高梁结构的能量吸收能力。

在工程实践中，受限于车身上的安装件，如动力总成、悬架等，车身上的传力梁很难做出前面所述的多个传力"角"断面形式。通常的做法是在传力梁的面上设计凸/凹形状的传力筋，如在发动机舱纵梁增加轴向加强筋，可提升纵梁的轴向压溃力，使其在同等变形量下吸收更多的能量。

4. 正面偏置碰撞设计

公元前 256 年，战国时期秦国蜀郡太守李冰率众修建了都江堰水利工程。该大型水利工程现存至今依旧在灌溉田畴，是造福人民的伟大水利工程。这项工程主要由鱼嘴分水堤、飞沙堰溢洪道、宝瓶口进水口三大部分和百丈堤、人字堤等附属工程构成，科学地解决了江水自动分流（鱼嘴分水堤"四六分水"）、自动排沙（鱼嘴分水堤"二八分沙"）、控制进水流量（宝瓶口与飞沙堰）等问题，消除了水患。图 4-68 所示是都江堰水利工程，其科学的分水分沙以及流量控制方案与偏置碰撞结构设计思路有异曲同工之妙，其核心思想可归纳为 8 个字"路径调整、能量控制"。

图 4-68 都江堰水利工程

与正面刚性壁障碰撞不同的是，偏置碰撞实验更注重考察车身结构抵抗变形的能力，而正面碰撞除结构耐撞性设计之外侧重考察乘员约束系统对乘员的保护能力。目前，比较主流的设计理念是先以偏置碰撞为主对车身结构进行设计，然后依据正面刚性壁障碰撞要求对乘员约束系统进行优化设计。

在偏置碰撞实验中，车辆受到撞击的部位只有左侧，并且由于有吸能材料参与作用过程，车身加速度与正碰工况相比要低很多。由于偏置碰撞对假人的伤害主要是由乘员舱零部件的变形造成的侵入接触，因此面向偏置碰撞的结构设计目标主要是合理控制车身关键部位的侵入量，如前隔板侵入量、转向盘跳动量及转角、踏板侵入量、A柱变形量等。

偏置碰撞工况下，车身传力路径主要分为上、中、下三层，如图4-69所示。

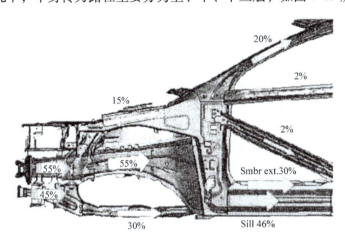

图4-69　偏置碰撞传力路径

合理的碰撞传力路径设计能够更好地实现碰撞能量的分流，有利于有效地降低各碰撞侵入量。车身结构的上部吸收部分碰撞能量，并将其余能量向A柱和前围及其加强梁进行分散传递。车身结构的中部是主要传力路径，吸能结构包括前纵梁、保险杠缓冲梁和吸能盒等，保险杠缓冲梁和吸能盒将接收到的碰撞能量进行左右分流和初步吸收，并通过它们将能量向前纵梁延伸板、门槛、中央通道等部位分散传递。车身结构的下部副车架通过行人保护下托架朝前伸展，更早地主动参与能量吸收和传递，副车架吸收了部分从前部传来的碰撞能量，并将其余能量向前纵梁延伸板和门槛等部位分散传递。在合理设计传力路径的基础上，优化匹配各零部件的刚度，关键零部件采用高强度钢，将获得较好的偏置碰撞耐撞性。

三、侧偏碰撞性能分析

汽车侧面碰撞（包括左右两侧）所占比例仅次于正面碰撞（包括正面偏置碰撞），因此在进行车身结构耐撞性设计时，应对侧碰工况给予特别关注。

我国于2006年7月1日正式颁布实施强制性国家标准《汽车侧面碰撞的乘员保护》（GB 20071—2006）。该标准是在参照欧洲ECE R95（包括01系列增补，02系列增补及02系列建议）《关于机动车侧面碰撞事故中乘员保护的统一规定》的基础上，结合我国国情进行调整所制订的。

侧面碰撞实验采用带移动变形吸能壁障的移动台车对被试车辆驾驶人侧进行撞击，进而对车内假人伤害指标、车身车门等结构功能、乘员约束系统、燃油系统完整性等项目进行检测和状态确认。

由于汽车侧面空间有限，车身强度相对其他区域较弱，侧围缺乏有效吸收碰撞能量的装置，且碰撞作用点紧邻乘员舱，通常会对乘员造成较大伤害，因此在车身结构设计时所遇到的挑战更为严峻。典型的侧碰工况仿真模型如图4-70所示。

图4-70 侧碰工况仿真模型

在侧碰实验中，假人的伤害指标分为头部（HIC）、胸部（RDC及VC）、腹部（RDC）和骨盆（PSPF）。通常情况下，由于HIC有较大余量，主要的考核指标是RDC及VC、RDC和PSPF。侧碰工况下，已有研究表明，车辆左前门内侧对应假人胸部、腹部和骨盆三个区域处的侵入量和侵入速度对假人伤害影响最大。

1. 侧碰事件历程

利用数值仿真手段得到的某型中级轿车侧面碰撞过程，如图4-71所示。

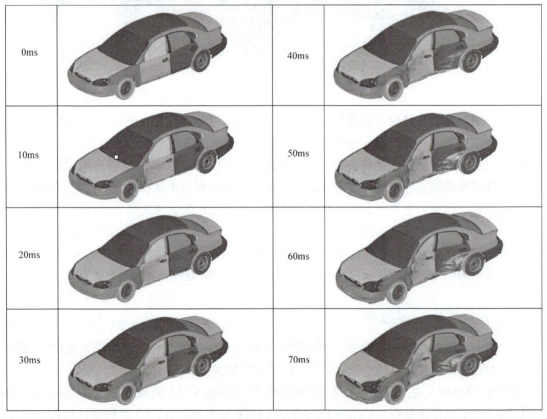

图4-71 典型的侧碰工况时间序列

侧碰工况中，典型的车门和假人速度响应曲线如图4-72所示。下文将建立用于侧碰分析的一阶简化模型，因此可将该速度响应曲线进行线性化处理，并将试验中变形吸能壁障及汽车的速度响应特性一并在图4-72中表示出来。

图4-72很清晰地对侧碰工况的时间历程进行了描述：在变形吸能壁障与汽车侧面刚刚发

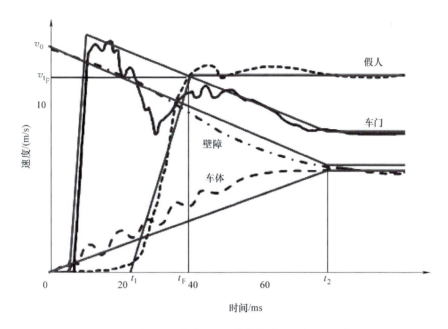

图 4-72　侧碰工况中车门和假人速度响应曲线及其线性化

生撞击接触时，汽车初速为零；随着壁障对汽车撞击力的增加，车门开始发生变形，汽车的速度开始增加；在碰撞过程中的某个时刻（约在 20ms 时），壁障使车门完全变形，车门随着壁障一起以相同的速度开始运动；在随后的数毫秒之内，由于假人肩膀与车门内饰板之间存在一定的间隙，假人模型仍处于静止状态；其后，在约 25ms 时，车门内板与假人模型发生接触，所产生的撞击力开始迅速增加。当假人模型速度达到与车门速度相同时（约在 40ms），车门内板与假人模型的碰撞过程结束，假人在该速度下继续与乘员约束系统发生关系，而车门及壁障的速度在车身结构及吸能材料的作用下持续下降，车身速度继续增加；当车身速度与壁障速度相同时，壁障与汽车的碰撞过程结束。假人的生理伤害指标是评价侧碰的重要考核指标，因此定义：假人开始运动的时刻为 t_1，车门与假人碰撞结束的时刻为 t_F，在 t_F 时刻的假人模型速度为 v_{t_F}。此外，定义壁障与汽车碰撞的结束时刻为 t_2，车速为 v_2。已有的研究表明，假人的伤害指标与 t_F 时刻的假人模型速度 v_{t_F} 具有很高的相关度。v_{t_F} 大，以胸部伤害指标为代表的假人伤害水平就高；v_{t_F} 小，假人的伤害指标就低。进行侧碰耐撞性结构设计的主要任务之一就是确定哪些结构参数对速度 v_{t_F} 有重要影响。

2. 侧碰简化模型

为了对碰撞过程的速度响应特性进行研究，首先建立一个侧碰简化模型并对其进行研究，所建立的线性力学模型如图 4-73 所示。

壁障的初速度为 v_0，由于没有外力施加于壁障和汽车这一碰撞系统，根据动量守恒定律，可求出碰撞后的共同速度 v_2：

$$m_1 v_0 = (m_1 + m_2) v_2$$

$$v_2 = \frac{m_1}{m_1 + m_2} v_0 \tag{4-72}$$

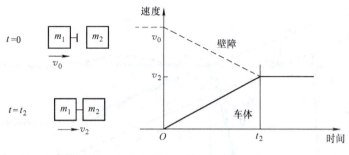

图4-73 侧碰简化模型

式中，m_1 为壁障的质量；m_2 为汽车的质量；v_0 为壁障的初始速度；v_2 为碰撞后汽车与壁障的共同速度。

假设碰撞载荷与位移的关系是理想的方波特性，如图4-74所示。对壁障和汽车分别进行隔离体分析，有如下关系：

$$-F_2 = m_1 a_1, \quad F_2 = m_2 a_2$$

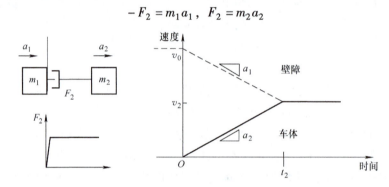

图4-74 侧碰模型速度响应时间历程

因此，

$$a_1 = \frac{-F_2}{m_1}, \quad a_2 = \frac{F_2}{m_2} \tag{4-73}$$

式中，a_1 为壁障的加速度；a_2 为汽车的加速度；F_2 为汽车的侧面碰撞载荷（注意 $F_2 \geqslant$ 290kN，运动壁障的碰撞承载能力）。

对于碰撞结束时刻 t_2，存在关系式：

$$a_2 t_2 = v_2 \tag{4-74}$$

因此，

$$t_2 = \frac{v_2}{a_2} \tag{4-75}$$

式中，t_2 为碰撞结束时刻。

利用上述关系式，可以得到壁障及车体在侧碰过程中的速度响应时间历程，如图4-74所示。

根据时间域的速度响应，对其进行积分就得到了碰撞产生的位移：

$$位移 = \int_0^t v \mathrm{d}t$$

利用上式对侧碰过程中车辆和壁障所产生的位移量进行计算，可得到图 4-75 所示的结果。

由此可知，汽车 $v-t$ 曲线所围成的到时刻 t_2 处的面积就是汽车横向位移；壁障 $v-t$ 曲线所围成的到时刻 t_2 处的面积就是壁障的横向位移。很显然，汽车的横向位移与壁障的横向位移之间存在一个差值，这意味着它们在碰撞中的变形量不同，变形量的差值为 $\frac{1}{2}v_0 t_2$。

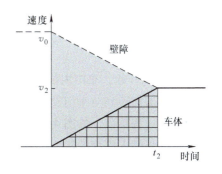

图 4-75 碰撞产生的位移量

接下来，建立侧碰工况含有假人模型的碰撞力学模型。

为使计算简单，这里没有考虑乘员约束系统的作用。在上一个壁障与车身碰撞模型的基础上，增加一个无质量的刚性车门，车门及其内板与假人模型之间的碰撞特性用 F 表示，壁障与汽车之间的碰撞特性仍旧用 F_2 表示。车门组件与假人肩膀之间的间隙为 Δ_0，车门厚度为 Δ，所建立的力学模型如图 4-76 所示。

壁障碰撞汽车后，汽车开始在侧向发生滑移。正如模型假设条件所定义的那样，因为不考虑乘员约束的作用，所以没有侧向力作用到假人模型上。在该时间段内，假人模型不会产生相对于地面的横向位移。在车门内板撞击到假人模型之前，即在车门撞击假人的开始时刻 t_1 的时间段内，汽车的横向运动位移为 Δ_0，如图 4-77 所示。故存在以下关系式：

$$\frac{1}{2}[v_0 + (v_0 + a_1 t_1)]t_1 = \Delta_0 \tag{4-76}$$

$$t_1^2 + \frac{2v_0}{a_1}t_1 - \frac{2\Delta_0}{a_1} = 0 \tag{4-77}$$

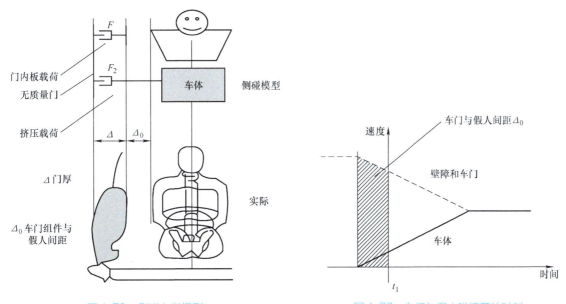

图 4-76 侧碰力学模型

图 4-77 车门与假人碰撞开始时刻

求解得到车门与假人发生碰撞接触的开始时刻 t_1 为

$$t_1 = \frac{-\frac{2v_0}{a_1} \pm \sqrt{\left(\frac{2v_0}{a_1}\right)^2 + 4\left(\frac{2\Delta_0}{a_1}\right)}}{2} \tag{4-78}$$

从 t_1 时刻开始，车门内饰板开始对假人模型施加撞击载荷，使假人模型在横向上加速。当假人模型被加速到与车门及壁障的速度相等时，它们之间将不再有相对变形，车门与假人之间的碰撞过程结束，如图 4-78 所示。

在车门与假人模型的碰撞过程中，即在 t_1 到 t_F 这一时间段内，车门内饰板的横向变形量为 Δ。由图 4-79 所示的车门 $v-t$ 曲线与假人 $v-t$ 曲线，在 t_1 到 t_F 时间段内所围成的阴影面积等于 Δ：

$$\frac{1}{2}(t_F - t_1)v_1 = \Delta \tag{4-79}$$

式中，v_1 为车门在时刻 t_1 的速度。

$$v_1 = v_0 + a_0 t_1 \tag{4-80}$$

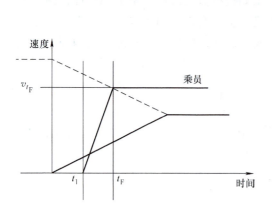

图 4-78 车门与假人碰撞结束时刻

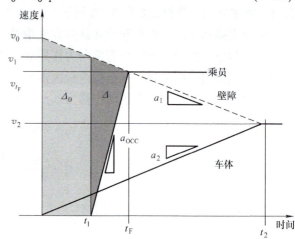

图 4-79 侧碰过程关系汇总

因此，可求解得到车门与假人模型碰撞终止的时刻 t_F：

$$t_F = \frac{2\Delta}{v_1} + t_1 \tag{4-81}$$

由此可得到 t_F 时刻的假人模型速度 v_{t_F}：

$$v_{t_F} = v_0 + a_1 t_F \tag{4-82}$$

并可以对车门与假人碰撞期间的平均加速度进行估计：

$$a_{\text{OCC}} = \frac{v_{t_F}}{t_F - t_1} \tag{4-83}$$

至此，就可以确定碰撞简化模型的各个速度-时间历程曲线。将上述各关系式归结到图 4-79 中。

图 4-79 中，v_0 为壁障初始碰撞速度；v_1 为车门与假人模型碰撞开始时刻的车门/壁障速度；v_{t_F} 为车门与假人模型碰撞结束时刻的假人/车门共同速度；v_2 为壁障与车体碰撞结束时

刻的壁障/汽车共同速度；t_1 为车门与假人模型碰撞开始时刻；t_F 为车门与假人模型碰撞结束时刻；t_2 为壁障与车体碰撞结束时刻；a_{OCC} 为车门与假人碰撞期间的假人模型平均加速度；a_1 为壁障在整个碰撞过程中的平均加速度；a_2 为汽车在整个碰撞过程中的平均加速度。

3. 侧碰力传递路径分析

在侧碰中，B 柱和门槛是两条最主要的传力路径。其中，B 柱为垂向传力路径，向上传递至车顶纵梁，然后通过车顶支撑横梁横向传递；门槛为纵向传力路径，向前传递至 A 柱，向后传递至 C 柱，同时也会通过底板横向支撑梁横向传递，如图 4-80 所示。

在侧碰试验中，车辆的车门、B 柱以及门槛与移动可变形壁障台车前面的蜂窝铝发生碰撞，应该尽早使更多的零部件参与碰撞过程中的变形吸能，才能够使侧向结构在相同的变形量下吸收更多的能量。其余的能量将会转化为车门的动能与车内乘员发生碰撞。

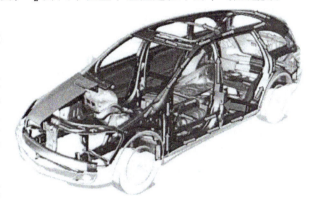

图 4-80　侧碰力传递路径

通过对侧面碰撞传力路径的分析可知，必须对车辆侧面结构进行合理的设计，使其侧面碰撞传力路径完整并且能够引导相应的结构件充分变形吸能。这样才能够使车辆侧面结构在侧面碰撞过程中合理充分地变形，更多吸收碰撞能量，从而使尽量少的能量传递到车内乘员的身体上，减少二次碰撞对车内乘员造成的接触伤害。

此外，为了保证车辆在侧面碰撞中有足够的乘员生存空间，同时降低侧面碰撞中侧面结构侵入导致的乘员接触伤害，应该尽量降低车辆侧面碰撞中侧面结构的侵入量。

四、电动汽车车身抗撞性能特点

电动汽车车身结构抗撞性能分析与设计与内燃机汽车存在不同：

1）质量分布特征变化、质心下移，导致载荷分配比例发生改变；下部传力路径需承担更大比例的碰撞载荷。

2）由于车身地板下部需要布置动力电池，其地板下部结构也发生了较大变化。内燃机汽车下车体一般采用双纵梁结构布置，即发动机舱后纵梁、地板中纵梁。电动车下车体取消了地板中纵梁，前机舱后纵梁向地板外侧移动，与门槛梁内板搭接形成双门槛形式。对于特斯拉车型，其地板下部仅有左右门槛梁，再加上在地板上部设计的 5 根左、右横梁连接车身，起到抵抗碰撞的作用。

纯电动汽车的车身和内燃机汽车的车身类似，由前机舱、前围、地板、侧围、顶盖、后围以及翼子板七大部分组成，其与传统燃油车的主要不同在于下车体动力舱和地板部分。除了一些安装支架（如悬置安装支架等）有所不同，前机舱部分主体结构基本相同，传统车身前机舱主要用来安装发动机，新能源汽车前机舱主要用来安装电机、减速器、电机控制器、充电器等。

纯电动车由于车身地板下部需要布置动力电池，其地板下部结构与内燃机汽车结构存在较大的差异。目前主要有两种结构：一种为传统钢制平台地板，最大化地与燃油车通用平台，以日产聆风（Leaf）、宝马i3系列为代表；另一种为纯电动车型专有平台，完全以电动为核心区进行布置，包括底盘系统，以特斯拉、蔚来ES8为代表。下面以传统钢制平台地板为例进行说明，图4-81展示了传统燃油车下车体框架与新能源车下车体框架的差别。

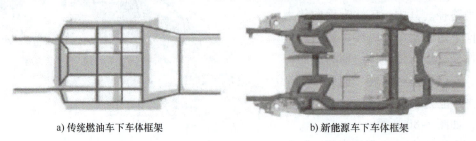

a) 传统燃油车下车体框架　　　　b) 新能源车下车体框架

图4-81　传统燃油车与新能源车下车体框架的差异

内燃机汽车下车体一般采用双纵梁结构布置，即发舱后纵梁、地板中纵梁。新能源下车体由于电池结构限制，取消了地板中纵梁，发舱后纵梁向地板外侧移动，与门槛内板搭接形成双门槛形式。图4-82浅色部分为传统燃油车的地板及纵梁布置，深色部分为新能源下车体结构，其在门槛部位形成"双门槛"结构。

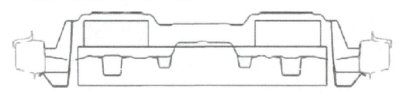

图4-82　传统燃油车与新能源车下车体断面

对于特斯拉纯电动车型专有平台，其下车体采用纯平式设计，以最大化地布置电池，地板下部仅有左、右门槛，没有设计纵横梁，在地板上部设计5根左、右横梁连接车身，起到抵抗碰撞作用，如图4-83所示。

图4-83　特斯拉纯电动车型专有平台下车体结构

第五节　车身NVH性能分析计算

NVH指Noise、Vibration和Harshness。对于具体车型而言，其NVH品质集中体现了汽车主机厂及零部件供应商的设计开发及生产制造水平。消费者更加关注与车内振动噪声相关的驾乘感受，而汽车产品 NVH 性能的高低显著影响使用者对汽车整体品质的印象和评价。

车身是由许多薄壁结构元件组成的多自由度弹性系统，在外界激励作用下将产生变形，引起系统的振动。当外界激振频率与系统固有频率接近，或成倍数关系时，将发生共振。共振不仅使乘员感到很不舒适，还带来噪声和部件的疲劳损坏，甚至破坏车身表面的防护层和车身的密封性，从而削弱抗腐蚀性能。

从 NVH 的观点来看，汽车是一个由激励源、传递器和响应器组成的系统。激励源主要包括发动机（电机）、传动系统、车轮和轮胎、不平路面和风等。它们产生的振动、噪声通过悬架系统、悬置系统、车身结构系统等传递器的作用传入车身和车室空腔，形成振动和声学响应。汽车 NVH 问题的响应最终表现为座椅、地板和转向盘的振动，以及驾驶人和乘客的耳旁噪声等现象。

车内振动、噪声的主要来源和传播途径如图 4-84 所示。

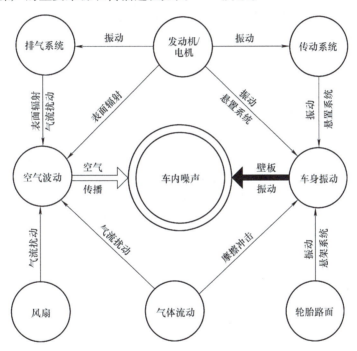

图 4-84　车内振动、噪声的主要来源和传播途径

车身系统是整车 NVH 系统的响应器，其振动响应特性直接影响整车的 NVH 特性。另外，车身作为振动、噪声传递途径中的重要环节，其声学传递特性也对车内的噪声水平有重要的影响。

根据形成及传播的机理不同，车内噪声可以分为结构噪声和空气噪声。外界激励引起车身壁板振动产生的噪声是结构噪声，而车舱外通过车身孔隙进入车内的噪声则是空气噪声。

作为结构噪声的响应器，车身壁板承受路面、发动机等激励源引发的振动并向车内辐射噪声，其本身的刚度、阻尼特性对产生噪声的大小有直接的影响。加强车身的刚度，改善振动能量在车身结构中的传递与分布，可有效地降低车内的噪声水平。

为了满足车内通风及布置操纵机构等的需要，车身结构上留有许多孔隙，发动机等激励源产生的空气噪声经由这些孔隙进入车舱内,提高了车内的噪声水平。这些孔隙的布置与形状以及密封装置的设计都会影响车内的噪声水平,采用正确的结构和材料可以有效地隔声,从而降低车内的噪声水平。

车舱空腔作为封闭的声学系统,其形状和大小对车内声场的声学特性有直接影响。车舱的形状及座椅的布置位置都会影响车内声压的分布及声学共振特性。车内声场是典型的混响场,各种声波在空腔内反复反射,形成复杂的声学环境。因此,汽车内饰的吸声特性对降低车内总体的噪声水平有重要的意义。合理地选择内饰材料及厚度,可以有效地改善声学阻尼特性,降低车内噪声。

综上所述,车身系统既是直接向车内辐射噪声的响应器,又是传递各种振动、噪声的重要介质。同时,车舱空腔决定了车内声场的声学特性,它的吸声、隔声特性对减少车内噪声有重要的意义。因此,车身系统在整车NVH特性的研究中占有重要的地位。车身结构及其形成的空腔构成了乘员乘坐的基本环境,乘员的各种舒适性感觉都与车身系统有直接的联系,整车的NVH特性最终将表现为车身的NVH特性。

一、车身振动噪声性能的开发需求

根据振动理论的基础知识,隔振降噪的主要措施包括:尽量减小振动源的幅值(降幅);增加振动传递路径的隔离性,阻碍振动能量的传递(隔振);避免发生共振(移频)。

汽车NVH性能开发与控制的一项重要设计指导原则是保证良好的模态分离,即尽量避免各主要总成系统和部件的模态频率发生重叠。模态分解示意图如图4-85所示。如果在车身结构设计的早期阶段,实现了车身振动模态频率与汽车其他子系统固有频率的良好模态分离,即避免与各主要总成系统和部件的模态频率发生重叠,则能够避免绝大多数的振动问题。

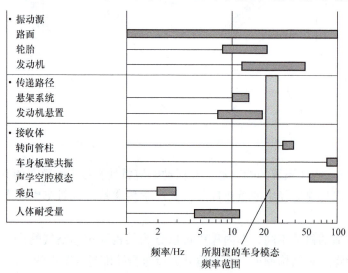

图4-85 模态分解示意图

不同振动频率段内,车身结构设计需要关注的振动问题如图4-86所示。

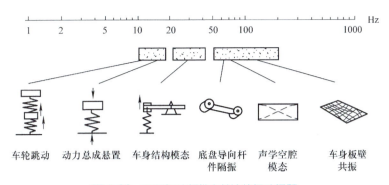

图 4-86　不同振动频带内关注的振动问题

二、人体对振动的反应

在 10Hz 以下，车身结构表现为刚体；在 100Hz 以上，车身的振动特性以局部模态为主，主要取决于局部结构的设计细节。对于车身结构的局部设计细节，可以在产品开发后期的工作中采取恰当的措施进行完善。因此，在车身结构设计中，10~100Hz 频率范围的车身振动特性最应该给予关注。该频率范围涵盖了车身结构主要的弯曲和扭转模态频率，它取决于车身的总体结构，一旦确定，就很难在后期的开发阶段进行变更。本章就主要面向车身结构早期开发阶段的需求，针对 10~100Hz 频率范围内的振动特性设计要点进行介绍。

1. 车辆-座椅-人体振动模型

振动和噪声对驾乘人员有非常重要的影响，这体现在生理、心理以及情绪和功效等方面的影响。另外，如果振动和噪声的强度过大、持续时间足够长的话，还会对感觉器官和神经系统造成永久的病理性损害。从振动技术角度，可以将车辆驾乘人员视为具有多个固有频率的振动体，如图 4-87 所示。

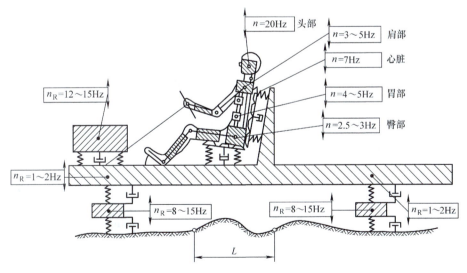

图 4-87　车辆-座椅-人体振动模型

2. 垂向振动水平评价指标

由图 4-87 可以看出，对于汽车驾乘人员，主要的振动方向是垂向。车身结构振动设计的目的是为驾乘人员创造一个振动水平尽量适宜的驾乘空间。针对人体对座椅垂向振动水平的相关试验和评价体系有很多种类。在其中一种典型的试验方法中，对座椅施加特定频率的正弦振动激励，然后，对振动响应的水平进行主观评价，振动水平从弱到强分为：感觉不到的、可接受的、令人厌倦的。利用从这些评价结果中得到的数据，将可接受的振动幅值相对于激振频率的关系连接成线，构成了不同振动频率下的可接受振动水平范围。典型的评价指标是如图4-88所示的Janeway曲线，它勾勒出了可接受振动幅值的临界值。曲线形态呈U形，在6~20Hz频率范围内对振动的容忍度最低。

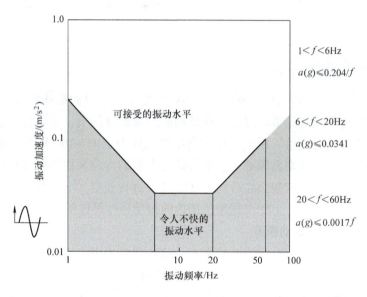

图4-88　座椅垂向振动的Janeway评价指标

三、单自由度振动模型

1. 单自由度振动模型的定义

振动系统中不可避免地存在阻尼，系统的振动振幅将会随时间的延长而衰减，最后趋近于零。为此，需要研究阻尼对振动的影响。阻尼的产生有各种来源，例如：气体或者液体等介质阻尼、两物体之间的干摩擦、在润滑表面之间的滑动摩擦以及材料的内阻尼等。阻尼的作用机理复杂，对其进行精确描述是非常困难的。首先从最简单的黏性阻尼入手进行单自由度阻尼振动系统的介绍。物体沿润滑表面滑动或者在流体中低速运动时所遇到的阻尼，通常可以视为黏性阻尼，阻尼力与物体相对于介质的运动速度成线性关系，它是所有阻尼机理中最简单的。

考虑图4-89所示的单自由度黏性阻尼振动系统，受简谐激励$f(t) = F\sin(\omega t)$的作用（F为激励的幅值，ω为激励频率）。在正弦外力的作用下，垂向位移

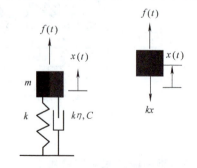

图4-89　单自由度黏性阻尼振动系统

为 $x(t) = X\sin(\omega t)$,其中 X 为垂向位移的幅值。

首先,当不考虑系统中所存在的阻尼作用时,由牛顿第二定律建立此振动系统的力学关系:

$$f(t) - kx(t) = m\frac{\mathrm{d}^2 x(t)}{\mathrm{d}t^2} \tag{4-84}$$

于是有

$$\frac{\mathrm{d}^2 x(t)}{\mathrm{d}t^2} = -X\omega^2 \sin(\omega t) \tag{4-85}$$

即

$$F\sin(\omega t) = kX\sin(\omega t) - mX\omega^2 \sin(\omega t) \tag{4-86}$$

因此,

$$F = kX - m\omega^2 X \tag{4-87}$$

$$\frac{X}{F} = \frac{1}{k - m\omega^2} \tag{4-88}$$

当 $\omega^2 = k/m$ 时,表达式分母为零,将会有非常大的位移。该频率就是系统的固有频率或者叫共振频率:

$$\omega_n^2 = \frac{k}{m} \tag{4-89}$$

定义传递函数为

$$P(\omega) = \frac{X}{F} = \frac{1/k}{1 - \left(\frac{\omega}{\omega_n}\right)^2} \tag{4-90}$$

式中,$P(\omega)$ 为传递函数(m/N);X 为垂向正弦位移的幅值;F 为所施加正弦激励力的幅值;k 为弹簧刚度;ω_n 为固有频率。

【例1】 发动机垂向振动位移

某动力总成的总质量为100kg,垂向刚度为600N/mm的橡胶悬置限制了其垂向运动。近似地认为动力总成悬置系统与一个质量为无限大的底板(大地)相连。

1)计算该振动系统的固有频率。

$$\omega_n = \sqrt{\frac{k}{m}} = \sqrt{\frac{600 \times 1000}{100}} = 77.46\mathrm{rad/s}$$

$$f_n = \frac{\omega_n}{2\pi} = 12.33\mathrm{Hz}$$

2)在发动机质心处施加一个幅值为500N、频率为15Hz的垂向正弦激励力,计算此时动力总成的振动幅值。

$$\frac{X}{F} = \frac{1/k}{1 - \left(\frac{\omega}{\omega_n}\right)^2} = -3.48 \times 10^{-6}\mathrm{m/N}$$

$$X = (-3.48 \times 10^{-6}\mathrm{m/N})(500\mathrm{N}) = -1.738 \times 10^{-3}\mathrm{m}$$

值得注意的是,X 的负号表示位移与激励的相位反相180°。该动位移较静态力作用下的静位移要大一些，静位移 = 500N/(600N/mm) = 0.833 × 10^{-3}m。

2. 各振动幅值之间的关系

在振动试验中，较方便和常用的测试工具是加速度传感器，它可以很便利地测出振动加速度的幅值。但是对于振动位移和振动速度的幅值大小就比较难以直接测量得到。为了获得各振动物理量幅值之间的关系，需要对位移 $x(t)$、速度 $v(t)$ 和加速度 $a(t)$ 幅值间的关系进行研究。

对于任一激励频率 ω，各物理量间的数学关系为

$$位移 = x(t) = X\sin(\omega t)$$

$$速度 = \frac{dx(t)}{dt} = X\omega\cos(\omega t)$$

$$加速度 = \frac{d^2x(t)}{dt^2} = -X\omega^2\sin(\omega t)$$

因此，给定位移幅值为 X，各物理量幅值之间存在以下关系：

$$位移幅值 = X$$
$$速度幅值 = X\omega$$
$$加速度幅值 = X\omega^2$$

利用上述关系式，通过对测试得到的加速度幅值进行变换，可以很方便地得到位移和速度的幅值。

【例 2】 动力总成振动测试

在动力总成振动试验中，利用加速度传感器进行测量。在频率为 20Hz 的正弦激励下，加速度传感器记录的幅值为 $10g$。计算该系统的振动位移幅值。

$$加速度幅值 = X\omega^2$$
$$X = 加速度幅值/\omega^2$$
$$X = 6.2\text{mm}$$

3. 传递函数的频域特性

在频域内，对 $P(\omega)$ 的表达式进行绘图，如图 4-90 所示。

图 4-90 所示的传递函数曲线，按与共振频率的差值大小，可被划分为 3 个区域，分别呈现出了迥异的特征。

（1）"弹簧特性"区 在远小于共振频率的范围内（$\omega \ll \omega_n$），传递函数曲线呈现出"弹簧特性"：

$$F = kX \quad (4-91)$$

$$\left|\frac{X}{F}\right| = \frac{1}{k} \quad (4-92)$$

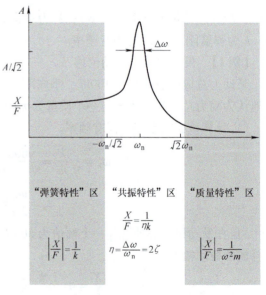

图 4-90 振动传递函数的频域特性

（2）"质量特性"区 在远大于共振频率的范围内（$\omega \gg \omega_n$），传递函数曲线呈现出"质量特性"：

$$F = m(-X\omega^2) \tag{4-93}$$

$$\left|\frac{X}{F}\right| = \frac{1}{\omega^2 m} \tag{4-94}$$

(3) "共振特性"区 在共振频率附近的区域，传递函数曲线变得很陡峭，振动幅值很大。在无阻尼振动系统中，可以认为在共振频率处振动幅值为无限大。在实际振动系统中，由于黏性阻尼的作用，共振时的振动幅值虽然很大，但还是受限的。

4. 共振时的幅值

接近共振频率时，只有阻尼力才能够对振动系统的位移进行约束，使振动能量衰减。常见的阻尼振动模型中的阻尼为黏性阻尼，阻尼力的大小与振动速度成比例，相位与速度相同。

$$F_D = C(v)$$

式中，C 为黏性阻尼系数。

通常用相对阻尼系数 ζ 来表示黏性阻尼系数：

$$\zeta = \frac{C}{2\sqrt{km}} \tag{4-95}$$

因此，共振时的幅值可计算为

$$F_D = C(v)$$

$$|F_D| = C(X\omega) = 2\zeta\sqrt{km}(X\omega) = 2\zeta k\sqrt{m/k}(X\omega) \tag{4-96}$$

$$\left|\frac{X}{F_D}\right| = \frac{1}{2\zeta k(\omega/\omega_n)} \tag{4-97}$$

$$\left|\frac{X}{F_D}\right|_{\omega=\omega_n} = \frac{1}{2\zeta k} \tag{4-98}$$

汽车悬架系统采用的液力减振器所产生的阻尼为黏性阻尼，典型的阻尼系数 C 的取值约为 $2\text{N}\cdot\text{s/mm}$。

第二类阻尼为库仑阻尼。物体在干燥表面上相对滑动时所受到的摩擦阻力称为库仑阻尼或干摩擦阻尼。它与正压力成比例，即与变形量 X 成正比，相位与速度同相。这种阻尼力的大小不依赖于质点的位移和速度，因此库仑阻尼是一种常数阻尼。库仑阻尼系数 η 描述了阻尼力与正压弹性力的比例关系：

$$|F_D| = \eta k X \tag{4-99}$$

相对于黏性阻尼，库仑阻尼振动系统共振时的振幅为

$$\left|\frac{X}{F_D}\right|_{\omega=\omega_n} = \frac{1}{\eta k} \tag{4-100}$$

金属材料的库仑阻尼系数一般都非常低（$0.0001 < \eta < 0.001$），而金属结构焊接处的阻尼系数会有显著的增加。对于汽车车身的点焊结构，库仑阻尼系数的取值范围为 $0.03 < \eta < 0.1$。

对于动力总成悬置系统所使用的橡胶悬置件或者悬架系统中普遍使用的橡胶衬套，可以采用与库仑阻尼相似的数学形式进行描述。针对橡胶元件，η 被称为损耗因子，一般的取值范围是 $0.05 < \eta < 0.2$。

对比黏性阻尼和库仑阻尼系统在共振频率处的振幅表达式，可以得到如下关系式：

$$\eta = 2\zeta \tag{4-101}$$

无论振动系统中所使用的阻尼元件是黏性阻尼还是库仑阻尼，其阻尼系数均可通过半功率幅值处的带宽计算得到：

$$\eta = \frac{\Delta\omega}{\omega_n} \text{ 或 } \zeta = \frac{\Delta\omega}{2\omega_n} \tag{4-102}$$

式中，$\Delta\omega$ 为半功率幅值（$A/\sqrt{2}$）处的带宽。

【例3】 动力总成悬置系统的共振振幅

动力总成的质量为 100kg，悬置系统垂向刚度为 600N/mm，损耗因子 $\eta = 0.1$。以悬置系统的共振频率为激振频率对系统施加 600N 的激励力，计算悬置系统在共振时的振幅。

$$\left|\frac{X}{F_D}\right|_{\omega=\omega_n} = \frac{1}{\eta k} = 0.0167 \times 10^{-3} \text{m/N}$$

$$X = 600\text{N} \times (0.0167 \times 10^{-3} \text{m/N}) = 10.02\text{mm}$$

5. 对数坐标系下的传递函数

在对数坐标系下绘出振动系统的传递函数曲线，得到图 4-91 所示的图形。

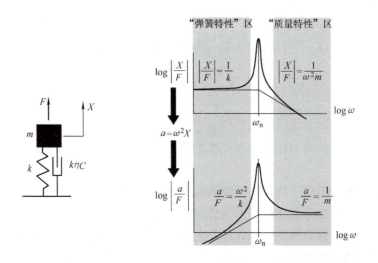

图 4-91 对数坐标系下的传递函数

当包含频率特性的物理量相乘时，对数形式具有更大的优势，也更加形象化，在下文中会使用到对数形式的传递函数。

四、振动源-路径-接收体模型

振动系统可理想化为一个振动源-路径-接收体系统，它由以下三部分组成，如图 4-92 所示。

1）振动激励源（发动机转矩脉冲）。
2）振动传递路径（转向管柱系统）。

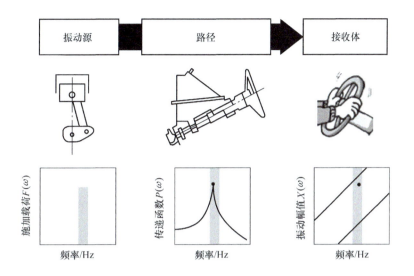

图4-92 振动源-路径-接收体系统模型

3)接收体（驾驶人双手）。

在频域内对该振动源-路径-接收体系统模型进行描述。对于振动源，可以综合得到施加载荷 $F(\omega)$。对于传递路径，可以得到传递函数 $P(\omega)$，传递函数由输出（变形）的幅值除以单位输入（力）的幅值得到。对于接收体，振动幅值 $X(\omega)$ 由下式决定：

$$F(\omega)\left[\frac{X(\omega)}{F(\omega)}\right]=X(\omega)$$

$$\underset{\text{振动源}}{F(\omega)} \quad \underset{\text{路径}}{[P(\omega)]} = \underset{\text{接收体}}{X(\omega)}$$

式中，$F(\omega)$ 为激励源振动幅值；$X(\omega)$ 为振动幅值；$P(\omega)$ 为传递路径的传递函数。

在实际的汽车开发中，传递路径由一系列子结构组成。例如：一个作用在前悬架轴头处的振动激励力 $F(\omega)$，通过悬架特性 $T(\omega)$ 衰减之后成为 $F_T(\omega)$，再通过悬架与车身结合处的连接结构传递到车身。这种情况可以用下面的关系式进行描述：

$$F(\omega)\left[\left(\frac{F_T(\omega)}{F(\omega)}\right)\left(\frac{X(\omega)}{F_T(\omega)}\right)\right]=X(\omega)$$

$$\underset{\text{振动源}}{F(\omega)} \quad \underset{\text{路径}}{[T(\omega)P(\omega)]} = \underset{\text{接收体}}{X(\omega)}$$

式中，$F(\omega)$ 为激励源的幅值；$X(\omega)$ 为响应的幅值；$T(\omega)$ 为传递路径中子结构的传递特性；$F_T(\omega)$ 为传递路径中经过一个子结构之后的力；$P(\omega)$ 为车身结构的传递函数。

利用上述振动传递路径的关系式，可以对影响车身振动特性的各传递路径进行具体分析。针对表4-4所示的4条主要的振动传递路径，对每条传递路径上不同频率下的激励力对车身结构施加影响的作用机理分别进行研究。

表 4-4　车身振动的主要传递路径

振动系统	振源 $F(\omega)$	隔振系统 $T(\omega)$	施加于车身的载荷 $F_T(\omega)$	车身传递函数 $P(\omega)$	振动响应量 $X(\omega)$
1	发动机不平激励	发动机悬置系统	来自发动机悬置的载荷	车身结构	座椅、地板、转向管柱等处的位移量
2	轮轴载荷	悬架	来自弹簧和减振器的载荷	车身结构	座椅、地板、转向管柱等处的位移量
3	轮胎接地处路面输入	悬架	来自弹簧和减振器的载荷	车身结构	座椅、地板、转向管柱等处的位移量
4	高频下底盘变形	带橡胶衬套的底盘杆件	面板局部共振	乘员舱声学共振	内部声压

五、发动机悬置系统振动分析

1. 发动机悬置的振动源 – 路径 – 接收体模型

发动机悬置系统传递路径上的各要素见表 4-5。

表 4-5　发动机悬置系统传递路径

振源 $F(\omega)$	隔振系统 $T(\omega)$	施加于车身的载荷 $F_T(\omega)$	车身传递函数 $P(\omega)$	振动响应量 $X(\omega)$
发动机不平激励	发动机悬置系统	来自发动机悬置的载荷	车身结构	座椅、地板、转向管柱等处的位移量

2. 发动机振动激励

发动机的往复运动部件——活塞和连杆，对曲轴不断地施加脉冲激励。

对于每个气缸，振动激励力由下式给出：

$$f(t) = \left[mr\Omega^2 \frac{r}{L} \right] \sin(2\Omega t)$$

$$f(t) = F\sin(\omega t) \tag{4-103}$$

式中，$f(t)$ 为施加于曲轴的振动激励力；m 为往复运动质量；r 为曲轴偏距；L 为连杆长度；Ω 为发动机转速，$\Omega = N(\text{r/min})(2\pi\text{rad/r})(1\text{min}/60\text{s})$，单位为（rad/s）。

值得注意的是，由于活塞运动的运动学关系，激励力的频率是发动机转速的 2 倍，幅值与发动机转速的平方成正比。

3. 隔振理论基础

在车身设计中，振动的控制主要通过隔振来解决，根据振动的基本理论，振动一般是传递得越少越好，而这一指标通过振动传递率来评价。有阻尼的单自由度弹簧质量系统振动的

传递率定义是 η_F，为

$$\eta_F = \frac{F_T}{F_0} = \sqrt{\frac{1 + \left(2\zeta \dfrac{\omega}{\omega_n}\right)^2}{\left[1 - \left(\dfrac{\omega}{\omega_n}\right)^2\right]^2 + \left(2\zeta \dfrac{\omega}{\omega_n}\right)^2}} \qquad (4\text{-}104)$$

式中，F_0、F_T 分别表示激振力和被传递力的大小；ζ 为相对阻尼系数。

根据式（4-104），可以得到有阻尼单自由度振动系统振动传递率与频率比和阻尼比的关系曲线，如图 4-93 所示。

由图 4-93 可知：

1）无论阻尼大小，仅当频率比 $\omega/\omega_n > \sqrt{2}$ 时才有隔振效果，即在隔振设计中，系统的固有频率要小于振动源振动频率。随着 ω/ω_n 增大，隔振效果提高，在实际应用中取 $\omega/\omega_n = 2.5 \sim 5$ 已足够。

2）当 $\omega/\omega_n > \sqrt{2}$ 时，阻尼增大使隔振系数增大，降低了隔振效果。但阻尼比不是越小越好，实际问题中，激励频率由零逐步增加到某一定值，此过程中不可避免要与系统的固有频率重合，产

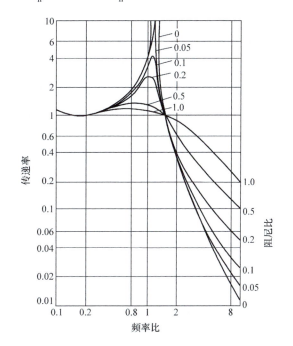

图 4-93 传递率随频率比和阻尼比变化曲线

生共振。阻尼过小将使系统过共振时振幅过大，造成破坏，因而要兼顾。一般希望有轻微阻尼以限制过共振时的振幅，但又不要太大以免降低隔振效果。常用的隔振材料阻尼并不大，因此在 $\omega/\omega_n > 2.5$ 以后计算隔振系数时可不考虑阻尼的影响。

4. 发动机悬置隔振模型

发动机往复运动部件对曲轴所施加的脉冲激励作用到整个动力总成，通过发动机悬置系统和与车身连接处的局部车身结构这一振动传递路径，将振动传递到车身结构，并被座椅、转向盘、地板等接收体所接收。

在车身设计中，我们感兴趣的是激振力如何通过发动机悬置传递到车身结构。动力总成与其悬置系统构成了一个单自由度振动系统，如图 4-94 所示。

对于图 4-94 所示的单自由度振动系统，可以推导得到其传递函数：

$$F_T = kX \qquad (4\text{-}105)$$

$$\frac{X}{F} = \frac{1/k}{1 - \left(\dfrac{\omega}{\omega_n}\right)^2} \qquad (4\text{-}106)$$

$$\frac{Xk}{F} = \frac{1}{1 - \left(\frac{\omega}{\omega_n}\right)^2} \qquad (4\text{-}107)$$

$$\frac{F_T}{F} = \frac{1}{1 - \left(\frac{\omega}{\omega_n}\right)^2} = T(\omega) \qquad (4\text{-}108)$$

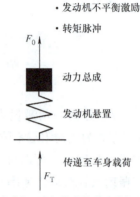

图 4-94　动力总成单自由度振动模型

式中，F_T 为通过发动机悬置系统传递到车身结构上的力；F 为作用到动力总成上的力。

根据前文的隔振原理可知：当 (F_T/F) 的比值大于 1 时，相当于发动机悬置系统放大了激励载荷；当比值小于 1 时，相当于减小或隔离了激振力。同样地，对于发动机悬置系统，出现下面的情况才会有隔离效果：

$$\frac{F_T}{F} = \left|\frac{1}{1 - \left(\frac{\omega}{\omega_n}\right)^2}\right| < 1$$

$$-1 < 1 - \left(\frac{\omega}{\omega_n}\right)^2 < 1$$

$$\sqrt{2} < \frac{\omega}{\omega_n}$$

$$\omega > \sqrt{2}\omega_n$$

5. 计算发动机悬置系统隔振频率

【例1】 发动机悬置系统隔振频率（不考虑悬置系统阻尼情况下）

某四缸汽油机与自动变速器所组成的动力总成质量为100kg，悬置系统垂向刚度为600N/mm。为计算方便，近似地认为动力总成悬置系统与一个质量为无限大的底板（大地）相连。

1) 计算该振动系统的固有频率。

$$\omega_n^2 = \frac{k}{m} = 6000\text{N/kg}$$

$$\omega_n = 77.46\text{rad/s}$$

$$f_n = 12.33\text{Hz}$$

2) 计算在发动机激振频率达到多少时，悬置系统才开始发挥有效的隔振效果。

$$\omega > \sqrt{2}\omega_n > 109.54\text{rad/s}$$

$$f = 17.43\text{Hz}$$

3) 计算悬置系统刚开始发挥有效隔振效果时的发动机转速。

由于发动机激振载荷频率是发动机转速频率的 2 倍，因此有：

$$\omega = 2\Omega$$

$$\Omega = (109.54\text{rad/s})/2 = 54.77\text{rad/s}$$

或者，

$$N = 54.77\text{rad/s} \times (1\text{r}/2\pi\text{rad}) \times (60\text{s/min}) = 523\text{r/min}$$

【例2】 发动机悬置系统隔振频率（考虑悬置系统阻尼情况下）

当考虑发动机悬置元件损耗因子 η 时，单自由度振动系统的计算公式为

$$F\sin(\omega t) = k^* X\sin(\omega t) - mX\omega^2\sin(\omega t)$$

式中，$k^* = k + i\eta k$。

通过有阻尼悬置系统传递到车身结构的力为

$$\left|\frac{F_T}{F}\right| = \frac{\sqrt{1+\eta^2}}{\sqrt{\left(1-\left(\frac{\omega}{\omega_n}\right)^2\right)^2 + \eta^2}} = T(\omega)$$

式中，F_T 为通过发动机悬置传递到车身的力；F 为作用到动力总成上的激振力；η 为悬置结构的损耗因子。

6. 发动机悬置系统隔振小结

对于无阻尼的发动机悬置系统模型，当 $\omega > \sqrt{2}\omega_n$ 时有隔离效果。对于考虑阻尼的悬置系统，在 $\omega = \omega_n$ 产生共振的时候，峰值的大小会随阻尼的增加而降低。但是，在 $\omega > \sqrt{2}\omega_n$ 具有隔振效果的区域内，随着阻尼的增加，传递的力会变大，如图4-95所示。因此，针对发动机悬置系统的匹配工作，需要对其阻尼特性进行合理配置，以实现抑制共振峰峰值大小与改善隔振效果之间的折中。

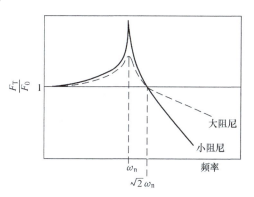

图4-95　发动机悬置系统隔振与阻尼的关系

施加给动力系统的激振力 $F(\omega)$ 与频率的平方成正比（在对数坐标中曲线的斜率为+2）。发动机悬置系统充当了传递路径的角色，当 $\omega > \sqrt{2}\omega_n$ 的时候，悬置系统才有隔离效果。这两个函数相乘得出通过发动机悬置传递到车身上的力 F_T。在车身结构设计中，车身结构的主要振动模态频率要设计到这一隔振频率区域内。

六、悬架系统振动分析

1. 悬架系统的振动源－路径－接收体模型

经由前后悬架系统这一传递路径向车身结构传递振动也是非常重要的组成部分，振动主要是通过减振器与主弹簧向车身传递的。一般而言，当高于车轮跳动的模态频率时，悬架系统是振动能量的隔振器。

经由悬架系统传递的振动，其振动源主要来自两个方面：①因轮胎不平衡质量或者轮胎的刚度不均匀性所引起的悬架轮轴处的激励载荷；②来源于不平路面的位移输入激励载荷。

2. 悬架轮轴处所受垂向激励

对悬架轮轴处所受激励振动分析的振动源－路径－接收体模型各要素见表4-6。

表4-6　悬架系统传递路径

振源 $F(\omega)$	隔振系统 $T(\omega)$	施加于车身的载荷 $F_T(\omega)$	车身传递函数 $P(\omega)$	振动响应量 $X(\omega)$
轮轴载荷	悬架	来自弹簧减振器的载荷	车身结构	座椅、地板、转向管柱等处的位移量

为了研究激励载荷如何经由悬架系统传递到车身结构，可以建立图4-96所示的悬架系统单自由度振动模型。

作用于轴头处的垂向激励力主要来源于两个方面：轮胎不平衡质量和轮胎的径向刚度不均匀性。

（1）车轮不平衡质量所引起的激励力　无论作用于悬架轮轴处的激励载荷来源如何，激励力都可以表达为以下形式：

$$f(t) = mr\omega^2 \sin(\omega t) \tag{4-109}$$

式中，$f(t)$ 为作用于轮轴处的垂向力；m 为轮缘处的等效不平衡质量；r 为轮缘半径；ω 为车轮旋转角速度，$\omega = \dfrac{v}{R}$

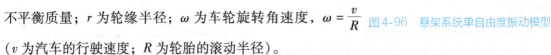

图4-96　悬架系统单自由度振动模型

（v 为汽车的行驶速度；R 为轮胎的滚动半径）。

【例1】　车轮不平衡质量所引起的激励载荷

某悬架系统的轮胎转动半径 $R = 300$mm，轮缘处不平衡质量为30g，车轮轮缘半径 $r = 170$mm，车辆速度为112km/h。计算不平衡力的频率和大小。

激振频率为

$$\omega = \frac{v}{R} = 103.70 \text{rad/s}$$

$$f = \frac{\omega}{2\pi} = 16.50 \text{Hz}$$

当 $\omega = 103.70$rad/s 时，激励载荷的大小为

$$F = mr\omega^2 = 54.84 \text{N}$$

（2）轮胎不均匀性所引起的激励力　由于结构设计和生产工艺等因素的影响，轮胎并非是一个完全对称的环形体。轮胎圆周上的尺寸和刚度变化往往是不均匀的，轮胎的这种特性称为不均匀性。具有一定负荷的轮胎等速直线行驶时，由于轮胎的不均匀，会产生沿 X、Y、Z 轴的3个力和绕 X、Y、Z 轴的3个力矩。此处仅对轮胎径向力偏差的影响进行讨论。径向力偏差是指具有一定负荷的轮胎，在动负荷半径恒定的情况下，滚动时胎冠的跳动力。径向力偏差越大，汽车的乘坐舒适性越差，容易引起驾驶人疲劳。产生径向力偏差的主要原因是胎面厚度不均，带束层或胎体帘布密度不均，每根帘线伸长不均。径向力偏差一般有恒定的幅值，与速度无关，激振频率与车轮角速度成倍数关系：

$$f(t) = F_n \sin(n\omega t) \tag{4-110}$$

式中，$f(t)$ 为作用于轮轴处的垂向力；n 为振动的阶次，$n = 1, 2, 3, \cdots$；ω 为车轮旋转角速度。

3. 轮轴处所受垂向激励振动分析

无论作用于轴头处的垂向激励力是来源于轮胎不平衡质量，还是轮胎径向刚度不均匀性，针对悬架非簧载质量进行隔离体分析，可建立如图4-97所示的单自由度振动模型。

由牛顿第二定律，建立运动微分方程：

$$-X_1 k_1 - X_1 k_2 - \mathrm{i} X_1 C\omega + F = m(-X_1 \omega^2) \tag{4-111}$$

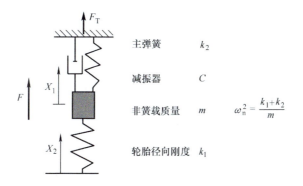

图4-97 单自由度振动模型

可得到系统的传递函数为

$$\frac{X_1}{F} = \frac{1}{k_1 + k_2 - m\omega^2 + iC\omega}$$

$$\frac{X_1}{F} = \frac{\left(\dfrac{1}{k_1 + k_2}\right)}{\left[1 - \left(\dfrac{\omega}{\omega_n}\right)^2\right] + i\left(\dfrac{C\omega}{k_1 + k_2}\right)}$$

$$\left|\frac{X_1}{F}\right| = \frac{\left(\dfrac{1}{k_1 + k_2}\right)}{\sqrt{\left[1 - \left(\dfrac{\omega}{\omega_n}\right)^2\right]^2 + \left(\dfrac{C\omega}{k_1 + k_2}\right)^2}} \tag{4-112}$$

式中,F 为作用于轮轴处的激励载荷;k_1 为轮胎径向刚度;k_2 为悬架刚度;m 为非簧载质量;C 为减振器阻尼系数,典型的取值范围是 1000~2000Ns/m;ω_n 为非簧载质量固有振动频率(车轮跳动模态频率),$\omega_n = \sqrt{\dfrac{k_1 + k_2}{m}}$;$i = \sqrt{-1}$。

在力传递到车身结构的过程中,悬架可视为隔振器。通过主弹簧和减振器传递到车身结构的力 $F_T = X_1(k_2 + i\omega C)$。代入上述传递函数的有关公式可得到系统载荷传递率为

$$\left|\frac{F_T}{F}\right| = \frac{\left(\dfrac{k_2}{k_1 + k_2}\right)\sqrt{1 + \left(\dfrac{C\omega}{k_2}\right)^2}}{\sqrt{\left[1 - \left(\dfrac{\omega}{\omega_n}\right)^2\right]^2 + \left(\dfrac{C\omega}{k_1 + k_2}\right)^2}} = |T(\omega)| \tag{4-113}$$

式中,F_T 为通过减振器和主弹簧传递到车身结构上的力。

【例2】 车轮跳动模态频率(1)

某麦弗逊式前悬架系统,轮胎径向刚度 $k_1 = 200\text{N/mm}$,悬架刚度 $k_2 = 25\text{N/mm}$,非簧载质量 $m = 50\text{kg}$,则车轮跳动模态频率为

$$\omega_n = \sqrt{\frac{k_1 + k_2}{m}} = 67.08\text{rad/s}$$

$$f_n = \frac{\omega_n}{2\pi} = 10.68\text{Hz}$$

当轮胎滚动半径 $R = 300$mm 时，轮胎不平衡激励力能够激发车轮垂向弹跳共振的车速为
$$v = \omega R = 72.45 \text{km/h}$$

【例3】 车轮跳动模态频率（2）

在例2所描述的悬架系统中，当汽车以某个特定车速行驶时，车轮跳动将发生共振。共振发生时，通过悬架系统传递到车身结构上的振动载荷与车轴处所受垂向激励的载荷传递率为

$$|T(\omega)| = \frac{\left(\dfrac{k_2}{k_1+k_2}\right)\sqrt{1+\left(\dfrac{C\omega}{k_2}\right)^2}}{\sqrt{\left[1-\left(\dfrac{\omega}{\omega_n}\right)^2\right]^2 + \left(\dfrac{C\omega}{k_1+k_2}\right)^2}} \approx 1$$

在车轮跳动模态频率处，施加于轮轴处的垂向激振力将被无衰减地通过悬架系统传递到车身结构上。当激振频率高于共振频率时，轮轴处所受到的激振载荷将被悬架系统所衰减。同时需要注意的是，悬架系统主要是通过减振器进行载荷传递的。

次振动主要由减振器传递到簧载质量上，这是因为选择这些减振器时，通常要求在相当低的主振动频率下达到所希望的阻尼。在较高的次振动频率下，减振器的效能高得多，以致引起过阻尼并使平顺性变坏。

4. 轮轴处所受垂向激励振动分析小结

轮胎的刚度不均匀性所引起的悬架轮轴处的激励载荷在频域下是一定值；轮胎不平衡质量所引起的悬架轮轴处的激励载荷与激振频率的平方成正比（在 log-log 图中，曲线的斜率为 +2）。激振载荷与悬架系统的载荷传递函数相乘，得到通过悬架主弹簧与减振器传递到车身结构上的激振载荷。当激振频率大于车轮跳动模态频率时，传递到车身的力要比作用在轮轴处的力小，起到隔振效果，主要的传递路径是减振器。在车身结构设计中，要把车身结构的主要振动模态频率（弯曲与扭转）置于车轮跳动共振频率的隔振区域内。

应当注意的是，在图 4-97 所示的非簧载质量单自由度振动模型中，悬架主弹簧和减振器是与大地相连，而不是与簧载质量相连的。因此，该振动模型不能描述簧载质量振动模态频率附近（约1Hz）的动力学特性，而只能用于大于 5Hz 的频率范围。由于在车轮跳动模态频率及以上的频率范围内，经由悬架系统传递到车身结构上的载荷要比在悬架固有频率（1～1.5Hz）附近的频率范围内传递的载荷大得多，因此，该模型能够有效地用于理解悬架系统对车身结构的载荷传递特性。

5. 路面谱激励

对悬架系统振动来源于路面谱激励的振动源-路径-接收体模型各要素见表 4-7。

表 4-7 路面谱激励下的悬架传递路径

振源 $F(\omega)$	隔振系统 $T(\omega)$	施加于车身的载荷 $F_T(\omega)$	车身传递函数 $P(\omega)$	振动响应量 $X(\omega)$
轮胎接地处路面输入	悬架	来自弹簧和减振器的载荷	车身结构	座椅、地板、转向管柱等处的位移量

为了研究激励载荷如何经由悬架系统传递到车身结构，可以建立如图 4-98 所示的悬架系

统单自由度振动模型。

典型路面的动态特性由位移的功率谱密度（PSD）测量并表示：

$$G = G_0 \frac{\left[1 + \left(\frac{\nu_0}{\nu}\right)^2\right]}{(2\pi\nu)^2} \quad (4\text{-}114)$$

式中，G 为功率谱密度[$m^2/(cycle/m)$]；ν 为空间频率（cycle/m）；G_0 所指粗糙路面为 1.35×10^{-4}，良好路面为 1.35×10^{-5}（m^2）；ν_0 所指沥青路面为 0.015，混凝土路面为 0.0061（cycle/m）。

来自路谱的激振频率为

$$f = \nu V \quad (4\text{-}115)$$

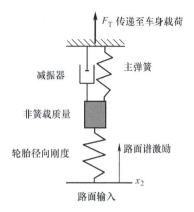

图 4-98　路面谱激励下的悬架系统单自由度振动模型

式中，ν 为空间频率（cycle/m）；V 为汽车行驶速度（m/s）；f 为激振频率（Hz）。

功率谱密度（PSD）是一种描述随机信号的方法，它可以看作信号在中心频率 f 以 1Hz 带宽滤波的均方差。中心频率在一定范围内变化以达到整个频域。在铺装路面上，式（4-114）预测了随着频率的增加，变形的幅值急剧减小。

6. 路面谱激励振动分析

类似的，针对悬架非簧载质量进行隔离体分析，利用图 4-97 所示的单自由度振动模型进行路面谱激励振动分析。在该模型中，输入量是轮胎接地点的垂向位移 X_2。X_2 可表示为含功率谱密度（PSD）G 的关系式。悬架轮轴处的垂向位移为 X_1。

由牛顿第二定律，建立运动微分方程：

$$-(X_1 - X_2)k_1 - X_1 k_2 - iX_1 C\omega = m(-X_1 \omega^2) \quad (4\text{-}116)$$

可得到系统的传递函数为

$$X_2 k_1 = (k_1 + k_2 + iC\omega - m\omega^2) X_1$$

$$\frac{X_1}{X_2} = \frac{k_1}{k_1 + k_2 + iC\omega - m\omega^2}$$

$$\left|\frac{X_1}{X_2}\right| = \frac{\frac{k_1}{k_1 + k_2}}{\sqrt{\left[1 - \left(\frac{\omega}{\omega_n}\right)^2\right]^2 + \left(\frac{C\omega}{k_1 + k_2}\right)^2}} \quad (4\text{-}117)$$

式中，X_1 为非簧载质量位移；X_2 为轮胎变形量；k_2 为悬架刚度；k_1 为轮胎径向刚度；m 为非簧载质量；C 为减振器阻尼系数。

通过悬架主弹簧和减振器传递到车身结构的力 $F_T = X_1(k_2 + i\omega C)$，代入式（4-117）得出：

$$\left|\frac{F_T}{X_2}\right| = \frac{\left(\frac{k_1 k_2}{k_1 + k_2}\right)\sqrt{1 + \left(\frac{C\omega}{k_2}\right)^2}}{\sqrt{\left[1 - \left(\frac{\omega}{\omega_n}\right)^2\right]^2 + \left(\frac{C\omega}{k_1 + k_2}\right)^2}} = |T(\omega)| \quad (4\text{-}118)$$

7. 路面谱激励振动分析小结

由不平路面的路面谱所引起的激励载荷随着激振频率的增加急剧减小（在双对数 log-log 坐标系中，曲线的斜率为 -4）。激振载荷与悬架系统的载荷传递函数相乘，得到通过悬架主弹簧与减振器传递到车身结构上的激振载荷。在车身结构设计中，要把车身结构的主要振动模态频率（弯曲与扭转）置于大于车轮跳动共振频率的范围内。

七、车身声学模态分析

汽车车身形成一定形状的封闭空腔，因此会发生与封闭管道类似的共振现象，这称为空腔共鸣。它具有增强车内噪声的效果。车内空腔共鸣的特征由空腔的声学模态决定。

所谓声学模态，是指用波动声学方法处理封闭声场时引入的概念，即用"模态叠加法"分析封闭空间声场。封闭空间声场的计算方法有统计声学法和波动声学法。

当外界振动激励频率或声激励频率与车身声腔固有频率相等时，车身内部将产生空腔共鸣，使得车内噪声增强。

车辆车厢形成的封闭空腔尺寸一般都不大，在低频段可以采用波动声学法。车厢的结构、形状、大小、材料等决定了声学模态。

由于实际车身内部形状复杂，声学模态的计算只能采用数值法，如有限元法、差分法等。

1. 封闭空腔声学模态

对车身内部噪声测试数据进行分析可知，车厢内部噪声级中有强烈的低频成分。尽管车身结构所使用的钢板属于差的声辐射体，对低频有滤波效应，但是在汽车的实际使用中，车厢内部的低频成分仍然表现突出。原因之一是车厢内的声学模态对低频噪声频率起到了加强作用。根据声学理论，对于立方体空间，其声学模态的固有频率计算公式如下：

$$f_{A,B,C} = \frac{c}{2\pi}\sqrt{\left(\frac{A\pi}{x}\right)^2 + \left(\frac{B\pi}{y}\right)^2 + \left(\frac{C\pi}{z}\right)^2} \tag{4-119}$$

式中，c 为空气中的声音传播速度（m/s）；A，B，C 为整数，等于 1，2，3，…；x，y，z 为空间声学尺寸（m）。

对于现代乘用车，车厢的最大声学尺寸就是驾驶人的搁脚点与后风窗之间的距离。这个尺寸一般要略长于汽车轴距，约为 2.5m。因此，车厢最低频率处的声学模态 [(1，0，0) 模态，即 $A=1$，$B=0$，$C=0$] 在驾驶人放脚的搁脚点和后风窗处有声压最大值（反节点），并在轴距的中间位置有声压最小值。假设 $x=2.5$m，最低频率出现在 69Hz。值得注意的是，驾驶人头部位置通常位于轴距中点之后，因此其很少能够享受到恰在节点位置的好处。

(1，0，0) 模态通常期望出现在 65～75Hz 的频率范围内。69Hz 的估计值等于四缸四冲程发动机工作在 2070r/min 转速时的点火频率。欧洲四缸汽车通常在 2000～2500r/min 转速范围内激起 (1，0，0) 模态，表现出低频噪声峰值（称作内部轰鸣声或车体轰鸣声）。

第二阶纵向模态 (2，0，0) 出现在约 138Hz 处。对于道路车辆，该模态经常出现在较低频率处。

如果假设横向声学尺寸等于典型的乘用车轮距（1.4m），则第一阶横向模态 (0，1，0) 出现在约 123Hz 处,(0, 2, 0) 模态出现在约 246Hz 处。

如果假设垂向声学尺寸等于典型的乘用车高度(1.2m),则第一阶垂直模态(0, 0, 1)出现在约 143Hz 处,(0, 0, 2) 模态出现在约 286Hz 处。

四缸四冲程发动机的点火频率位于 33~200Hz,对应的转速范围为 1000~6000r/min。在这个范围内,用以上相当简化的计算式(4-119),可合理估计以下车身轰鸣声:
- (1, 0, 0) 约出现在 70Hz/2100 (r/min)。
- (0, 1, 0) 约出现在 120Hz/3600 (r/min)。
- (2, 0, 0) 约出现在 140Hz/4200 (r/min)。
- (0, 0, 1) 约出现在 140Hz/4200 (r/min)。
- (1, 1, 0) 约出现在 140Hz/4200 (r/min)。
- (2, 1, 0) 约出现在 185Hz/5550 (r/min)。

针对某型轿车,利用声学边界元方法进行车内声学模态的分析,所得到的计算结果如图 4-99 所示。根据计算得到的车身空腔声学模态及振型调整动力总成、悬架、车身等各系统的频率,避免在这些系统的激励下产生空腔共鸣,引起让人不适的轰鸣声。

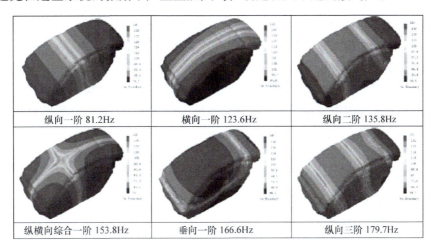

图 4-99 某型轿车空腔声学模态

通常发动机在 3600r/min 左右的轰鸣声最为恼人。不过低速轰鸣声只是瞬时的,汽车会很快通过。由于驾驶人不会使发动机长时间运行在 4000r/min 以上的转速,因此高速轰鸣声很少会成为问题。一般来说,当驾驶人第一次听到这样的轰鸣声后,会选择较高的档位行驶。但是在高速公路上行驶时,由于不得不在高档位的 3600r/min 转速下行驶,因此必须承受恼人的轰鸣声。当乘客习惯坐在车厢的两侧时,他们将处于(0, 1, 0) 模态反节点的轰鸣声中,并且承受声压的最大值。

对于大多数模态,纵向、侧向和垂直(即其他非对角模态)相对于前排乘员,大多数汽车的后排乘员承受声压最大值。因此,与驾驶位置的噪声级和质量相比,后排噪声质量通常是一个更为重要的需考虑的因素。

2. 风振现象

高速行驶时打开一车窗,车室相当于一个亥姆霍兹共振腔。该共振腔共振频率(Hz)为

$$f_w = \frac{c_0}{2\pi}\sqrt{\frac{A}{V(t+0.96A)}} \qquad (4\text{-}120)$$

式中，t 为窗框厚度（m）；A 为窗开启面积（m²）；V 为车室容积（m³）；c_0 为空气中的声速（m/s）。

当汽车行驶所产生的涡流和窗框相冲击所产生的压力波动频率与 f_w 相等时，车室内就会产生空气共振，称为风振。风振的产生与汽车的外形尺寸、车窗大小、车窗开启面积以及车速等有关。风振幅度取决于车身特性和涡流与窗框冲击的强度。当车速增加时，这种冲击强度及频率上升。由上述计算公式可知，增加开窗面积，则共振频率增大。在一个车窗开启的条件下，小客车风振车速为 80~100km/h，风振频率在 15~20Hz 间，这是令驾乘人员感到不适的声音。

习 题

一、选择题

1. 汽车扭转刚度的设计要求是由以下（ ）的需要所决定的。
   A. 良好的 NVH 性能　　　　　　　B. 良好的操纵稳定性能
   C. 良好的制造工艺性能　　　　　　D. 良好的结构强度性能

2. 汽车弯曲强度性能试验一般采用（ ）类型方案。
   A. 弯曲碰撞性能试验　　　　　　　B. H 点弯曲试验
   C. "沟渠"试验　　　　　　　　　　D. "三组分"弯曲性能方案

3. 通过合理匹配侧围位置刚度来改善侧碰的结构耐撞性，使 B 柱产生按照设计状态的变形，通常将 B 柱变形模式设计为（ ）。
   A. S 形　　　B. 反 S 形　　　C. V 形　　　D. C 形

二、填空题

1. 无阻尼自由振动系统的特性分析又称为模态分析，系统的振动模态分析可用（ ）和（ ）来表示。

2. 从 NVH 的观点来看，汽车是一个由（ ）、（ ）和（ ）组成的系统。

3. 某麦弗逊式前悬架系统，轮胎径向刚度为 200N/mm，悬架刚度为 25N/mm，非簧载质量为 50kg。则车轮跳动模态频率为（ ）Hz。当轮胎滚动半径为 350mm 时，轮胎不平衡激励力能够激发车轮垂向弹跳共振的车速为（ ）km/h。

4. 某 4 缸汽油机与自动变速器所组成的动力总成质量为 100kg，悬置系统垂向刚度为 600N/mm。①在发动机激振频率达到（ ）Hz（保留至小数点后两位）时，悬置系统才开始发挥有效的隔振效果（$\pi = 3.14$）。②悬置系统刚开始发挥有效隔振效果时的发动机转速是（ ）r/min。

5. 在动力总成振动试验中，利用加速度传感器进行测量。在频率为 50Hz 的正弦激励下，加速度传感器记录的幅值为 $10g$。那么，该系统的振动位移幅值为（$\pi = 3.14$，$g = 9.8$）（ ）× 10^{-4} m。

三、计算分析题

已知某型中级轿车的质量为 1500kg，以初速度 $v_0 = 46.8$km/h 的速度与刚性壁障发生

100% 正面碰撞，所确定的车身允许加速度峰值为 $a_{MAX} = 20g$；车身碰撞结构效率系数为 $\eta = 0.80$。

计算：

1）请根据题图 4-1 计算，该碰撞工况下所产生的碰撞变形空间 Δ 为多大。

2）请根据题图 4-1 计算，碰撞过程中产生的最大载荷 F_{MAX} 及平均载荷 F_{AVG} 分别为多大。

3）假设此碰撞能量的 50% 为前纵梁所承受（如题图 4-2 所示），前纵梁所用材料的屈服极限为 $\sigma_Y = 207\text{N/mm}^2$，前纵梁矩形截面薄壁结构的尺寸比为 $b/t = 65$；这里的碰撞力经验公式为 $P_M = 386 t^{1.86} b^{0.14} \sigma_Y^{0.57}$。试求此矩形截面的材料厚度 t 及截面宽度 b。

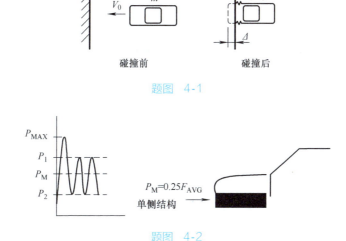

题图 4-1

题图 4-2

四、简答题

1. 车身扭转刚度的性能需求是由哪些因素所决定的？
2. 说明电动车与燃油车车身结构性能设计要求之间的区别，并解释其原因。
3. 车身在发生碰撞时为什么需要具备吸能能力？吸能结构是如何设计的？
4. 智能汽车有可能在哪些方面改变车身结构力学性能开发需求？

五、综合实践题

以团队（3~5 人）的形式，选择以下题目中的一个，完成综合实践任务。

1. 开展文献检索，对国标、C-NCAP（2018 版、2021 版）、C-IASI 的试验项目异同点进行分析，形成分析报告。

2. 利用官方网站公开发布的数据，对市场上在售车型，对比分析 C-NCAP、C-IASI 的评价结果，形成对比分析报告。

3. 自行选择一款智能电动汽车，利用公开数据对其扭转刚度、弯曲刚度、一阶模态频率、车身用材分布/占比等信息进行分析，形成分析报告。

4. 开展文献检索，对欧洲的试验项目进行分析，针对国内某车企欲将其车型推向欧洲市场，需在碰撞安全合规方面开展哪些工作进行分析，形成分析报告。

第五章　车身结构设计与制造

完成车身总体设计和概念设计后，需进行详细的车身设计分析、材料选型、制造工艺确定、结构优化与性能提升等。现在的车身结构设计与制造已经由满足车身结构基本功能过渡到满足车身结构各项性能要求为主的高性能设计与制造方式。目前，车身结构设计与制造包括以下的内容。

1）确定整个车身结构应由哪些主要载荷路径和次要载荷路径的构件组成，构件的几何参数，以及如何布置和连接这些构件，使其成为一个连续且完整的受力拓扑结构。

2）确定车身构件采取怎样的截面形式、如何构成这样的截面，及其与其他部件的配合关系；确定构件密封或外形的要求、壳体上内外饰板或压条的固定方法、组成截面的各部分的制造方法及其装配方法等。

3）建立数字式全尺寸模型，形成初步的零件表，进行方案重量的初步估算，这时车身设计师必须与同步工程小组共同工作，研究基本的装配方法和制造方法，包括研究轻量化材料的匹配应用和车身结构总成如何划分为分总成和零件，车身装配连接形式和装配顺序，确定定位参考系统和各种工艺孔等。

4）在上述过程中，可利用 CAE 方法同步进行车身结构性能的分析与优化，包括刚度分析、模态分析、耐撞性分析、NVH 分析及耐久性分析、制造工艺分析等，并可通过多学科优化实现高性能与轻量化。

第一节　车身结构设计

一、车身结构拓扑设计

车身结构形式与汽车的总体布置形式（如动力装置前置或后置，前轮驱动或后轮驱动，以及悬架、转向器、发动机的支承方式等）有关，电动汽车的车身结构形式也与电机的大小及布置位置有关，车身结构首先受整车布置和造型的制约。本书主要以前置发动机的承载式轿车车身结构为例进行讨论。

1. 车身结构拓扑模型

车身骨架结构的拓扑设计是指车身结构中的梁、柱等承载件的空间布置形式，是车身概念设计中首先要完成的工作。图 5-1 所示为车身整体结构的拓扑结构示例，图 5-2 所示为车身底架的三种拓扑结构示例。

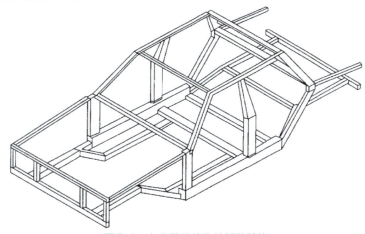

图 5-1 车身整体结构的拓扑结构

车身结构的拓扑空间受车辆总体外形和内部布置要求的约束。在这内、外之间的结构布置空间中，由高水平和有经验的工程师构造车身结构草图。构件的布置是否合理，可以通过简化模型的载荷计算分析进行判断，这是结构概念设计阶段极其重要和复杂的工作。在该阶段，要研究结构拓扑模型和定义初始的几何尺寸参数，而拓扑模型是研究构件几何参数（如构件截面、接头参数和板料厚度等）的基础。设计师应该研究如何发挥材料的作用，哪些地方需要材料，而哪些地方不需要材料，以得到最佳的车身拓扑模型。将根据经验初步构造的拓扑几何方案输入 CAD 系统进行详细的结构设计，才能开始后续的车身结构开发研制工作，包括对车身结构性能的研究（如刚度、耐撞性能和 NVH 性能等），制造加工方法和成本、重量的研究和优化。

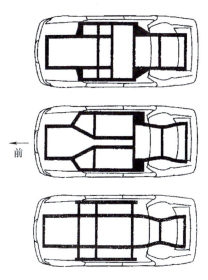

图 5-2 车身底架的三种拓扑结构

传统的车身设计方法是根据经验，以现有某轿车的结构为基础，先确定拓扑模型和几何参数，通过 CAD 等绘图软件绘制出详细的车身结构图，然后再进行 CAE 分析。这种方法使计算结果不能在概念决策时被利用。尤其是需要对结构做变动时，因 CAE 分析时间的滞后而难以指导结构设计。现在，CAE 已完全融入车身结构设计的全过程，成为指导车身结构设计的重要方法和手段。

2. 车身结构载荷传递路径

车身结构由构件及其接头组成的车身骨架和板壳零件共同组成，是承受载荷和传递载荷的基本系统，其中，骨架结构设计决定了载荷的传递路径。

对于内燃机汽车的车身，其骨架构件是由成形钢板制件焊接组合的、截面为闭口或开口的薄壁杆件，在车身中起支承和加强的作用。车身前部敞开部分承受比较大的集中力，如动力总成、散热器、车前板制件的重力和前悬架支承力等,这些力主要由底架的前纵梁支承,并传至整个车身前部结构。前车身的散热器框架等板壳零件,也是车身结构的承力构件。受到高速撞击时,车身设计必须使车头部能有效地吸收冲击能量。汽车的中段乘员舱部分主要承受分散在地板上的重力,如车身装备和乘员的重力、悬挂在门柱上的门重力等。后部行李舱承受燃油箱、备胎和行李等重力,后纵梁承受后悬架的支承力。新能源汽车相较于传统汽车的主要差异是增加了电池系统,内燃机和变速器总成变成了电机和减速器总成。如果采用集中式驱动方案,车桥和车轮没有太大变化,如果采用分布式驱动方案,驱动轮有独立电机进行驱动。本章重点论述集中式驱动方案。由于电池的增加,整车质量增重以及质心位置的向下向后变动,车身和底盘连接处的结构受力更大,强度、耐久性能的要求更高。碰撞能量加大,对车身结构性能的要求更高。动力电池应考虑为电动汽车车身的关键加强结构,充分利用动力电池包壳体和框架来提升车身的刚度、强度和模态,同时要避免在碰撞工况下动力电池承受过大的载荷。

对于新能源汽车的结构车身,其车身骨架由梁类结构件组成,如在前舱部分,车身前纵梁、前部横梁、A柱内板下段等组成了前舱的整体框架,为发动机、电机及前悬架等系统提供安装点,同时作为碰撞传力的主要路径;在前地板部分,门槛梁、座椅横梁是重要组成部分,为座椅、动力电池包提供安装点;在后地板部分,后纵梁、后部横梁组成后地板的整体框架,为后悬架系统、电机等提供安装点,同时作为后部碰撞的主要传力结构。同时在车身的前部和后部必须设计吸能结构,当车辆遭受高速撞击时,这部分结构能充分吸收撞击带来的能量,保证乘员的安全。

当汽车行驶时,车身结构中易出现载荷分配不均衡和结构刚度不适应载荷要求的情况,这将影响承载系统的总变形,出现结构变形不均衡的现象。构件布置设计时,尤其要注意乘员舱与前部敞开部分相连接区域刚度的加强,如纵梁到门槛的扭矩盒、前铰链柱上端的前指梁、斜梁或接头圆角的设计。为避免大的力流集中由前纵梁通向乘客室,结构件的布置应使通过前纵梁的力流分散地过渡到前围板区域及地板和门槛。图5-3所示为某车身底架的梁结构,由前纵梁上部平面悬架支座附近,往后下方分叉斜伸出两根短梁,通到地板中间通道横梁和A柱的铰链柱段。

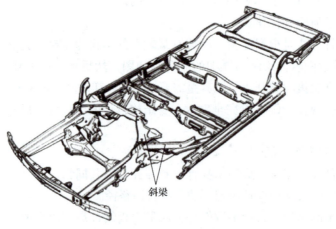

图5-3 车身底架的梁结构

在前纵梁的后面，即底架总成的中部，其支承结构主要是门槛梁和与地板焊接在一起的横梁。横梁布置的位置往往取决于座椅的布置，主要用于加强左右门槛之间的联系，固定座椅和加强地板刚度，并用于承受侧向碰撞力。中间通道有利于提高地板的纵向抗弯能力，便于地板下传动轴和排气管等的布置。地板总成的后部零件承担着后悬架传来的力，这些力主要由后纵梁和后地板分担。后纵梁与乘客室的连接，原则上与前纵梁相同，即将载荷分流是有利的。

乘员舱上部的框架结构由侧围总成、前/后风窗框、前围板/后隔板及车顶梁构成，并焊装上顶盖。侧围在车身整体弯曲刚性中起重要作用。前围板、后隔板分别与前、后风窗框相连，具有很高的车身横向抗剪刚度。对于阶梯背式车身，车尾的后隔板由上部后风窗隔板和后座椅支承板组成，用于承受车身扭转时的剪力。对于方背式或快背式车身，扭转时的剪力则主要由后部的框架来承受。

结构构件布置应使车身构成一个连续完整的受力系统与合理的载荷路径，结构中的载荷路径合理与否，可以通过应变能（Strain Energy）的计算进行检验。

结构在载荷作用下发生变形，因此各部分将储存一定的应变能（弹性势能）。结构的构件储存应变能是衡量它承担载荷大小的指标，可以用比应变能（应变能/质量，又称应变能密度）来表示。因此，从有限元计算结果中的应变能分布可以看出每一构件的作用。图5-4所示为某轿车车身在经受转矩 $T_x = 1500\text{N}\cdot\text{m}$ 时，半边车身构件的比应变能计算结果（图中

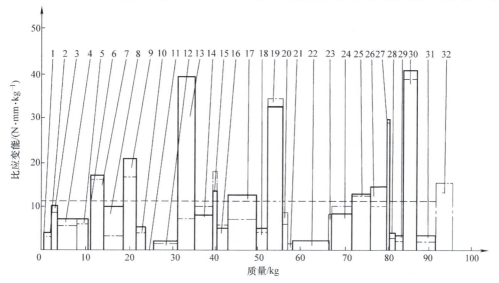

图5-4 某轿车车身构件的比应变能

1—风窗上横梁 2—风窗下横梁 3—风窗横梁加强板 4—纵梁 5—副车架 6—支撑板
7—前轮罩及与A柱连接板 8—仪表板横梁 9—落水桶 10—前围板横梁 11—前座椅横梁
12—带前围板的前地板 13—A柱 14—B柱 15—C柱前板 16—C柱后板 17—门槛
18—通道 19—后纵梁 20—后座椅横梁 21—稳定杆支座 22—后地板 23—D柱与轮罩连接板
24—后轮罩 25—后翼子板 26—后内板 27—上后横梁 28—下后横梁 29—车尾后封板
30—车顶框 31—车顶 32—风窗玻璃

实线为无风窗玻璃时，点划线为有风窗玻璃时，水平虚线表示平均应变能），从图中可以看出结构的高应变能区域。从有限元分析软件显示的结构应变能图，可大致看出车身结构中各点的相对应变，并可由构件的应变能与结构总应变能之比来表示构件的"承载度"。

车身扭转时的总应变能为

$$\Sigma W = \frac{1}{2} T_x \phi$$

式中，ϕ 为对应 T_x 的车身扭转角。

如果总应变能小，则说明车身刚度足够大，或材料没有被充分利用，可以将比应变能小的构件取消或减薄板厚，以便减轻重量。应变能大的区域是高负荷区，一般其变形也较大，因此对车身刚度影响较大，要考虑是否需要加强。为了最大限度地发挥材料的效用，应该尽可能使材料在结构中的分布与各处的应变能成比例，使比应变能均匀化。

二、车身骨架结构设计

在完成了车身拓扑结构的设计后，车身骨架设计的主要工作就是完成杆件（梁）及接头的设计，以满足车身结构的刚度、强度及安全目标。

车身骨架中的杆件可分为三类：
1）由功能要求而设计的，如门柱、窗柱、门槛、风窗框上下横梁等。
2）加强用的，如车顶横梁、地板加强横梁、车门防撞梁等。
3）为安装附件而设置的非承载件，如顶盖上为安装天窗而设置的框架等。

显然，1）、2）类是车身的主要承载件，应有足够的刚度和强度，并构成一个连续且完整的受力系统。

（一）车身骨架刚度设计

车身，特别是承载式车身几乎承载了汽车使用过程中的所有载荷，因此，车身的刚度特性具有举足轻重的作用。车身刚度不合理，将直接影响其结构可靠性、安全性、NVH 性能等关键性能指标。刚度不够会导致车身局部区域，如门框、窗框、前机舱口及行李舱口等部位出现大的变形，从而影响车身强度，导致玻璃破裂，车门卡死，影响动力总成的相对位置。汽车振动特性也与车身刚度密切相关，低刚度必然伴随有低的固有振动频率，易发生结构共振和声响，并削弱结构接头的连接强度。高刚度车身不仅有利于悬架的支持，使汽车系统正常工作，还有利于改进振动特性。轿车车身刚度虽然不是强制性标准，但已成为车身行业内公认的一项重要指标。通常认为车身结构有足够的刚度，也就具有了足够的强度，扭转刚度和弯曲刚度应同时考虑，有时还要考虑车身尾部弯曲刚度。

图 5-5 所示为某轿车各主要部件的刚度贡献率。

由图 5-5 可见，白车身在整车中的刚度贡献率最大。如在该车扭转刚度中，白车身的刚度贡献率达 64%，而前悬架横梁、前风窗和后背门有超过 10% 的贡献率，其他部件（指仪表板、发动机舱盖、保险杠、护板、座椅等）贡献率很小，为 5%，而因稳定杆布置在前悬架前面，所以对整车的刚度贡献率为负值。

明确了车身结构中各部件对整车刚度的贡献率，为下一步车身构件的设计提供了参考和依据。

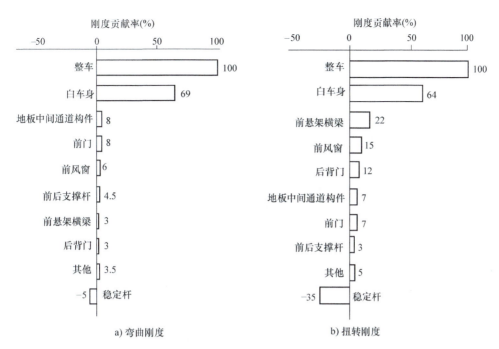

图5-5　某轿车各主要部件的刚度贡献率

例如：前风窗（由顶盖前横梁、风窗下横梁、A柱及玻璃等组成）在车身经受扭转时阻抗四边形变形，对整车的扭转刚度贡献率达15%，对整车弯曲刚度贡献为6%，说明设计中加强A柱横截面和顶盖前横梁截面并加强A柱上、下接头的刚度是很有意义的。

又如：地板的中间通道构件在实例中对整车的弯曲刚度贡献率为8%，扭转刚度贡献率为7%，贡献来自约束通道横向张开变形的通道横向构件，如图5-6所示。可见，增加通道横向构件能使通道更好地起到承载结构件的作用。

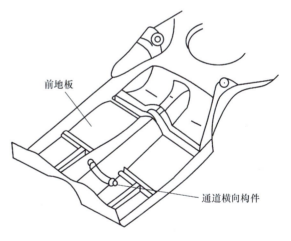

图5-6　地板通道构件

（二）杆件截面设计

车身杆件大多是由薄板成型件组成的，杆件的截面形状可分为闭口和开口两类，截面形状和尺寸对其截面特性有很大影响。与杆件刚度有关的截面特性是惯性矩和极惯性矩等。

轿车车身杆件的截面形状非常复杂，为了计算截面特性，首先要划分区段（长 l、厚度 t），用截面中的区段连接点（图5-7中的节点）的坐标值定义截面形状，按式（5-1）~式（5-9）进行计算。

板料截面积为

$$A = \Sigma(lt) \tag{5-1}$$

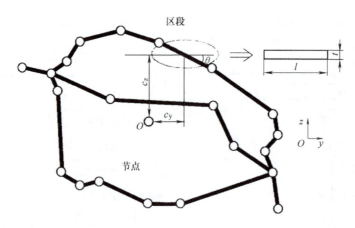

图5-7 杆件截面分析

截面惯性矩 I 为

对水平轴 y：
$$I_y = \Sigma \left\{ \frac{lt^3}{12}\cos^2\theta + \frac{l^3 t}{12}\sin^2\theta + tlc_y^2 \right\} \tag{5-2}$$

对垂直轴 z：
$$I_z = \Sigma \left\{ \frac{lt^3}{12}\sin^2\theta + \frac{l^3 t}{12}\cos^2\theta + tlc_z^2 \right\} \tag{5-3}$$

惯性积为
$$I_{yz} = \Sigma \left\{ \frac{l^3 t - lt^3}{24}\sin 2\theta + tlc_y c_z \right\} \tag{5-4}$$

当 y、z 不是主惯性轴（$I_{yz} \neq 0$）时，根据 I_y、I_z 和 I_{yz} 即可求得截面的主形心惯性轴方向及最大、最小主惯性矩，即：

最大主惯性矩：
$$I_{\max} = \frac{1}{2}(I_y + I_z) + \sqrt{\frac{1}{2}(I_y - I_z)^2 + I_{yz}^2} \tag{5-5}$$

最小主惯性矩：
$$I_{\min} = \frac{1}{2}(I_y + I_z) - \sqrt{\frac{1}{2}(I_y - I_z)^2 + I_{yz}^2} \tag{5-6}$$

主轴方向角 θ_p：
$$\tan\theta_p = \frac{2I_{yz}}{I_z - I_y} \tag{5-7}$$

截面极惯性矩 I_p：

开口截面：
$$I_p = \Sigma \frac{lt^3}{3} \tag{5-8}$$

闭口截面：
$$I_p = \frac{4\bar{A}^2}{\oint \frac{\mathrm{d}l}{\mathrm{d}t}} \tag{5-9}$$

式中，l、t 和 θ 分别为各区段的长度、板厚和区段长 l 相对于 y 轴的夹角，如图5-7所示；c_y、c_z 分别为从区段中心到截面中心 O 的距离在 y 方向和 z 方向坐标的分量；$\bar{A}$ 为闭口截面板料厚度中线所围成的面积。

表5-1为与材料面积 A 相等（周边的长度 s 和料厚 t 均相等）而形状不同的截面特性的比较示例。表中，I_y 和 W_y 分别表示对主惯性轴 y 的惯性矩和抗弯截面系数，W_k 为抗扭截面系数。可见，在材料面积 A 和壁厚 t 保持不变的情况下，闭口截面的抗弯性能稍次于开口截面，但闭口截面的极惯性矩要比开口截面大得多。

表 5-1 截面特性比较

截面形状	截面尺寸/cm	A	I_p	I_y	W_y	W_k
[C形截面]	$h = 12.8$ $b = 4.8$ $t = 0.4$	1	0.0044	1	1	0.0043
[矩形截面]	$h = 6.4$ $b = 4.8$ $t = 0.4$	1	0.59	0.69	0.733	0.768
[圆形截面]	$h = 7.13$ $t = 0.4$	1	1	0.691	0.656	1

注：表中各截面参数的数值是归一化后的数值，即三种截面的最大值设为 1。

对于闭口截面，中线周长一定、板料厚度一定时，极惯性矩 I_p 与 $\overline{A}$ 的平方成正比，而截面形状无独立意义，所围面积大小很重要。圆形截面对抗扭最有利。矩形截面中，正方形抗扭能力最高，当矩形两边之比 $h/b > 2$ 时，扭转刚度明显下降。

因此，从提高整个车身和构件的扭转刚度出发，宜多采用闭口截面，但是还需要考虑构成截面的其他因素，如结构功能、配合关系以及制造工艺等。因此，实际车身骨架构件的截面形状往往是比较复杂的。

图 5-8 所示为某轿车车身骨架的截面。为了提高扭转刚度，基本采用闭口截面。大客车车身的主要构件通常采用异型钢管。

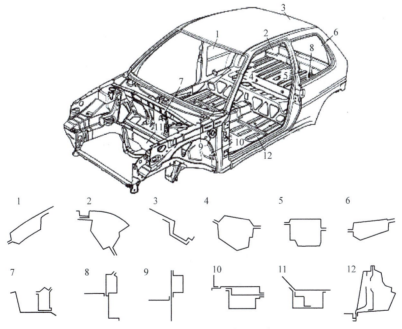

图 5-8 轿车车身骨架构件的截面

（三）接头设计

车身结构中两个以上承载构件相互交叉连接的部位称为接头。车身结构的内力通过接头传递，在传力的过程中，接头的变形将影响整个车身结构的变形。图5-9所示为各主要接头模型简图。图中各分支（腿）的长度尺寸（单位为mm），是从接头中心（黑点所示）到构件截割面沿横截面中心线度量的，根据具体情况也可能有较大的差别，如有的接头像扭矩盒，没有明确的分支。在进行计算分析时，截割面视为刚性平面，用于约束和加载。

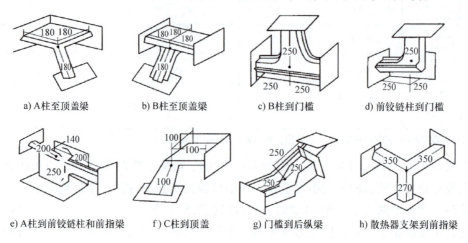

a) A柱至顶盖梁　　b) B柱至顶盖梁　　c) B柱到门槛　　d) 前铰链柱到门槛

e) A柱到前铰链柱和前指梁　　f) C柱到顶盖　　g) 门槛到后纵梁　　h) 散热器支架到前指梁

图5-9　接头模型示意图

从构造上说，白车身结构总成是由承载构件、接头和板壳焊接组成的。构件的截面特性、接头的刚度和板壳的形状、板厚都影响车身的刚度。另外，接头在很大程度上决定整个车身的刚度和振动模态，进而影响车身的NVH性能和耐久性。

接头的力学特性由设计参数表征。选择设计参数要考虑其用意，不同的设计参数用于不同的研究方面和应用方面。设计参数太多会加重后续的迭代计算量和不同方案的比较工作量。重要的是设计参数必须能体现与设计变量（如轮廓尺寸：腿长、角度、截面尺寸等；内部结构：焊点布局、零件数、内加强板的布置和设计、圆角半径等）的联系，并且是对车身性能影响最明显的参数，以便在车身性能概念设计过程中建立简化的接头模型和修改设计变量。一般选择物理意义明确的接头刚度作为设计参数，包括接头各分支（腿）的扭转刚度、内/外刚度、前/后刚度或上/下刚度。这三个设计参数影响车身的整体刚度，如内/外刚度值对白车身结构的总体扭转刚度影响较大。

内/外、前/后，分别是指各接头分支端面中心相对车身横向和纵向的方向，具体方向取决于每个接头局部坐标系的选取。如图5-10a所示，A柱分支端面对顶盖接头绕y轴的方向相当于前/后方向（或上/下方向），绕z轴的方向相当于内/外方向。分支的扭转方向，则始终是指正交于分支的截面绕其形心轴扭转的方向。

车身结构的梁和柱的截面设计对接头的刚度有很大影响。在截面形状设计时，应尽可能在不增加重量（材料截面积）的条件下，提高截面特性。

（四）骨架结构中的应力集中

当受力杆件的截面发生突变时，会因刚度突变而引起截面变化处的应力集中。在经常承受交变应力的汽车车身上，应力集中可能诱发进展性裂缝，导致疲劳损坏。这是车身结构损坏的原因之一，因此在结构设计时，要避免截面急剧变化，特别是要注意加强板和接头设计

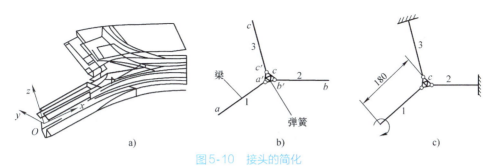

图 5-10　接头的简化

1—A 柱　2—顶盖侧纵梁　3—顶盖前横梁

时刚度的逐步变化。

如图 5-11a 所示，为了加强底架纵梁弯曲部分的刚度和强度，在梁上装一加强梁。但因在加强梁两端 a—a 和 b—b 处刚度突变，易出现应力集中而断裂。若将加强梁两端的形状改为类似双曲线形（如虚线所示），则这种加固会使应力过渡均匀些。当纵梁从封闭截面过渡到开口截面时，加强梁端部也应做类似处理，或者由纵梁腹板逐渐过渡到加强梁腹板，如图 5-11b 所示。如果不采用加强梁，而将纵梁截面逐渐加高，从加强的观点看效果最好，并可减少质量，如图 5-11c 所示。

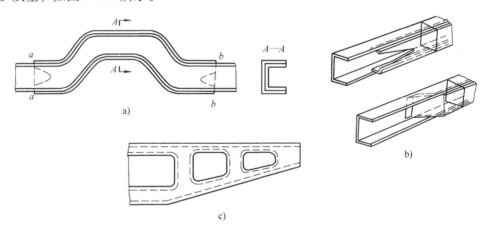

图 5-11　避免截面急剧变化

此外，车身承载杆件上往往需要开一些孔，以便安装各种导线、管道和机构等。显然，由于这些孔将产生应力集中，开一个大孔要比开数个小孔应力集中更严重。应尽可能将孔位选在应力较小的部位，如截面中性轴附近。

车身上有许多承受集中力而需要使用加强板的部位，如固定车门铰链处、悬挂操纵踏板处等。因此应合理设计加强板的大小和厚度。加强板太小，不足以将集中载荷通过加强板分散到较大的面积上；加强板太大，则会增加质量。加强板的厚度一般比被加强件的板料厚，但厚度不宜相差太悬殊，否则，不但在加强板边缘会因刚度突变而引起应力集中导致出现裂纹，而且对焊接强度也是不利的。如图 5-12 所示，1 与 2 是不适宜的板厚结合，必须对薄板 2 进行加强处理。

行驶系统（前、后悬架）在车身上的固定点是载荷的传入点，由于力流集中，要非常细心地进行车身支承部件（前、后轮罩）的设计。为了起到良好的支承作用，应将轮罩零件板厚分级,即将支承部位板厚逐级加大,如图 5-13 所示;或采用拼焊板,这样既加强了刚度,又控制了应力集中。

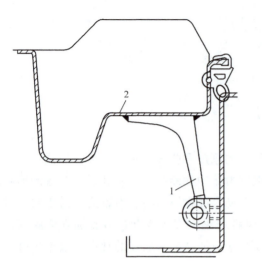

图 5-12　不适宜的板厚结合
1—门铰链　2—门柱外板

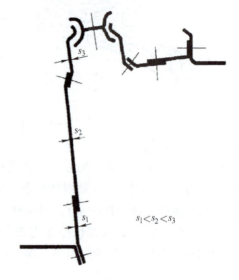

图 5-13　轮罩板厚逐级变化

在车架设计时,纵、横杆件的连接点(即接头位置),如底架纵梁与横梁的交接处、横梁与立柱的连接点、窗框以及门框的四个角等,这些部位一般都易出现应力集中,如设计不当很可能造成车身的隐患。从提高扭转刚度来看,纵梁与横梁应以翼缘相连,但一般翼缘的弯曲应力和约束扭转正应力都最大。因此,必须认真设计接头的形状和连接强度。可采用角板等连接方式(图 5-14),以扩大连接的面积,减小应力集中。还需指出的是,过分加强接头,也可能因接头刚度太大而使接头边缘的被加强梁上产生应力集中,或者因接头约束程度过大致使约束扭转正应力加大而损坏。因此,接头的铆钉数量和布置,焊缝长短和布置都应恰当。此外,理论上,各杆截面的弯曲中心的轨迹最好相交于一点,以免产

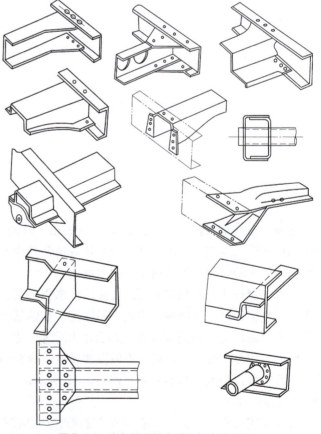

图 5-14　车架构件的各种连接方法示例

生附加载荷。

三、车身板壳零件设计

车身的大型板壳零件可分为两类：

1）外覆盖件，如车身顶盖、发动机舱盖外板、门外板、翼子板等。对这些零件的要求是：表面光滑，棱角线条清晰，与相邻部件棱线吻合，完全符合造型要求，并且要有一定的刚度。

2）内覆盖件，如前围板（发动机挡板）、地板、发动机舱盖内板、门内板等，即在车身外表面看不见的内部大零件。这些零件的刚度要足够，零件上的装配尺寸要准确。

车身板壳零件轮廓尺寸都较大，零件形状多为空间复杂曲面，有各种各样的截面和翻边形式，以及不规则的轮廓尺寸，使用的材料大多是具有良好拉延性能的优质钢板，钢板厚度为 0.7~1.2mm。由于板壳零件形状复杂，冲压制造这些零件往往需要好几道工序才能完成，因此大量生产的准备周期长，投入成本高，投产后产品图样略有变动便影响甚大。因此，设计车身大型板壳零件时，要充分考虑各方面的要求。

大型板壳零件的刚度不足，易引发板的振动。尤其是发生共振时，板的低频响应使车身内部产生很大的噪声，令人感觉很不适，还会造成部件的疲劳损坏。另外，零件刚度差会给生产、搬运等都带来困难。因此，设计板壳零件时，尤其要注意提高零件的刚度，并考虑如下几点：

1）板壳零件的刚度取决于零件的板厚及形状、曲面和棱线等的造型。拉深成形过程中，零件材料的冷作硬化对提高刚度有利，平直的零件造型是不可取的。

2）可在内部大型板件和不显露的外覆盖件上冲压出各种形状的加强筋。筋的刚度主要取决于它的形状。为防止拉深时破裂，深度不宜太大，原则上应满足板料拉深成形所允许的条件。设计加强筋时，应注意如下几点：

① 在平的或稍鼓起的零件上，沿零件对角线方向布置加强筋可以使零件在所有方向的刚度提高，但采用交叉筋时要避免交叉处产生大的应力集中。因此，在交叉处要用半径大于 2 倍筋宽度的圆弧来过渡，或者不用交叉筋，如图 5-15a 所示。

② 排列加强筋时不能有通过筋间的空间直线。如图 5-15b 所示，因为存在 $x—x$ 或 $y—y$ 方向直线空间，所以不能达到增强刚性的目的，而图 5-15c 的布置方式较好。

③ 为减少弯曲零件的回弹，可以垂直于零件的弯曲轴线方向布置条形筋，或在弯曲部位压出三角形筋，如图 5-15d 所示。

④ 加强筋的轴线宜直，否则在振动时会引起扭转。为防止大的应力，要注意设计筋两端出口的形状，如图 5-16 所示。

3）如果外覆盖件上不允许出现加强筋，则可以在零件上贴装加强板，如图 5-17a 所示。

4）用沉孔来加强刚度，如图 5-17b 所示。沉孔还可以提高零件焊接过程中的操作性和接近性，并可减轻质量。加工沉孔是先拉延后冲孔。

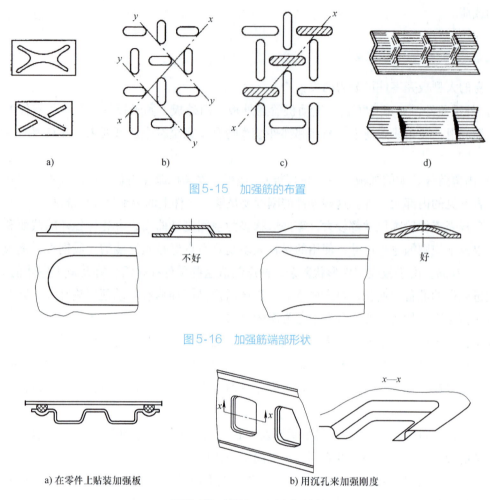

图5-15 加强筋的布置

图5-16 加强筋端部形状

a) 在零件上贴装加强板　　b) 用沉孔来加强刚度

图5-17 其他加强刚度的方法

四、车身结构耐撞性设计

1. 概述

车身结构耐撞性（Crashworthiness）实际上就是车身结构承受碰撞的能力、变形模式以及吸收碰撞能量等综合能力的体现。良好的车身结构耐撞性，意味着在一定的变形模式下结构应能承受较大的撞击载荷，并吸收较多的碰撞能量，使结构的变形向有利于保护乘员生存空间的方向发展，并使乘员所受到的冲击损伤符合有关的法规要求。

车身结构的耐撞性主要是由薄壁梁形结构和接头组成的框架结构决定的，它们在碰撞过程中吸收大部分的碰撞动能，为乘员舱提供大部分的刚性。车身结构耐撞性设计的核心内容就是要合理组织车身结构各部分的刚度。因此，可以将车身结构耐撞性设计的主要内容分为下述三个方面。

（1）车身结构刚度组织　车身结构刚度对汽车的平顺性、操纵性、耐久性和被动安全性等很多重要性能都有影响。因此，进行车身结构刚度设计时，应当综合考虑它们的要求。但是，此处车身结构刚度组织是从各种碰撞形式中乘员保护的角度出发，考虑到车身结构的特点，应合理布置车身的主要承载结构（如主要的梁结构和接头结构），并合理配置它们的刚度。

车身结构刚度组织主要包括以下内容：

1) 合理组织结构的吸能，就是将吸能要求合理地分解为对相应吸能部件的要求。考虑到车身结构的特点，车身前后部分各结构的吸能能力是不一样的。因此，要求在理解各部分结构特点的基础上，区分它们在吸能能力上的不同，使主要吸能部件吸收主要的碰撞动能，次要吸能部件少量吸能，并使尽可能多的结构参与吸能，以提高材料的使用效率。

2) 合理组织碰撞载荷的传递，即合理设计碰撞载荷的传递路径。这部分工作主要应以满足如下要求为目的：①减小乘员舱的变形或对乘员舱的侵入；②为吸能结构提供牢固、稳定的支撑，保证吸能部件吸能能力的实现；③使承载能力强的部件分担较多的载荷，承载能力弱的部件分担少量的载荷；④使尽可能多的结构部件参与载荷的传递，以提高材料的使用效率。

(2) 车身结构刚性设计　车身结构刚性设计的目的是减小乘员舱在各种碰撞形式中的变形，保证乘员的生存空间。其主要工作是在车身结构刚度组织设计完成后，进行主要梁结构的设计，在满足重量约束的条件下，达到刚度组织中对部件刚度特性提出的要求，进而满足乘员舱的刚度要求。

(3) 车身结构吸能设计　在正面和后面碰撞中，允许通过车身前部或后部结构的变形来缓冲撞击，并减小碰撞过程中车身的减速度。如何在车身前部或后部结构允许变形区有限的情况下很好地完成这一任务，是车身结构吸能设计要完成的工作。

此外，在进行车身耐撞性设计的时候，还应当考虑新材料和新工艺的使用，恰当地应用它们可以带来性能改进、结构轻量化、节约成本等多种好处。例如：激光焊接薄壁梁结构的轴向刚度和弯曲刚度都比点焊连接的大；采用激光拼焊技术，可以在使用较少高强度材料的情况下提高结构的刚度；采用泡沫材料填充梁结构，可以提高其刚度或吸能能力。

2. 正面碰撞时的车身结构耐撞性设计

当车身遭受正面撞击时，前部的吸能缓冲区利用强韧的吸能材料尽可能多地通过变形吸收撞击产生的巨大能量，同时利用结构上的受力连续，使未被吸收的冲击能量分散到整个车身，进而使乘客舱的框架受力相对均匀，保持其完整性或仅发生微小的形状变化，并以褶皱、加强筋等形状预先设置出材料的变形趋势。避开可能发生对乘员不利的危险变形，减少正面碰撞对驾驶舱的侵入，并保持相对较低的碰撞减速度，以保证乘员的安全。为此，需要合理组织车身前部结构和乘员舱的刚度。

(1) 车身前部结构耐撞性设计　多数轿车乘员舱前部的纵梁（包括前端低速碰撞吸能的部分和后端与乘员舱的过渡部分）是主要的吸能部件。碰撞过程中，由它向后传递的碰撞力也最大。因此，在进行耐撞性设计时，应充分发挥主要吸能部件纵梁的作用，使它们吸收多数的碰撞动能。

车身前部纵梁通常是薄壁梁焊接结构，在轴向受到撞击后，有两种基本的变形模式：轴向压溃和弯曲。仅当汽车发生前部或后部的正碰撞或小角度（5°~10°）碰撞时，作为主要吸能部件的前、后纵梁才会出现单纯的轴向压溃变形;而在通常的碰撞事故中,车身前部和后部的大多数梁结构经常发生的是轴向压溃和弯曲的组合变形。

对于吸能而言,轴向压溃被认为是效率最高的变形模式。然而,由于与之相关的各种不稳定因素的存在,这种单纯的变形模式是最难实现的。图 5-18 所示为典型的方形薄壁梁轴向压溃变形。在这种情况下,变形由相互一致的折叠组成。

图 5-18 方形薄壁梁的轴向压溃变形

弯曲变形是一种吸能效率较低的变形模式,涉及局部铰链机构的形成和连杆形式的运动。在碰撞中,车身前部结构总有发生这种变形的倾向。对于设计通过轴向压溃吸能的结构,除非采取特殊措施提高其对斜向载荷的抵抗力,否则受到斜向载荷时也会发生弯曲变形而导致设计失败。过早的损失吸能能力将彻底改变结构的压缩特性,而这种情况又通常以一种不可预测的方式出现。因此,在进行车身耐撞性设计时,防止出现这种情况是非常重要的。图 5-19 所示为方形薄壁梁在轴向压缩载荷作用下发生的典型弯曲变形。

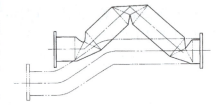

图 5-19 方形薄壁梁的弯曲变形

薄壁梁轴向压溃变形的产生过程如下:

1) 撞击后,轴向载荷迅速增加。

2) 当轴向载荷达到某点 P_b 时,最薄弱的侧板发生屈曲,称为局部屈曲(图 5-20a)。在这种局部屈曲影响下,其他侧板先后屈曲,并在整个板上产生屈曲变形波。

3) 随着侧板变形的增加,在棱线处产生应力集中,此处对应于半波长的中间(图 5-20b)。

4) 当载荷达到最大值 P_{max} 后,棱线应力集中的部位发生屈服和塑性变形(图 5-20c),薄壁梁被压溃,沿着先前产生的压缩波开始发生折叠(图 5-20d)。

5) 接着产生二次屈曲和屈服。由于第一次局部屈曲时各侧板上都产生了小变形波,因此随后的峰值载荷都比第一个峰值载荷明显减小。

由薄壁梁的轴向压溃变形过程可知,在第一次局部屈曲时,梁各侧面的整个板上产生的变形波,使轴向载荷随后的峰值都比第一个峰值 P_{max} 明显减小,因此可以利用该原理预先产生微小的变形波,以减小第一个峰值载荷的大小,这被称为"预压缩技术"。在薄壁梁轴向压缩第一个半波长的中间位置,设计可以引起应力集中的结构(称为触发结构),可以提前触发屈曲和屈服,进而减小轴向压缩时第一个峰值载荷的大小。图 5-21 所示为薄壁梁轴向压溃理想化的载荷-变形曲线。通过主动设计触发结构,可以有效减少轴向载荷的第一个峰值,从而减小传递给后部结构的力。由于该峰值只出现在开始一段很小的压缩变形内,因此减小它不会对结构的吸能带来很大的损失。图 5-22 所示为薄壁梁的几种典型触发结构。

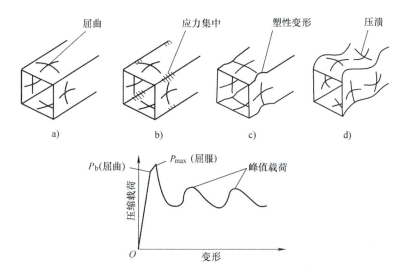

图 5-20　薄壁梁轴向压溃变形的产生

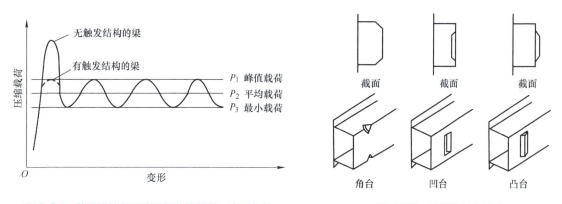

图 5-21　薄壁梁轴向压溃理想化的载荷－变形曲线　　图 5-22　典型的触发结构

由于载荷或几何的原因，如载荷有垂直梁轴线方向的分量或梁的中心线不是直线，压缩过程中梁的某些部分会受到弯矩的作用。当某处在弯矩的作用下产生屈服时，该处将产生图 5-23 所示的变形。当载荷继续增加时，此处两侧的梁将有很大的转角，产生 V 形变形，发

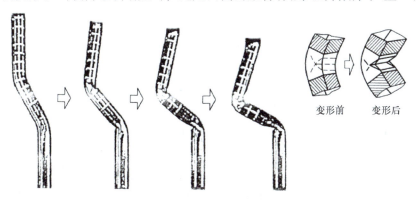

图 5-23　薄壁梁的弯曲变形与塑性铰

生屈服的部位起到了类似铰链的作用,通常称之为塑性铰。在多数碰撞事故中,涉及轴向压缩、弯曲,甚至扭转的组合变形是薄壁梁结构的主要变形模式。在这些情况中,当某处出现塑性铰后,由于该处承受的弯矩不能继续增加,弯矩的分布将发生变化。随着外部压缩载荷的进一步增加,将产生新的塑性铰,直到最后塑性铰的数量和分布将结构变成一种类似铰链联接的可动机构。这时,结构对外部压缩的抵抗将会显著减小。

由以上分析可知,产生塑性铰的要素主要有两个:一个是梁的某个部位受到弯矩的作用;另一个是弯矩的作用引起了屈服。因此,为了防止产生塑性铰变形,应当从如下方面采取措施:①减小受弯部位所受的弯矩;②通过设置加强板等方法增加受弯矩部位的弯曲刚度。

为了减小受弯部位所受的弯矩,应尽量使薄壁梁的轴线为直线。另外,在梁的前端布置触发结构以降低第一个峰值压缩载荷,可以减小受弯部位所受弯矩的最大值。图 5-24 所示是一个纵梁正面碰撞变形过程的模拟计算结果。其中,图 5-24a 中纵梁前端未设计触发结构,图 5-24b 中纵梁前端设计了触发结构。图 5-25 所示是这两种情况的压缩载荷 - 变形曲线。通过对比可以发现,无触发结构的纵梁在 15ms 时发生了明显的弯曲变形,使其能量吸收能力显著下降。布置触发结构后,降低了压缩载荷的第一个峰值,另外,由于减小了弯曲变形,因此获得了很好的能量吸收性能。

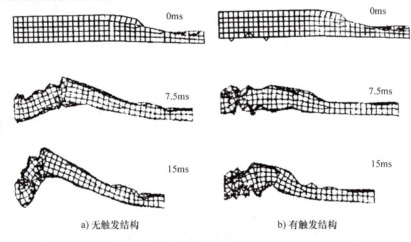

a) 无触发结构　　　　　　　　b) 有触发结构

图 5-24　纵梁的压缩变形

增加薄壁梁受弯部位的弯曲刚度,使导致前部结构压溃变形的载荷所产生的弯矩不足以引起塑性铰的出现,也可以防止前纵梁等薄壁梁的弯曲变形。通常可以通过在这些部位设置加强板的方法达到目的。

但在有些情况下,也可以利用弯曲变形模式来提高汽车的耐撞性。例如:当碰撞载荷达到一定程度后,通过合理的设计,可以利用弯曲变形时产生的塑性铰,引导发动机舱中刚硬的动力总成向下移动,以减小动力总成撞击较薄弱的前围板引起的对乘员舱的侵入。

(2) 乘员舱的耐撞性设计　　通常,在正面碰撞中乘员舱用于向后传递纵向力的主要路径有两条,如图 5-26 所示。一条是通过乘员舱底部纵梁和门槛梁向后传递,这条路径承受纵向力的能力最大。因此,通常在其前端布置主要的吸能部件(如前纵梁)。在碰撞中,纵向力经前纵梁、门槛梁和乘员舱底部纵梁向后传递。当前部结构的压缩变形较大时,前轮参与碰撞，纵向力经前轮、铰链柱下部结构和门槛梁向后传递，这样可以防止前部结构继续变形而使动力传动总成撞向乘员舱。另一条路径是纵向力经前指梁和铰链柱、A柱、车门及其抗侧撞梁和门槛梁向后传递。此路径上较大的载荷会导致前门框的较大变形，使碰撞后车门开启困难，因此该路径前部结构的吸能能力通常较小。

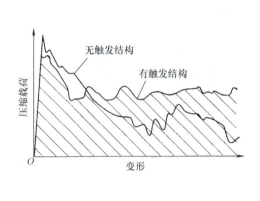

图5-25 压缩载荷-变形曲线　　　　图5-26 正面碰撞载荷在车身结构中的传递路径

对于正面碰撞，在设计碰撞载荷向后传递的路径时，应当考虑如下因素：

1）纵向的梁结构是乘员舱前部结构中的主要吸能部件。

2）纵向压缩刚度大的结构，在吸收相同碰撞动能的情况下，对后部支承结构的作用力也大。

3）如果乘员舱某个部位可以承受较大的纵向力，则可以在其前端布置纵向压缩刚度较大的吸能结构或引导纵向压缩力由此向后传递。

4）在纵向力向后传递时，应尽量通过多个结构对其进行分流，这一方面可以增强对前部传递来的纵向力的支承能力，另一方面可以降低对各分支结构刚性的要求。

为了给前部吸能结构提供牢固支承，应将乘员舱设计得刚度大一些，即乘员舱与载荷路径相关结构在承受前部传递来的载荷时有较大的刚度。其中比较重要的是前纵梁与门槛梁间过渡结构的刚度和门槛梁的轴向压缩刚度，还有A柱与铰链柱的接头、A柱上接头和铰链柱下接头承受纵向力的刚度。为了在偏置碰撞中更有效地发挥两侧结构的能力，采用弯曲刚度较大且与端部结构联接刚度大的前风窗下横梁和仪表板安装横梁是有益的。

另外，乘员舱结构刚度不应随变形的增加而突然减小，因为在碰撞速度更大的时候，需要通过乘员舱变形进一步吸收剩余的碰撞能量。

3. 侧面碰撞时车身结构耐撞性设计

由于发生侧面碰撞时乘员舱允许的压缩空间有限，因此车身结构侧面耐撞性设计应以提高乘员舱刚度，减小乘员舱变形为主要目标。

（1）侧向碰撞载荷路径设计　图5-27所示为汽车受到侧向撞击时，侧向力在车身结构中的传递情况。

当汽车侧面受到撞击时，车门在侧向撞击力的作用下，产生向车内运动的趋势，这种趋势受到车门框的阻挠。同时，车门框受到车门传递来的侧向力的作用。如果车门内布置了抗侧撞梁，则前门受到的侧向撞击力将主要被传递到铰链柱和 B 柱；后门受到的侧向撞击力将主要被传递到 B 柱和 C 柱。

铰链柱在侧向力的作用下也有向车内运动的趋势，对于这种运动趋势的抵抗，在铰链柱上端主要由前风窗下横梁和仪表板安装横梁的轴向刚度提供；在铰链下端主要由该处车身底部横向结构的刚度提供。C 柱受到侧向力时，情况与此类似。

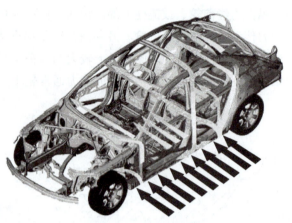

图 5-27　侧向碰撞载荷在车身结构中的传递

车门受到侧向撞击后，其向车内运动的趋势使 B 柱受到向车内弯曲的弯矩作用。对 B 柱向车内变形的抵抗，主要来自其弯曲刚度和 B 柱上、下接头的刚度。

通过 B 柱上接头，作用在 B 柱上的部分力通过车顶边梁、车顶横梁和相关的接头结构向非撞击侧传递。B 柱上接头对 B 柱向车内运动的抵抗由车顶结构提供，主要是车顶横梁的轴向刚度、车顶边梁的弯曲刚度、A 柱和 C 柱的弯曲刚度，还有在以上情况下各接头结构相应的刚度；通过 B 柱下接头，作用在 B 柱上的部分力被传递给门槛梁。

作用在门槛梁上的侧向力，一方面来自外部的直接撞击，另一方面来自 B 柱的作用。B 柱受到弯矩作用后，通过 B 柱下接头，使门槛梁受到向车身内侧的推力、弯矩和绕门槛梁中心线的转矩作用。在这些载荷的作用下，门槛梁将产生向车内侧的弯曲变形。对这种变形的抵抗来自两方面：一方面是门槛梁的弯曲刚度，以及其与铰链柱和 C 柱接头结构的弯曲刚度；另一方面是车身底部横向结构对门槛梁向车内运动的抵抗。最终，门槛梁受到的侧向力通过车身底部的横向结构传递到非撞击侧。

为了减小汽车侧面受到撞击后对乘员舱的侵入，在设计侧向撞击力在车身结构中传递的路径时，应注意如下几点：

1）乘员舱横向结构对侧围结构向车内的运动或变形起到了重要的抵抗作用。

2）侧围结构自身的刚度对其向车内的运动或变形也起到了重要的作用。

3）车门抗侧撞梁和 B 柱将侧向撞击力分流给侧围框架，并经乘员舱的横向结构传递到非撞击侧。如何将侧围结构组织成一个刚性的整体，对于减小车门对乘员舱的侵入非常重要。

(2) 主要部件的耐撞性设计

1）车门。如图 5-28 所示，通过设置抗侧撞梁，可以将车门受到的载荷分散给两侧的立柱，减小车门受撞击区域的变形。在设计时，应当防止碰撞过程中抗侧撞梁出现受弯失稳。通过对车门铰链和门锁的设计，使车门抗侧撞梁与车身结合为一体，有利于将车门所受的撞击力有效地传给两侧的立柱。

2）B 柱。通过前面的分析可知，B 柱抵抗向车内弯曲变形的弯曲刚度是非常重要的，希望将该刚度设计得足够大。另外，B 柱各截面形状很复杂，各截面处抵抗弯曲的能力是不同的。其分布也很重要，如果分布不合理，B柱在撞击中会产生受弯失稳。这时，B柱抵抗侧向撞击的能力会急剧下降。汽车侧面受撞击时，通常B柱中段受到的弯矩较大。为防止因局部进入塑性变形阶段而产生塑性铰，通常采取加强措施，图5-29中B柱加强板的作用就在于此。

 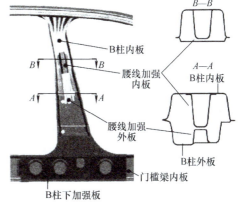

图5-28　车门中的抗侧撞梁　　　　　　　　图5-29　B柱的加强板结构

3）门槛梁。侧撞时，门槛梁的变形主要是向车内侧的弯曲变形。从防止这种变形的角度出发，门槛梁中部受到侧向撞击力后向车内变形的弯曲刚度大小和分布都很重要，这一点与对B柱的要求相似。为了提高门槛梁的弯曲刚度或改变其分布，同样可以使用加强板，也可以采用其他方法，如填充发泡材料等。

对车顶边梁的要求与门槛梁相似。

4）接头结构。为了防止出现铰链效应，应当提高接头结构的刚度，以使侧面撞击载荷可以通过接头结构传递给其他主要承载结构。

在碰撞中，接头结构受到的载荷主要是其分支受到前、后方向或内、外方向（相对于乘员舱）载荷作用时产生的弯矩。在各种碰撞形式中，乘员舱接头结构的失效主要是在分支根部出现塑性铰，导致接头结构对弯矩的抵抗力显著下降。图5-30所示为侧围易失效的接头部位。

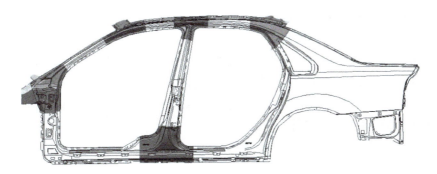

图5-30　侧围易失效的接头部位

由材料力学知识可知，弯曲正应力超过许用值是引起弯曲强度问题的主要因素，而某截面处的弯曲正应力与此处所受的弯矩和此处的弯曲惯性矩有关。同时考虑到,塑性铰的出现是由局部塑性变形引起的。因此,为了提高接头结构抵抗来自分支的弯矩的能力,应当提高接头结构在此分支方向的弯曲惯性矩或通过更换材料提高其允许的最大正应力。而为了提高接头结构在分支方向的弯曲惯性矩,通常可以采取的措施包括改变截面形状、改变板厚、布置加强板和使用填充材料等。另外,也可以考虑工艺方面的措施,如使用激光拼焊技术、激光焊接技术等。

5) 乘员舱底部横向结构。在侧面碰撞中,乘员舱横向结构对侧围结构起到了支承的作用,起主要作用的是横向的梁结构,如顶盖横梁、前风窗下横梁、仪表板安装横梁和地板横梁等。从车身结构抗侧面碰撞设计要求的角度,应当提高它们的刚度并防止在受到轴向载荷时发生弯曲失稳。

4. 后面碰撞时车身结构的耐撞性设计

对于低速的后面碰撞,耐撞性设计的主要目的是减少因维修带来的费用,这一点和正面低速碰撞相似。当碰撞速度较大时,希望降低车身的减速度以降低乘员受鞭梢性伤害的可能,并希望乘员舱的变形尽可能小。将后部结构设计得"软"一些,即通过设置吸能结构缓冲撞击可以实现这些要求,这种措施和正面碰撞相似。为了防止后面碰撞中后部结构变形对燃油箱的挤压,通常将燃油箱布置在压缩变形区之外。当车轮参与碰撞时,后轮前面一条新的、刚度较大的载荷路径开始参与对撞击的抵抗,车身后部结构的压缩量一般不再明显增加,因此许多轿车的燃油箱布置在后轮的前面。

在后面碰撞中,撞击力向车前方传递的路径通常有两条,如图5-31所示:第一条由后保险杠,经后纵梁传递给门槛梁;第二条由后车轮后部结构,经后车轮传递给门槛梁。对于第二条载荷路径,轮胎参与碰撞后,它与前面轴向刚度较大的门槛梁接触,导致对撞击的抵抗明显增加,因此碰撞吸能区通常布置在后车轮后部,而将后轮作为变形限制器加以利用。因此,后纵梁是后部结构的主要吸能部件。在以上情况中还要考虑备胎的影响。

图5-31 后面碰撞载荷在车身结构中的传递

为了实现汽车轻量化,车身后部长度有变短的趋势,因此应当提高后部结构吸能的效率。在轿车总体设计时,有时后纵梁前端不得不采用折曲的形状,也容易发生Z形的变形。因此,不仅要控制其能量吸收特性,而且必须控制它的变形模式,防止发生严重的弯曲变形。

5. 滚翻时车身结构耐撞性设计

车顶变形引起乘员生存空间丧失是滚翻事故中乘员伤害的主要原因之一。因此,针对滚翻进行耐撞性设计时,减小车顶的变形是设计的重点。

在滚翻事故中,车顶与地面接触,在地面的作用下发生变形。车顶受到来自地面的作用主要分为前后方向的载荷、侧向载荷和垂向载荷,这些载荷都是通过车门立柱及相应接头传递到刚度相对较大的车身底部和前、后围结构的。

为了减小车顶结构在滚翻中的变形,应当通过立柱、车顶边梁/横梁和相应接头结构组成的框架整体抵抗车顶受到的载荷。为此,在车身结构设计中应当注意以下几点:

1) 合理组织框架的拓扑,将作用在局部的载荷分散给整个框架。
2) 合理匹配框架各部分的刚度,防止因应力集中造成局部失稳而导致这种机制失效。
3) 提高立柱和车顶边梁/横梁的弯曲/轴向刚度,以及接头对各分支弯矩的抵抗刚度。

6. 低速碰撞时车身结构耐撞性设计

为了在低速碰撞时减少因撞车带来的维修费用,应当在汽车前端设置低速吸能区。低速吸能区一般由能量吸收式保险杠构成,也可以在其后部和前纵梁之间再布置低压缩刚度的结构(碰撞盒),如图5-32所示,它们与主要结构的连接是可拆卸式的(如螺栓联接)。吸能式保险杠由保险杠外板、能量吸收体和骨架构成。按能量吸收体的不同,可分为不同的类型。能量吸收体的种类有泡沫材料、蜂窝材料、波纹管和筒状油液缓冲器等。

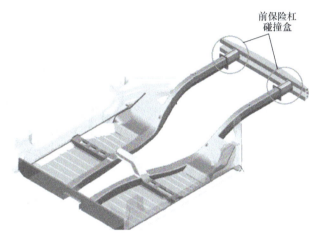

图 5-32 低压缩刚度结构(碰撞盒)的布置

7. 撞行人时车身结构耐撞性设计

为了减轻对行人的伤害,应当对车身结构相应部位进行软化,或在其周围使用能量吸收材料。具体措施包括:为减轻行人与汽车一次碰撞的伤害,应当对保险杠、进气格栅和前机舱盖前端等部位进行软化;为减轻行人与汽车二次碰撞的伤害,应在前机舱盖和风窗玻璃周围使用能量吸收材料。

五、车身结构的防腐设计

车身结构的防腐设计是保证车身防腐性能的关键,直接影响其防腐措施的效果。设计要使结构能阻止腐蚀介质侵入或积存在结构缝隙间、凹形构件和封闭结构内部,在容易积存水的部位应设置排水孔,设计成易排水、易干燥的结构是至关重要的。例如:靠近车轮的横梁处做成图5-33a所示的形状较好;如果结构上有困难,则最好预先考虑好水的导流问题,如图5-33b所示;图5-33c所示的结构易积水,而图5-33d所示的结构就不易积水。

图5-34和图5-35所示为车门和门槛下部的排水孔示例。通风装置送入干燥空气,使纵

梁空腔内经常保持干燥。闭口截面也可完全密封，防止水、汽和灰尘进入空腔内。例如：地板闭口梁在完成车身涂装后用橡胶塞堵住排水孔，也有在梁的空腔内浇注热石蜡，冷却固化后留在空腔内，起防腐作用。

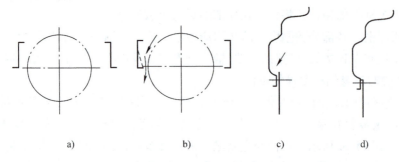

图 5-33 防积水的结构

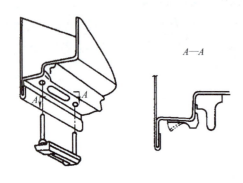

图 5-34 车门下部的排水口

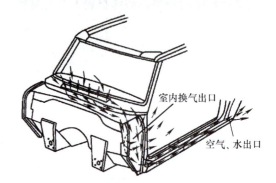

图 5-35 空心梁良好的通风

第二节 车身结构材料与轻量化设计

传统的车身结构所用材料主要为汽车用钢板。汽车用钢板按维度不同，常见有如下多种分类形式。按钢种与合金成分分，有低碳钢（LC）、超低碳无间隙原子钢（IF）、低合金高强度钢（HSLA）、烘烤硬化钢（BH）、双相钢（DP）、热冲压用钢（MnB）等；按强度级别分，有普通强度级和高强度级别；按照钢厂的生产状态分，主要包括热轧（HR）、热轧酸洗（HR-P）、冷轧普冷（CR）、热镀纯锌（GI）、热镀锌铁合金（GA）、热镀铝硅（AlSi）、电镀锌（EG）和后处理表面涂层产品等；按冲压级别分，有一般用（CQ）、冲压用（DQ）、深冲压用（DDQ）和特深冲压级（EDDQ）、超深冲压用（SEDDQ）等。

扫一扫，观看"车身材料知多少——金属材料"

扫一扫，观看"新材料在新能源汽车中的应用"

随着轻量化要求的提高，高强度钢、镁铝合金、复合材料等新型轻量化材料在车身结构中的应用越来越多。白车身钢板材料的合理选用，对车身产品的性能设计和产品制造工艺起着重要的作用。除了必须保证适当的强度等汽车使用要求外，更重要的是必须满足成批或大量生产冷冲压工艺和装配工艺的要求，如钢材冲压性能、化学成分、金相组织、力学性能、表面质量、板厚公差精度及产品结构的几何形状等，都会影响制造工艺和产品质量。产品设计者应对材料的性能有基本了解，以便合理选用型号。

一、车身结构材料

（一）普通低碳钢

1. 普通低碳钢的成形性能

普通低碳钢是指碳的质量分数在 0.1% 以下的碳素钢，其力学性能由测试所得的应力-应变曲线表示。图 5-36 所示是低碳钢的应力-应变曲线，展现了各种力学性能指标。图中，σ_p 为比例极限，σ_e 为弹性极限，σ_s 为屈服强度，σ_b 为抗拉强度，σ_k 为断裂强度。一般取疲劳极限 $\sigma_{-1} = \sigma_b/2$。

弹性变形的上限就是材料屈服的开始。一般零件最大许用应力必须比屈服强度适当低一些。弹性模量 E 是材料刚度的度量（单位为 MPa）。到了屈服强度就是塑性变形的开始，应变增大加快；

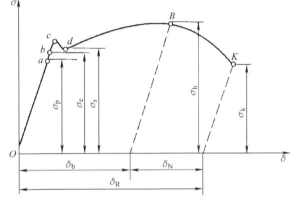

图 5-36　低碳钢的应力-应变曲线

塑性变形的最高点即抗拉强度，在这之前有一段硬化区。抗拉强度和断后伸长率既反映了变形能力，也是能量吸收能力的一个度量（如撞击能量的吸收）。此外，材料特性还与变形速度有关。

冷冲压钢板是以金属的塑性变形为基础的加工方法，材料的冲压成形性能主要是指可塑性。伸长率是衡量塑性变形能力的指标。

晶粒均匀细化，原子间隙固溶，合金元素原子和基体金属原子置换固溶，钢中珠光体、贝氏体和马氏体相变，基体中出现弥散相等，都能提高材料的强度，并影响拉深件表面质量。一般说来，塑性和强度是互相矛盾而此消彼长的，可以通过选用冷加工、热处理及合金化等方法来寻求强度和塑性的合理匹配。

一般情况下，不同结构的冲压件对材料的要求是不同的，如对于变形工序（如压弯、拉深、成形、翻边等），一般要求较低的屈服强度 σ_s，目的是减少材料在冲压后的回弹。对于冲裁工序，为了获得良好的剪裁截面，反而希望 σ_s 稍高一些。对于变形复杂的工序（如深拉深，或拉深与翻边成形复合工序），则对材料性能有更多、更严格的指标要求。概括地讲，应以几项力学性能指标的综合来代表钢板的冲压成形性能，即伸长率 δ、屈服强度 σ_s、屈强比 σ_s/σ_b 等。对于某些高级冷轧钢板，还有应变硬化能力指数 n 和抗变薄能力系数 r。总之，降低 σ_s、σ_s/σ_b，提高 δ、n 和 r，是提高钢板冲压成形性能的趋势。此外，钢板的厚度公差、钢板表面质量也是影响冷冲压成形性的不可忽视因素。

汽车冷冲压用钢板分为冷轧钢板和热轧钢板。热轧钢板是在温度高于 800℃ 时轧制而成的,它的可加工性不如冷轧钢板,板材厚度一般在 1.2~6.0mm 间。板厚为 1.2~1.4mm 的热轧钢板主要用于车身下部构件、内护板、车门内板等,大于 1.6mm 的用于结构加强板和铰链等。

冷轧钢板开始也是热轧的,然后在酸洗槽中去氧化皮,在常温下由轧机轧制而成。冷轧钢板比热轧钢板冲压加工性能好,可以保证严格的厚度公差,且表面美观,在汽车上应用较多。

冷轧钢板按冲压级别,可分为最复杂拉深级(ZF)、很复杂拉深级(HF)、复杂拉深级(F)、最深拉深级(Z)、深拉深级(S)和普通拉深级(P),冲压成形性逐次降低。按强度级别分,可分为一般强度级和高强度级钢板。

厚度小于 2mm 的钢板材料力学性能见表 5-2。

表 5-2 钢板(厚度<2mm)材料的力学性能

拉深级别	公称厚度/mm	σ_s/MPa	σ_b/MPa	σ_{10}(%)
ZF	<2	≤196	255~324	≥44
HF	<2	≤206	255~324	≥42
F	>1.2 1.2 <1.2	≤216 ≤216 ≤235	255~324	≥39 ≥42 ≥42

车身用冲压钢板多为一般强度级的低碳钢冷轧钢板,板厚一般为 0.6~1.0mm。因为它具有很高的伸长率,最高可达 45% 以上,所以具有良好的冲压加工性能,而且焊接性、涂装性都很好。为了提高车身轻量化水平和安全性,高强度钢在车身中的应用量正逐步增加。

2. 车身冲压件的成形分类及钢板型号的选择

我国汽车行业根据汽车冲压件外形特征、应变大小和特点、对材料的不同性能要求以及生产各种汽车冲压件长期积累的实际经验,将冲压成形工艺划分为深拉深成形、胀形-深拉深成形、浅拉深成形、弯曲成形和翻边成形五大类,并将成形类别与钢板性能指标相对应。车身典型零件的成形类别与钢板材料性能示例见表 5-3。

表 5-3 车身典型零件成形类别与钢板材料性能示例

成形类别	典型零件	主要指标	重要指标	钢板型号
深拉深成形	车门内板	$r≥1.50$	$n≥0.23$ $\delta_{10}≥44\%$	1.0mm 08 Al HF
胀形-深拉深成形	翼子板	$n≥0.21$ $r≥1.35$	$\delta_{10}≥42\%$	1.0mm 08 Al HF
浅拉深成形	车门外板	无屈服伸长率 $\delta_{10}≥36\%$	$\delta_s≤250$MPa $n≥0.225$	0.9mm 08 Al F
弯曲成形	前立柱内板	δ_s 波动值≤50MPa	$\delta_{10}≥34\%$	
翻边成形	消声器前隔板	$\delta_{10}≥31\%$	$n≥0.21\%$	1.75mm 08 Al Z

例如:用厚度为 1.0mm 的 08Al HF 冷轧钢板冲压的一般车门内板,是深拉深成形的典型

零件。从外形看，车门内板基本属于盒形深拉深件，但因壁部布满很多凸起和弯曲部分，门窗处常有内翻边，使整个零件形状复杂化。车门内板的开裂率与钢板性能指标的关系主要是 r、n 值和伸长率 δ。r 值高，则可增加零件拉深时的抗变薄能力，有利于深拉深成形；n 值高，则有利于凸起和压筋处的变形均匀化；伸长率 δ 高，有利于单向拉伸变形，如直壁单拉变形。

3. 表面镀锌钢板

为了防止腐蚀，提高车身材料的抗高温、抗氧化能力，对钢板进行表面处理非常重要。在各类环境中，钢的腐蚀率约为锌的 3~30 倍，说明锌具有适应性很强的耐蚀性。大量应用镀锌钢板，对提高轿车的使用寿命是很有利的。因此，镀锌钢板是当前重要的车身用材。镀锌钢板目前多用于容易腐蚀的车身零件，如挡泥板（轮罩）、地板等车身底部结构及车顶、车门板。有些轿车车身中几乎全部的重要冲压件都采用镀锌钢板。

镀锌钢板具有优异的防腐性，表面美观，但焊接性和涂装性不如未经镀层处理的钢板好。涂层超过 $40g/m^2$ 后，就不易保证其成形性和焊接性。同时，由于润滑性，深拉深时的加工更加困难。通过不同的镀层方法（电镀锌方法或热镀锌方法，合金电镀方法或合金化热镀方法）会得到不同的镀锌钢板性能。其中，合金电镀锌钢板具有各项性能均为优或良的综合性能，可大量应用。

（二）高强度钢

高强度钢（High Stress Steels，HSS）是在普通碳素钢的基础上加入少量合金元素制成的。这种钢的生产成本与普通碳素钢相近，但合金元素的强化作用使其抗拉强度比普通钢高得多。

汽车用钢按照其强度可分为软钢、高强度钢、超高强度钢。根据国际钢铁协会的定义，将屈服强度小于 210MPa 的钢称为软钢，屈服强度在 210~550MPa 间的钢称为高强度钢（HSS），屈服强度高于 550MPa 的钢称为超高强度钢（Ultra High Stress Steels，UHSS）或先进高强度钢（Advanced High Stress Steels，AHSS），如图 5-37 所示。HSS 和 AHSS 之间的主要区别在于其显微组织。AHSS 是多相钢，组织中含有马氏体、贝氏体以及足以产生独特力学性能的残留奥氏体。与通常的微合金钢相比，AHSS 呈现出优良的综合性能，既有高的强度，又有良好的成形性。

高强度钢与车身轻量化的关系最为密切，是车身轻量化后保证碰撞安全的最主要材料，高强度钢的用量直接决定车身轻量化的水平。使用高强度钢的具体优点如下：

1) 加工硬化（或应变硬化率）比普通钢高，可以吸收更多的冲击能量，因此多用于底架的前后纵梁等处和要求高强度、耐久性的部位，可以提高汽车的安全性。

2) 可减轻零件的重量。一些资料表明，若钢板的强度提高 40~50MPa，车身外板制件的板厚可减小 10%~15%，车身内部制件的板厚可减小 20% 左右。

3) 用于车身外部件，除了可减薄零件的厚度外，由于具有烘烤硬化性，在经过油漆烘烤后，还可以增强零件表面硬度，提高外表面制件的抗凹陷性能。

高强度钢用作车身材料的主要限制是，随着钢板强度级别的提高，其成形性（伸长率）变差。因此，高强度钢最初主要用于车身的前保险杠和车门抗侧撞梁。近年来，高强度钢的

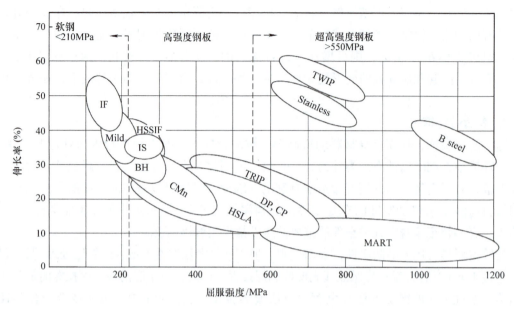

图5-37 汽车用钢伸长率和屈服强度的关系

IF：无间隙原子钢；Mild：低碳铝镇静钢；HSSIF：高强度IF钢；BH：烘烤硬化钢；IS：各向同性钢；CMn：碳锰钢；HSLA：高强度低合金钢；DP：双相钢；CP：复相钢；TRIP：相变诱发塑性钢；MART：马氏体钢；TWIP：孪晶诱发塑性钢；Stainless：不锈钢；B steel：热冲压用钢

成形性、焊接性、疲劳强度和外观质量都有所提高，其已广泛代替普通钢来制造车身的结构构件和板件。国外轿车车身上的许多关键零部件都是由高强度钢制造的。2007年欧洲主要车型白车身的高强度钢用量占白车身重量的60%以上，日本2004年高强度钢的用量达到白车身重量的40%。

国际钢铁协会于1994～2002年先后开展了超轻车身（ULSAB）、超轻覆盖件（ULSAC）、超轻车身 - 先进车身概念（ULSAB - AVC）研究项目，以车身轻量化为目标，通过车身的整体设计来挖掘车身轻量化的最大潜能。在ULSAB项目中，高强度钢使用达到了64%，而在ULSAB - AVC项目中，几乎100%的部件都使用了高强度钢，约有80%为先进高强度钢。2008～2010年，国际钢铁协会又完成了FSV项目，它开发的白车身结构中，97%为HSS和AHSS（图5-38），与对标车型相比减重102kg（对标车重290kg），减重比例约为35%。

（三）铝合金

1. 铝合金的分类及其特点

作为有效的结构材料，纯铝有很好的防腐性能，但力学性能太低。当加入少量其他合金元素后，铝的物理性能就会大大提高，加入的主要合金元素有铜、钛、锰、硅、镁和锌等。有时加少量其他元素，可得到特殊要求的性质。

铝合金是轿车上应用最广泛的轻质金属材料。铝合金的密度约为钢铁的1/3，其有良好的吸振性能，在减轻重量的同时，可以明显提高碰撞安全性，使得汽车前部的变形区在碰撞时产生褶皱，吸收大量的冲击力，从而保护后面的乘坐区。国际铝业协会2006年初发表的一项研究报告表明，铝在汽车中的用量已超过（铸）铁，成为仅次于钢的第二大汽车材料。

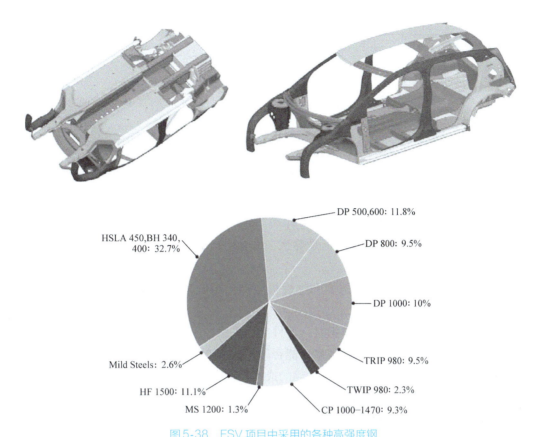

图5-38　FSV项目中采用的各种高强度钢

铝合金根据合金元素的含量和加工工艺性能特征一般分为铸造铝合金和变形铝合金。

铸造铝合金是直接用铸造方法浇注或压铸成零件或毛坯的铝合金，其中又分为重力铸造件、低压铸造件等，其合金元素的含量比较高，合金元素的质量分数为8%～25%。一般铸造铝合金铸造性能好，压力加工性能差，且在实际使用中还要求铸件具有足够的力学性能，因此铸造铝合金的成分并不完全都是共晶合金，只是合金元素的含量比变形铝合金高一些。铸造铝合金主要用于制造离合器壳体、变速器壳体、后桥壳、转向器壳体、摇臂盖、正时齿轮壳体等壳体类零件和保险杠、轮辋、发动机框架及制动盘等结构件。

变形铝合金是经熔炼铸成铸锭后，再经过挤压加工形成的各种型材、棒材、管材和板材。变形铝合金中的合金元素含量比较低，常用的变形铝合金中的合金元素质量分数小于5%，但在高强度变形铝合金中可达8%～14%。变形铝合金在汽车上主要用于制造保险杠、发动机舱盖、车门、行李舱盖等车身外覆盖件，车轮的轮辐、轮毂罩、车轮外饰罩、热交换器、车身骨架、座椅骨架、车厢地板等结构件以及仪表板等装饰件。

变形铝合金按其成分和性能特点可以分为不能热处理强化铝合金和可热处理强化铝合金。不能热处理强化铝合金具备良好的耐蚀性，故称为防锈铝。可热处理强化铝合金的合金元素含量比防锈铝高一些，这类铝合金通过热处理能显著提高力学性能。

世界铝业协会采用4位数字定义变形铝合金系列，其中第一个数字表示主要的合金元素或其他合金元素，见表5-4。

表 5-4 变形铝合金系列

变形铝合金系列	主要合金元素	种类
1000 系	无(99% 以上的纯铝)	非热处理型合金,可变形硬化
3000 系	锰(Al – Mn 合金)	
4000 系	硅(Al – Si 合金)	
5000 系	镁(Al – Cu – Mn 合金)	
2000 系	铜(Al – Cu – Mg 合金)	可热处理型合金
6000 系	镁和硅(Al – Mg – Si 合金)	
7000 系	锌(Al – Zn – Mg 合金)	

2. 铝合金在车身结构中的应用

铝合金虽然具有重量轻的优点,但是要想在大量生产的车身结构中应用,还需要解决好如下问题:

1) 由于铝材抗拉强度、屈服强度和弹性极限都比钢低,能否满足相当于钢车身的安全性、耐久性和 NVH 性能。

2) 由于材料的伸长率大大低于钢材,零件能否采用冲压成形的加工方法。

3) 由于导电性、导热性比钢高很多,能否采用高速连接的电焊加工方法。

4) 铝成本是钢的 5~6 倍,能否将车辆的成本控制在一个合理的范围内。

因此,若在限制成本的情况下完全达到钢车身的刚度和强度等性能,且达到大量生产,则制造加工必须是快速、经济的。这就是说,结构件应该主要是冲压件,只能用少量的铸件和挤压件。此外,还需要采用高速的方法连接冲压件,如电焊等方法。因此,必须提高铝合金的性能,在充分了解材料制造加工特性和局限性的基础上,在产品设计中努力解决上述问题。

(1) 铝板零件的成形性　铝板的伸长率比钢低,因此铝冲压零件的拉深深度不能太深,弯曲半径也必须大一些,内径一般不得小于板厚。由于结构性能的要求,铝冲压件的板厚平均是钢零件的 1.5 倍,弯曲半径可能要增加不少,因此用于夹持的焊接翻边就需要宽些。对于铝冲压件,一般要求拐角处最小半径是该部位拉深深度的 1.75 倍,如图 5-39 所示。

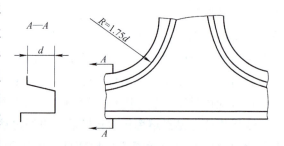

图5-39　B 柱下拐角成形的几何要求

受铝的成形性限制,铝车身结构划分后的冲压零件数量要比钢冲压件多,这是影响车身结构成本的因素。另一方面还要考虑冲压件经常使用翻边孔洞,特别是在用螺栓连接传递较大载荷的部位,需要有翻边孔。由于伸长率的限制,翻边往往需要开缺口才能成形。

(2) 铝车身结构的焊接　铝是一种高活化元素,容易氧化形成一层薄而硬的高电阻膜。氧化层使铝具有很高的抗腐能力,但为了适应电阻点焊,必须控制薄膜的厚度,并使薄膜有清洁的表面。现在铝板生产时可以同时进行表面处理,控制氧化物的形成,使铝的电阻点焊成为可能。

铝的高导电性和高导热性不利于电阻点焊,因为高导电性造成的热量使铝融化形成电容焊,而高的导热性使热量从焊点发散出去。由于这些因素,使铝的电阻焊电流消耗比钢的电阻焊电流消耗大得多,而焊接时间必须短得多。同时,电极趋于过热,必须用水冷。与钢焊接比较,要用更大的电极头和更高的焊接压力,而且触点容易弄脏。若用大的电极头,则要求有更大的翻边,焊点距也不能太近,否则电流会对相邻的焊点分流,导致熔合质量差。

焊点的静强度是被焊板材的厚度和板材本身强度的函数。由于焊点的抗剪强度远高于抗拉强度,因此应尽量使焊点承受剪切载荷。同厚度的铝焊点抗剪强度只有钢的30%,但由于铝车身结构中零件板厚约是钢结构零件板厚的1.5倍,因此铝焊点承受剪切载荷的能力约相当于钢焊点的50%。

总之,电阻点焊对所有的变形铝合金板,以及一些铝铸件和挤压件是一种有效的连接方法,但要求有不同于钢的焊接设备、电极尺寸、电极压力,且需要较高的电流和较短的焊接时间。铝电阻焊要求的总能量则大致等同于钢焊接的要求。此外,可焊接板厚比为3∶1的铝零件,也可以焊三层板,而且5000和6000系列合金都可以熔焊。

(3) 铝结构的其他连接方法 由于铝点焊的连接强度约为钢的一半,为了保证车身的耐久性、安全性并适应其他载荷情况,需要选择或者辅以其他连接方法。最好的连接方法是辅以胶粘接或机械紧固件。

1) 焊-胶连接。这是一种用胶粘剂辅助点焊的连接方式。胶粘剂敷于选择好的点焊部位的翻边中间,点焊时,可穿透胶粘剂。如图5-40所示,在胶粘剂固化之前焊点起到夹持零件并使其定位的作用,而后焊点与胶粘剂共同保证接头强度。

2) 自钻铆接(Self-Piercing Rivets)。有多种机械紧固件用于辅助点焊连接,如铆钉连接、铆接-粘结、压铆和自钻铆接等。其中,自钻铆接的强度超过点焊,使连接强度有了很大提升。

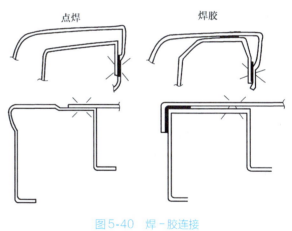

图5-40 焊-胶连接

自钻铆接的原理:自钻铆钉在强大的压力和程序控制下穿过上、下工件,在底部凹模的引导下铆钉头部分开并弯曲,形成一个高强度连接,整个工艺类似于订书机对材料进行装订,不需要在连接处预先打孔。目前,在具有表面保护层的高强度轻质材料中应用自钻铆接技术,能够实现不同金属材料的连接,如铝材与钢材之间的连接。在连接具有表面涂层的材料时,不会破坏零件的表面质量,还可以用于不同厚度零件之间的连接。

(4) 奥迪全铝合金车身结构 在轻量化铝质车身结构领域,奥迪一直是开拓者和技术领先者。1984年,奥迪公司开始同美国铝业公司合作研发铝合金车身。1985年,在德国汉诺威交易会上,奥迪首次展示采用铝制车身外壳的奥迪100,但仅是外覆盖件采用了铝合金材料。

1993 年，在法兰克福车展上首次提出 ASF（Audi Space Frame）概念，这是真正意义上的全铝车身。1994 年，在日内瓦车展上，采用全铝车身的奥迪 A8 亮相，随后推向全球市场。1998 年，奥迪与加拿大铝业公司合作研发第二代 ASF 车身，并用于批量生产奥迪 A2。如今，奥迪的 ASF 技术（图5-41、图5-42），已经应用于 A8、TT、R8 等众多量产车型，至今奥迪已经生产了近 60 万辆铝质车身结构的车型。

 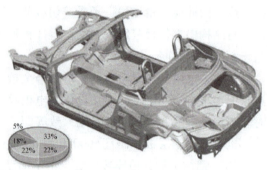

图5-41　奥迪 ASF 车身结构（A8）　　　　　图5-42　奥迪 TT 车身结构

（四）镁合金

镁是比铝更轻的金属材料，密度只有铝的 2/3，铁的 2/9。但与铝合金相比，镁合金的研究和发展还很不充分，应用也很有限。尽管镁合金在当前汽车用材中所占的比例不到 1%，但是在轻量化的驱动下，镁合金的应用逐渐受到世界各大汽车生产企业的重视。以美国为例，在一些车型上，镁合金用量为 5.8 ~ 26.3kg/辆。欧洲车的镁合金用量仅次于北美，部分车型上的镁合金用量可达 9.3 ~ 20.3kg。

镁合金除具有较小的密度外，还有较高的比强度、比弹性模量和刚性，比强度约为铝的 1.8 倍；有较高的稳定性，铸件和加工件尺寸精度高；具有良好的阻尼系数，良好的减振降噪性能；电磁屏蔽性好，尤其适用于电磁干扰严重的电动汽车。与塑料相比，可回收性能好；切削加工性能极好；铸造成形性能好。镁合金铸件最小壁厚可达 0.6mm，而铝合金为 1.2 ~ 1.5mm。

镁合金可分为铸造镁合金和变形镁合金。变形镁合金的研究开发严重滞后，不能适应不同应用场合的要求。汽车用的镁合金材料目前以铸造镁合金为主，占汽车用镁量的 90% 以上。目前汽车用铸造镁合金主要有四大系列，分别是 AM（Mg - Al）系、AZ（Mg - Al - Zn）系、AS（Mg - Al - Si）系、AE（Mg - Re）系，其力学性能见表5-5。铸造镁合金在汽车上的应用大致可分为两大类：一是不需承受大载荷的非结构件，如变速器壳体、进气歧管和油底壳等壳体类零件；另一类是需要承载的结构件，如转向盘、仪表板、座椅框架、座椅等。变形镁合金包括型材、板材等延性镁合金，主要有 Mg - Al - Zn 系合金和 Mg - Mn - Zr 系合金两大类，以 AZ31 为主。变形镁合金主要用于车身组件（如车门、行李舱、发动机舱盖）的外板、车门窗框架、座椅框架等。变形镁合金在车身上的应用有很大的潜力。

表 5-5 铸造镁合金的力学性能

牌号	抗拉强度/MPa	屈服强度/MPa	伸长率(%)	疲劳强度/MPa	布氏硬度/HBW	弹性模量/GPa	减振系数(%)
AZ91D	240	160	3	50~70	70	45	25
AM60B	225	130	8	50~70	65	43	45
AM50A	210	125	10	—	60	45	—
AS41A	215	140	6	50~70	60	45	—
AS21	172	110	4	—	63	—	60
AE42	230	145	10	—	60	45	—

丰田汽车的转向盘加装安全气囊后导致质量增加，采用 AM60B 镁合金后，质量比过去的钢制品、铝制品分别减少了 45% 和 15%，同时也减少了转向系统的振动。奔驰公司用镁合金座椅骨架，质量比过去的冲压结构件大大减轻。美国福特汽车公司用镁合金 AM60 生产的座椅支架使座椅骨架从 4kg 降为 1kg。通用汽车 EV1 的镁合金制造仪表板，将 20 个冲压件和塑料零件模块化，组合成一个零件，使质量下降到 3.6kg，并且增加了刚度。欧盟 SuperLightCar 项目开发的白车身中，镁合金的用量达到 11kg（7%），主要用于车身顶盖、悬架支承等部件。

（五）复合材料

复合材料是指将两种或两种以上化学性质和物理性质不同的物质结合起来而制得的一种多相固体材料。复合材料通常由基体和增强体复合而成。复合材料按性能分类，可分为功能型复合材料和结构型复合材料两种；按基体分类，可分为高分子基（PMC）、金属基（MMC）和陶瓷基（CMC）复合材料；按增强相的种类、形状分类，可分为颗粒状、层状和纤维增强复合材料。其中，纤维增强复合材料应用最多，高分子基的纤维增强复合材料通常称纤维增强塑料（FRP），金属基的纤维增强复合材料称纤维增强金属（FRM），陶瓷基的纤维增强复合材料称纤维增强陶瓷（FRC）。

世界各主要汽车生产国家最初只将复合材料用于发动机舱盖、顶盖等大型覆盖件，近年来在车身上采用复合材料的越来越多。复合材料用于车身具有以下优点：

1）质量轻。复合材料的密度小，如玻璃纤维增强材料的密度为 1.2~2.4g/cm³，用它制作车身可大大减轻质量。

2）耐腐蚀，车身寿命长。复合材料均有不生锈、耐酸等耐蚀性好的特点，特别是玻璃纤维增强材料，几乎同玻璃一样具有不生锈和耐腐蚀的能力。

3）具有高韧性和抗冲击能力。用复合材料制成的零部件受到冲击力作用时，塑性变形大，韧性好，因此具有缓冲、减振、降噪等优点，能吸收碰撞动能，有利于保护乘客。例如：福特轿车用复合材料制造车身前部，使碰撞力不再出现钢结构车身中大的尖峰值，如图 5-43 所示。

4）保温隔热性好。除碳纤维增强材料外，复合材料的导电、导热能力差，因此能起到很好的保温、隔热作用。

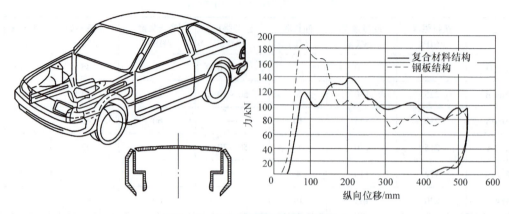

图5-43 车身前部的撞击力（福特）

5）成形性好。纤维增强材料（FRP）的流动性和层压性好，使车身表面可制成形状各异的曲面，既满足车身外形的艺术造型要求，又减小了空气阻力。

6）车身复合材料部件大型化与集成。应用复合材料可以制造集许多单一零件和功能于一体的多功能部件，或大型整体部件，从而减少零部件数量，简化车身装配工序，提高部件刚性和造型整体性。

7）着色性好。

8）材料利用率高。

在车身上使用最多的复合材料是玻璃纤维增强材料（GFRP，俗称玻璃钢）和碳纤维增强材料（CFRP）。

GFRP与金属材料相比，具有质量轻、比强度、比刚度高、耐蚀性好等优点，它与钢、铝的性能比较见表5-6。使用GFRP的零部件主要有：车身外覆盖件，如发动机舱盖、车顶盖、行李舱盖、前围护板、灯罩及保险杠等；车内板制件，如轮罩（挡泥板）、门窗内装饰框等。

表5-6 GFRP与钢、铝的性能对比

材料种类	密度 $\rho/(g/cm^3)$	抗拉强度 σ_b/MPa	抗拉弹性模量 E/MPa	比强度 $\dfrac{\sigma_b/MPa}{\rho/(g \cdot cm^{-3})}$	比刚度 $\dfrac{E/MPa}{\rho/(g \cdot cm^{-3})}$
高强度钢	7.8	700~1400	210000	90~179	26900
硬铝	2.7	500	73000	189	27000
GFRP（单向增强）	1.6~2.4	1200~1600	41000~140000	570~1000	19500~87500

CFRP的主要原料与GFRP基本相同，只是所用增强材料是碳纤维而不是玻璃纤维。碳纤维由人造丝、沥青、聚丙烯等原料制成。与GFRP相比，CFRP密度低（1.38g/cm³），而抗拉强度高，耐蚀性、耐磨性好，有一定的减振和隔振性能（只是耐冲击性、耐热性较差）。CFRP广泛应用于汽车的各类板制件、壳体件，各种支架、托架和许多重要的结构件。碳纤维增强复合材料甚至用来制造全塑车身。宝马公司2014年发布的全新开发的纯电动轿车i3采用CFRP车身结构（图5-44），使得整车质量仅为1250kg，比传统纯电动汽车减轻了250~

350kg，同时实现了最高级别的碰撞安全保护。

图5-44　宝马纯电动轿车 i3 的碳纤维车身结构（图中深色部分）

二、车身结构轻量化设计

（一）轻量化设计基本原则

轻量化设计是一个多层级的过程，往往需要系统考虑材料、性能、工艺等要求以及多次的迭代，才能获取性能与质量的最佳平衡点。通常而言，汽车结构轻量化设计应该遵循的原则如下。

1）尽量直接的力导入与力平衡。设计中应使尽可能将受力直接导入到主承载结构上，以充分提升材料利用率，在满足性能要求的同时尽可能减少质量。

2）尽量大的惯性矩与阻力矩。在承受弯曲、扭转和压弯载荷的设计中，可将较多的材料从结构中心移开，在尽可能的面积上实现大的惯性矩和阻力矩。

3）轻盈的结构。可采用加筋薄壁或"三明治"等轻质结构，这类结构通常具有优异的比刚度、比强度。

4）利用曲率的自然支承作用。通过预弯曲设计，利用自然支承作用提高直盘和直板的抗弯刚度和翘曲刚度。

5）在未承载方向进行有针对性的加固设计。有效利用正交各向异性设计或材料力学中的各向异性，以提高结构的承载能力和不稳定极限。

6）遵循一体化设计原则。轻量化设计结构应优先遵循一体化原则，由尽量少的单一件构成。

7）引入空腔。为了在保持刚度不变的前提下减轻重量，可以在承受很小载荷的区域设置减重孔。

轻量化设计应以结构安全为前提，需满足足够的安全系数要求。在动态载荷的轻量化设计中，除了以上的规则外，还必须满足预定的使用寿命的要求。

在按照轻量化原则进行结构设计的时候，要选择合适的材料和设计方法，还要考虑经济与生态的要求，产品使用的舒适性、可维护性和可修复性的要求，以及产品的美观度等。

（二）轻量化设计方法

随着计算机技术的发展，将有限元分析方法与优化设计方法相结合的结构优化设计，成为汽车结构轻量化设计的有效方法之一,在汽车开发中得到了广泛的应用。优化任务需根据实际情况建立优化模型,主要包括设计目标、设计约束和设计变量。从轻量化的角度来看,可将质量作为设计目标、刚强度等性能作为设计约束,也可将性能作为设计目标、质量作为设计约束。结构优化技术是轻量化技术中最为直接且成本最低的手段之一,在车身结构开发的不同阶段均可引入结构优化技术,从而达到提升性能和减轻重量的目的,不同汽车企业在产品开发中应用结构优化技术的顺序不尽一致。当前,国内外知名汽车企业技术研发中心多数建有整车集成与优化中心,推动结构优化技术在整车和部件中的应用。在汽车车身结构优化中,通过建立相应的结构优化设计模型,进而联合数值仿真和数值最优化方法进行求解,从而获得最优设计。结构优化按照变量类型可分为拓扑优化、形状优化和尺寸优化三种类型。其中,拓扑优化多用于概念设计阶段,形状和尺寸优化设计主要应用于详细设计阶段。

1. 拓扑优化

拓扑优化是一种较为高级的结构优化技术,是指在一定的设计空间内,通过优化材料的分布使结构性能达到规定要求的一种结构优化设计方法,是有限元分析和结构优化高度融合的一种设计方法。由于拓扑优化具有较大的设计自由度,往往能提供创新设计构型,因此常应用于概念设计阶段。在结构拓扑优化领域,较为常用的是连续体拓扑优化方法,主要包括变密度法、渐进结构优化法和水平集法等。

(1) 变密度法　变密度法是较为常用的一类拓扑优化设计方法,通过引入单元相对密度作为设计变量,通过相应的材料插值模型,建立材料参数和单元相对密度之间的函数关系,进而控制单元刚度矩阵和整体刚度矩阵的变化,直至在需用材料用量下使得结构性能达到最优,最终获取材料的最优分布。

从工程应用角度而言,由于变密度法与有限元模型具有天然的联系,可以处理具有极为复杂几何构型的材料分布问题,已经作为主流的拓扑优化设计方法嵌入至主要的结构优化设计平台中。值得一提的是,由于变密度法存在应力奇异现象,且拓扑优化主要用于概念设计阶段,所以,在设计初期阶段主要应用于刚度及模态等性能的拓扑优化设计,可在后续详细设计阶段开展面向强度性能的优化设计。图 5-45 所示为近几年典型车身结构拓扑优化设计。

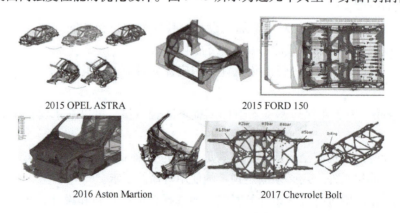

2015 OPEL ASTRA　　　2015 FORD 150

2016 Aston Martion　　　2017 Chevrolet Bolt

图 5-45　典型车身结构拓扑优化设计

近年来,基于变密度法的等效静态载荷方法及其改进方法被逐步应用于面向碰撞安全的结构拓扑优化设计，该方法通过将非线性碰撞分析与拓扑优化设计分离，从而可直接借助于标准的拓扑优化设计，大大降低了材料非线性、几何非线性和接触非线性对拓扑优化设计的挑战。

(2) 渐进结构优化法　渐进结构优化法是根据一定的优化准则，逐步去除无效结构或者低效结构的材料，从而使得结构性能趋于最优的一种方法。渐进结构优化的一般过程是重复进行多次有限元分析，依据结构响应并结合给定的材料演化策略，在低应力区删除一定比例的材料，或在高应力区添加一定比例的材料，直至获得最优的材料分布。相比于密度法，渐进结构优化方法无需较多的数学理论支撑，直接利用物理概念和有限元分析进行拓扑优化设计。由于其概念简明、易于编程等特点，目前已被应用于考虑不同性能的结构拓扑优化设计。然而，由于该方法缺乏设计平台支撑，目前在汽车企业应用较少。

(3) 水平集法　水平集法起初是作为研究界面在速度场中演化的一种方法，结构拓扑优化水平集方法通过零水平集描述材料边界，结合目标函数（应变能、模态频率等）并融合结构界面信息构造速度函数，利用材料界面的演化、移动和融合实现结构拓扑变化，直至结构性能达到最优。相比变密度法和渐进结构优化法，结构拓扑优化水平集方法具有能够跟踪拓扑结构变化、计算稳定、优化边界清晰光滑等特点。

2. 形状优化

形状优化在保持结构的拓扑关系不变的情况下，通过优化结构设计域形状和内边界尺寸，直至获得性能最优的结构几何形状。形状设计对边界形状的改变没有约束，与尺寸优化相比，其初始条件得到了一定的放宽，应用的范围也得到了进一步扩展。在形状优化中，其设计变量为边界点的坐标，为计及网格的变化，有基向量法和摄动向量法两种方法可以使用。在汽车车身结构优化中，主要用于接头形状优化设计。

3. 尺寸优化

尺寸优化是在保持结构的形状和拓扑结构不变的情况下，通过优化部件截面尺寸或者最佳材料性能组合关系，实现结构性能最优。设计变量可以是杆的截面积、板材的厚度、复合材料分层厚度或者材料方向角度。由于该类型设计变量易于表达，在结构优化过程中有限元分析基本不需要重新划分网格，直接借助于灵敏度分析和相应的数值最优化方法即可完成尺寸优化。在尺寸优化建模中，质量和体积是最常见的目标函数，即实现结构的轻量化目标，其约束条件可以是

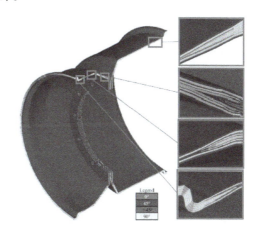

图 5-46　某碳纤维车轮铺层方向尺寸优化设计

单元应力约束、整体应变能约束、节点位移约束、整体加速度约束及模态约束等。图 5-46 所示为某碳纤维车轮铺层方向尺寸优化设计。

(三) 轻量化设计典型实例

在车身结构开发的各个阶段，均可以采用结构优化技术，达到提升性能或者减轻重量的

目的。在设计初期主要是质量或者体积约束，在详细设计阶段则主要是性能约束，具体包括刚度、强度、模态及碰撞安全等。对于拓扑型设计变量，则主要在车身结构开发的早期，形状型设计变量则主要用于车身结构接头优化，尺寸型设计变量主要用于车身板材厚度优化。通过采用车身参数化建模和多目标优化技术对某 B 级纯电动轿车车身进行轻量化设计，最终实现减重 30kg，减重率高达 7.8%，其中 65% 的重量是通过车身骨架的结构优化实现的，如图 5-47 所示。

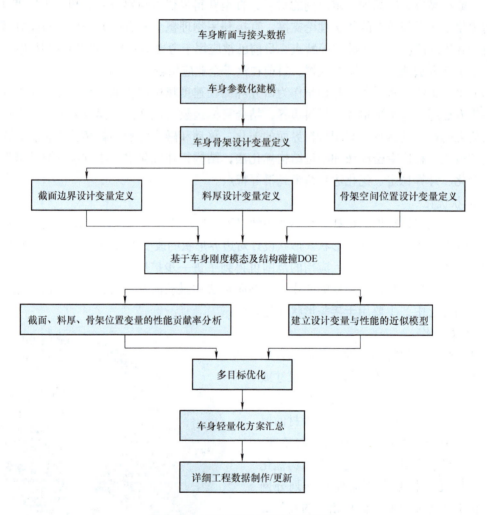

图 5-47　车身骨架结构优化技术路线

车身骨架的优化工作从车身断面与接头草图数据输入开始，基于 SFE–Concept 软件平台搭建参数化模型，借助灵敏度分析和经验库定义设计变量，包括骨架空间位置、截面边界尺寸和料厚等，然后针对车身刚度模态及结构碰撞的相关性能指标，利用超级计算机开展高达上百个点的的 DOE，通过分析骨架位置变量、截面及料厚对性能的贡献率，建立设计变量与性能的近似模型，基于 Isight 软件开展多目标优化，获取最优解集。最后制作的详细工程数据需要通过强度耐久、NVH 和碰撞安全的虚拟验证，优化后车身结构如图 5-48 所示。

图 5-48　优化后车身结构

第三节　车身结构制造工艺

汽车车身结构制造工艺是指将各种材料转化为具有强度、刚度和安全性能的汽车车身的过程。它是整个汽车制造过程中至关重要的一部分，涉及多种工艺和技术。

根据车身产品数模，使用压铸、冲压、焊接和铆接等工艺将金属板材和型材制造成各个车身部件。压铸工艺可以生产复杂形状的零部件，冲压工艺则适用于大量生产相对简单的板材零部件。接下来，车身部件通过焊接、铆接和螺栓连接等方式组装成整体车身结构。焊接是常用的连接方法，可以提供高强度和刚性。铆接则适用于连接薄板材料，具有较好的抗振性能。然后，车身结构经过表面处理，如电泳、面漆和清漆喷涂，以提高外观质量和耐腐蚀性。最后进行总装装配，把内外饰、电子电气、底盘等零部件装配到车身结构上，形成一辆完整的汽车。

随着技术的发展，一些新的制造工艺也被应用于汽车车身制造，如复合材料的使用、3D打印和激光焊接等。汽车车身结构制造工艺的目标是在确保安全性和性能的前提下，实现高效率、低成本和环保。

一、车身结构的工艺划分

钢结构车身大多是由数百个用普通低碳钢板冲压成形的零件装配而成的，其装配过程是：冲压零件—合件—分总成—总成。在进行车身设计时，需要相应地画出零件图、合件图、分总成图、车身焊接总成图和车身装配图。

将车身整体形状分成数块能够制造和装配起来的零件的过程称为分块。分块决定了车身零件的形状和轮廓尺寸，对车身零件的冲压工艺和装配工艺有很大影响，还影响车身结构的轻量化。汽车车身结构通常由多个分块组成，每个分块承担着特定的功能和任务。通常由车身前端结构、机舱、地板、后围、侧围、车顶、开闭件等部分构成，如图 5-49 所示。

每个车身分块在整体结构中都起着重要的作用，相互协调以提供安全、舒适和功能性。此外，车身结构还需要考虑重量的控制、碰撞安全性、噪声和振动控制、燃油效率等因素，

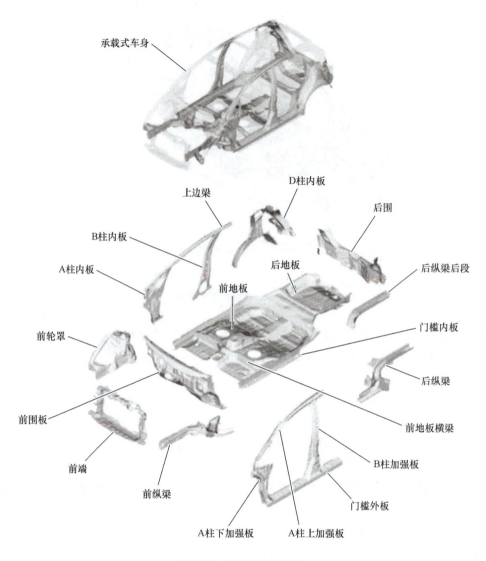

图 5-49 车身结构的分块

以满足现代汽车的要求。

车身结构的划分通常基于以下原则。

1）功能性原则：每个分块应该承担特定的功能。例如，前端和机舱结构用于支撑发动机或电控系统和吸收碰撞能量，车门和车顶提供车辆进出口和整体刚度，地板支撑机械和悬架系统等。通过按功能将车身分块，可以确保每个部分都具备特定的功能和任务。

2）制造和装配原则：车身分块还应考虑到制造和装配的方便性。将车身划分为较小的分块可以简化制造和装配过程，提高生产效率和质量控制。此外，分块的设计还应该便于零部件的制造、运输和安装。

3）安全性原则：车身分块应考虑到碰撞安全性。各个分块应能够在碰撞时吸收和分散能量，保护车内乘客和行李。通过合理的分块设计，可以提高车辆的整体结构强度和碰撞安全性。

4）维修和维护原则：分块还应考虑到日常维修和维护的需要。将车身分块划分得合理，可以方便维修人员进行检修和更换零部件，减少维修时间和成本。

5）美观性原则：车身分块还应考虑到外观的美观性。各个分块的连接和过渡应该协调一致，形成整体和谐的外观。

根据车辆类型、市场需求和技术要求等因素来确定车身结构的分块方式。分块的设计旨在实现车身结构的优化性能、制造效率和安全性。

二、车身生产工艺

汽车车身的生产制造过程由成形、连接、涂装、装配等组成。其中成形工艺包括一体压铸工艺和传统的冲压工艺，连接工艺包括焊接、铆接和粘接工艺。下面分别进行介绍。

（一）车身冲压工艺

冲压是指通过安装在压力机上的模具对板料施加外力，使板料产生分离或塑性变形，从而获得一定尺寸、形状和性能的零件的加工方法。冲压是一种优质、高效、低消耗、低成本的加工方法，生产效率高，操作简便，便于实现机械化与自动化生产。它能加工出其他金属加工方法所不能或难以加工的、形状复杂的零件，且材料利用率高、节能。冲压件表面质量较好，便于后续表面处理。冲压件有较好的互换性，但是冲压生产的模具制造费用高，不宜用于单件和小批量的零件生产。

（1）冲压工艺步骤　冲压工艺步骤包括：

1）材料准备：选择适当的金属板材，如钢板、铝板或不锈钢板。金属板材通常是平整的，并按照所需尺寸和厚度进行切割。

2）模具设计和制备：根据零件的形状和尺寸要求，设计并制备相应的冲压模具。冲压模具通常由上模和下模组成：上模固定在冲压机上，下模固定在工作台上。

3）上模下模对位：将金属板材放置在下模上，然后将上模下压至金属板材上方。上模和下模之间的空隙形状与所需的零件形状相对应。

4）冲压加工：通过冲压机施加压力，使上模下降并对金属板材施加压力。金属板材在模具的作用下发生塑性变形，被压制成所需的形状。

5）成品脱模：一旦冲压完成，上模抬起，即完成对金属板材的成形；然后将成品从模具中取出，进行下一道工序的处理。

（2）冲压工艺特点　冲压工艺特点包括：

1）高效性：冲压工艺适用于大规模生产，能够在短时间内快速完成大量零件的制造。冲压机的高速运行和模具的快速更换可提高生产效率。

2）精度高：冲压工艺可以实现高精度的零件加工，模具的精确制造和稳定性可保证零件的尺寸和几何形状的一致性。

3）材料利用率高：冲压工艺可以最大程度地利用金属板材，减少废料的产生。通过合理设计模具和排样，可以提高材料利用率。

4）多工序组合：冲压工艺可以通过组合不同的工序，在单个冲压机上完成多道工序，如冲孔、弯曲、拉伸等，从而提高生产效率。

5）适用范围广：冲压工艺适用于许多金属材料，如钢、铝、铜等，以及不同厚度的金属板材。它广泛应用于汽车制造、电子设备、家电和工业机械等领域。

冲压工艺是一种常用且高效的金属成形工艺，它能够在短时间内高效地生产大量的金属零件。通过合理设计和优化工艺参数，可以实现高精度、高质量的零件加工，满足不同行业的需求。

1. 冲压工序的分类

按照加工性质，冲压的基本工序分为材料的分离和成形两大类。分离是冲压过程中使冲压零件与板料沿一定的轮廓线相互分离，并满足一定的断面质量要求的工序。车身制造工艺中常用的分离工序见表5-7。成形是板料在不破裂的条件下产生塑性变形，以获得所要求形状和尺寸精度的零件的工序。车身制造工艺中常用的成形工序见表5-8。

汽车车身结构件的形状复杂、尺寸大、深度不均匀，因此一般不可能在一道冲压工序中直接获得，有的需要十几道工序才能获得，最少的也要三道基本工序：落料、拉深、切边。还有翻边和冲孔等工序，也可根据需要将切边和冲孔合并，或将切边和翻边合并。

落料工序是为拉深工序准备板料。拉深工序是车身结构件冲压的关键工序，结构件的绝大部分形状由拉深工序形成。冲孔工序是加工结构件上的工艺孔和装配孔。冲孔工序一般安排在拉深工序后，避免孔在拉深后变形。切边工序是切除拉深件的工艺补充部分。翻边工序位于切边工序之后，它使结构件边缘的竖边成形，可作为装配焊接面。

表5-7 车身制造工艺中常用的分离工序

工序	图例	工序性质
落料		用落料模沿封闭轮廓曲线冲切，冲下部分是零件
冲孔		用冲孔模沿封闭轮廓曲线冲切，冲下部分是废料
剪切		用剪刀或模具切断板料，切断线不封闭
切口		在坯料上将板材部分切开，切口部分发生弯曲
切边		将拉深或成形后的半成品边缘部分的多余材料切掉
剖切		将半成品切开成两个或几个工件，常用于成双冲压

表 5-8 车身制造工艺中常用的成形工序

工序	图例	工序性质
弯曲		把板料沿直线弯成各种形状
拉深		将板料毛坯压制成空心件，壁厚基本不变
内孔翻边		将板料上孔的边缘翻成竖立边缘
外缘翻边		将工件上的外缘翻成圆弧或曲线形状的竖立边缘
起伏		在板料或工件上压出筋条、花纹或文字
胀形		使空心件（或管料）的一部分沿径向扩张，呈凸肚形
整形		把形状不太准确的工件校正成形

2. 车身冲压件的工艺分析

对冲压件工艺性影响最大的是形状尺寸和精度要求。良好的冲压工艺性应能满足产品质量稳定、材料节省、工序较少、模具加工方便、使用寿命较长、生产操作方便等要求。

（1）冲裁　冲裁是利用冲裁模使材料从弹塑性变形开始，最后断裂分离的一种冲压分离工序，它包括落料、切边、冲孔等工序。从板料上冲下所需形状的零件或毛坯称为落料，在零件上冲出所需形状的孔称为冲孔。

车身上许多装配附件的小孔或连接用孔等，应尽可能采用规则形状，如圆孔、方孔，尽量避免用细长孔，因为加工规则形状孔的模具成本低，且细长孔对模具强度不利。孔位的分布必须恰当，如孔与孔之间、孔与边之间距离太小，则冲裁时可能引起孔周围材料变形或破裂，如图5-50所示，推荐 $x_{min} = y_{min} = 13mm$。对于带孔的弯曲件，如果孔离弯边远，则可复合落料与冲孔工序，然后再压弯；如果孔与弯边距离太近，为保证孔位和孔形，就必须压弯后再冲孔，从而增加了一道工序。在一个车身零件上一次冲多孔时，孔之间的方向不要超过15°，更要避免在侧壁上设孔，如图5-51所示。

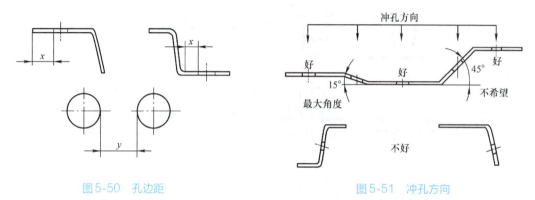

图5-50　孔边距　　　　　　　　图5-51　冲孔方向

（2）拉深　拉深是利用拉深模将已冲裁好的平面毛坯压制成各种形状的开口空心零件。拉深所使用的模具与冲裁模不同，其凸模与凹模没有锋利的刃口，而具有较大的圆角半径，且拉深间隙稍大于板料的厚度，这样拉深时便于金属的流动。拉深工序是车身制造中的关键工序，设计时必须遵循如下几点：

1）车身零件的拉深方向要保证凸模能完全进入凹模，不得有凸模达不到的死角。如果零件在某一部分有内凹，如图5-52所示，则无法拉深出所需的零件形状。车身零件的形状应尽可能简单匀称，以便在拉深后具有大致相同的变形量，使应力均匀，否则深拉深部分拉应力很大，易破裂，而浅拉深部分金属可能得不到拉伸而起皱，成为废品，因此要研究冲压方向和脱模斜度等。

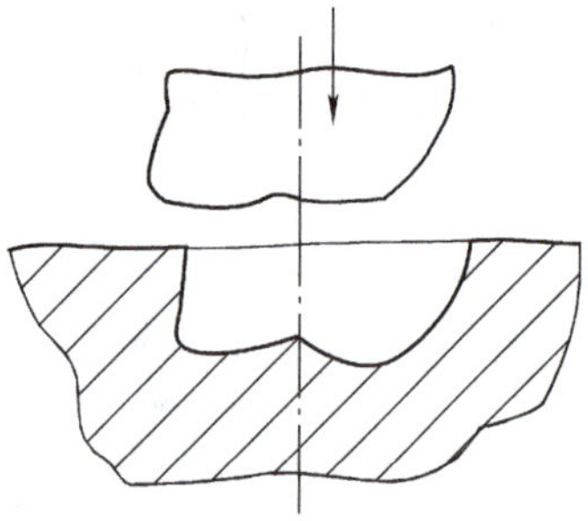

图5-52　零件有凸模达不到的死角

2）车身零件的拉深深度要恰当，争取一次拉深成形。这一方面源于二次拉深易损坏覆盖件表面品质，另一方面对组织生产也很不方便。但如果大型车身零件拉深深度太浅，又会出现拉深后的回弹，也给生产搬运带来困难。有些车身零件拉深深度较大，伸长系数大于材料一次拉深成形的极限伸长系数（或称伸长率），就不得不采用多次拉深成形的方法。

3）凸模从初次拉深件的底部反向加压，完成与初拉深相反方向的再拉深，使毛坯内表面翻转为外表面，从而形成更深的零件的拉深方法称为反拉深。对于具有反拉深的覆盖件，由于反拉深部分在相当程度上是依靠金属本身的局部延伸变薄而成形，因此，为了增加变形分布区域，防止破裂，在进行车身零件设计时应尽可能加大这部分的圆角半径。

4）在汽车车身的内覆盖件上装有许多附件，如在车门内板上装玻璃升降器、门锁，前围板上装刮水器，在地板上固定一些支架等，这些附件往往要求在相应的制件上成形出各种形状的鼓包，以便安放螺钉等固定件。此外，车身上还有些装饰性标记或线条，以及局部加强筋等，都是在拉深快终了时成形到图样所要求的尺寸。这也是在得不到外部金属补充的情况下，全靠材料本身延伸和变薄而达到的，应注意防止破裂。例如，加强筋不破裂的条件（图5-53）是伸长比：

$$\frac{L_1 - L}{L} \leq 0.75\eta \tag{5-10}$$

式中，L_1 为成形后剖面展开的材料长度，$L_1 = a + b + c$；L 为成形前剖面的材料长度；η 为材料允许的伸长率。

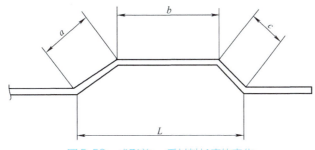

图5-53　成形前、后材料长度的变化

如果不符合以上条件，则必须增加工序。但是大型覆盖件为此增加工序是极不合适的，因此应更改设计，例如深度改浅、加大斜度或加大圆弧半径。

（3）弯曲　将板料、管料和型材完成具有一定曲率、一定角度和形状的冲压工序称作弯曲。薄板弯曲时，变形区外层金属纤维承受拉深变形，随着相对弯曲半径 r/t（r 为弯曲半径，t 为板厚）的减小，弯曲变形程度逐渐增大，外层边缘纤维拉深变形不断增大，当 r/t 减小到使外层金属纤维拉深变形超过材料允许的变形程度时，外层纤维会出现裂纹，即弯裂现象。

弯曲零件的弯曲角大于90°时，弯曲半径影响不大；但如果小于90°，为避免弯裂现象，弯曲半径 r 应相应增大，最好取 $r \geq t$，或者说零件的最小弯曲半径应大于板材的厚度。局部压弯的零件，为避免在压弯处撕裂，必须预先切出深度为 k 的槽，且 $k \geq r$，如图5-54所示，或将压弯线外移一定距离。

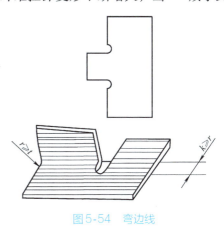

图5-54　弯边线

翻边成形几乎是每个车身覆盖件所必经的工序。翻边可用于加强零件刚度，但大多用于与其他零件连接。曲面上翻边，或平面上翻曲边，将在边缘上产生压应力或拉应力，当翻边过宽时会引起皱纹或破裂，如图5-55所示 l_1 和 l_2 处。设计时，应按曲率的大小使翻边的宽度相应地减小，如车门外板拐角处的翻边宽度 b_1 小于平直部分的宽度 b_2，或做成多个切口，如图5-56所示。

翻边最好设计在大致同一平面上，如图5-57b所示。如果达不到（图5-57a），则需要两个零件同时冲压成形，如图5-57c所示。孔的翻边高度 h 应小于 $0.3D$（孔径）（图5-58a），否则要多次冲出，且易出废品。如果条件允许，改成沉孔较好，先冲出凹台后再冲孔，如图5-58b所示。此外，图5-59a中切口太小，模具成本高。图5-59b的形状中，切口每边角度≥5°，有利于模具修整和增加强度。

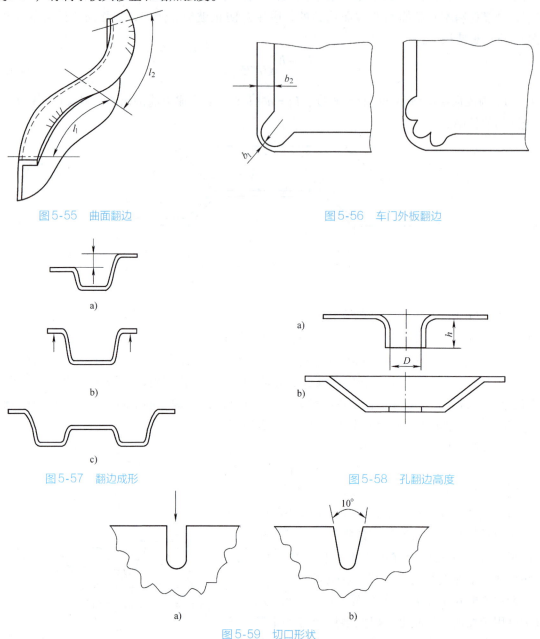

图5-55　曲面翻边

图5-56　车门外板翻边

图5-57　翻边成形

图5-58　孔翻边高度

图5-59　切口形状

回弹是弯曲件质量的主要问题之一。在外载作用下，弯曲产生的变形都由塑性变形和弹性变形两部分组成。外载卸除后，弯曲件的塑性变形被保留下来，而弹性变形则完全消失，这时弯曲件会发生与加载时变形完全相反的变化，与模具相应形状不一致，这种现象称为弯曲件的回弹。材料的力学性能、相对弯曲半径r/t、弯曲力和弯曲件的形状及模具间隙等都会影响工件的回弹。由于塑性变形的同时总是伴随着弹性变形，因此要完全消除弯曲后的回弹是不可能的，只能在生产工艺上采取措施来补偿回弹产生的偏差。首先，在不影响产品使用性能的前提下改进工件弯曲变形区的结构设计，如在弯曲区压制加强筋以增加完全变形区的刚度和塑性变形程度，在材料选用上采取弹性模量大、屈服强度小、力学性能比较稳定的材料；其次，在模具设计时修正凸模或凹模工作部分形状和尺寸，使工件回弹量得到补偿。

以上介绍的是车身冲压件的一般工艺特点，对于骨架件和外覆盖件，还有一些特殊的冲压工艺特点。

骨架件的作用在于提高车身的刚度，并连接或固定内饰件及其他零件。骨架件的特点是形状复杂、冲孔多、零件易回弹及扭曲。因此，确定骨架件的工艺方案时，应根据它的特点设计，如合理安排冲孔的顺序和考虑整形工序等。

车身外覆盖件的外表面质量要求严格，确定外覆盖件工艺方案时，除了考虑车身冲压件的一般工艺特点外，尤其要注意采取有效措施，避免隆起、起皱、划伤、压痕等外表面缺陷，确定合适的冲压方向和合理布置拉深筋，尽量避免预切工序。

（二）连接工艺

1. 概述

承载式白车身一般是用焊接机器人或多点焊机把空心钢板构件（车身骨架）与车身外板焊接而成的一个整体，个别部分也可用粘接、铆接（铝制车身的主要连接方式）或机械连接方式连接起来。在车身制造过程中，焊接、铆接和粘接是常用的连接工艺。它们用于将车身构件进行连接，形成稳固的结构。

扫一扫，观看"汽车钣金件焊接工艺"

（1）焊接工艺　焊接是通过加热和熔化金属材料，使其在熔融状态下相互结合形成连接的工艺。在车身制造中，常用的焊接方法包括电弧焊接、激光焊接和电阻焊接等。

1）电弧焊接：通过电弧放电产生高温，使工件表面熔化并形成焊缝。常用的电弧焊接方法包括手工电弧焊、气体保护电弧焊（MIG/MAG 焊接）和钨极惰性气体保护电弧焊（TIG 焊接）等。

2）激光焊接：利用激光束对工件进行局部熔化，实现高精度的焊接。激光焊接具有热影响区小、焊缝质量高的优点，适用于高要求的焊接连接。

3）电阻焊接：通过在连接接头处施加电流，使接头发热并熔化，然后迅速压合，形成焊接连接。电阻焊接通常用于连接薄板零件和焊接点较多的结构。

焊接工艺具有连接强度高、稳定性好的优点，适用于连接厚板和承受较大载荷的部件。然而，焊接过程中会产生热变形和残余应力，需要进行后续处理和校正。

（2）铆接工艺　铆接是利用铆钉将两个或多个工件连接在一起的工艺。铆接过程中，通过将铆钉穿过预先钻孔的工件，并在另一侧用铆接枪使其形成扁平的铆头，将工件紧密连接。

铆接工艺具有以下特点：①铆接连接坚固，可以承受较大的拉伸和剪切力；②铆接过程中不会产生热变形和残余应力；③对于难以进行焊接的材料（如铝合金），铆接是一种常用的连接方法。

铆接广泛应用于车身制造中，特别适用于连接薄板和复杂形状的工件。常见的铆接方法包括流钻螺钉连接（FDS）、自攻铆接（SPR）和无钉铆接等，如图 5-60 所示。

图 5-60　流钻螺钉连接（FDS）和自攻铆接（SPR）

（3）粘接工艺　粘接是利用胶粘剂将两个或多个工件连接在一起的工艺。粘接过程中，胶粘剂在工件表面形成薄膜，并在固化过程中形成高强度的连接。

粘接工艺具有以下特点：①粘接连接均匀，分布在整个接触面上；②粘接过程中不会产生热变形和残余应力；③可以连接不同材料和异形工件。

在车身制造中，粘接方法包括结构胶粘接、双面胶粘接和热熔胶粘接等。粘接工艺需要考虑胶粘剂的选择、表面处理和固化条件等因素，以确保粘接强度和稳定性。

综上所述，焊接、铆接和粘接是车身制造中常用的连接工艺。焊接适用于连接厚板和承受较大载荷的部件，铆接适用于连接薄板和复杂形状的工件，粘接适用于连接不同材料和异形工件。选择适当的连接工艺取决于材料类型、连接强度要求和生产效率等因素。依车型而异，在 120～200mm 长的翻边上需要有 5000 个焊点。翻边宽度为 10～18mm。其他安装件（前翼子板、车门、发动机舱盖和行李舱盖等）都是用螺栓紧固到车身支承结构上的。汽车车身焊装技术是汽车生产制造技术的重要组成部分，车身的焊装面几乎都是沿空间分布的，施焊难度相当大，这就要求使用的焊装夹具定位要迅速而准确，质量控制手段要完善，要应用先进的自动化生产线和大量焊接机器人才能满足大批量生产的要求。

焊装工艺的操作对象是白车身，焊装时，底架总成和侧围总成分别在各自的拼装台上焊装，然后送到白车身装配线上进行白车身拼装。图 5-61 说明了白车身的装配顺序。通常一个完整的白车身通过三段生产线完成焊装：第一段是底架总成焊装；第二段是侧围总成及顶盖等其他相关零件与底架总成的焊装；第三段是白车身安装件（前后盖、门和翼子板等可拆卸件）的安装。为减少焊接工作量以及模夹具和检具的使用量，要求对车身进行工艺分块时尽量大，如轿车整体冲压成的侧围。除了在冲压中要保证车身的刚度外，合理的焊接工艺也是保证车身整体刚度的重要手段。先进的焊接工艺同时也能保证车身的安全性。

2. 焊接类型

焊接的实质是利用局部加热或加压，或同时加热、加压的办法，使连接处的金属熔化或进入塑性状态，促成被连接处金属的原子相互渗透并接近到 0.3～0.5nm 的金属晶格距离，完全利用金属原子间的结合力把两个分离的金属板件连接起来。在焊接过程中，把局部金属加热到熔化温度以上后，再冷却结晶，在此过程中会不同程度地发生各种冶金现象和热处理

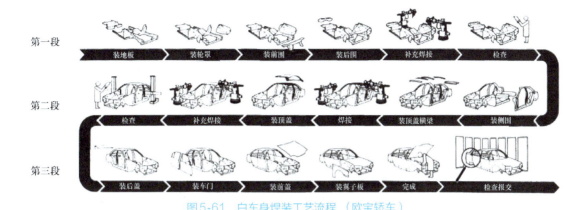

图5-61 白车身焊装工艺流程（欧宝轿车）

过程，复杂的变形与应力发生也出现在这些过程中，因此焊接不仅是一个装配工艺工程，还是一个复杂的冶金、热处理和焊接变形与应力产生的过程。

在传统的汽车车身上广泛采用的焊接方法是电阻焊。电阻焊属于压焊，是以材料的电阻为基础的焊接形式。焊接时，搭接在一起的薄板（2或3层）通过两个电极互相压在一起，强大的电流通过电极的传导，由金属电阻产生的热量熔化金属，再通过压紧力将熔点互相连接在一起。电阻焊包括点焊、凸焊和缝焊等。点焊在薄板结构中应用最多，一辆轿车车身上的焊点多达3000~4000个。凸焊应用也很广，车身上的固定件，如螺钉、螺栓、螺母与板件的焊接，或某些支架与板件的焊接，都可以采用凸焊形式。凸焊焊接的品质稳定，生产率高，但被焊件需要预先加工凸起部分。缝焊多用于要求密封的部位。

下面简单介绍车身焊接中常用的几种焊接方法。

（1）点焊　点焊是将车身板件已有的搭接接头夹置于两电极之间，同时压紧、通电，利用电阻热能熔化板材，故焊点的形成过程是热－机械（力）联合作用的焊接过程。

与熔焊方法相比，点焊是在压力作用下通过内部电阻热加热金属而形成焊点，其冶金过程简单，且加热集中，热影响区域小，易于获得品质优良的焊接接头。与铆接相比，不需要其他金属，结构质量轻。焊接过程中不产生弧光、有害气体及噪声，工人劳动条件好。点焊过程因机械化和自动化程度高、焊接速度快（通用点焊机焊接速度达60点/min，快速点焊机可达600点/min），非常适合自动生产线的要求。

图5-62所示为点焊原理示意图，图5-63所示为点焊过程示意图。点焊时，将待焊的板件搭接起来，置于上下电极之间，然后施加一定的压力，将板件压紧。预压的目的是使焊件在焊接过程中接触紧密，为焊接电流的顺利通过创造条件。如果预压力不足，则会因接触电阻过大，瞬间产生大量热量，可能导致焊件被烧穿或将电极的工作表面烧坏。然后闭合开关K，接通焊接变压器，变压器二次电流经焊机机臂、电极，流经被焊板件。板件本身的内部电阻是形成焊点的主要热源，产生的电阻热将板件迅速加热。因为与板

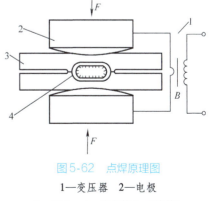

图5-62 点焊原理图
1—变压器　2—电极
3—板件　4—熔化核心（熔核）

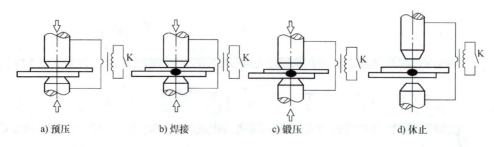

a) 预压　　　　b) 焊接　　　　c) 锻压　　　　d) 休止

图 5-63　点焊的焊接过程

件接触的电极是由导电、导热性能良好的铜合金制成的，且其内部通有循环的冷却水进行冷却，所以与电极直接接触的板件表面散热条件最好，温度不会升高，而板件与板件之间的接触表面被加热到熔化温度，并逐渐向四周扩大形成一定大小的熔核。锻压就是在焊接电流切断以后，仍保持足够大的电极压力，使电极继续对熔核进行挤压，使其变形并形成致密的核心，同时熔核冷却结晶形成焊点的过程。在休止时间内，升起电极，移动板件或电极，准备进行下一个点的焊接。

设计车身零件的点焊接头时应注意如下方面。

1) 由于车身零件受力情况复杂，而且零件之间通过焊点相互传力，因此设计的连接形式要具有连续性，能够传递各方面的力。另外，由于钢板焊点的剪切强度大大高于抗拉强度和分离强度，因此应该努力使焊点承受剪切负荷。图 5-64a 所示的结构就难以传递 x 方向的力和绕 y、z 轴的力矩，因为这时焊点要承受拉力负荷，而且翻边容易发生弯曲弹性变形，连接刚度较差。如果设计成图 5-64b 所示的形式，则搭接处焊点承受剪切负荷，能更好地传递各方向的载荷。在图 5-65a 中，零件之间力的传递发生在焊接翻边上，而不是发生在零件主表面上。对于图 5-65b 所示的焊接方式，力的传递发生在零件主表面，比图 5-65a 所示焊接方式好。

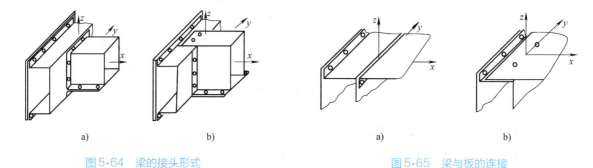

图 5-64　梁的接头形式　　　　　　　图 5-65　梁与板的连接

2) 在设计车身零件的连接形式时，应保证悬挂式焊钳或固定式焊极对连接部位的接近方便性，因此连接件的结构形状和接头形式的选择极为重要。对于难以接近的接头，必须采用特殊形状的电极。

车身上较多采用搭接或翻边对接的连接形式（图 5-66），因为这两种连接形式焊接品质好，且便于大量生产。从装配精度看，采用搭接时前后易错位，翻边则能控制两个零件的相对位置。但是从补偿零件的制造偏差看，采用搭接更有利，精度由装配夹具的定位来保证。简单合件的焊接，可以采用各种方法使零件自动定位，如图 5-67a 为孔定位，图 5-67b 为凸起筋定位，图 5-67c 为冲压件形状定位。

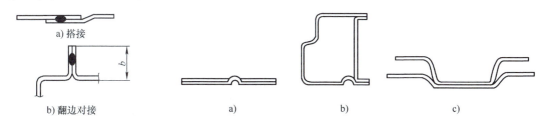

图 5-66　点焊接头形式　　　　　　图 5-67　焊件自动定位

焊接闭口截面必须将焊缝外引，否则焊接品质不易保证。应尽量避免采用图 5-68a 所示的接头形式，因焊枪引入困难，采用了间接搭接的形式，焊接品质难以保证。而图 5-68b 所示顶盖和流水槽采用双面点焊接头形式则较好，使流水槽相对顶盖的位置稳定，如用缝焊焊枪将顶盖和流水槽焊接起来，更有利于密封防腐。

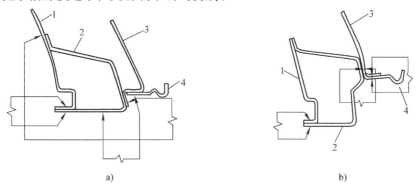

图 5-68　流水槽与顶盖的连接
1—内边槽　2—外边梁　3—顶盖　4—流水槽

3）被焊接的板料厚度的比值应为 2.5～3，否则焊核将偏移向薄板一边，容易击穿。

点焊时，焊点的布置也非常关键。焊点布置时要考虑以下几点：

① 在产品的合件或总成图上要规定焊点的直径和点距。最佳的焊点直径约为 $5.5\sqrt{t}$，t 为板厚（mm）。点焊时，焊接电流不仅在两个焊极之间流动，还流过邻近的焊点，点距越小，则分流电流越大，焊接品质就不容易保证，因此并非焊点之间的距离越近，焊点数越多，接头强度就越高。为了获得更高的结构焊接强度，必须控制最佳的焊点距。对于两层低碳钢板料的焊点距，推荐见表 5-9。在多点焊机上焊接，考虑到焊枪的外径尺寸，点距不宜小于 50mm。焊件厚度比大于 2 或连接三个以上零件时，点距应增加 10%～20%。

② 焊点布置离板边太近会使加热后的金属挤压向一边，从而削弱焊接强度。推荐点边距见表 5-9。焊接翻边的宽度一般取 $6t+8$mm 最佳。翻边太宽或焊点离板边太远，不仅增加重量，浪费材料，还使翻边边缘应力提高。

③ 焊点不应布置在圆角拐弯处或不甚平整的部位。

④ 焊接层数增加，则分流电阻相对减小，使分流电流增加。因此，应尽量少采用三层板的焊接结构。当需要三层板叠焊时，从强度考虑，最好不要当作工作（受力）焊缝，其点距也应比焊二层板时大 10%～20%。当焊件厚度为 1～2mm 的三层板焊接时，其最小点距应为

表 5-9 对应不同板厚的焊接要求　　　　　　　　　　　　　（单位：mm）

板厚 t	焊点直径 d	焊枪外径 D	焊点距 s	点边距 P	图示
0.6	4.0	10	>11	>5	
0.8	4.5	10	>14	>5	
1.0	5.0	13	>18	>6	
1.2	5.5	13	>22	>7	
1.4	6.3	13	>29	>8	

20～30mm。如焊接三层板或双排焊缝时，搭边应增加25%～35%。

⑤ 大型点焊结构的焊点应尽可能布置得对称，否则容易产生不规则变形和应力集中。

必须注意：如果采用高强度板材，则选用压力和焊接电流的允许范围会变小，但许用剪力随之增加。因此，提高了点焊区强度。

（2）凸焊　凸焊与点焊相比，其不同点是预先在板件上加工出凸点，或将焊件上能使电流集中的型面、倒角等作为焊接时的相互接触部位。焊接时靠凸点接触，提高了单位面积上的压力与电流密度，有利于将板件表面氧化膜压破，使热量集中，减小分流，并减小了焊点中心距，一次可进行多点凸焊，提高了生产效率，减小了接头的翘曲变形。在车身上，一般是将凸焊螺母（有凸点的螺母）焊在薄板上，这样在装配时只需要拧紧螺栓即可，提高了装配工效。

（3）缝焊　缝焊是用一对滚轮电极代替点焊的圆柱形电极，与工件做相对运动，在焊轮连续或断续滚动并通以连续或断续电流脉冲时，形成一个个熔核相互搭叠的密封焊缝的焊接方法，如图5-69所示。缝焊最大的特点是能焊接气密、水密、油密等密封容器的焊接部件，如燃油箱等。缝焊的接头形式、搭边宽度与点焊类似，但滚轮不像点焊电极那样可做成特殊形状，因此设计焊缝结构时，必须注意滚轮的可达性。

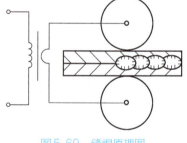

图5-69　缝焊原理图

（4）钎焊　钎焊是利用熔点比母材低的钎料（车身焊接中常用铜）和母材一同加热，在母材不熔化的前提下，钎料熔化并润湿、填充两母材连接处的间隙，形成钎缝。与熔化焊相比，钎焊加热温度较低，焊件的组织和力学性能变化较小，变形不大，接头平整光滑，外表美观，可连接不同的材料，生产率高，但钎焊焊缝的强度比较低，常用搭接接头来提高承载能力。同时，钎焊时对工件的装配要求较高，要保证装配间隙。

（5）CO_2 气体保护焊　CO_2 气体保护焊是利用 CO_2 气体作为保护气的气体保护电弧焊，其焊接热量来自焊丝与工件间的电弧。因 CO_2 气体密度比空气大，受电弧加热后体积膨胀，所以 CO_2 气体保护焊在隔绝空气、保护焊接熔池和电弧方面的效果相当好。进行 CO_2 气体保护焊时，必须采用含有脱氧剂的专用焊丝（如H10MnSiMo、H04Mn2SiAlTiA）及专用的平外特性焊接电源。CO_2

扫一扫，观看"焊接工艺之二氧化碳气体保护焊"

气体的纯度不得低于99.5%。当CO_2气瓶内的压力低于1MPa时，就应停止使用，以免溶于液态CO_2中的水分汽化量增大而产生气孔。

CO_2气体保护焊具有焊接成本低、焊接效率高、适用范围广等优点，而且抗锈能力较其他焊接方法强，焊缝含氢量低，抗裂性好。由于是明弧，因此便于观察和控制焊接过程，有利于实现焊接过程的机械化和自动化，焊后不需清渣。焊接薄板时，比气焊速度快，尤其是变形小，薄板可焊到1mm左右，间隙可小于0.5mm。

（6）激光焊接　激光焊接属于熔融焊接，以激光束为能源，冲击在焊件接头上。激光束可由平面光学元件（如镜子）导引，随后再以反射聚焦元件或镜片将光束投射在焊缝上。激光焊接又属非接触式焊接，作业过程不需加压，但需使用惰性气体以防熔池氧化，填料金属偶有使用。可焊材质种类范围大，亦可相互接合各种异质材料。

激光焊接的优点如下：

1）激光焊接十分灵活，既可焊接连续的缝，也可焊接不连续的缝，实际上可以在计算机的控制下沿任意轨迹焊接。

2）经激光焊接形成的接头强度高，可以提高车身结构强度和刚度。

3）激光焊接的速度很快，最快可以达到20m/min，提高了焊接效率。

4）激光焊接是非接触式焊接，一般距离钢板10cm以上，在车型更换时，只需更改夹具和对机器人重新编程即可，非常适合柔性化生产。

5）激光拼焊可以将若干不同材质、不同厚度、不同涂层的钢材、不锈钢材、铝合金材等进行自动拼合和焊接而形成一块整体板材、型材、夹芯板等，以满足零部件对材料性能的不同要求。

但是，激光焊接也存在一些缺点：

1）由于激光焊接聚焦光斑小，对焊接结构的精度要求较高，提高了对焊接夹具的设计要求，从而也提高了投资成本。

2）激光焊接设备本身的价格不菲，初期投资较大。

3）激光焊接一旦产生焊接缺陷，其质量的检测和返修都较其他焊接方法困难。

3. 车身焊装生产线

现代轿车白车身的焊装生产线均已实现自动化，由焊接机器人完成，不需要人工操作，如图5-70所示。

汽车行业一直是焊接机器人的最大用户，使用焊接机器人可以稳定和提高焊接质量，提高生产效率，改善工人的劳动强度，降低对工人操作技术的要求。机器人对被焊零件的适应性强，不会因为产品的变化而使设备报废。另外，采用机器人使柔性焊接生产得以更好地实现，并为小批量、多品种的自动化生产提供了技术基础。

车身结构复杂，刚性差，易变形。为了保证其焊装质量，在焊接过程中使零件不致错位，特别是孔洞的尺寸、形状和相互位置，必须采用适当的装配夹具予以保证。

焊装夹具的主要作用有以下几点：

1）使被装配的板件获得准确的空间位置并被夹紧。

2）保证焊接工艺正常进行。夹具要有足够的刚度，只有通过具有一定精度的装焊夹具，

图5-70 轿车白车身自动焊装生产线

才能保证板件的正确位置,保证焊接的顺利进行。在制造和使用中便于用调整样架进行检验和校正。

3)采用结构良好且便于操作的翻转式焊装夹具,定位、夹紧和松开应省力而迅速,可减轻劳动强度,提高生产效率,保证焊装质量。

随着汽车工业的快速发展,汽车车身改型越来越快,生产效率也越来越高,大批量的车身生产必须在车身焊装生产线上进行。同时,为满足不断推出新车型的要求,车身焊装生产线必须具有一定的柔性,让多个车型能共线生产,从而降低成本。

车身焊装生产线主要分为贯通式和环形式两大类。

1)贯通式焊装生产线适用于车身地板、车门、行李舱盖、发动机舱盖等轮廓形状简单、刚性较好、结构较完整、组成零件数较少的分总成的焊装。

2)环形式焊装生产线适用于工件刚性较差,组成零件数较多,特别是尺寸精度要求较严格的部件、总成等的焊装。

(三) 车身涂装工艺

汽车制造过程中的车身涂装工艺是指对车身进行表面涂装,即将涂料均匀涂覆在车身覆盖件表面上,并干燥成膜的工艺。涂装对汽车车身起防腐蚀和装饰作用,可提高产品使用寿命、美化外观。

汽车车身涂装属于多层涂装,由于各种汽车的使用条件不同,涂装工艺也各不相同。概括起来,国内外汽车车身涂装工艺可分为以下三个基本体系。

1)涂三层烘三次体系,即底漆涂层+中间涂层+面漆涂层,三层分别烘干。外观装饰性要求较高的乘用车车身一般都采用这一涂装体系。

2)涂三层烘两次体系,即底漆涂层+中间涂层+面漆涂层,底漆层不烘干,涂中间涂层后一起烘干。外观装饰性要求不太高的旅行车和大客车车身,及轻型载货汽车的驾驶室一般采用这一涂装体系。

3)涂两层烘两次体系,即底漆涂层+面漆涂层,无中间涂层,两层分别烘干。中型、重型载货汽车的驾驶室一般采用这一涂装体系。

典型的乘用车车身涂装工艺如图5-71所示。下面介绍典型的涂装工序。

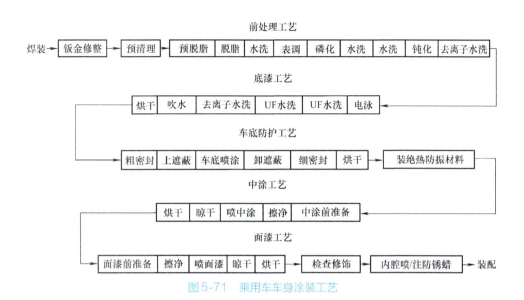

图5-71 乘用车车身涂装工艺

1. 前处理

涂装前的表面处理直接影响涂层使用寿命和装饰效果，其目的是去除被涂件构成物之外的所有异物，使车身表面清洁并形成一层均匀的磷化膜，以保证涂层具有良好的防腐蚀性能和装饰性。处理方式主要有喷射式和浸渍式，以浸渍为主、喷射为辅的处理方式，习惯称为全浸式。前处理最重要的工序是磷化，按组成磷化液的磷酸盐分类，有磷酸锌系、磷酸锰系和磷酸铁系。磷化处理是利用磷酸的离解（平衡）反应在清洗（脱脂）过的金属底材表面上析出不溶性的磷酸金属盐（磷化膜）的技术。磷化膜的功能是提高涂布在其上的涂膜（电泳涂膜）的附着力和耐蚀性。

2. 电泳（涂底漆）

电泳涂装工艺由电泳、清洗、吹干和烘干（涂膜固化）等工序组成。该工艺形成涂膜的方法比较特殊，采用一种专业涂料（简称电泳涂料），将有导电性的被涂物浸在电泳涂料槽中作为阴极（或阳极），再设置与它相对应的阳极（或阴极），在两极间通一定时间的直流电，在被涂物上会析出均匀且不溶于水的涂膜。电泳涂料分为阴极电泳涂料和阳极电泳涂料。阴极电泳涂料能定量控制涂

扫一扫，观看"汽车喷涂工艺——底漆"

膜厚度，对工件内表面甚至焊缝的涂装效果好，涂料利用率高达95%以上，基本可消除对环境的污染，因此目前广泛应用于车身电泳涂装工艺。

电泳涂装的主要优点：电泳涂料在水中能完全溶解和乳化，配制成的槽液黏度很低，与水差不多，很易浸透浸在槽液中的车身（被涂物）构造部及缝隙中。电泳涂装具有良好的泳透性，可以生成比较均一的涂膜。槽液的固体含量低，黏度小，被车身带出槽外的涂料少，且可用超滤装置和反渗透装置回收利用。涂膜的附着力强，防锈性好，$20\mu m$厚的阳极电泳涂膜的耐盐雾腐蚀性达300h以上，阴极电泳涂膜1000h以上。

但是电泳涂装也存在一定的局限性：电泳涂装的工艺原理决定了其仅适用于具有导电性的被涂物。无导电性的物体，如塑料等不能采用这种涂装方法。电泳特性不一样的多金属组

合物、不能耐高温（160~185℃）的被涂物，也不能采用此种涂装工艺。因为变化涂膜的颜色要分槽涂装，所以对颜色有限定要求的涂装也不宜采用电泳涂装。

3. 密封及车底防护

涂密封材料（如密封胶）可以增加车身的密封性（机械密封性、水密封）、防锈性、舒适性和耐久性。一般应用在车身冲压件的组合焊缝部位，如车顶渗水部、支柱部及其他漏水漏气的部位，如图5-72所示。

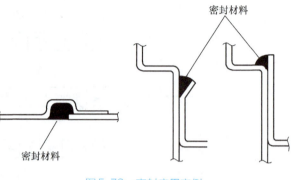

图5-72 密封应用实例

涂密封胶工艺可分为细密封和粗密封工序。细密封工序是指车身外表面（如流水槽）、门框和门板的密封工序，要求有一定的装饰性，涂布后尚需修饰一下，工序布置在车底涂料喷涂后。粗密封工序是指车底下表面和车身内搭接面的密封，一般在喷涂车底涂料前进行。喷涂时可以水平喷涂，也可以垂直喷涂，如图5-73所示。

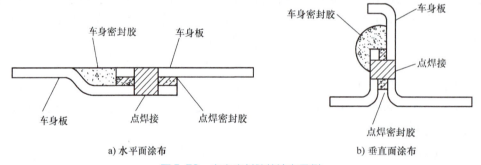

图5-73 车身密封胶的涂布示例

汽车在各种道路条件下行驶时，被带起的沙石不断地击打车身底板、轮罩内等处，长期的冲击会使车身底部的涂层逐渐被破坏，致使底板锈蚀。因此，需要在车身底部、轮罩内等部位涂布抗石击涂料。另外，车底涂层涂料也应具有防振、降噪和防锈等性能。车底涂层应能充分吸收飞石能量，耐磨性优良，且要有充分的膜厚。

车底防护喷涂一般在焊缝密封后进行。从使用目的和外观质量考虑，车底防护涂料只涂于车身底部，为防止喷到不需喷涂的其他部位，先要进行遮蔽，喷涂后去掉遮蔽物并进行清理。

4. 中涂

中涂层介于底漆与面漆之间，主要作用是改善被涂物表面和底漆涂层的平整度，为面漆层创造良好的基底，以提高整个涂层的装饰性和抗石击性。介于电泳涂膜和面漆涂膜之间的中涂涂膜，要求具有与电泳底漆涂膜和面漆涂膜良好的附着结合力、耐候性、耐崩裂性、面漆遮盖性、高级外观等功能。在中涂涂装线上往往要多次涂布数种性质不同的涂料（如PVC保护涂料、抗石击涂料、中涂涂料、窗框用特黑丙烯酸聚酯涂料等），如图5-74所示。

5. 面漆

面漆是汽车车身多次涂装中的最后一道涂层，它对车体有保护和装饰双重作用。通过面

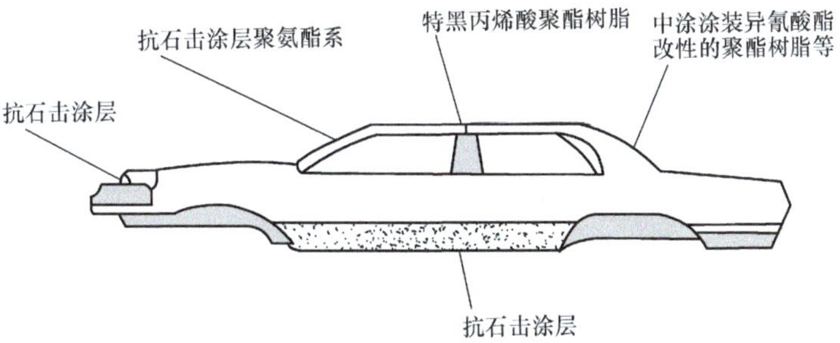

图5-74 在中涂涂装线上涂布的各种涂料

漆涂装来装饰汽车,最大限度地表现车身的设计构思,实现各种各样的色彩和图案,大幅度地提高汽车的商品价值。面漆涂装兼有对底涂层(中涂和电泳涂膜)和面漆涂层自身的保护作用。对底层涂膜的保护指防止紫外线透过和水透过,而现今随着中涂涂膜的功能提高,分担了面漆涂层的部分保护作用,面漆涂膜自身的保护成为主题。面漆涂膜需要具有保护色、耐候性、耐污染性、耐酸雨性和抗划伤性等功能,才能保护自身。

扫一扫,观看"汽车喷涂工艺——面漆"

面漆涂装的工艺方法包括:单涂层的工艺方法,即整个面漆涂层为单一色;双涂层的工艺方法,即底色漆层(又可称发色层),加罩光清漆层;三涂层的工艺方法,即封底色层,加底色漆层(又可称发色层),再加罩光清漆层。

(四)车身装配工艺

汽车制造中的装配工艺是将各个零部件按照特定的顺序和方法组装在一起,形成完整的汽车。装配工艺涉及多个环节和步骤,下面描述其中的主要过程:

(1)预装配 预装配,也称为分装,是在汽车生产线的早期阶段进行的,包括以下步骤。

1)零部件准备:将各个零部件从供应商处送至装配线,并进行分类、检查和准备工作。

2)子组件装配:将相关的零部件进行组装,形成子组件,如发动机、底盘、传动系统等。

3)预装配线安装:将子组件安装到预装配线上,完成预装配阶段。

(2)主装配 主装配是将预装配的各个子组件和零部件组装在一起,形成完整的汽车。主装配包括以下步骤。

1)内饰装配:将座椅、仪表盘、中控台、门内饰板等安装到车身内部。

2)动力装配:将发动机、电机、传动系统等组装到车身底盘上。

3)电气装配:安装电池、电线、灯具、仪表等电气系统组件。

4)润滑和冷却系统装配:安装润滑油箱、散热器、冷却风扇等。

5)制动和悬架系统装配:安装制动系统和悬架系统组件。

6)燃油系统装配:安装燃油箱、燃油泵、喷油器等。新能源汽车还包括动力电池装配(图5-75)。

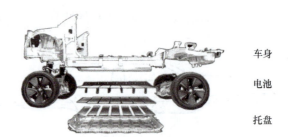

图5-75 动力电池的装配

(3) 最终装配 最终装配是对已完成主装配的汽车进行最后的检查和调整,确保质量和性能达到要求。最终装配包括以下步骤。

1) 质量检查:对整车进行外观、尺寸、功能等方面的检查,确保各项指标符合标准。

2) 系统调试:对车辆的各个系统进行调试和测试,包括发动机、电气系统、制动系统等。

3) 底盘调校:调整底盘的悬架、转向、制动等参数,以提供良好的行驶性能和舒适性。

(4) 最终检验和交付 在装配完成后,汽车将进行最终的全面检验,以确保质量和安全性。最终检验包括外观检查、性能测试、安全测试等。通过检验合格后,汽车将进行清洁和包装,做好交付准备。

在整个装配过程中,会应用先进的自动化设备和生产线,以提高生产效率和质量控制。同时,还会应用质量管理系统和标准,确保每个装配步骤都符合要求,并满足最终产品的质量标准,某总装工厂布局如图5-76所示。

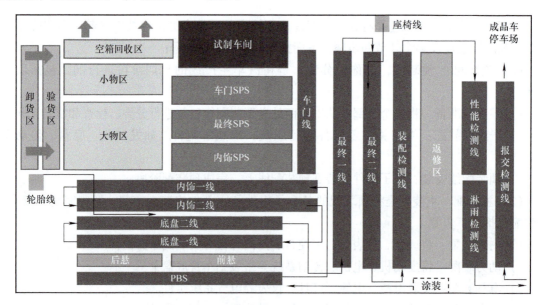

图5-76 某总装工厂布局

(五) 一体压铸工艺

一体压铸工艺(也称为全封闭式压铸工艺)是一种高效的金属铸造工艺,用于生产具有复杂形状和高精度要求的金属零部件。

（1）一体压铸工艺原理　一体压铸工艺是将金属材料（通常是铝合金）在高温下熔化，然后通过压力将熔融金属注入预先制备好的铸型中。铸型通常由两个或多个具有复杂形状的模具组成，它们在关闭状态下形成一个密闭腔室。当金属注入腔室中时，压力和冷却控制使其在模具中凝固和形成所需的形状。

（2）一体压铸工艺步骤

1）模具准备：制备两个或多个金属模具，这些模具具有相应的形状和孔洞，以形成所需的零部件。模具一般由耐热合金或特殊涂层材料制成，以耐受高温和高压。

2）材料准备：选择适当的金属材料（通常是铝合金），材料通过加热到液态状态，使其达到熔点。

3）模具封闭：将两个或多个模具紧密地封闭在一起形成一个密闭的腔室。腔室内部形状与所需的零部件形状相对应。

4）注入熔融金属：将熔融金属通过注射系统注入模具的封闭腔室中。通常使用压力来驱动熔融金属进入模具。

5）铸型冷却和凝固：熔融金属进入模具后，通过控制冷却系统的温度和时间，使熔融金属逐渐冷却凝固形成所需的零部件形状。冷却时间取决于材料类型、零部件的厚度和复杂性等因素。

6）模具开启和零部件脱模：冷却时间结束后，打开模具，将凝固的零部件取出。通常采用机械或液压装置来帮助模具的开启和零部件的脱模。

7）后续处理：根据需要，对零部件进行后续处理，如去除闪光、修整边缘、进行热处理或表面处理等，以满足零部件的要求。

（3）一体压铸工艺的优点

1）复杂形状成形：一体压铸工艺可生产具有复杂形状和细节的零部件，如内部通道、薄壁结构、凹凸面等。它可以实现复杂结构的一体成形，减少后续的加工和组装工序。一体压铸成形的铝合金后地板如图5-77所示。

2）高精度和尺寸稳定性：由于模具的精确制造和密闭性能，一体压铸工艺可获得高精度的零部件，具有良好的尺寸稳定性和一致性。

3）高生产效率：相对于其他铸造工艺，一体压铸工艺具有较高的生产效率。一次注射可以完成多个零部件的铸造，减少了生产时间和人力成本。

4）轻量化设计：铝合金材料常用于一体压铸工艺，因其具有较高的强度和良好的腐蚀抗性。通过一体压铸工艺可以实现零部件的轻量化设计，减少整车质量，提高能耗率和整车性能。

一体压铸工艺广泛应用于汽车、航空航天、电子设备和工业机械等领域，特别适用于需要复杂形状和高精度的零部件生产。它能够满足对质量、效率和成本的要求，为车身制造提供了一种可靠的解决方案。

三、车身产品尺寸精度

车身精度主要是指车身零件的尺寸精度、形位精度和装配精度。也就是说，除了零件的

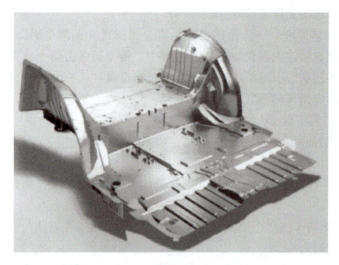

图 5-77　一体压铸成形的铝合金后地板

外形精度要求外,还须有安装硬点的装配尺寸精度要求。尤其是作为装配基础的部件,如地板总成、门内板分总成等,是车身其他部件或总成的装配基准。装配尺寸精度是由装配夹具来保证的,必须严格控制装配夹具的尺寸精度,才能保证车身总装后的尺寸精度,如门与门框的配合间隙、车身表面零件接缝处的齐平度等,所有零件的设计公差和装配调整公差都要制定得合理。有关车身工艺分块、产品定位参考点(主控制点)的逐级设计及车身制造精度分解体系等技术方法的掌握都至关重要。每个零件的设计、制造、检测和装配都要努力做到在统一的定位参考系统下进行,才能够保证车身的整体精度。可见,提高车身产品尺寸精度必须从产品设计开始,并贯穿于整个产品开发过程。

1. 车身制造精度要求

车身工程是个庞大而复杂的系统工程,从设计到制造的每个阶段都影响车身的综合尺寸精度。例如:车身设计的尺寸偏差、冲压工艺参数、模具磨损、回弹等构成的冲压件尺寸偏差,装配夹具定位、夹紧元件磨损或夹具设计不合理形成的装配件尺寸偏差,焊接规范不合理或材料性能问题带来的焊接变形等,都会影响车身的综合尺寸精度。

汽车产品采用车身制造综合误差指数(Continuous Improvement Indicator),即六倍均方差"6σ"来控制车身制造质量,从而用最经济的制造成本提高汽车产品的整体质量。这个综合误差指数不是车身制造质量测量数据的实际偏差,而是车身制造尺寸稳定性指标系统分析后的综合评价。

在 CMM(Coordinator Measuring Machine)坐标测量系统中,一批白车身上,同样的一个尺寸检测点所测得的数据可被认为是一个随机变量,并且大量的实践经验与理论分析表明,测量偏差服从正态分布。若随机变量 x 服从正态分布,则 x 的概率密度为

$$f(x) = \frac{1}{\sqrt{2\pi}\sigma}\exp\left[-\frac{(x-\mu)^2}{2\sigma^2}\right] \tag{5-11}$$

式中,μ 为均值,$\mu = \frac{1}{n}\sum_{i=1}^{n}x_i$;$\sigma$ 为标准差。

$$\sigma = \sqrt{\frac{1}{n-1}\sum_{i=1}^{n}(x_i - \mu)^2} \tag{5-12}$$

$f(x)$ 曲线 (图 5-78) 有如下特点:

1) 曲线对称于 $x = \mu$。

2) $f(x)$ 最大值在 $x = \mu$ 处, 为 $\dfrac{1}{\sqrt{2\pi}\sigma}$。

3) 在 $(-\infty, \mu)$ 内单调递增, 在 $(\mu, +\infty)$ 内单调递减。

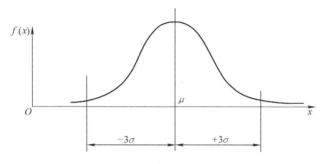

图 5-78 尺寸数据的正态分布

经过计算, 分别在 μ 附近 σ、2σ、3σ 范围内对 $f(x)$ 积分, 有下面的等式:

$$\frac{\int_{\mu-\sigma}^{\mu+\sigma}f(x)\mathrm{d}x}{\int_{-\infty}^{\infty}f(x)\mathrm{d}x}=68.26\%, \quad \frac{\int_{\mu-2\sigma}^{\mu+2\sigma}f(x)\mathrm{d}x}{\int_{-\infty}^{\infty}f(x)\mathrm{d}x}=95.46\%, \quad \frac{\int_{\mu-3\sigma}^{\mu+3\sigma}f(x)\mathrm{d}x}{\int_{-\infty}^{\infty}f(x)\mathrm{d}x}=99.73\% \tag{5-13}$$

上述百分数表明, 在正态分布下, 几乎所有的点都落在 6σ 的范围内。

因此, 如果产品某检测点名义尺寸为 $x_0(=\mu)$, 按正态分布的原则, 其公差可取为 $\pm 3\sigma$, 如图 5-79 所示, 分等级如下:

$\|x-x_0\| \leq \Delta x/3$	为 A 级精度	约占 68.3%	(优)
$\Delta x/3 < \|x-x_0\| \leq 2\Delta x/3$	为 B 级精度	约占 27.2%	(良)
$2\Delta x/3 < \|x-x_0\| \leq \Delta x$	为 C 级精度	约占 4.2%	(合格)
$\|x-x_0\| > \Delta x$	为 D 级精度	约占 0.3%	(不合格)

可见, σ 是衡量测量数据稳定性或重复性的重要参数。

2. 车身产品尺寸管理

为了保证产品质量, 国外各大汽车公司都设有尺寸管理部门, 其主要任务是将客户对产品质量的要求转变为尺寸目标, 包括总体尺寸和精度 (Global Dimensioning and Tolerance, GD&T), 将精度目标分派到各级, 制订定位参考策略并进行精度优化等。

车身制造精度问题从产品的开发阶段就要考虑。从设计到制造的每个工艺过程, 都要围绕总目标加以落实, 才能保证车身的总体装配精度。这就要求设计部门、生产部门和质量检验部门协同起来进行产品尺寸管理, 共同开发创建产品的质量体系全过程。

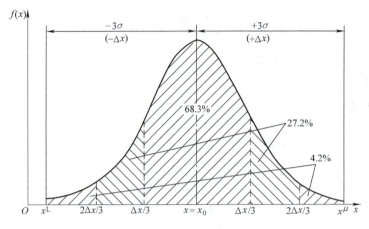

图 5-79 测量数据等级分布特性

第四节 车身减振与降噪设计

一、车身振动与隔振

轮胎/车轮不平衡的动态力、路面激励、发动机燃烧、发动机/驱动电机和传动系旋转部件不平衡,以及其他部件的相对运动都会产生动态作用力,直接或间接传到车身会引起车身振动,并通过结构辐射噪声传到车内。

非承载式车身通常通过一系列车身悬置与车架相连,作用在车架上的激励力传到车身时会因车身悬置而衰减。承载式车身的前、后副车架,有的通过悬置与车身相连,有的则与车身刚性连接。影响副车架与车身连接方式的因素有很多,如操作性能、离地间隙和成本控制等,有时甚至要考虑平衡低频整车振动。例如:副车架与车身刚性连接有助于提高整车振动的模态频率,改善振型,但也会直接影响高频结构振动和噪声的传递。

引起整车结构振动和噪声的激励力很多,分布在整车各处,并且随频率和汽车运行状态变化。大幅值激励力不一定造成整车结构振动和噪声问题,另外,小幅值激励力也不一定可以忽略不计。比如发动机的激励力很大,如果隔振设计合理,就不会影响整车结构振动和噪声。再比如一些零部件,如排气系统,如果与车身连接减振效果差,而连接点又刚好是车身的声振敏感点,即使其激励力幅值很小,也会造成整车结构振动和噪声问题。

发动机是燃油汽车的动力源,也是其最主要的噪声与振动源,其激励力主要有两类:一是发动机旋转运动和上下运动产生的惯性不平衡;二是燃烧产生的冲击力。发动机总是与变速器连在一起,组成动力装置。变速器里有很多齿轮,通过不同齿轮之间的啮合,传动轴以不同的速度旋转,从而使得车轮的运转速度变化。这些齿轮之间不可能完美地啮合,因此会产生振动。传动轴和半轴都是旋转运动部件,当轴系的质心与旋转中心线不重合时,就会产生离心力,而这些额外的离心力会将振动传递到车身上。另外,从变速器到半轴组成一个整体的系统,当这个系统的弯曲和扭转频率与发动机的激振频率一致时,动力系统还会发生共振。因此,动力系统的隔振设计在车身结构设计中也非常关键。

纯电动汽车没有发动机,其动力系统主要由驱动电机、单档或少档变速器和减速器组成。除了旋转部件的额外离心力产生的振动噪声外,还有电磁振动产生的电磁噪声,以及风冷式电机的冷却风扇旋转产生的噪声。与内燃机汽车相比,电机的调速范围大、转矩响应速度快,振动噪声主要分布在高频区域。

为使悬置结构能吸收振动能量并适应车架变形的要求,悬置垂直方向的刚度应较小,而横向刚度应较大(至少在部分悬置点上,防止驾驶室或车身在水平方向窜动)。但是车身与车架连接的悬置件大多采用橡胶元件,承受着很大的负荷,如果刚度低,则挠度大;而从橡胶元件的寿命考虑,其允许应变不应大于15%～20%,也就是说悬置刚度不得太低,所以要隔断50Hz以下低频振动的传递是困难的。

悬置的橡胶元件,按所受力的方向可分为压缩型和剪切型,如图5-80所示。剪切型具有垂直刚度低和横向刚度高等优点。当悬置的侧向负载要求很高时,最好采用有预压的剪切型橡胶元件,但从寿命和使用方便角度来说不如压缩型,故后者应用较多。

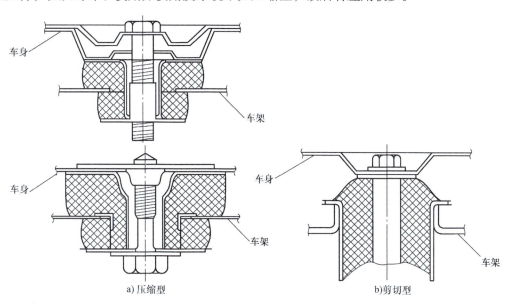

图5-80　车身悬置实例

橡胶悬置结构简单,价格便宜,基本上不用维护,使用寿命长,而且性能稳定,目前几乎所有汽车上采用的都是这种悬置形式。随着工艺技术的进步,尼龙和碳纤维的悬置也得到了应用。近年来,随着对汽车舒适性要求的提高,液压悬置在一些高级轿车上得到了一定的应用。液压悬置的结构非常多,大致可分为非耦合和耦合两类。

图5-81所示为非耦合液压悬置的结构原理图,它由橡胶体、上腔室、下腔室、液体和流通小孔(图5-81a)或惯性通道(图5-81b)构成。上腔室和下腔室内充满了液体。橡胶体支撑重量,同时也构成了上腔室室壁。橡胶的弹性变形给各液体施加压力,将液体挤到下腔室。下腔室的底部是一个橡胶膜,其刚度很低,这样下腔室就好像一个液体容器。两个液体腔室用一个铁板隔开,铁板中间有一个小孔(或惯性通道),两个腔室的液体可以自由地经过小孔流通。在小孔(或惯性通道)中的液体形成了一个运动的质量体,它的运动会产生一

个惯性力，该力的相位与输入力的相位相差一个角度，这样输入力就会被这个惯性力抵消一部分，从而起到阻尼作用。

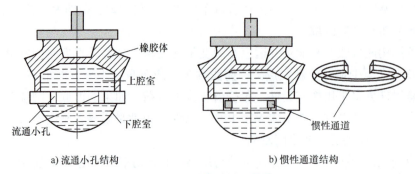

图5-81 非耦合液压悬置

图5-82所示为非耦合液压悬置与橡胶悬置的特性比较。可以看出，液压悬置在低频时阻尼非常大，特别是在10Hz左右，这对吸收发动机起动时的摇摆和路面的冲击非常好。可是当频率增加时，其刚度也增加，这对隔振不利。一般来说，高频时，非耦合液压悬置的刚度比橡胶悬置的刚度大。

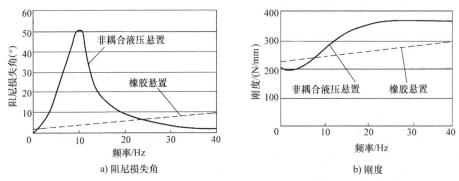

图5-82 非耦合液压悬置与橡胶悬置的特性比较

图5-83所示为耦合液压悬置的结构原理图，其与非耦合液压悬置的基本结构是一样的，只是在两个腔室之间多了一个耦合块。耦合块可以是一个薄钢板，也可以是一个柔软的膜板。耦合块自由地悬浮在两个腔室之间的液体中。当悬置受到外界较大的冲击力作用时，耦合块被压到底部后不运动。液体通过小孔（或惯性通道）在上下两个液压腔室之间流通。这时的工作状况与非耦合的液压悬置相同。可当位移较小时，上下腔室内的液体推动耦合块在液体中上下运动，只有少量的液体在两个腔室之间流通，从而使阻尼和刚度降低，这样高频隔振效果好，如图5-84所示。

除被动悬置外，在原有液压悬置的基础上，增加执行器，产生了主动悬置和半主动悬置。

随着世界各国对节能减排的要求越来越严格，汽车主机厂正在尝试推广小排量三缸涡轮增压发动机；增程式混合动力汽车也常使用三缸发动机与发动机组合作为增程器（Auxiliary Power Unit，APU）。三缸发动机存在1.5阶的点火激励、1阶的旋转惯性力矩和往复惯性力矩不平衡，而动力总成的刚体模态很容易与1阶和1.5阶激励频率重合，恶化了整车的振动噪声。不带平衡轴的三缸发动机进一步提高了轻量化水平，但对发动机悬置技术提出了更高要求。

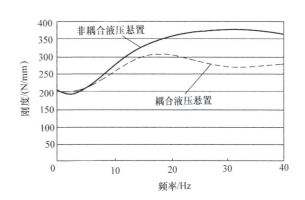

图 5-83　耦合液压悬置　　　　图 5-84　耦合与非耦合液压悬置的刚度比较

与内燃机汽车相比，纯电动汽车总成质量小、尺寸小，电机没有怠速工况，但转矩响应更快，电动和发电工况频繁转换，在悬置设计上与内燃机汽车差异较大，需要重新定义各项悬置设计指标。纯电动汽车的悬置系统结构较简单，多采用纯橡胶悬置，或选用橡胶用量较多的悬置结构，这对高频振动的抑制有利。

在悬置元件的布置方面，目前国内很多纯电动汽车仍然在沿用转矩轴布置方式，即左右主悬置尽量布置在靠近转矩轴位置，动力总成后侧再加一个拉杆式抗扭悬置。但是国外厂商的车型基本都摒弃了这一种布置方式，转为更简单有效的质心布置方式。例如特斯拉 Model S 和 Model X。国内的蔚来 ES8 也是采用质心布置。这些采用质心布置方式的车型中，绝大多数是采用三点悬置，这种布置方案的原则是：在俯视图上动力总成的质心要落在三个悬置点所构成的三角形区域内，且尽量靠近三角形的中心，对三个悬置点的相对位置则没有太多限制。特斯拉 Model S 的前动力总成采用左前＋右前＋左后布置方式，后动力总成采用左＋前＋后的布置方式，如图 5-85 所示。

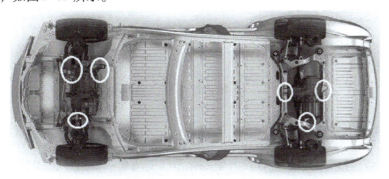

图 5-85　特斯拉 Model S（双电机驱动）动力总成的悬置布置

车身的动力响应随着车架上悬置点的数目、位置和刚度而有所不同。为了减少车架变形和振动对车身的影响，应尽可能减少悬置点，并将它布置在车架振动的节点（位移为零的点）附近。汽车上振源（如动力装置）的悬置也应尽可能布置在靠近节点处。为正常发挥悬置的作用，车身在其支承部位应有足够的刚度。

货车驾驶室的悬置点数与布置要根据驾驶室的形式来确定。如长头驾驶室采用四点、五点或六点悬置，布置成棱形；而平头驾驶室则用四点悬置，如图5-86所示。

在不同装载情况下，重型货车的车身总质量变化很大，对驾驶室的平顺性有很大影响。因此，出现了半浮式或全浮式驾驶室悬置装置，它们通过螺旋弹簧、钢板弹簧或空气弹簧将驾驶室部分地或全部地悬置在车架上。有时还装有减振器，构成一套完整的悬架结构。

二、车内噪声与降噪

1. 噪声的量度与评价指标

噪声是不受欢迎的声音的总称。它既具有一般声波运动的特性与性质，又包含着主观上的和心理上的因素，并不

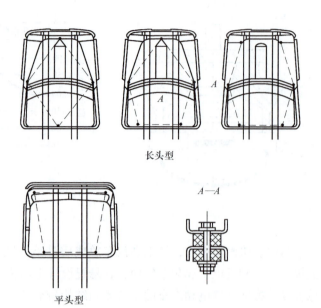

图5-86 货车驾驶室的悬置点布置

是一个单独的物理量。但是为了能够客观评价，人们规定了适当包含主观因素的近似物理量作为评价噪声的指标。

（1）声压级与声强级 声压是指有声波时，空气中压强超过静压力的值。声压p越大，听到的声音越强。正常人刚刚能听到的频率为1000Hz的声音，其声压是$2\times10^{-5}P_a$（称为听阈声压）。使人耳产生痛感的声压是$20P_a$以上（称为痛阈声压）。由于人耳可听声压范围很宽，绝对值相差百万倍以上，因此用绝对值表示就显得很不方便，而应采取级的概念，其量度单位是dB。常用的级有声压级、声强级等。

1）声压级L_p。

$$L_p = 20\lg(p/p_0) \tag{5-14}$$

式中，p_0为参考声压，取$2\times10^{-5}P_a$（听阈声压）。

可听阈声压级，$L_p=20\lg\dfrac{2\times10^{-5}}{2\times10^{-5}}=0\text{dB}$；普通谈话声压级，$L_p=20\lg\dfrac{2\times10^{-2}\sim7\times10^{-2}}{2\times10^{-5}}=60\sim70\text{dB}$；痛阈声压级，$L_p=20\lg\dfrac{20}{2\times10^{-5}}=120\text{dB}$。

可见，引入级的概念后，就把数百万倍变化范围变为0~120dB的变化范围来度量，计算极为方便。而且人耳对声音强弱的感觉实际上是不成正比的。声强增加一倍时，听觉仅增加0.3倍。声强增加两倍时，听觉仅感到增加0.5倍，故用上述对数表示声音强弱更符合人对声音的听觉规律。

2）声强级L_I。声强I是指在单位时间内垂直通过单位面积的声的能量。声强级L_I（单位为dB）的表达式为：

$$L_I = 10\lg(I/I_0) \tag{5-15}$$

式中，I_0为参考声强，取10^{-12}W/m^2（听阈值）。

对平面波而言，声强 I 与声压 p 的关系为：
$$I = p^2 / (\rho v_c) \tag{5-16}$$
式中，ρ 为空气密度；v_c 为空气中的声速。据此可获得 L_I 与 L_p 的关系。

（2）响度级与等响曲线　人耳是一种特定的听觉器官，它对各种频率的声音有不同的选择性和响应。为了有效控制噪声，应很好地了解人耳的听觉特性。若将听到的同样响度的声音用同一数值表示，其大小可用响度级 L_N [单位为方（phon）] 来度量。取频率为 1000Hz 的纯音作为基准音，其声压级作为它的响度级，其他各频率的声音与基准音进行比较，找出同响度的声压级，这样所画出的曲线称为等响度级曲线。图 5-87 所示为 GB/T 4963—2007 和 ISO 226：2003 推荐的自由场测听条件下纯音标准等响度级曲线。

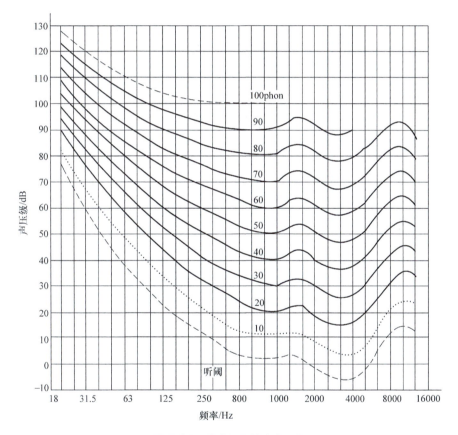

图 5-87　纯音标准等响度级曲线

注：1. 自由场测听条件下的听阈由短画线表示。
　　2. 因为缺少 20phon 和听阈之间的实验数据，10phon 的等响度级曲线用点线表示，同时，100phon 等响度级曲线也用点线表示，因为只有一个研究所提供了 100phon 等响度级曲线的数据。

研究等响度级曲线，可以得出两点结论：

① 人耳对高频声，特别是 2000～5000Hz 噪声更敏感，而对低频声不敏感。

② 在声压级小和频率低的区域，声压级对响度级影响大。这一特点对控制噪声有重要意义，因通常控制低频声比高频声难。可设法稍许降低其声压级，获得响度级明显的降低。

在常用的噪声测量仪器——声级计中，从听觉补偿意义上设置了 A、B、C 等计权网络，使声级计所接收到的声音按不同的听觉需要进行滤波，分别称为 A 声级、B 声级、C 声级，单位记作 dB（A）、dB（B）、dB（C）。A 计权网络模拟 40phon 等响度级曲线设计，它对低频有较大衰减，使其与人耳的听觉特性相似，即对高频敏感，对低频不敏感。因其测定值很接近人耳对声音的感觉，测量也很方便，不需要再进行频率分析，所以现在一般用 A 计权网络测得的声级来代表噪声的大小。B 计权网络是模拟 70phon 等响度级曲线设计的，它使电信号的低频段（尤其是 100Hz 以下）有一定的衰减。C 计权网络是模拟 80phon 等响度级曲线设计的，在主要可听的频率范围内对各种频率声音几乎等同对待，不加滤波，因此它代表总声压级。A 计权声级是目前噪声测量中应用最广泛的一种，B、C 已逐渐不用。

（3）评价指标　为了有效地控制噪声，各国都制订了评价指标，尽管细节上有差别，但原则上是相同的。

美国 SAE 根据大量调查，从保护听力不受损害的角度，提出货车驾驶室内噪声不应超过 88dB（A），并推荐了驾驶室各频带声压级数值，见表 5-10。

表 5-10　美国 SAE 推荐货车驾驶室声压级

倍频带中心频率/Hz	63	125	250	500	1000	2000	4000	8000
声压级/dB(A)	103	97.5	92	86.5	81	75.5	70	70

各类轿车车内噪声差别较大，行驶条件影响也很大。从语言交谈清晰度要求，车内噪声应低于 70dB（A）。表 5-11 给出了轿车在不同条件下车内噪声值的范围。

表 5-11　轿车在不同条件下车内噪声值的范围

行驶条件	加速行驶	匀速行驶（70km/h 混凝土路面）	匀速行驶（35km/h 碎石路面）
噪声级/dB(A)	70~84	66~74	63~77

GB 7258—2017《机动车运行安全技术条件》规定（纯电动汽车、燃料电池汽车和低速汽车除外），汽车驾驶人耳旁噪声声级应小于或等于 90dB（A），GB/T 25982—2010 更进一步规定了新生产客车车内噪声的限值和测量方法，各类客车车内噪声声压级不应超过表 5-12 规定的数值。

表 5-12　各类客车车内噪声声压级限值

车辆种类			车内噪声声压级限值/dB(A)
城市客车	前置发动机	驾驶区	86
		乘客区	86
	后(中)置发动机	驾驶区	78
		乘客区	84
其他客车	前置发动机	驾驶区	82
		乘客区	82
	后(中)置发动机	驾驶区	72
		乘客区	76

2. 车内噪声的控制

车内噪声产生的机理十分复杂，但都是由激励源、传递途径和声学响应这几个环节组成的。因此，要想控制噪声，应该从减小声源、隔断噪声的传递途径和声场内消声等几个方面入手。为了减小声源，应对发声的部件采用消声器，并对振动的部件采用减振器，结构设计时要使固有频率相互错开并避开激励频率；为了抑制风噪声，有效的办法是消除泄漏气流的间隙或采取改进密封元件、增加密封压力等措施将缝隙堵塞；为了避免空腔共鸣，可以通过修改车室形状和尺寸的方法，改变空腔的共振频率，以避开常见激励的频率。

然而实际中，直接从声源上治理噪声往往受到限制，还需要采取防振、隔振、吸声和阻尼等办法来补充，这在车身设计时不可忽视。下面简要介绍隔声、吸声与阻尼的机理及应用。

（1）隔声　对于发动机的噪声和车外噪声，可采用各种结构措施并选择合理的隔声材料来隔离。隔声效果用透射损失 TL（单位为 dB）评价，其定义为

$$TL = 10\lg \frac{W_\text{i}}{W_\text{t}} \tag{5-17}$$

式中，W_i 为射到隔声壁的声功率；W_t 为透过隔声壁的声功率。

对于垂直入射的声波，单层隔声壁的透射损失 TL_0 可按以下近似公式计算：

$$TL_0 \approx 20\lg mf - 47.5 \tag{5-18}$$

式中，m 为隔声壁单位面积的质量（kg/m²）；f 为声频率（Hz）。

式（5-18）为单层壁的质量定律。可见，隔声壁的面密度越大，声频率越高，则隔声效果越好。

前置发动机的工作噪声对车内噪声影响最大，它主要通过前围板传入车内。发动机最大转速时的噪声可达 110dB 左右。如果希望噪声降低 40～50dB，则前围板的质量要相当大。因为在汽车上增加质量受到限制，加之隔声壁本身的振动还会增加透过声能，所以采用单层隔声壁的隔声效果往往不好。在结构工艺允许时，用双层隔声壁会显著提高隔声效果。

汽车的前围板、地板上有许多穿线孔、安装孔等，既能引起风啸声又会大大降低透射损失，应努力密封。图 5-88 给出了三种穿线胶套的隔声效果比较实例。

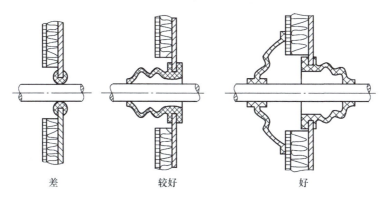

图 5-88　三种穿线胶套的隔声效果比较

如果大客车的发动机舱盖位于车厢内，则最好设计成双层结构，内层表面涂阻尼材料，两层之间填充吸声隔热材料，四周密封性要好。

由质量定律可知，大多数隔声结构对高频噪声的隔绝效果较好，而对低频噪声较差。图 5-89 所示是某货车的发动机噪声与由其引起的驾驶室内噪声的比较。由图可见，要进一步

降低驾驶室内噪声,应研究提高隔声壁在250Hz以下的透射损失。

(2)吸声 对传入车内的噪声,常辅以吸声处理,即利用吸声材料做内饰,吸收入射到其上的声能,减弱反射的声能,从而降低车内噪声。吸声效果可用吸声系数 α 表示,即

$$\alpha = \frac{E_X}{E_R} = 1 - \frac{E_F}{E_R} \quad (5\text{-}19)$$

式中,E_R、E_X、E_F 分别为吸声材料接受入射的声能、吸收的声能和反射的声能。

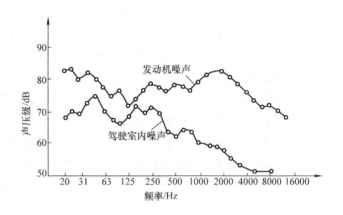

图5-89 驾驶室内噪声与发动机噪声的比较

在汽车上使用的吸声材料有如下几类。

1)多孔性吸声材料:其机理是声波进入材料表面的空隙,引起空隙中微小纤维的振动,因内摩擦和黏滞阻力,使相当一部分声能转化为热能。汽车上常用的这类吸声材料有玻璃棉、毛毯及聚氨酯泡沫塑料等,常用于中、高频吸声。

2)开孔壁吸声材料:为了提高中低频噪声的吸声系数,往往在材料上开很多小孔,小孔背后保存有一定的空气层,使其能产生共振而消耗能量。它往往与多孔性吸声材料混合使用,如车身顶盖内饰面在开孔的背后贴有一层薄泡沫塑料人造革,其吸声性能与孔径和穿孔率有关。

吸声处理主要用于吸收反射声,对直达声无明显效果,故在车身上有利于抑制车内共鸣噪声。同时,吸声处理往往与隔声、防振处理等措施一起采用。

(3)衰减处理 在一些容易引起振动的钣金件上,如地板、顶盖和前围板等,应涂以防振阻尼材料来减少噪声辐射,即进行衰减处理。阻尼材料是一种内损耗大的材料,如沥青基物质和其他高分子涂料(橡胶、树脂等)。进行衰减处理后,板和阻尼材料的综合损耗系数 η_1 可由下式近似求出:

$$\eta_1 \propto \left(\frac{\eta_2 E_2}{E_1}\right)\left(\frac{t_2}{t_1}\right)^2 \quad (5\text{-}20)$$

式中,η_2 为阻尼材料的损耗系数;E_1 为板的弹性模量;E_2 为阻尼材料的弹性模量;t_1 为板厚;t_2 为阻尼材料的厚度。

由式(5-20)可知,t_2/t_1 对衰减特性有很大影响,一般涂料厚度应为金属板料厚度的 2~3 倍,且必须粘附紧密才有效。

图5-90所示为防振、隔声、吸声和阻尼材料综合应用的实例。在设计车身内饰时,既要考虑艺术造型及安全性对室内软化的要求,又要满足控制振动和噪声的要求。

传统降噪材料使用的是固体贴片,较重,需要人工安装。而水性阻尼材料(Liquid Applied Sound Deadener,LASD)可通过管道输送至机器人自动化喷涂成型,且环保无异味,同

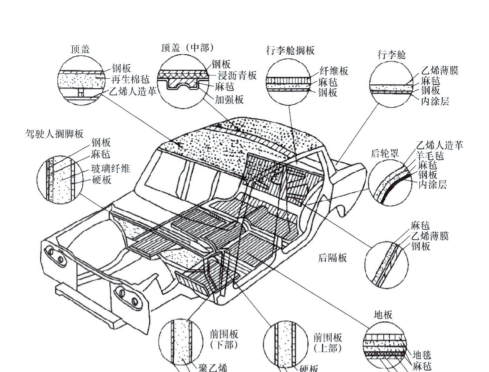

图 5-90 车身各部位防振、吸声、隔声和阻尼材料的应用

时较高的阻尼系数降低了阻尼材料的质量,有利于整车轻量化。近年来,降噪聚合物复合材料在实际应用中发挥了较好的作用,如石墨烯/聚氨酯泡沫材料等,改善了材料降噪频率范围有限的问题。

针对电动汽车突出的高频噪声,通常可采用涂抹吸声层或复合材料吸声罩对驱动电机进行降噪。通常设计和优化声学包裹将驱动电机的高频噪声吸收、隔离,如图 5-91 所示。

对于后置电机的车型或多电机分布式驱动的车型,还要特别注意后隔板和行李舱隔板处的隔声降噪。

3. 车内噪声主动控制

噪声的主动控制(Active Noise Control,ANC)也称有源消声,是根据两个声波相消性干涉或声辐射抑制的原理,通过抵消声源(次级声源)产生与

图 5-91 一种全覆盖式电机声学包裹

被抵消声源(初级声源)的声波大小相等、相位相反的声波辐射,相互抵消,从而达到降低噪声的目的,如图 5-92 所示。其理论基础是声波的杨氏干涉理论。与传统的降噪技术相比,有源消声技术具有控制低频噪声效果好,控制系统体积小、质量轻,噪声控制更具有针对性,对汽车结构及工作特性的影响小等优点。

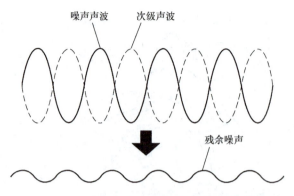

图 5-92　利用相消性干涉原理的主动噪声控制

有源消声的概念是由德国人 Pual Lueg 提出的，如图 5-93 所示，通过在管道上游采用前置传声器拾取噪声信号，经电信号处理后，馈送给管道下游的次级声源（扬声器）。

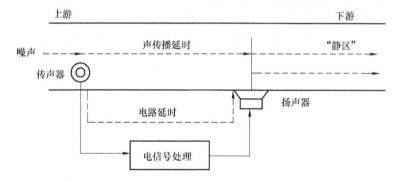

图 5-93　Pual Lueg 的前馈有源消声系统原理图

1953 年，美国 RCA 公司的 Harry Olson 等人研究了在室内、管道内和耳机内等不同情况下进行噪声主动抵消的可行性，在发动机转速为 3000～5000r/min 范围内明显地降低了车内低频发动机谐振噪声，可降低车内轰鸣声 10dB 左右。1991 年，日本日产公司在其新型 Blue Bird 车型上开始试验有源消声系统，可降低车内噪声 5.6dB。常见的车内 ANC 系统构成如图 5-94 所示。

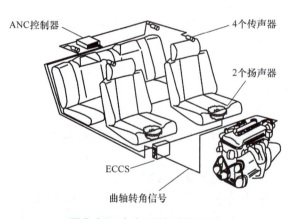

图 5-94　车内 ANC 系统构成

ANC 主动降噪是未来主流发展方向，目前在无线蓝牙耳机上已得到广泛的应用，并且已经开始向汽车、家具等新领域拓展。特斯拉在其新款的 Model S 和 Model X 中，就加载了主动降低道路噪声的功能。采用主动降噪技术可以避免使用大量笨重的降噪材料，有助于整车的轻量化，具有广阔的应用前景。纯电动汽车由于没有发动机噪声，车内的低频噪声问题更为突出，噪声的主动控制技术得到广泛应用。

由于噪声源和环境因素都是时变的，因此要想使主动控制系统跟踪它们的变化，实时调节次级声源信号，以达到降噪的目的并不容易。目前最常见的就是使用自适应滤波技术。自适应滤波技术，就是滤波器通过自适应算法自动调节自身的传递函数，以使系统的目标函数（残余噪声信号）达到极小值，自适应滤波系统的核心是自适应滤波器和相应的自适应算法，基于滤波器的音频去噪是最基本也是最常见的音频去噪技术。现在主流的音频去噪技术包括基于滤波器的方法、频域处理、统计建模以及深度学习的方法。自适应滤波技术能够使噪声控制系统连续不断地跟踪噪声源及环境参数的变化，自动调整控制器参数，从而使系统保持在最佳工作状态下，由此构成的自适应噪声主动控制（Adaptive Active Noise Control，AANC）系统能够自动调节次级声源发出的信号至最新状态，因此得到广泛的应用。

单次级声源前馈控制有源消声系统的结构如图 5-95 所示。由参考信号拾取装置（传声器）测得参考信号 $x(t)$，输入自适应控制器，再由控制器对参考信号进行滤波、移相和放大等处理，使输出信号 $y(t)$ 满足一定的特性后去激励次级声源。次级声源的输出与初级信号相叠加，消声后的信号由误差传声器读入，自适应控制器根据反馈的误差信号 $e(t)$ 来修正控制参数，使系统逐渐达到最佳消声状态。

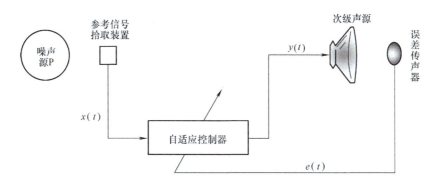

图 5-95　单次级声源前馈控制噪声主动控制系统结构示意图

在进行噪声主动控制的过程中，传声器测得的信号不是单纯初级声源的信号，而是初级、次级声源信号的混叠，从而影响了自适应主动控制系统的稳定性。另外，目前空间有源消声的试验研究主要是针对单频或窄带噪声信号。当初级声源是非线性、时变和宽带信号时，其算法不能保证消声系统的稳定性和消声量。

空间有源噪声控制主要分为局域空间有源噪声控制和全局空间有源噪声控制，前者通常只将人的双耳作为待控制目标，后者则依据惠更斯原理将整个有限空间作为控制目标，系统控制复杂度非常高、难度大，在不同的场景中有着各自的优势，但目前局域空间有源噪声控制受到了更多的关注。

局域空间有源噪声控制已经成功地用在了一些中高端汽车中的发动机噪声控制中。有源噪声控制技术通过汽车扬声器发出次级声波，从而抵消驾驶人双耳处由汽车发动机传来的噪声，在不影响安全性的前提下，提升了车内乘员的舒适度。随着电动汽车的普及，电机替代了发动机，在汽车行驶时，发动机的噪声不复存在，高速行驶时的路噪、胎噪成为电动汽车内的主要噪声来源。目前，Bose、B&O 和 Harman/Kardon 等厂商针对汽车的局域空间有源降噪解决方案已基本成熟并投入量产。

第五节 车身结构试验方法简介

在开发新车型时，尽管有成熟的计算与仿真方法，但是试验工作仍然是必不可少的。通过试验既可对开发工作中所使用计算分析模型的有效性和精度进行验证，也可对设计方案进行最终的验证，以校验有关结构设计方案是否满足开发目标对其提出的要求。

一、车身结构刚度测试

汽车车身结构刚度测试是通过获取车身结构在静载荷作用下的主要刚度参数，来对车身结构刚度特性进行研究。车身结构刚度测试一般是在白车身上进行的。局部刚度的测量，如结构接头处，主要是用来为计算模型提供所需要的参数。

在进行车身结构刚度测试时，车身的支承必须使力的传入点符合实际情况。如有可能，装上行走机构并将悬架弹簧锁死后再进行测试。

1. 弯曲刚度测试

试验准备工作包括以下内容：试验方法及步骤的确认、测点的选取、仪器选择及测量系统的建立、试验台架的准备以及被试车辆的状态准备。车身刚度测试台主要由基座和一些支柱构成。相对于车身刚度而言，车身刚度测试台架的基座具有非常高的刚度。测试台的支柱布置于不同的位置，分别用于支承车身结构或者施加载荷。

车身刚度的测试对象一般是白车身，为了考察风窗玻璃、仪表板等非结构元素对车身刚度的贡献量，还会在整车装配的各个阶段安排相应的刚度测试内容。在进行车身刚度测试时，可以将悬架系统安装上去，但是悬架系统的所有弹性及阻尼元件（如弹簧、减振器、橡胶衬套等）必须以刚性连接替代。车身刚度测试中引入悬架系统是为了将车轮载荷向车身结构的传递更真实地反映出来。在用刚性元素替换悬架系统中的构件时，非常重要的一点是要避免引入多余的自由度，否则将引起刚度的虚增加。

一个典型的用于车身弯曲刚度的测试环境如图 5-96 所示。

通过一根中间带有橡胶块或者木块的横梁在座椅位置附近施加垂向载荷，能够实现载荷的均匀分布并避免应力集中。测量点的分布如图 5-97 所示。

弯曲刚度定义为所施加的垂向力 F 和截面处位移 Δz 的比值，也就是相对车轴的施加位置：

$$K_f = \frac{F}{\Delta z} \tag{5-21}$$

为了消除测试台柔性的影响，提高测试精度，可采取下式进行计算：

$$K_f = \frac{F}{\Delta z} = \frac{F}{z_F - (z_f b + z_r a)/w_b} \tag{5-22}$$

式中，z_F 为施加垂向力处的垂向位移；z_f 和 z_r 分别为前后悬架连接点处的垂向位移；a 为前轴和垂向力 F 之间的纵向距离；b 为垂向力 F 和后轴之间的纵向距离；w_b 为轴距。

图5-96 车身弯曲刚度实验台

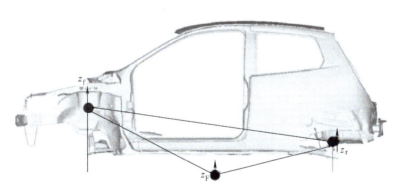

图5-97 弯曲刚度的测量点分布

沿门槛所布置的位移传感器可以用来确定车身各处弹性变形的贡献量,如图5-98所示。

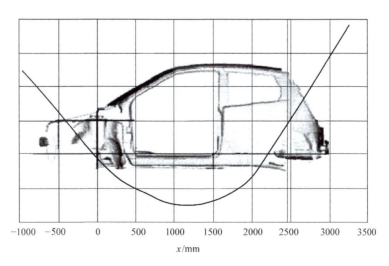

图5-98 相对于车身纵向坐标的车身垂向变形量

汽车车身结构在不同测试条件下的弯曲刚度样本值见表 5-13。其中，BIW 表示白车身，FG 表示包括风窗玻璃，I 表示包括内饰、车门及仪表板等。

2. 扭转刚度测试

车身扭转刚度测试所用试验设备与弯曲刚度的测试环境几乎是相同的，只是加载方式和测量存在一定的区别。一个典型的车身扭转刚度试验台如图 5-99 所示。

表 5-13 不同测试条件下的车身弯曲刚度和扭转刚度样本值

车型	扭转刚度/(kN·m/rad)			弯曲刚度/(N·m/rad)		
	BIW	BIW+FG	BIW+FG+I	BIW	BIW+FG	BIW+FG+I
菲亚特 Punto MY94 5D	573	701	796	630	640	670
雷诺 Clio MY90 5P	540	740	770			
菲亚特 Uno MY90 5D	342	404	478	430	445	475
福特 Fiesta MY89 5D	420	515	655	350	355	385
比安基(Autobianchi) Y10 MY85	445	556	678	635	675	760
雪铁龙 Ax MY87	455	635	690	455	500	570
标致 205 3D	390	500	588	320	355	385
菲亚特 Punto MY94 3D	578	728	834	595	620	630
菲亚特 Uno MY90 3D	336	423	486	445	460	480
标致 106 3D	567	730	820	570	590	640
欧宝 Corsa 3D	410	540	690	490	500	510
日产 Micra 5D	300	370	510	480	490	
大众 Polo MY94	550	660	790	410	420	
大众 Polo MY82 3D	360	380	435	490	500	525
雷诺 5 3D	340	480	530	425	450	475
菲亚特 Palio HB 5D	428	579	683	580	600	620
菲亚特 Lancia Y	583	735	835	680	690	720

图 5-99 车身扭转刚度试验台

借助测试设备对后轴进行约束，其中一侧被限制所有的位移自由度，另一侧只保留垂向位移自由度。限制前轴一侧的垂向位移和另一个方向（X 轴或 Y 轴）的位移自由度，另一侧为自由端,可以实现前轴绕 X 轴的旋转。通过对自由端施加垂向载荷实现加载。扭转刚度的测量如图 5-100 所示。

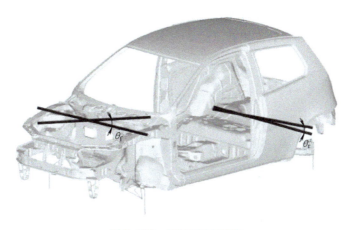

图 5-100　扭转刚度的测量

扭转刚度定义为所施加力矩 M_t 与前后轴相对转角 $\Delta\theta$ 的比值:

$$K_t = \frac{M_t}{\Delta\theta} = \frac{M_t}{\theta_f - \theta_r} \quad (5\text{-}23)$$

式中,θ_f 和 θ_r 分别为前后轴处的转角。

将车身各处的扭转角位移沿车身纵向坐标进行绘制,以便寻找对变形贡献量最大的结构部分,如图 5-101 所示。曲线斜率的局部变化指明了具有大柔性的结构部分,这可能是生产过程中的缺陷或结构设计问题所导致的。变形图上的不连续有时是由局部结构问题(如翘曲),或者某些测量点的局部变形造成的。

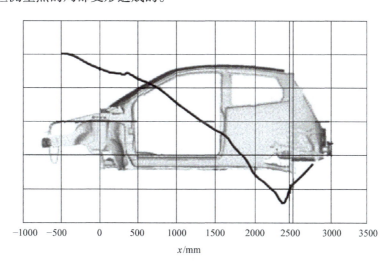

图 5-101　相对于车身纵向坐标的车身扭转变形

17 款典型车型的扭转刚度样本值见表 5-13,可用于不同测试条件下对车身扭转刚度的影响进行分析。

3. 接头刚度测试

车身结构中各接头处的刚度水平对车身结构的性能具有重要影响，需要对其进行测试分析。本书对 B 柱 - 门槛梁连接处的刚度测量进行示例。在进行测试之前，首先将该区域从整个车身中分割出来，并将切口处支承在试验装置中，这些支承应与车身中实际连接情况相似，如图 5-102 所示。

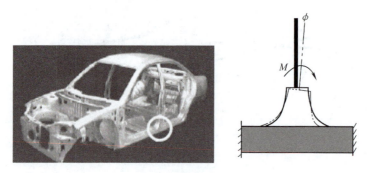

图 5-102　接头刚度测试

接头刚度测试数据的处理如图 5-103 所示。

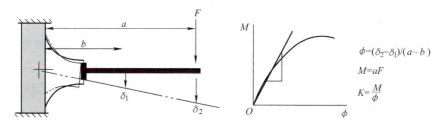

图 5-103　接头刚度测试数据的处理

4. 其他测试内容

除上述车身框架结构的主要测试项目外，还需要对与之相关的以下试验项目给予关注。

（1）车身外板刚度测试　车身外板包括构成垂直面的侧围板和车门，以及构成水平面的车顶和前机舱盖等。这些虽然不是车身结构框架的主要承载件，但由于面积大，在设计时也要注意确保其刚性。对于车顶和前机舱盖的水平面，以在洗车或者对车身打蜡时手按压感评价为主。对于垂直面，则以弹性感评价、配合石头飞溅其上，以及购物手推车的轻微接触产生的面板凹坑评价为主。将手按压感评价用加载 - 挠度曲线图的形式表示，可采用曲线斜率评价面板刚度。这项内容与用户体验密切相关，因此该试验项目非常重要。

（2）车门静刚度试验　车门通过铰链与车身相连，如果车门刚度存在问题，则在关闭或者打开车门时，车门与车身框架结构的咬合关系就会呈现不良状况。

在特定的使用工况下，车门刚度不足会导致抖动问题，这也是导致风噪和其他室内噪声性能恶化的原因之一。通过对车门进行固定和加载，采集关键部位的位移值，求得各个加载工况下的试验刚度值。同样的，这项试验内容也与用户体验关系密切。

二、车身结构强度测试

车身结构强度测试的目的是通过测试和获取车身结构在各种预设工况下的应力分布情况，找出车身结构强度的薄弱部位，为后续的结构改进设计提供依据。车身强度测试项目主要有静强度试验、动强度试验，以及路障试验和疲劳强度试验等。

1. 试验准备

（1）测试设备 要选取测试量程合理的设备。对所选用的应变片进行抽样标定，以确定应变片所反映的指示应变值与实际应变值之间的关系，进而为对应变测量结果进行修正提供依据。对其他测试设备也要注意进行标定。此外，还要注意应变片和数据线的安全防护措施。

（2）测点的选取 一般而言，在进行结构强度测试时，所选取的测点数目越多，所能获得的应力分布情况就越详细。受限于数据采集仪的通道数目，对于车身结构强度试验，通常情况下会精选一些关键测点进行测量。

测点合理选取的途径主要有：①根据该车型或者相似车身结构实际使用过程中发生损坏的位置或者工程经验进行选取；②将车身结构有限元计算的结果作为参考；③以脆漆法等定性试验的辅助方法作为选取依据。

（3）被试车身的准备 所选取的被试车身结构，应通过整车行驶 1000~2500km 的方法来消除装配焊接等残留应力。对于未装配成整车的车身骨架，在进行试验测试前应进行振动处理。

在进行正式数据采集之前，应对被试车身预加载 3 次（最好超载 5%~10%）。在完成各项试验准备工作之后，应对应变片进行编号，并绘制测点分布图，以备后期的数据处理和分析评价。

2. 静强度试验

车身静强度试验的目的是考察静态工况下，车身结构的应力分布情况和强度薄弱环节。比较典型的工况是弯曲工况、扭转工况以及弯扭组合工况。

（1）静弯曲强度试验

1）支承方式。将被试整车停泊在水平地面上或者呈水平状态支承到一个刚性地板上。如果仅对白车身或者整备车身进行测试，则可选取以下方式之一进行支承：①在前后车身翼子板处的悬架与车身连接点进行支承；②在前、后车轴中心位置进行支承。

2）加载方式。根据试验目的施加合理的载荷，一般采取的加载方式为以下之一：额定满载、均布载荷、集中载荷、超载等。如果采取额定满载的方式进行加载，则注意加载方式应满足规定的轴荷分配。所施加的试验载荷可通过试验台架的加载设备，也可利用沙袋或金属质量块来实现。

3）试验步骤。

① 按各仪器使用说明书接线，仪器预热，电阻应变仪预调平衡。

② 加载，加载后稳定一段时间（如 10min），使车身变形达到稳定状态。

③ 开始测量。对于弯曲挠度的测量，可用高度千分尺等机械方法测量各位移测点的实际垂直位移值，绘制成图，即为车身弯曲挠度图。

④ 按规程测量完毕后，卸去试验载荷。

⑤ 重复上述步骤②~④多次（3~5次）以尽量消除试验偏差。

(2) 静扭转强度试验

1) 支承及加载方式。主要有以下三种加载方式可供选择。

① 将被试整车停泊在水平地面上，试验时顶起一个前轮（或后轮），缓慢抬升，直到另一个前轮（或后轮）处于临界离地状态。

② 将四个车轮支承在一个水平高度上，试验时撤掉其中一个车轮的支承，使其处于悬空状态。

③ 将四个车轮支承在一个水平高度上，位于对角线上的车轮顶起或悬空，这种加扭方式的缺点是难以控制被试车的平衡。

对于没有安装悬架车桥系统的骨架车身，一般是将其放置于车身扭转试验台上，按扭转试验目的可做空载、满载或超载的扭转强度试验。

2) 试验步骤。与静弯曲强度的试验步骤基本相同，不同的是在第④步，利用安装在变形测点上的角度量规或高度千分尺来测量车身结构扭转变形。对测量数据进行必要的数学处理，就可得到车身结构各个特征截面上的相对扭转角。

3. 动强度试验

车身动强度试验的目的是获得动载荷作用下（汽车在各种路面上行驶时），车身关键部位的载荷时间历程，发现车身结构薄弱环节应力的具体变化情况，进而为载荷或应力/应变统计、车身结构疲劳寿命估计、疲劳强度模拟试验载荷谱提供依据。

在进行动强度试验时，通常是在静强度试验结果的基础上来选取动应变测量的测点位置。除选取静应力大的测点外，还应选一些易发生断裂的部位和关键部位。

试验道路的选择是动强度试验的关键。汽车的实际使用条件是复杂多样的，所导致的结构动强度和疲劳强度问题更为复杂。为了使试验典型化，通常选择坏路面作为试验路面。试验路面的凸凹程度比实际行驶中所能遇到的情况更为恶劣。考虑到试验结果的可对比性，要求试验道路固定化。一般的汽车专业试车场都有专门的试验道路，可按照一定的标准或规范进行试验。试验车速的选取要根据试验目的确定。

4. 路障试验

车身结构强度路障试验的目的是利用人造凸块模拟汽车行驶时遇到的恶劣道路条件，是动态强度测试的简化替代试验。通过凸块的不同布置，人为造成汽车车身弯曲、扭转、弯扭组合等不同工况，测取车身结构在各种工况下的应变（应力）响应信号，据此对车身强度进行评价。这种路障试验的方法简单易行、耗时短、费用低，能够快速查明车身结构的薄弱环节，容易得到车身结构上的最大动应力。同时，这也是选择车身结构动强度试验测点的有效方法。通过路障试验对测点进行筛选，可大大减少动强度试验的工作量，获得更好的试验效果。

(1) 路障形状　根据所开发车型的用途，综合考虑汽车通常遇到的障碍物（如道路缓冲带、道路边石、道路凹坑，或者铁路道口等），通过对矩形、梯形、正弦形及三角形等不同形状路障的分析，选择梯形路障较好。梯形路障的入角和离角大小可依据所使用的轮胎规格和路障高度确定。路障的顶部设置有一水平面，更能反映实际的越障工况条件。

路障高度是影响车身结构动应力的重要因素，应根据悬架的动挠度和试验车速上限决定。一般来说，路障高度可选悬架动挠度的下限。当试验车速提高时，应适当减小路障高度。

（2）路障的布置　理论分析和实际试验结果表明，两后轮同时驶过路障（后弯曲工况）对车身结构所造成的影响最为恶劣，其次是斜对称扭转工况（前左轮+后右轮或前右轮+后左轮同时通过路障）。在路障试验中，只需考虑后弯曲或者斜对扭这两种工况就足以发现整个车身的动强度问题。

（3）试验车速　试验车速上限可选最高车速的70%，下限可选20km/h。

由路障试验得到的各测点的最大动应力幅值，普遍高于道路试验得到的最大动应力幅值。因此，在研究结构疲劳强度时，只需对路障试验暴露出来的大应力结构部位进行测量和处理即可。

路障试验简便、快速、准确，借助这种试验手段，可以在样车试制阶段对车身结构的动强度进行快速有效的初步评估。

5. 疲劳强度试验

在汽车的实际使用中，车身结构承受随机载荷（交变载荷）作用，结构的断裂破坏通常是疲劳断裂。疲劳破坏是一种材料中裂纹扩展导致构件断裂的破坏。机械零部件的疲劳失效与在静应力下的失效有本质的区别。静强度失效是在零部件的危险截面中产生了过大的残余应变并导致断裂。疲劳破坏则是零部件局部高应力区中，较弱的晶粒在变应力作用下形成微裂纹，然后发展成宏观裂纹（疲劳裂纹的形成），裂纹继续扩展（疲劳裂纹的扩展）导致最终的疲劳破坏（瞬间断裂）。在实车行驶试验中获得的动载荷集是台架试验的基础。通过液力脉冲装置，这种载荷集（大多使用放大后的值）在实验室中进行模拟试验，这样就可以得到重要部位的载荷和失效的关系。

三、车身结构模态特性测试

车身结构的低阶模态振型多为整体振型，如整体弯曲、扭转振型；高阶模态振型多为一些局部振型，如车顶振型、地板振型，以及侧围板振型等。有时，由于车身的局部刚度低，导致一些局部振型在低频范围内出现，或与整车振型同时出现。合理的车身模态分布对提高整车的可靠性和NVH性能具有重要意义。

汽车车身结构模态试验是要测试车身结构的固有频率、固有振型和阻尼等车身结构固有特性。在车身工程上，主要测定低阶弹性模态，以避免产品在常规工作范围内产生共振和异常噪声的可能。实验方法涉及车身支承方式、激振方式、信号识别方法、信号采集和处理方法等。

1. 支承方式

进行车身结构固有振动特性测试时，希望车身结构的振动是完全自由而不受任何约束作用的。这就要求支承件本身的质量和阻尼很小，既要产生较大的静载荷，又具有很小的刚度。理论分析及实践均已表明，当车身结构在支承上的固有频率与车身结构所关注的固有频率之比小于1/3时，测量得到的车身结构固有频率的偏差小于1%，此时的支承件弹性力对车身结构固有频率和固有振型的影响可忽略不计。

为满足上述要求，常用的方法包括橡皮绳悬挂、软弹簧支承或悬吊等，例如可以采用空气弹簧对车身进行支承。

2. 激振系统

(1) 激振信号　激振是通过激振器实现的，激振器由功率放大器来控制。在研究车身结构振动时，最重要的一个方面是分析较低阶固有模态。功率放大器是按照输入信号来控制激振器的。常用的输入信号有以下几种。

1) 正弦波扫描。这是最典型的输入信号，并能取得较好的结果。该方法用正弦波信号在试验频率范围（对车身结构而言一般为 0~200Hz）对试件进行频率扫描。然后，再对试件固有频率的部位及其周围逐点进行细致的扫描，以便得到更加精确的结果。

正弦波扫描可以是缓慢而连续的，有利于提高分析精度。但是大多数正弦扫描信号发生器是离散步进式的，也就是说激振信号频率不是连续变化的，而是以步进式改变，这时一般要求步进频率增量小于傅里叶变换时的分析频带带宽，否则试验分析处理会失败。

2) 脉冲法。一般采用锤击法可以得到传递函数，但是锤击法的重复性较差。

用计算机输出脉冲信号控制激振器，脉冲信号的峰值、脉宽等参数可以严格控制，比较稳定。但是脉冲信号法像锤击法一样，因能量较小，可能丢失模态，而且精度较差。

3) 噪声激振。利用白噪声发生器发出的信号控制激振器，其特点是信号的功率谱是平直的，能量均匀分布在很宽的频率范围内。例如用 0.2~200Hz 的白噪声信号来控制激振，这对于车身结构激振试验是比较合适的。

4) 伪随机信号激振。计算机或一些数字仪器发生的随机信号，大多是伪随机信号，是周期性的。信号的周期与采样时间取得一致时，可以减少泄漏现象。虽然功率谱不像白噪声那样平直，但是没有明显过大的波动。该方法基本上具备了白噪声激振的特点。

(2) 激振方法　激振点的选取应遵循两个基本准则：①激振点可以激励起主要的振动模态，也就是远离主要模态的模态节点；②激振点的局部刚度要大（振动能量要直接作用于整体模态，不能作用在局部挠度较大的结构上）。

由于单点激振能量有限，因此对于较大的测试对象，一些远离激振点的测量信号的结果往往偏差较大，所得到的传递函数的相干函数值也较低，从而影响模态参数识别的精度。多点激振法则可以避免激振点布置在某阶模态振型的节点上，导致该阶模态被遗漏的问题。由于一般不可能将几个激振器安装在同一模态的节点上，而且多点激振能量较大，不易漏掉可能有的模态。

若激振点正好处在固有振型的节点上或非常接近时，该振型的振动就不会产生。因此，单点激振的激振点通常放在车身的前端或后端等处，这些地方不可能是节点的位置。典型的激振点选取在前保险杠上。对于多点激振，测量车身结构固有振动特性多采用两点激振或四点激振。两点激振或四点激振的激振点一般对称地布置在车身左右两侧。

3. 测量方法

测量车身结果的固有频率，实际上就是测定试验共振频率。对于单点或多点激振，利用结构某一点的振幅共振即可确定共振频率，这种点称为测量点。为提高可靠性，可多选几个测量点。测量时，通过激振器激振，首先在整个频率范围内（对大多数车身结构为 0～200Hz）粗测一遍振幅，频率间隔可大一些，能观察出各共振高峰区即可；然后在共振区域附近进行精确测量，频率间隔取小些（如 0.1Hz 或更小），使其能够正确测出共振频率，并使结构保持在某一共振频率下，测出各测量点的振幅及相位，即可求得其振型。测量点的数目视车身的大小及振型阶次而定。

习　　题

一、选择题

1. 轿车各主要部件的刚度贡献率中（　　）对整车的刚度贡献率为负值。

   A. 白车身　　　　　B. 前悬架横梁　　　C. 稳定杆　　　　　D. 车门

2. 钢结构车身大多是由数百个用普通低碳钢板冲压成形的零件装配而成的，其装配过程是（　　）。

   A. 冲压零件→合件→分总成→总成　　　B. 冲压零件→分总成→合件→总成

   C. 合件→冲压零件→分总成→总成　　　D. 合件→分总成→冲压零件→总成

3. 汽车车身振动噪声的主要来源包括（　　）。

   ①不平路面②发动机燃烧③轮胎或车轮不平衡④汽车传动系旋转部件不平衡

   A. ①②③　　　　　B. ①②③④　　　　C. ②③④　　　　　D. ①②④

4. 关于汽车车身振动和噪声，以下说法不正确的是（　　）。

   A. 在设计车架与车身的连接方式时，需要考虑其对低频整车振动的影响。

   B. 变速器中有很多齿轮，传动轴转动时，这些齿轮间的啮合会产生振动。

   C. 作用在车身上小幅值激励力通常可以忽略不计。

   D. 产生振动噪声的激励力很多，分布在整车各处，而且随频率和汽车运行状态变化。

5. 关于汽车车身悬置，以下说法正确的是（　　）。

   A. 橡胶悬置结构简单、价格便宜、性能稳定、基本不用维护、应用广泛。

   B. 当悬置的侧向负载要求很高时，最好采用有预压的压缩型橡胶元件。

   C. 悬置结构的刚度越低越好，以充分吸收振动能量并适应车架变形。

   D. 非耦合液压悬置在低、中、高频均具有良好的隔振性能。

6. 关于噪声的量度与评价指标，以下说法不正确的是（　　）。

   A. 声压是指有声波时，空气中压强超过静压力的值。

   B. 声强是指在单位时间内垂直通过单位面积的声的能量。

   C. 人耳对低频声更敏感，对高频声不敏感。

   D. 通常情况下，控制低频声比高频声难。

7. 刻画噪声的客观量度是（　　），主观量度是（　　）。

   A. 声压级与声强级；响度级与等响曲线　　B. 响度级与等响曲线；声压级与声强级

   C. 声压级；声强级　　　　　　　　　　　D. 响度级；等响曲线

8. 汽车轻量化设计中，使用轻量化材料的主要目的是（　　）。

   A. 提高燃油效率/续驶里程　　　　　　　B. 降低制造成本

C. 提升车辆速度　　　　　　　　　　　D. 增加车辆载重能力

9. 拓扑优化在汽车轻量化设计中的主要目的是（　　）。

A. 提高材料的耐腐蚀性

B. 减少部件的重量同时保持或提高其性能

C. 提升部件的美观性

D. 增加部件的耐用性

10. 在设计和制造汽车车身时，（　　）是影响截面设计的重要考虑因素。

A. 最大荷载和疲劳寿命　　　　　　　　B. 润滑油和冷却剂的选择

C. 车身颜色和设计风格　　　　　　　　D. 音响系统和导航装置

二、填空题

1. 如果车身扭转时的总应变能小，则说明（　　）或（　　）。为了最大限度地发挥材料的效用，应该尽可能使（　　）与各处的应变能成比例，使比应变能（　　）。

2. 车身上有许多承受集中力而需要使用加强板的部位，如（　　）、（　　）等。

3. 车身结构耐撞性是车身结构（　　）、（　　）以及（　　）等综合能力的体现。车身结构的耐撞性主要是由（　　）和（　　）组成的框架结构决定的。

4. 按照加工性质，冲压的基本工序分为材料的（　　）和（　　）两大类。（　　）是冲压过程中使冲压零件与板料（　　），并满足一定的断面质量要求的工序；（　　）是板料在不破裂的条件下产生塑性变形，以获得所要求（　　）的零件的工序。

5. 电泳涂装工艺采用电泳涂料，将有（　　）的被涂物浸在（　　）中作为阴极（或阳极），再设置与它相对应的阳极（或阴极），在两极间通一定时间的直流电，在被涂物上会析出（　　）。电泳涂料分为（　　）和（　　）。

6. 主装配是将预装配的各个子组件和零部件组装在一起，形成完整的汽车。主装配包括（　　）、（　　）、（　　）、（　　）、（　　）、（　　）等六个步骤。

7. 燃油汽车上最主要的振动噪声源是（　　），其激励力主要有两类：一是（　　）；二是（　　）。

8. 当传动系的弯曲和扭转频率与发动机的激振频率一致时，动力系统会发生（　　）现象。

9. 与发动机相比，驱动电机的调速范围（　　）、转矩响应速度（　　），振动噪声的频率主要分布在（　　）区域。

10. 纯电动汽车的噪声来源，除了不平路面和旋转部件不平衡的激励力外，还有电磁力作用产生的（　　）。

11. （　　）式车身通常通过一系列车身悬置与车架相连，作用在车架上的激励力传到车身时会因车身悬置而衰减。（　　）式车身的前、后副车架有的通过悬置与车身相连，有的则与车身刚性连接。

12. 车身悬置的橡胶元件，按受力方向可分为（　　）型和（　　）型两种；液压悬置的结构大致可分为（　　）和（　　）两类。

13. 直接从声源上治理噪声往往受到限制，还需要采取（　　）、（　　）、（　　）和

（　　）等办法来补充。

14. 车身设计的首要原则是确保车辆的（　　），包括正面、侧面和后面的碰撞安全性。

15. （　　）设计原则是为了减少车身在不同条件下产生的噪声和振动，提高乘坐舒适性。

16. 在车身截面设计中，（　　）截面具有更高的抗弯和抗扭刚度。

17. 接头设计应避免出现（　　），以防止应力集中和结构疲劳。

18. 通过选用（　　）复合材料，可以在保持强度的同时显著减轻车身重量。

19. 汽车四大工艺包括冲压、（　　）、涂装和总装。

20. 一体化压铸技术能够减少车身结构的（　　），从而提高制造效率。

21. 结构优化的目标是通过合理的设计和材料选择，实现车身结构的（　　）和重量的平衡。

三、简答题

1. 简述内燃机汽车与电动汽车的车身结构载荷传递路径，并比较其区别。

2. 简述车身结构设计中，分别应对正面碰撞、侧面碰撞、后面碰撞、翻滚、低速碰撞、与行人碰撞时的耐撞性设计。

3. 分析并说明车身成形工艺中冲压工艺与一体化压铸工艺各自的优势与劣势。

4. 分析电焊、凸焊、缝焊、钎焊、二氧化碳保护焊及激光焊接等焊接方法的特点，并简述这些焊接方法在车身结构焊接中的应用场景。

5. 什么是车身的产品尺寸管理？简述汽车产品采用什么方法来控制车身制造质量并说明这种方法的原理。

6. 请比较新能源汽车与燃油汽车在振动噪声特性方面的异同。

7. 为什么3缸发动机对汽车的减振降噪有更高的要求？

8. 响度级与等响曲线是什么？从等响曲线中，你能得到哪些结论？

9. 简述噪声计权网络的概念及其意义。

10. 简述车内噪声的主要控制方法。请简要介绍你所知道的相关的先进技术。

11. 车身结构设计的主要目标是什么？

12. 轻量化设计在汽车制造中的重要性是什么？

13. 车身结构设计中如何实现安全性？

14. 为什么接头设计在车身结构中至关重要？

15. 如何利用计算机仿真技术进行车身结构优化？

四、计算分析题

1. 一般车辆行驶噪声的声压级约为80dB，估算其对应的声压的值。

2. 喷气式飞机起飞噪声的声压级约为140dB，估算其对应的声强的值（参考声强）。

3. 频率为100Hz的噪声垂直射到一单层隔声壁上，若期望噪声分别降低12.5dB和32.5dB，则该单层壁的面密度分别至少为多大？请分析计算结果说明单层壁隔声存在什么问题。

五、综合实践题

以团队（3~5人）的形式，选择以下题目中的一个，完成综合实践任务。

1. 自行选择一款内燃机汽车与一款电动汽车，并开展调研，分析并对比这两款车型在应对不同情况碰撞时的车身耐撞性结构设计，形成分析报告。

2. 选择一款智能电动汽车，调研其车身的生产制造过程中从成形工艺到装配完成的全部具体工艺流程，分析所选的智能电动汽车的车身生产制造工艺相较于燃油汽车有哪些共同点与差异点，并形成分析报告。

3. 查阅资料，针对一款量产车型，分析其车身悬置的布置特点。

4. 请根据隔声中的质量定律，说明隔声材料应如何布置。查阅资料，针对一款量产车型，结合其车身结构特点，说明其在车内噪声控制方面做了哪些设计。

5. 查阅资料，针对一款具有车内噪声主动控制功能的车型，分析其工作原理，并画出对应的噪声主动控制系统的结构简图。

6. 开展文献检索，重点关注欧洲车身会议报道和中国汽车工程学会年会等技术公开资料，分析一些热卖车型车身结构的轻量化材料选用情况。

7. 通过文献检索，请分析从传统燃油车辆到电动车辆对车身结构设计的影响和挑战，并形成分析报告。

8. 结合行业最新发展趋势，请综合分析一体化压铸对车身设计与制造的影响，并形成分析报告。

9. 请结合一款车型，利用 Hyperworks 等软件完成车身结构优化，并形成技术报告。

第六章　车身部件结构与设计

第一节　车　门

一、车门简介

车门是车身上一个独立的总成，直接关系整车的安全性、乘员操作与上下车的方便性、空气动力特性、密封性和噪声，还会影响造型效果。车门上附件较多，开关频繁，因此对性能和可靠性要求都很高。

（一）车门的开启方式

根据开启方式的不同，车门有旋转门、旋翼式（包括剪刀式、蝴蝶式）车门、推拉式滑动门、折叠门和外摆式车门，如图6-1所示。后两者主要用于大客车，货车及轿车大多采用旋转门，开门时的旋转方向可以往前（顺开门）、往后（逆开门）或向上（剪刀式和鸥翼式）。顺开门的车门铰链布置于车门的前端，车门开启绕门铰链向前旋转，这种布置比较安全，如果汽车行驶中门锁失灵而使车门打开或者乘员误开门时，不会因空气流动的作用而加大车门的开度，是目前最为常用的车门开启方式，本书如无特殊说明，所指车门均为顺开式旋转车门。逆开门的车门铰链布置在车门的后端板，车门开启与车的前进方向相反，这种布置方式便于三排座轿车的中排座椅和后排座椅的乘员上下车，且能满足礼宾要求。向上旋转的车门又分鸥翼式、剪刀式和蝴蝶式等，多数用在运动型车上，由于它的结构特殊，造价也较昂贵。鸥翼式车门的铰链固定在边梁上，开启时车门向上旋转。这种开启方式的横向空间足够，但是乘客出入的垂直空间却非常有限，使得身材较为高大的乘客出入车辆时必须弯腰低头，加上跑车更加低矮的车身，即使身材标准的乘客也难免"碰头"。剪刀式车门的铰链固定在A柱下铰链柱上，因车门的开启形状好似剪刀而得名。剪刀式车门是直上直下的，只有一个支点，因此除了拥有和鸥翼式一样的造型美感，还节省了车辆左右的空间，避免了车门向外打开而可能产生的磕碰，使乘客可以在狭窄的停车空间内自由出入。

（二）车门的功能要求

1）车门应具有必要的开度，以保证人和货物进出方便。另外，要求它的开关灵活，且开启后能停止在最大开度和半开的位置上。

a) 旋转门(顺开式)

b) 旋转门(逆开式)

c) 旋转门(鸥翼式)

d) 旋翼门(蝴蝶式)

e) 旋翼门(剪刀式)

f) 展翼门

图6-1 各种车门的开启方式

2) 车门应安全可靠,关闭时能锁住,不得因振动、碰撞而自动开启,且能防盗(防止外人进入锁住门的车辆内部)。行车或撞车时,车门不会自动打开。发生车辆侧撞或滚翻时,车门能起到结构支承作用,且能正常打开。

3) 操作性良好。车门应开关方便,玻璃升降轻便、灵活,部件系统可靠、耐久。

4) 具有良好的密封性,使乘员与外界隔离。应使传入车室内的噪声最小,灰尘和废气的吸入量最少,并应有防止水积存于门腔内的措施。

5) 车门应具有足够的刚度,不易变形下沉,行车时不振响。

6) 制造工艺性好,易于冲压并便于安装附件,同时要求拆装、修理方便。

7) 车门造型与整车协调,应保证表面齐平,门缝间隙均匀,色彩与内饰和整车匹配。

8) 应符合人机工程学的要求,如满足空间尺寸、操作件位置和视野障碍等要求,以提高乘员舒适性。

二、车门的结构与组成

车门一般由门体、车门内饰和车门附件三部分组成。

(一) 门体

门体,即白车门(Door in White),它支承车门内所有附件并控制其位置关系,是包括车门内板、外板、门体加强板、抗侧撞梁、窗框等零件的焊接总成,如图6-2所示。

门体结构按窗框的形式,可分为无窗框结构和有窗框结构。有窗框结构又分为组装式结构和整体式结构,如图6-3所示。

无窗框式车门没有引导玻璃上下的窗框,腰线上部只有玻璃,一般用于硬顶敞篷车。由于没有窗框,因此它的优点是敞亮,外形效果好,板材利用率高,内外板冲压方便,但是玻

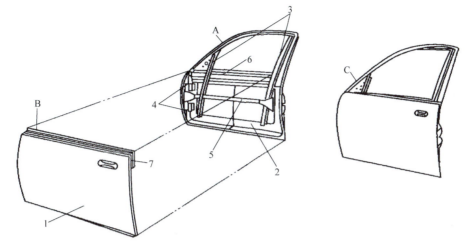

图6-2 门体结构（前门）

A—内板总成　B—外板总成　C—门体总成

1—外板　2—内板　3—前、后玻璃导轨　4—上、下铰链加强板　5—抗侧撞梁　6、7—内、外门体加强板

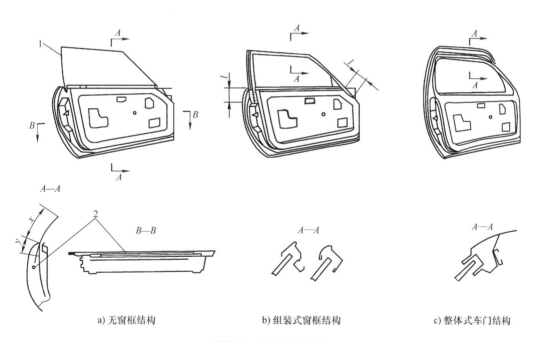

a) 无窗框结构　　　　b) 组装式窗框结构　　　　c) 整体式车门结构

图6-3 门体结构形式

1—玻璃　2—抗侧撞梁

璃运行稳定性差。由于车门玻璃支承结构仅有腰线下部的单边支承，因此对车门板玻璃支承部位的刚度及强度要求较高。

组装式窗框结构的窗框是用螺钉固定或焊接在门体上的，大多采用滚压成形的窗框，如图6-4所示。设计其断面形状时，要考虑窗框的刚度、玻璃密封条的布置和固定、窗框与门内板的连接和安装等。其优点是门内、外板冲压方便，制造质量高，表面造型效果也较好。但零件及总成的装配水平要求较高，密封条的选择受限制，在窗框转角处，密封条需45°

角接。

整体式结构的车门窗框的内、外板是分别与车门的内、外板一体冲压的，其特点是窗框部分的外表面面积大，可圆滑前风窗和顶盖表面的曲面，造型自由度大；车门本体零件数量少，制造方便；车门刚性好且便于设两道密封条，提高了密封性能（但密封成本提高）。但整体式结构需较大的压力机台面尺寸，且废料较多。

1. 车门外板

车门外板一般由厚度为 0.65～0.85mm 的薄钢板冲压成形，其外形和制造的表面质量必须符合车身造型的要求。因轻量化和侧面碰撞安全性的要求，车门外板广泛使用高强度钢板。

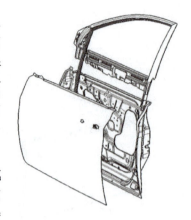

图6-4 组装式窗框

2. 车门内板

车门内板是几乎所有车门附件的安装体，是车门重要的支承板件，一般采用 0.7～0.85mm 的薄钢板拉深成形。对于整体式门内板，拉深深度形成门体厚度的侧板。车门内板主要的立面称为 J 平面（图6-5），是与内饰板装配的面。为了安装车门附件机构，J 平面上需压出各种形状的凸台、窝穴、手孔和安装孔等。为了保证车门附件安装位置的精度要求和车门周边的密封间隙要求，车门内板应具有足够的刚度，因此内板周边需冲压出凸边、加强筋或使用加强板焊于母板上。

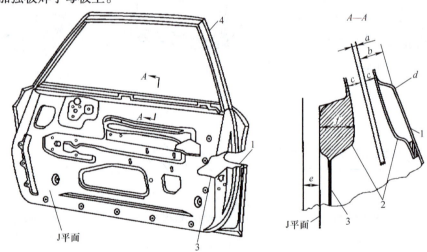

图6-5 车门 J 平面和窗台截面

a—玻璃厚度 b—腰线到玻璃的距离 c—金属到玻璃的距离 d—腰线上的点 e—内饰板厚度 f—内腰带梁截面宽
1—车门外板 2—加强板 3—车门内板 4—窗框

3. 车门加强板

车门加强板用以提高附件安装部位的刚度和连接强度。例如，在门体安装铰链和车门开度限位器或安装玻璃升降器底板等部位焊有 1.2～1.6mm 厚的加强板（加强板一般比母板略厚），以便将较大的局部负荷有效地传到车门内板的较大面积上，如图6-6所示。又如，为加强车门腰线处车门窗台的刚度,以保证车门内、外板之间的装配关系,并使玻璃密封件良好,一般在车门窗台处车门内、外板的内侧分别焊装横向加强板(图6-5),形成封闭或开口截面的内、外腰带梁。

目前,激光拼焊钢板(图6-7)已广泛应用于车门内板,它可以省去加强板及其工装模具,并可以提高车门刚度,减小车门质量。

图6-6 加强板和抗侧撞梁

图6-7 激光拼焊钢板在车门内板中的应用

4. 抗侧撞梁

为使车辆抗侧撞性能达到安全标准的要求,现代轿车大多在车门内装有抗侧撞梁。该梁可以是圆管(图6-8),也可以是用高强度钢板冲压成形的异型截面梁(图6-6),其截面厚度为33~36mm,两端通过连接件焊接在门内板上。

(二)车门内饰

车门内饰除了用以装饰车室内部,还可以起到隔声、吸声、防止车外灰尘进入和水侵入的作用。车门内饰及构件软化,在车辆碰撞时能保护乘员,提高安全性。

车门内饰结构主要由芯材、衬垫、蒙皮、内饰固定板及附件组成。现代轿车车身大多采用成型内饰,如图6-9所示,有部分成型和整体成型两种。成型的方法有真空成型、发泡成型、注塑成型、热冲成型和树脂冲压成型等。在内饰上安装车门扶手,除可以靠肘外,还可以作为开关门的把手。各种开关和烟灰盒等多为内置式,使内饰表面美观并有效利用空间,还可减少零件数量。

图6-8 抗侧撞梁

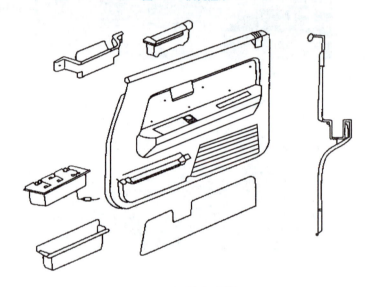

图6-9 成型车门内饰板

（三）车门附件

车门附件的性能及其在门体上的布置设计直接影响车门的使用性能。车门附件主要包括铰链和限位系统、门锁系统、玻璃升降系统、密封系统等。

1. 铰链和限位系统

（1）门铰链 如图6-10所示，车门通过上、下铰链悬挂在门柱上，整个车门（包括门内饰板）的重量及任何作用在车门上的力，在车门关闭的状态下，由两个铰链、门锁及固定在车身门柱上的锁门系统来支承；而车门打开时，则全由铰链支承。实际车门的下垂，通常是在载荷作用下，铰链与车身或车门的连接部位发生变形所致。

门铰链因使用频率高，要有很高的耐久性、强度和可靠性，受到再大的冲击，铰链也不能与车身分离。铰链本体多为钢板冲压或铸铁铸造或锻造。为确保铰链的自如旋转和耐久性，铰链轴多为钢制且表面进行硬化处理，涂油，或用含油超耐热硬质合金制造，衬套采用含油烧结合金。

门铰链有合页式和臂式两种（图6-11）。臂式的铰链轴安装在门柱内，因此要求门柱粗大。其优点为轴线相对车门的位置较远，开门时能使门往外移，因而不易与门框或车身其他部分干涉。现代轿车车身广泛采用合页式铰链，两个合页分别固定在车门和车身门柱上，合页之间用销轴定位和连接，铰链轴线在门柱以外，与臂式铰链相比质量更小，刚度更高，更易于装配。

（2）门限位器 车门的开度限位器具有门半开时的支承功能和全开时的制止功能，其作用是限制车门的最大开度，防止车门外板与车身相碰，并使车门停留在所需开度，防止车门自动关闭。它和门铰链一样使用频率高，故也要求具有很高的耐久性和可靠性。

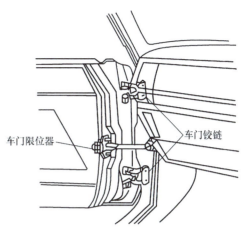

图6-10 车门铰链和限位器

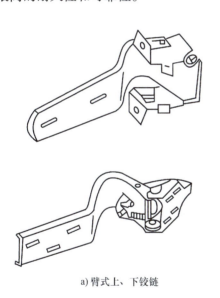

a) 臂式上、下铰链

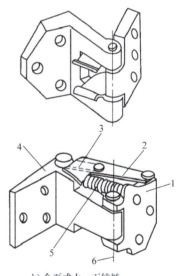

b) 合页式上、下铰链

图6-11 车门铰链的种类

1—车门合页 2—连杆 3—二力构件 4—门柱合页 5—弹簧 6—铰链轴线

图6-12所示为车门限位器的结构。通过改变臂的形状，可设定门半开的保持位置和保持力。由图可知，门全开时壳体和止动橡胶块接触。设计时考虑了过分开启和暴风吹开门的作用力。

车门的最大开度一般为65°~70°，这要根据上下车方便、上车后关门方便以及车门与车身不干涉等条件确定。门开启时，限位器安装在车辆上的状态如图6-10所示。

也有采用限位器与铰链结合在一起的结构，如图6-11b所示，其下铰链就是与铰链组合成一体的。它采用压缩弹簧和连杆机构来控制车门的开启状态，在弹簧力的作用下，机构对车门产生绕铰链轴转动的力矩。当车门开启到超过中间位置时，此力矩驱动车门自动打开。

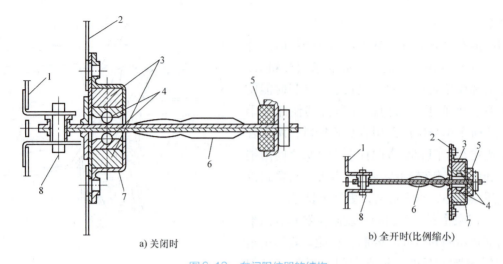

a) 关闭时　　　　　　　　　b) 全开时(比例缩小)

图 6-12　车门限位器的结构

1—车身　2—门内侧板　3—弹性体　4—滚轮　5—止动橡胶块　6—臂　7—壳体　8—销

2. 门锁系统

门锁系统是控制车门可靠锁闭和安全开启的系统总称，一般分为手动式（机械式）门锁和电动门锁。目前，一般汽车都采用电动门锁，它的门锁内锁止机构的锁止和开启可由电动机构控制，从而实现了门锁的中央控制和遥控等功能。

（1）门锁系统的构造　主要包括啮合部分和连动机构部分，如图 6-13 所示。啮合部分连接车门和车身，锁闩（锁环）一般固定在车身门柱上，锁体装在门体内。锁闩和锁体的啮合形式有转子卡板式和齿轮齿条式。因为卡板式锁啮合可靠，可以承受较大的车辆前后方向和车门开闭方向的载荷，对装配精度要求不是很苛刻，所以现在用得最多，如图 6-14 所示；车门关闭时，锁环撞击卡板内凹槽左侧，推动卡板旋转到一定角度后锁止。连动机构是门内、外侧手柄及其操作力的传动部分和锁止、开启部分，包括门内锁止杆和锁芯。锁芯是实现在车外锁止和解除锁止的机构，可以布置在车门锁外手柄上，也可布置在外手柄下的车门外板上。内锁止机构是在车内锁止的机构，锁止后，在车外不用钥匙就无法打开车门。它有两种

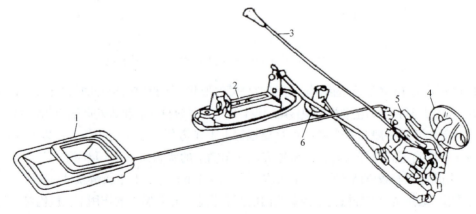

图 6-13　门锁系统

1—内手柄　2—外手柄　3—内锁止杆　4—锁闩　5—锁体　6—锁芯

基本形式：窗台上的按钮式和内手柄上的按键式。后者由于使用方便可靠，目前更为常见。随着新能源汽车的发展，依靠智能化、电动化优势，机械与电子耦合应用的门锁应运而生。例如，特斯拉的车门内采用电子按键式解锁，在紧急情况电子系统失灵时，可拉动额外配备的机械拉手开门逃生。为保证安全，机械门锁的优先级更高。同时车门关闭方式也进行了改进创新，新能源汽车广泛采用的"电吸门"，是在车门半锁紧后使用电机继续拉紧门锁拉索让锁舌翻转，达到全锁紧状态，这种门锁能减小车门关闭所需力度，优化乘客关门体验。

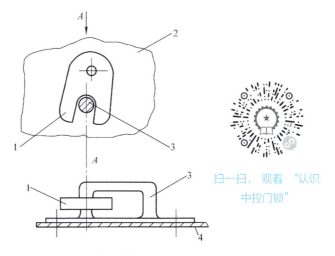

图6-14 卡板式锁啮合形式
1—卡板 2—门侧板 3—门闩（锁环）
4—门柱

扫一扫，观看"认识中控门锁"

（2）对门锁系统的要求

1) 门锁必须可靠地将车门锁闭，在汽车行驶中车门不允许自动打开。

2) 车门的开启与关闭应轻便、灵活。

3) 能承受纵向力、横向力及惯性力，开关轻便满足法规要求。

4) 设有锁止机构的情况下，锁止时，如按下锁止按钮或车外用钥匙锁止，则扳动车门内、外手柄不能打开车门，在车外只有解锁后才能打开车门，在车内只有先拉起锁止按钮才能打开车门。随着物联网、智能芯片等技术的发展，车门解锁方式不断更新，例如，手机远程解锁、NFC解锁及生物识别解锁等非实体钥匙解锁方式，提供了更为丰富便捷的解锁手段。

5) 车门开启，锁止按钮按下时，关闭车门撞动锁爪，即可通过联动杆来解除锁止状态，同时可防止因钥匙忘在车内而打不开车门。

（3）隐藏式外把手 隐藏式外把手与车门外表面平齐，无凸起结构，能够降低车辆风噪且造型新颖。使用时，手柄伸出，用于释放门锁及开启车门。需要注意要设置应急操作功能，当车辆断电时，按压手柄前端，后端可翘起，能够拉出手柄，露出锁芯。

3. 玻璃升降系统

一般的汽车侧窗玻璃都需要升降。车门玻璃升降系统有两个功能：一是支承和保护玻璃；二是使玻璃升降能随意停位。玻璃升降系统由支承玻璃的托架、导轨和玻璃升降器等组成。玻璃升降系统应满足如下要求：

1) 车门玻璃升降平顺，工作可靠，无冲击和阻滞现象。

2) 操纵轻便省力。

3) 具有防止玻璃受外力时升降器倒转的机构，防止人从车外能够迫使玻璃滑下。

4) 对于电动玻璃升降器，还应考虑防夹功能。

目前常用的玻璃升降器有臂式传动和钢丝绳式传动两种结构类型，如图6-15所示。驱动方式有手动和电动两种，目前主流轿车已经淘汰了摇把式的手动升降方式，改为按钮式的电动升降方式。

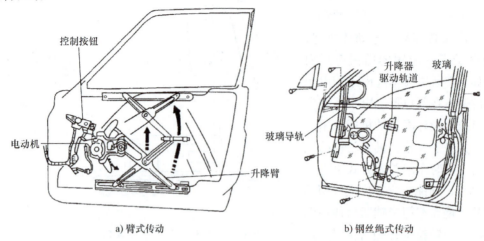

图6-15 车门玻璃升降器的结构类型

4. 密封系统

车门的密封包括车门与车身门框之间的密封和门窗玻璃的密封。

（1）车门与车身门框之间的密封　车门与车身门框之间通过安装橡胶密封条来实现车室内部与外界的隔离，防止雨水、灰尘、风和噪声侵入车内。密封条还对车门的关闭起到缓冲作用，同时防止车辆在行驶中发生振响和气流啸声。

密封条的材质一般是表面具有合成橡胶护膜的海绵橡胶，也有采用硬质橡胶或SBR海绵的。表面护膜采用氯丁二烯或氯磺化聚乙烯类的合成橡胶，护膜厚度为0.1~0.5mm，它不仅改善了密封条的耐候性和耐磨性，还使密封条外形美观。对密封条材料的性能要求是：

1）弹性好，永久变形小。

2）良好的耐候性和耐老化性，低温下不发硬。

3）具有一定的强度和表面护膜的耐磨性。

4）吸水率低。

5）便于成形（挤压成形或模具成形）和装配（如与车漆表面能牢固粘接且无污染性）。

密封条的布置形式分为安装在车门上的、安装在门框上的或两种形式并用的，如图6-16所示。车门密封条的固定方式有粘接、卡扣固定、嵌入式固定或夹持等。

车门与车身门框之间间隙不均匀时（如制造偏差），密封条设计应使其载荷不会有大的变化。也就是说，密封条的弹性特性最好取用图6-17所示的中间一段。如果取用载荷变化大的一段，尽管密封性可以提高，也可以减小车门振动，但会使车门关闭力加大且振响声大。

车门密封条的截面形状一般分中空形和唇形两种，如图6-17所示。现在广泛采用的中空压缩型密封条是由起密封作用的中空海绵橡胶部分和夹持于门框上的夹持部分组成的，具有良好的弹性特性，使关门时对车门的反力小，密封效果好，而且便于布置。图6-18所示为车门密封示例，一般车门下部采用双层密封。

设计时应考虑到沿整个车门四周密封条的接触面是有变化的。关门时，密封条变形的方

第六章 车身部件结构与设计

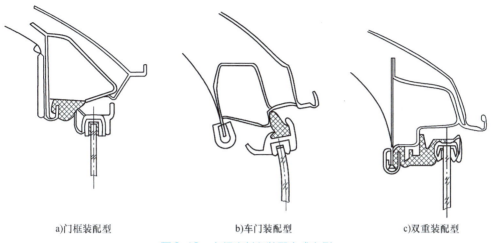

a) 门框装配型　　　　　b) 车门装配型　　　　　c) 双重装配型

图 6-16　车门密封条装配方式实例

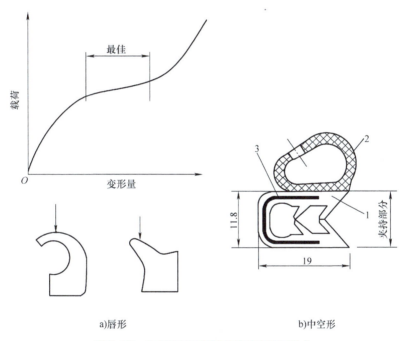

a) 唇形　　　　　　　　　　　b) 中空形

图 6-17　车门密封条特性曲线和密封条形式

1—硬质橡胶　2—海绵橡胶　3—金属骨架

向也是不同的。对于模具成形的整体式密封条，可以把截面形状设计成变化的，尤其是在铰链的附近和窗框部分的密封条，接触面与其他部分明显不同。设计时要尽可能使车门四周与门框之间间隙均匀，密封条与门框接触面及贴合方向一致，以便获得均匀的压力，并防止密封条因受力方向变化而扭曲、撕脱。

（2）门窗玻璃的密封结构　玻璃升起时，门窗应有良好的密封性。门窗密封主要靠玻璃导槽和车门窗台处横置的密封条。

玻璃导槽一般采用粘接或嵌入的方式装配在门窗框的结构凹槽内，如图 6-19a 所示。断面形状设计时，要考虑导槽与窗框的装配关系。为了减小玻璃升降阻力，导槽两侧通过植绒

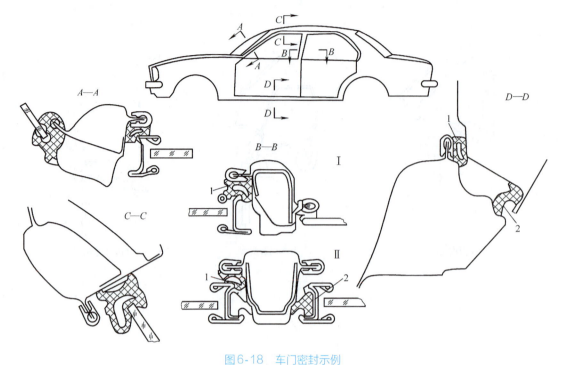

图6-18 车门密封示例

Ⅰ—两门轿车　Ⅱ—四门轿车
1—中空压缩形内密封条　2—唇形外密封条

的唇边或柔软的压缩面贴于玻璃，使玻璃升降平稳、轻便。

车门窗台采用双面密封形式，密封条分布在玻璃的两侧，如图6-19b所示，可以防止灰尘和噪声进入车室内，确保气密性，还可减少停留在玻璃上的脏物，且防止关闭车门时玻璃的振响。内、外侧密封条的唇部与玻璃的接触面经过静电植毛，要求显露部分美观。设计时还要注意安装方便。

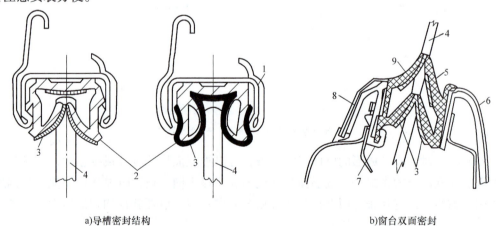

a) 导槽密封结构　　　　　　　　b) 窗台双面密封

图6-19 窗框密封结构

1—窗框　2—橡胶导槽　3—植毛　4—玻璃　5—车内侧密封条
6—车门内饰　7—卡头　8—车外侧嵌条　9—车外侧密封条

三、车门布置设计

在汽车概念设计阶段，车身轮廓尺寸、外形和车身结构形式逐步形成。由于车身侧围结构设计与车门设计不可分割，因此车门的布置设计（包括车门的选型、轮廓形状、车门开度、附件形式、密封形式等）也必须同时进行。

车门是车身结构的一部分，其外形尺寸受车辆总体外形（主要是车身侧面外形）和车室内部布置空间的约束。

1. 车门铰链布置

车门靠铰链和门锁悬挂于车身门框上，当给定车门表面形状和车门边缘的结构形式及尺寸后，即可开始布置车门铰链。

铰链轴线的布置影响车门的摆动轨迹。在车身外形设计的初级阶段，就需要布置铰链轴线并对车门旋转轨迹进行校核，防止车门边缘与周边结构（如前翼子板、门框）或前、后门之间发生干涉，确保造型设计（门缝线设计）的可行性，并确定门柱尺寸等。

（1）上、下铰链间距　在确定上、下铰链的间距时，首先进行车门铰链受力分析。

如图 6-20 所示，假设车门打开时，作用在车门外手柄上有垂直载荷 F_1。由于 F_1 和车门重力 G 的作用，铰链受力 F_2 和 F_3：

$$F_3 = \frac{G + F_1}{2} \quad F_2 = \frac{Ga + F_1 d}{b}$$

由图 6-20b 中 $B-B$ 截面可见，$h \geq t$，故可不考虑 F_3 的作用。而 F_2 作用在铰链的固定合页 3 上，使其产生弯曲应力：

$$\sigma_1 = \frac{6F_2 l}{ht^2} = \frac{6(Ga + F_1 d) l}{bht^2}$$

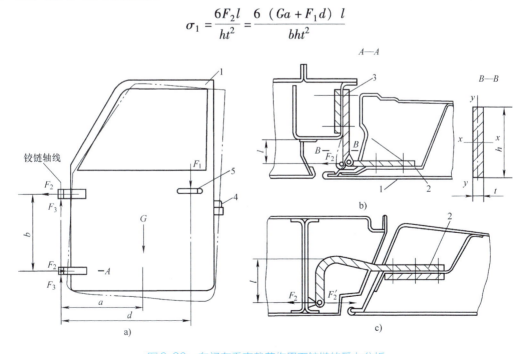

图 6-20　车门在垂直载荷作用下铰链的受力分析
1—门外板　2—活动合页　3—固定合页　4—定位器　5—门外手柄

如果 $\sigma_1 > \sigma_s$（材料屈服极限），合页 3 将产生永久变形。由于上下铰链变形方向相反，造成车门下垂，如图 6-20a 双点画线所示。

车门或门框与铰链的连接刚度不足，往往是导致车门下垂的主要原因。因此，除了可在门和门柱固定铰链处设置加强板，在布置铰链时还要注意加大上、下铰链的间距。间距越大，铰链处受力越小。但间距大小受车身外形的制约。一般轿车，上铰链的上端到下铰链的下端的间距为 350～500mm，大多保持在 400mm 左右。同时，上、下铰链的最高和最低位置也受结构约束。

（2）铰链轴线在宽度方向的布置　铰链轴线与车门外板表面的距离越大，则越容易发生干涉，因此铰链轴线应尽可能向车身宽度方向外移（使其靠近车身表面），铰链轴线至车门外板表面的最宽点距离通常为 30～50mm。但轴线外移受上、下铰链间距的限制，铰链布置时要处理好轴线外移与铰链间距、车门高度三者之间的关系。

（3）铰链轴线的倾斜　在道路边停车并打开车门时，为了使车门下边缘不刮地且留有一定间隙，往往需要在车门开启的同时能举高车门。为此，应使车门铰链轴线内倾或后倾，内倾比后倾效果更好，一般内倾角度在 4°以内，不宜过大。铰链轴线外倾或前倾时，车门在开启时会往下斜。

各国城市建设对道路形状有统一规定，我国 CJJ 37—2012《城市道路工程设计规范（2016 年版）》规定，路面最大横向坡度为 2%，最大路缘高度为 200mm，如图 6-21 所示。根据该规范，汽车停在路边时，建议车门开启时的提升值为 15～30mm。车门升起高度值，定义为车门开启 60°时，在离铰链轴线 762mm 处的门底边测得的 A 点至 A' 点升起的高度值，如图 6-22 所示。按照该定义，根据所要求的高度升起/下降值，即可估算所需要的铰链内倾或后倾的角度 β。

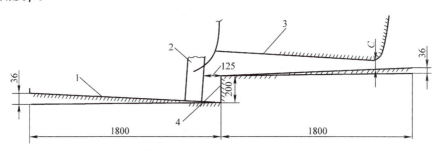

图 6-21　我国城市建设对道路形状的规定

1—路面　2—车轮　3—车门下边缘　4—路缘高度　C—间隙

2. 车门玻璃及玻璃升降系统的布置

（1）车门玻璃布置　车门玻璃向车身中心的倾斜度和曲率主要取决于车身外形的需要，并影响车门厚度、车室宽度（乘员头部空间和肩部空间）和乘员进、出的方便性。常用车门玻璃曲率半径为 1000～1800mm。为了适合空气动力性能要求，车门玻璃外表面应尽可能与车身外表面齐平。

车门玻璃的外形，从侧视图看，其前后导轨应是平行直线。但是俯视车身轮廓，玻璃外形由车身最大截面向前、后都是缓慢往内收的。因此，玻璃半径也应从最大截面处的半径往

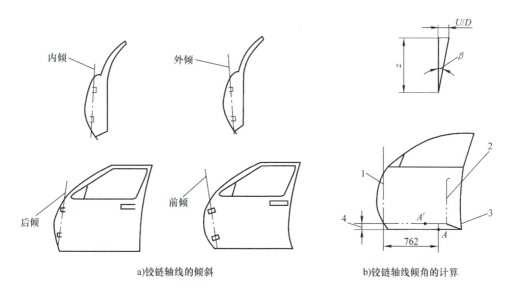

图 6-22 铰链轴线的倾角计算

1—侧视铰链轴线位置 2—车门打开位置 3—车门关闭位置 4—A 点上升值

U/D—车门打开 60° 时车门 A 点的上升量或下降量;内倾时,$z=630mm$,后倾时,$z=380mm$

前、后逐步减小,以适应车身造型规律。因此,车门的玻璃表面应为鼓形,垂直于鼓轴的各截面半径是变化的,各截面玻璃曲线是一组同心圆弧,如图 6-23 所示。对于有窗框的车门结构,由于窗框导轨往往是斜置的,因此鼓形表面的玻璃边缘成形后是空间曲线(螺旋状)。而实际滚压成形的导轨只能是等曲率平面曲线,其偏差可以借助窗框内导轨中的橡胶密封导槽的变形来补偿。

实际鼓形玻璃表面,其前、后导轨曲率半径应是不同的。但如果半径变化不大,导轨也可用同一曲率半径,依赖橡胶密封导槽弥补偏差。

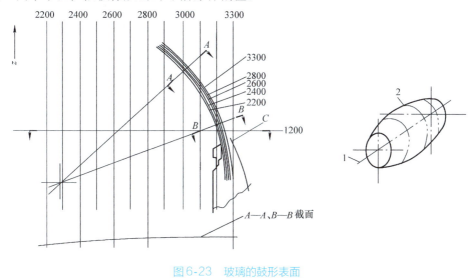

图 6-23 玻璃的鼓形表面

1—鼓轴 2—鼓形表面

（2）玻璃升降器的布置　图 6-24 所示为钢丝绳式玻璃升降器的结构示意图。汽车钢丝绳式玻璃升降器通过驱动电机带动钢丝绳运动，使玻璃在导轨内上下移动。具体而言，当驾驶员按下车窗开关时，电机开始旋转，拉动连接在钢丝绳上的玻璃夹持器，从而使玻璃上升或下降。滑轮系统在此过程中引导钢丝绳的路径，确保其顺畅运行。该系统结构简单，主要由驱动电机、钢丝绳、滑轮、导轨和玻璃夹持器组成，具备成本低、运行平稳等优点。定期检查钢丝绳和滑轮的磨损情况，以及对滑轮系统进行润滑保养，有助于维持其可靠性和延长使用寿命。

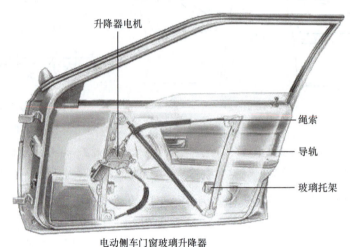

图 6-24　玻璃升降器的布置

3. 门锁布置

门锁系统在布置上的要求如下：

1）在高度上，锁体应略高于车门质心，或与车门质心布置在同一水平线上。从受力的角度看，这样的布置使车门关闭时比较稳定，可避免车门的最高点在行驶时发生振动。

2）在水平方向上，门锁与玻璃中心线的相对位置一般有四种情况，即门锁在玻璃的外侧、内侧、中间或脱离玻璃。门锁在玻璃的外侧，有利于外手柄和内锁止机构的布置。中间布置型不常用。

3）锁销的轴线与铰链的轴线应垂直。铰链一般都有一个内倾角，在布置门锁时要注意。

4）一般门锁有两个档位，门锁进入第二档位时，门处于正确位置。

门锁一般装在车门内板的后端部，主要由外手柄的位置来确定。门锁一般位于玻璃升降器的内侧，这有利于联动杆的布置。门内手柄的安装位置一般应距离乘客稍远一些，防止乘客无意碰到而打开车门。

门内手柄一般是通过联动杆来打开门锁的，因此在设计门锁装置的联动机构时，要正确确定各杆件的尺寸并进行运动校核，保证各操纵手柄的位移在合适的范围内，同时避免各杆件在动作时发生干涉。

4. 车门密封条布置

车门密封条的截面形状和尺寸选定后，要细致布置密封条的走向，并确定密封条的受压方向、压缩量和门与门框之间的间隙大小,以保证密封效果和正常的开关车门的操纵力,并最后确定密封条的固定方式以及车门内板与门柱的截面形状。

5. 车门主截面的布置

车门主截面的布置如图 6-25 所示,在布置时注意如下几点(尺寸数据仅供参考)。

1)取车身中段靠近车身最宽处的截面进行车门内部布置。

2)玻璃上边缘 A 点 X 值一般不应大于 $Y/2$,Y 在玻璃升降器底板支持立面上,车门腰线以上玻璃的高度。臂式玻璃升降器底板支持平面与车门内板垂直平面的偏角不要大于 $3°$。

3)车身中段玻璃的曲率半径一般为 1000~1800mm,具体根据车身外形确定;侧窗采用钢化玻璃,厚度一般为 3.5~4.0mm。

4)车门玻璃下降到最低位置时,下端点到门内板的间隙 m,一般对臂式玻璃升降器不应小于 25mm,对钢丝绳式玻璃升降器不应小于 42mm。

5)抗侧撞梁等所有金属件与玻璃的间隙不应小于 18mm,抗侧撞梁与车门外板内表面间隙取 5mm 左右,用防撞胶填充;抗侧撞梁大多布置在离地面 800mm 左右的高度位置。

四、车门性能分析及耐久性试验

世界各大汽车公司产品开发和研究部门都制订了车门系统设计的技术规范。为了保证车门性能要求,需要对白车门进行各种 CAE 分析,一般包括车门扭转刚度分析、车门垂直刚度分析、车门外板凹陷分析、铰链强度和刚度分析、车门边缘齐平度分析等。

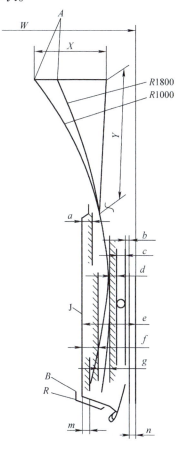

图 6-25 车门主截面布置

W—车身总宽 A—玻璃上边缘点 a—车身中段内腰带宽度 b—抗侧撞梁到外板内表面的间隙 c—抗侧撞梁厚度 d—抗侧撞梁到玻璃的间隙 e—最大门厚 f—门内板到玻璃弧弦的最小间隙 g—通过玻璃的范围 m—玻璃下端点到门内板的间隙 n—车门内外板限制表面间的距离

车门是汽车上开关频率最高的部件之一,在期望的车辆寿命期间,车门应该能够经受住任何复杂的使用条件,为此必须对车门进行耐久性试验。车门耐久性试验时要综合考虑环境条件(如温度、湿度)、车门玻璃位置(如升降至最高、最低或中间位置)、砰击(Slam)能量(如正常关门、滥用车门或破坏性砰击)等。目前车门开闭耐久性试验基本都是由专门的试验设备自动完成。

在不同温湿度环境下,应对驾驶人前门、乘员前门和后门进行对应次数的耐久性试验和破坏性砰击试验,对于耐久性试验,总循环次数应达到 100000 次以上。每次试验后要检查车门各项功能和载荷变化的全部情况。

除了进行车门开闭的耐久性试验,还需要对车门的部件进行针对性的耐久性试验,包括铰链系统耐久性、玻璃升降耐久性、门锁开关耐久性、门手柄操作耐久性等。一般各大汽车公司对此均有具体的测试要求和规范。

第二节 前、后闭合件

一般轿车车身前、后闭合件(Clouser)包括前机舱盖、行李舱盖和后背门等。

一、前机舱盖和行李舱盖

1. 盖体

大多数汽车前机舱盖前部用锁固定,后部通过铰链悬挂于车身前围上盖板上,采用往后开启的形式,如图 6-26 所示。行李舱盖悬挂于后围挡板上,后端用锁固定,是往前开启的形式,如图 6-27 所示。

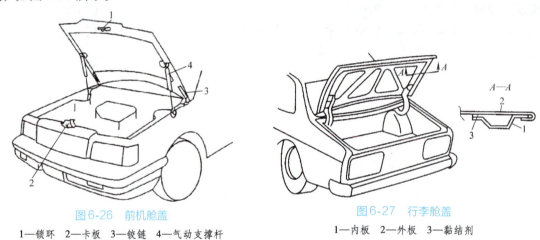

图 6-26 前机舱盖
1—锁环 2—卡板 3—铰链 4—气动支撑杆

图 6-27 行李舱盖
1—内板 2—外板 3—黏结剂

两盖都由内、外板组成。外板是车身上的大型覆盖件,其形状必须满足车身造型的要求,为增加其刚度并将其可靠地固定在车身上,一般由内板起加强作用。内板沿外板四周设置,通过翻边压合或粘接与外板组合,在内板上焊接有安装铰链、锁和支承杆用的加强板。为实现结构轻量化,可通过拓扑优化等计算方法,在内板上去掉受力小(应变能小)的材料,如图 6-28 所示。

与前机舱盖配合的部件是由翼子板、前围板、散热器框架等组成的一个刚性框架。为避免前机舱盖与周边框架接触产生振响,沿周边设有一些附加的前机舱盖的支点——橡胶缓冲块。为保证前机舱盖与周边部件的间隙均匀,前机舱盖是可以调整的,因此往往在铰链臂上或车身前围上盖板上做有椭圆孔,而铰链与车身通过螺钉和活动螺母板连接。前机舱为通风结构,因此舱盖无须密封。对行李舱盖,为了保护行李,在关闭状态整个行李舱盖的周边应该紧紧地压在行李舱框架的橡胶密封条上。由于轿车行李舱口几乎是沿水平布置的,更应注意密封性。图 6-29a 所示为密封条固定在行李舱口上,而图 6-29b 所示为密封条固定在行李

a) 前机舱盖　　　　　　　　b) 行李舱盖　　　　　　　　c) 前行李舱

图6-28　前机舱盖和行李舱盖结构及前行李舱

舱盖上。气温很低时，后者的密封条会与箱口冻结在一起，打开行李舱盖时，密封条可能从胶结面上被拉下来，因此必须沿舱口侧设流水槽或采取其他措施。部分纯电动汽车由于没有发动机，前机舱为空腔，转而充当行李舱的作用，此时需要密封，如图6-28c所示。

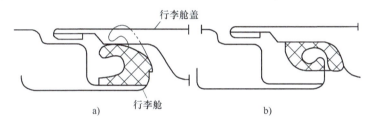

图6-29　行李舱盖密封条的装配方法

2. 铰链机构

铰链机构应满足下列基本要求：

1）保证盖有足够的开度，并在开启过程中不与车身其他部分干涉。行李舱盖的开度一般为 40°~50°，前机舱盖的开度则可达 90°，主要是为了方便拆卸发动机。

2）开闭盖必须轻便、灵活，因此铰链机构一般采用平衡弹簧。

3）有足够的强度和刚度，以保证运动正确、可靠耐久。

带有平衡弹簧的铰链称为平衡铰链，有简单平衡铰链和连杆式平衡铰链之分。

简单平衡铰链绕固定轴旋转，如图 6-30 所示，可通过恰当地选择轴线位置及铰链臂的形状，避免盖在开启过程中与车身干涉，并保证一定的开度。平衡铰链结构简单，故较多采用。但有些车身因为结构布置或车身外形等原因，不宜采用这种简单铰链，而采用连杆式（四杆或六杆）平衡铰链，如图 6-31 所示，在开启盖时，瞬时旋转中心是不断变化的，可以通过改变机构连杆尺寸来实现所要求的任何运动轨迹和开度，因此也有许多汽车采用这种类型的铰链。

平衡铰链机构所承受的力，包括由于盖体受重力作用所引起的力矩和平衡弹簧的平衡力矩。这两个力矩值随着开启度的不同而变化。若已知盖的重量和各种开度时盖的重心位置（初设计时可以估算），根据机构的几何关系，可算出相应的为了平衡盖的重力矩所需的弹簧力。平衡机构弹簧特性应使盖在关闭位置时，弹簧力对铰链销轴线的力矩能够平衡盖的重力矩，而在盖开启至最大位置时，所需弹簧的平衡力矩应略大于盖的重力矩，以使开启轻便。

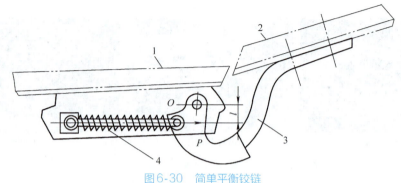

图6-30 简单平衡铰链

1—车身 2—盖 3—铰链 4—弹簧

3. 锁止机构

行李舱盖锁止机构通常由上、下锁体、操纵机构和安全钩等组成。现多用按钮锁或卡板锁。图6-32a所示是卡板锁,它是行李舱盖锁止机构的典型结构,一般关上舱盖便自动锁紧,采用正常的操作方法便可打开。图6-32b是按钮锁,按钮钥匙芯埋藏在按钮内,只要不是用钥匙锁上,即便关上舱盖,用按钮也可打开。在行李舱盖锁止装置上装有安全机构,这种安全机构必须通过操作锁止器上的操纵杆,或与锁止器相连接的钥匙芯才能打开。如用遥控开启装置,一般采用缆线控制,操作手柄设置在驾驶席旁边,如图6-33所示。

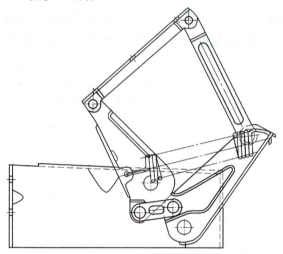

图6-31 连杆式平衡铰链(六连杆)

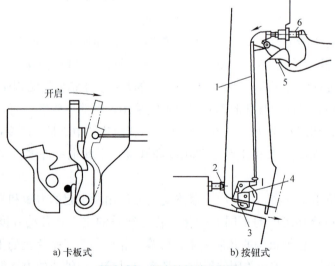

a) 卡板式 b) 按钮式

图6-32 行李舱盖锁止装置

1—驱动机构 2—定位缓冲块 3—锁环 4—锁总成 5—手柄 6—按钮

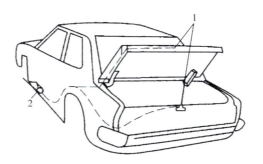

图6-33 行李舱遥控开启装置
1—锁装置 2—操作手柄

二、后背门

轿车背门（Liftgate）也称尾门或后门，往往是方背式或快背式轿车上的重要部件。它通过两个铰链悬挂在顶盖后横梁上，如图6-34所示。背门上装有玻璃风窗，并与后保险杠、后部灯具和后翼子板组成整个轿车的尾部外表。背门一般采用臂式铰链、空气弹簧减振支撑杆、卡板式门锁，门锁的解扣由拉索控制或电信号控制。使用电动支撑杆时，能够用电动驱动方式，通过传动机构将尾门上升或下降，并能按要求停留在任意位置。图6-35所示为气支撑杆和电动支撑杆的结构示意图。

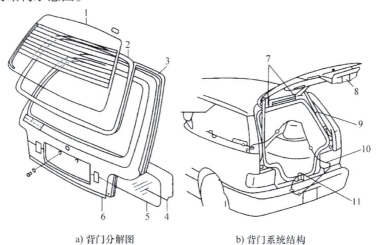

a) 背门分解图　　b) 背门系统结构

图6-34 背门系统
1—窗玻璃 2—窗密封条 3—门洞密封条 4—门装饰板 5—密封薄膜 6—门体
7—铰链 8—卡板锁 9—撑杆 10—拉索 11—锁环

铰链系统的刚度不足，特别是顶盖后横梁的刚度不足，将影响背门的下沉量，影响门与门框的配合间隙和门缝处的表面齐平度，从而影响车身外观和功能。

与车身上其他门、盖的设计类似，背门设计时需进行CAE分析和试验建立背门的计算模型和试验方法，但各公司规范中的载荷值和要求有所不同。

此外，还需对背门铰链系统的悬挂稳定性和门缝边缘齐平度进行分析，并对门框尤其是安装铰链的顶盖后横梁进行强度和刚度分析，尽可能减轻结构质量。

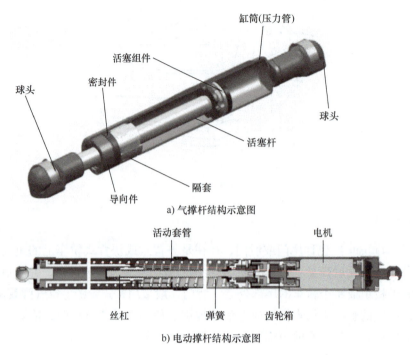

图6-35 气支撑杆和电动支撑杆的结构示意图

第三节 风　　窗

风窗对驾驶人和乘员的视野、安全和舒适性能，以及汽车的外形、空气阻力等都有较大的影响。

一、风窗表面形状

现代汽车上大多采用变母线的曲面风窗表面，其导线（玻璃的法向截面线）的曲率中间小、两侧逐渐均匀变大，或者风窗中间较大部分采用柱面，两侧比较弯曲的区域采用柱状面、锥面或锥状面，且中间柱面的曲率半径 $R \geq 2500 mm$，两端的曲率半径 $R \geq 230 mm$，这样既有利于制造，也不会引起失真现象。

由于光线的折射和反射，使驾驶人通过风窗玻璃看到的图像有一定失真，如图6-36所示。物象 O 通过一倾斜玻璃时，因光的折射和反射形成一次成像 I_1 和二次成像 I_2。一次成像使物象偏离，偏离角为 α_1；二次成像使物象离散形成重影，重影角为 α_2。物象偏离角和重影离散角受玻璃形状（曲率、厚度）、折射率及驾驶人眼睛到玻璃之间的距离和视线角等因素影响。在确定风窗形状时应注意到玻璃的这一光学特性。

二、风窗玻璃的种类

风窗玻璃必须具有足够的强度，当其被撞击碎裂时，也不应形成尖角碎片而伤及乘员。风窗玻璃常用的有钢化玻璃、局部钢化玻璃和夹层玻璃三类。

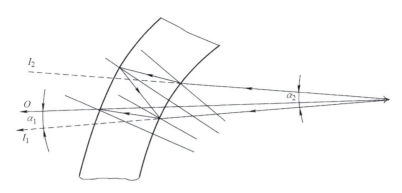

图 6-36　重影的形成机理

1. 钢化玻璃

钢化玻璃是由普通玻璃加热到接近软化温度时，快速用高压离心风机吹出的风通过喷嘴向热玻璃表面喷射制成的。用化学方法也可以对玻璃进行钢化。钢化玻璃有较高的内应力，玻璃的外表面呈压应力状态，内层受张应力，外层的压应力平衡了有外来冲击时对玻璃造成的张力。一旦破碎，整块玻璃就会变成大小均匀、无锋利边缘的小块，飞出的动能也很小，故有一定的安全性。

钢化玻璃的缺点是成型后不能再进行裁割，因为一裁割就会破坏内部张应力层和表面压应力层之间的平衡，从而使整块玻璃破碎。另外，当撞车破坏时，或由于热处理后残余应力过大突然发生自爆的瞬间，玻璃将会失去透明度。玻璃的失透性使驾驶人无法辨认方向，很不安全，因此，又出现了局部钢化玻璃。

2. 局部钢化玻璃

局部钢化玻璃是在对加热过的玻璃进行淬冷时，向玻璃的主视区和周边喷射不同压力的气流，以造成不同的淬火性能制成的。局部钢化玻璃破碎后，周边的颗粒如同全钢化玻璃，但在驾驶人的主视区内的碎片是由大颗粒和小颗粒成条状间隔分布的，因此破碎后，主视区的碎片颗粒大，能保持一定的能见度，可以使驾驶人驾驶汽车继续行驶一段距离。

3. 夹层玻璃

夹层玻璃又称 G/P 玻璃，是由单层或多层玻璃与单层或多层耐高穿透的 PVB 薄膜经高温、高压黏合而成的。一般的夹层玻璃是在两层薄片玻璃间夹一层 PVB 薄膜的三层复合体。构成夹层玻璃的薄片玻璃是消除了内应力的具有高光学性能的退火玻璃，通常不再进行热处理，因此其强度比钢化玻璃低。

夹层玻璃破碎时，其破碎状态与钢化玻璃截然不同。由于有结实的中间膜支承，因此夹层玻璃的破坏局限于被冲击点的周围，且裂纹呈蛛网状，不会出现碎片飞散和玻璃整体破碎的情况。冲击点以外的大部分区域不出现小裂纹，因此不会影响驾驶人的视野。

三、风窗的密封

曲面风窗均为闭式。在车身的风窗框与风窗玻璃之间用橡胶密封条连接，如图 6-37 所示。密封条起着密封与缓冲作用，可以防止车身受扭转使窗框变形时损坏玻璃。

选择风窗密封条材料时，应考虑到密封条形状复杂、小圆弧截面和尺寸精度的要求，以及挤压成型工艺和成本等。一般采用硬度为50~70HS（肖氏硬度）、拉伸强度为6~8MPa、伸长率大于30%的橡胶材料，密封条表面是一层耐候性好的合成橡胶膜，而芯部的橡胶应具有足够的强度和硬度。为了防止水和灰尘进入车室内，最好在密封条和玻璃风窗之间填充不干性密封胶，如JN-8胶，如图6-38所示。

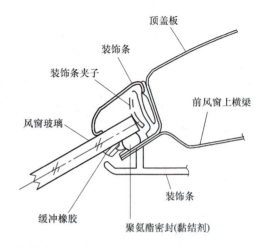

图6-37　使用聚氨酯密封条的风窗玻璃安装示例

目前，风窗密封方式已由窗框橡胶条嵌接式转向直接粘接式，这种方法不用橡胶密封条，而是采用聚硫橡胶密封层或丁基胶带来装配玻璃，如图6-39所示。粘接式装配方法可以克服密封条式装配方法长期使用后的橡胶老化和车身装配间隙不均匀，易产生漏水、透风等缺点，而且装配时不易损坏玻璃，外观也比用橡胶密封条嵌接好，还能提高车身刚度。

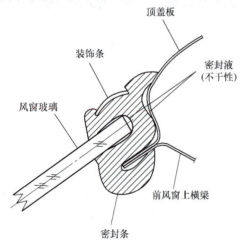

图6-38　使用不干性密封胶和封条的风窗玻璃安装示例

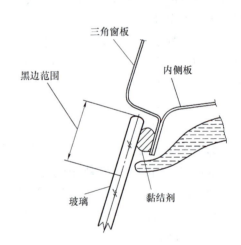

图6-39　使用粘接方式的后面三角窗的安装示例

第四节　座　　椅

一、概述

汽车座椅是车身内部重要的部件，主要用于支承乘员的质量，缓和并衰减由车身传来的冲击和振动，为乘员创造舒适和安全的乘坐条件。由此可见，座椅设计的好坏，将对汽车的平顺性、乘坐舒适性、安全性及操纵方便性等产生很大的影响。因此，掌握汽车座椅的特性和设计方法，是车身设计中的重要环节之一。

汽车座椅设计应满足如下要求：

1)应具有良好的静态特性,即座椅的尺寸和形状应使人体具有合适的坐姿,良好的体压分布,触感良好,并能调整尺寸与位置,以保证乘坐稳定、舒适,操作方便,视野良好。

2)具有良好的动态特性,以缓和并衰减由车身传来的振动与冲击,保证驾驶人能较长时间工作而不感到疲劳;乘客能感到乘坐舒适。

3)有足够的结构强度、刚度和寿命,并能在发生交通事故时尽量减少乘员的受伤程度,即具有足够的安全性。

4)结构紧凑,外形与色彩应美观、大方,与车身内饰协调,并尽可能减小质量,降低成本,有良好的结构工艺性。

汽车座椅按用途和功能可分为驾驶人座椅、前排乘客座椅、后排乘员座椅、儿童座椅、客车的乘客座椅等;按照结构形式可分为固定式座椅、可调式座椅、折叠式座椅、整体式座椅、分开式座椅等。对于不同类型的汽车,其座椅的设计要求有不同的侧重。例如,长途旅游客车的座椅要保证各项设计性能良好,而城市公交客车则要求座椅的质量小、结构紧凑、结实耐用、价格低廉。对于驾驶人座椅,应保证视野良好、操作方便、调节灵活、长时间乘坐不感到疲劳,而轿车乘员座椅则以保证乘员的舒适和安全为主。

二、座椅的结构

汽车座椅一般由骨架、座垫、靠背和调节机构等组成。一般的座椅结构如图 6-40a 所示,首先在座椅骨架上安装弹簧,然后在弹簧上加衬垫。也有的座椅没有弹簧,而是直接采用加厚的橡胶海绵等作为弹性元件,如图 6-40b 所示。

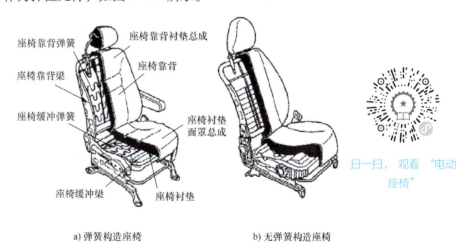

a)弹簧构造座椅   b)无弹簧构造座椅

图 6-40　汽车座椅结构

1. 座椅骨架

座椅骨架固定在车身地板上,用以支承整个座椅和人体质量。骨架可分为座垫骨架和靠背骨架两部分。将两者做成一个整体的,或用螺栓或靠背倾斜角调节装置等连接在一起的,均称为整体式骨架。它结构复杂,但靠背与座垫运动协调,便于调整,舒适性好,多用于驾驶人座椅。两者完全可以分开的称为分开式骨架,如轿车后座;也可以铰接,称为可翻式骨架，常见于两门小轿车或微型轿车的驾驶人座椅及 SUV 车上的后排座椅。

骨架应有足够的强度和刚度，才能承载和保证安全。它可用钢管弯曲而成（图6-41a），也可用钣金件冲压（图6-41b）或滚压成形。为了实现轻量化，也可采用铝合金、镁合金、塑料（图6-41c）等轻量化材料加工而成。

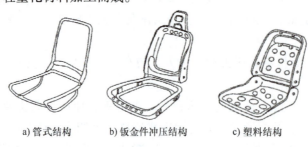

a) 管式结构　　b) 钣金件冲压结构　　c) 塑料结构

图6-41　座椅骨架

2. 弹性元件

弹性元件用以缓和由车身传来的冲击，通常由 1.2～4.0mm 的弹簧钢丝加工而成，也有用泡沫塑料作为弹性元件的。弹性元件是对座椅的静态特性和动态特性影响最大的构件。

座椅中常将若干个弹簧排列组成弹簧架，使得乘客质量不同时，弹簧的变形量不太大，并有较好的横向稳定性，压力分布均匀，无局部陷落现象。螺旋弹簧常做成两端直径大、中间直径小的变刚度弹簧。为了防止振动时金属碰撞产生的噪声，可采用编织弹簧，其结构简单、成本低、质量小。蛇形弹簧用钢丝弯成 S 形，固定在框架上，形成承载面积。可用改变节距和宽带的方法来调节刚度，钢丝越长越软。其优点是结构紧凑、材料节省以及可使座垫和靠背厚度减薄。水平布置固定的小螺旋拉簧的结构紧凑，特别适用于很薄的靠背。

3. 衬垫

采用金属弹簧时，在座椅蒙皮与弹簧架之间常加一层衬垫，用以分散弹簧和人体间的压力，使座椅表面具有柔软的感觉，同时它还具有吸收振动和噪声的功能，因此要求衬垫应柔软、平坦，具有一定弹性，且无明显永久变形。衬垫一般由 1～3 层聚氨酯泡沫或棕榈等制成。

（1）座椅垫（主垫）　座椅垫可使用铸型合成泡沫塑料，按所定的形状成型。铸型合成泡沫塑料按制造方法大致可分为热泡沫塑料和冷泡沫塑料。在一部分车辆中，采用棕榈作为主要衬垫材料。所谓棕榈就是用胶乳将椰子纤维固定，以保护接触乘员的柔软层和座椅弹簧承受材料，以及保持乘员坐姿的缓冲材料。

（2）罩垫　加罩垫的主要目的是增强座椅的造型效果，提高座面的透气性能和手感。罩垫使用的材料一般为自由发泡低熔点聚氨酯泡沫（聚醚泡沫或聚酯泡沫）。

（3）其他衬垫　与座椅的功能无关的其他衬垫，主要用来在座椅骨架的角部和棱部成形时，防止表皮材料破损和提高表面感觉，以及避免杂声进入。

4. 蒙皮

座椅蒙皮是包在座垫和靠背总成外表面的一层材料。座椅表面使用蒙皮的目的就是要提高造型特征和座椅表面的感觉，另外也可起到衬垫材料保护膜的作用。常用的蒙皮材料有织物、人造革、皮革等。要求皮革有很好的耐久性和表面均匀性，因此需要进行涂层处理。因为蒙皮直接与人体接触，其品质特性将直接影响到乘员的感觉，所以要求蒙皮面料有足够的强度和耐磨性。蒙皮表面应有合适的摩擦系数,面料还应耐脏并具有良好的透气性、去湿性、尺寸稳定性和阻燃性。

5. **调节机构**

调节机构用以满足不同身材的乘员对乘坐和操作的不同要求,使乘员能有舒适的乘坐姿势。其结构形式多种多样,可进行前后调节、高度调节、角度调节、翻转调节及座椅转动等。

(1) 前后调节 座椅前后调节通常采用滑动调节方式,并能在一定位置锁紧。滑动调节机构一般由滑动机构(使座椅前后移动)和锁止机构(使座椅固定)组成,如图6-42所示。

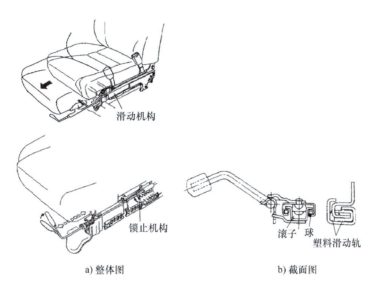

图6-42 座椅前后滑动调节机构

(2) 高度调节 高度调节机构用以调节座椅的上下位置,按调节方式分为座椅整体水平上下平行升降机构和座椅前后单独升降机构两种,后者可兼起调节座椅座垫角度的功能。按结构可分为丝杠式、螺旋弹簧式、液压缸式、四连杆式等多种类型,目前应用最多的是四连杆式。

(3) 角度调节 角度调节主要是靠背角度调节,调节角度较大,调节方式可分为微调和无级调节两种。

(4) 座椅整体调节 为便于两门轿车后部乘客上下车,设置了座椅整体调节机构。使座椅后背前倒的同时还可解除其滑动调节机构的锁紧装置,将座椅整体向前移动。

利用电机驱动的电动可调座椅已成为汽车座椅主流发展趋势。电动座椅一般由调节开关、双向直流电机、传动和执行机构及控制装置组成,如图6-43所示。部

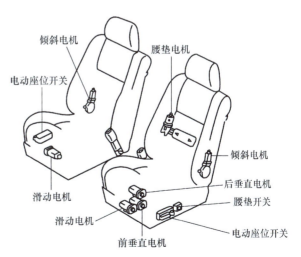

图6-43 电动座椅的组成及结构

分高档车型还配备了座椅记忆调节功能。依靠记忆存储式座椅控制系统，车辆能够记忆并调用特定用户的驾驶设置，按照用户个性化设置，自动调整座椅的位置、倾斜角度、座椅支承等参数，增加了驾驶人的舒适性，还能提高驾驶安全性。

6. 安全部件

安全部件主要是为提高乘员的安全性而采用的部件，主要包括头枕、安全带、儿童座椅固定用卡具、重量和位置传感器等。安全带作为重要的乘员约束装置，将在本章第五节中重点讲解。重量和位置传感器用于测定乘员重量和位置以控制安全气囊和安全带预紧力。

头枕是一种用以限制乘员头部相对于躯干向后移位的弹性装置。其作用是在发生碰撞事故时，减轻乘员颈椎可能受到的损伤。尤其是当汽车受到追尾碰撞时，可抑制乘员头部后倾，防止或减轻颈部损伤。根据头枕所起的作用，在设计制造时应考虑如下问题：

1）头枕本体对来自前方及上方的冲击，应具有防止弹回的性能。
2）连接部件等须牢固而坚实，不能因振动而产生松开、摇动、破损及噪声等缺陷。
3）具有调节机构的各调节部件应易于调整，以便将头枕本体固定于任何位置。

此外，头枕总成应外观良好。蒙皮的缝合处和黏结部位及内部填充物，必须能充分承受反复的加压。结构物及金属件不得有锐利的凸起部分。对于可拆式头枕，其支持架须位于头枕本体与固定架之间并起连接作用，且能保持头枕本体的位置。固定架应容易固定于座椅靠背或嵌板、隔板等，且在受到振动及冲击时不脱落。

头枕本体通常采用能吸收冲击的发泡材料、缓冲材料等制成。其前部及上部的材质必须柔软而强韧，不易滑动及粘住。由于头枕对乘员头部和颈部的重要保护作用，各国均对头枕制定了法规，对位置、尺寸、向后方的移动量、接触面积及吸能性等都做了相关规定。GB 15083—2019《汽车座椅、座椅固定装置及头枕强度要求和试验方法》对汽车座椅头枕强度要求和试验方法做了强制性规定。

7. 舒适性装备

舒适性装备是为提高车辆的舒适性和便利性而采用的设备，包括电加热器、扶手、杂物袋、挂物钩、杯架、便利桌等。加热器直接安装在座椅上，寒冷时，通过座椅的升温效果，创造舒适、温暖的乘车环境。扶手可以减轻长时间行驶时的疲劳强度，使乘坐更加舒适。一般杯架都安装在扶手上，如图6-44所示。为了有效利用座椅靠背，还会在其上面安装杂物袋、挂钩等附件，如图6-45所示。

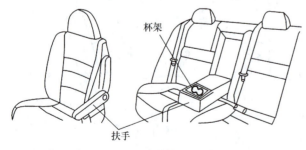

图6-44 座椅扶手及杯架

图6-45 杂物袋及挂钩

近年来，汽车座椅的各种舒适性功能日益丰富和完善。座椅的按摩功能，包括机械式、振动式和气袋式，通过周期性地调节座椅型面对人体的支承位置和支承力度来改变驾乘人员身体受力的情况，实现减轻疲劳感的功能。配备有通风功能的座椅可以利用风扇向座椅内部吸入或者排出空气，使空气从衬垫和蒙皮上的通风孔中流出或者流入，增加皮肤表面汗液的蒸发，使乘客有凉爽的感觉（图6-46）。

a) 座椅加热　　　　　　　　b) 座椅通风

图6-46　座椅舒适性功能

三、座椅的静态特性

座椅的静态特性指座椅的结构形式、几何参数、人体接触座垫和靠背的体压分布以及由此形成的受载轮廓等技术参数与乘坐舒适性的关系特性。

许多长期以坐姿工作的人多患有腰部疾病，即使健康的人，以一种姿势坐得太久，其背部、腰部及大腿下部等部位也会感到疲劳，甚至疼痛。通过分散重力而避免局部受力过大，或者不断调换姿势而使各部分肌肉等组织轮换休息，就可以消除或减少上述不适感。对驾驶人来说，为了保持良好的视野和灵活的操作，不可能频繁地调换姿势。因此，适宜的座椅外形及合理的驾驶位置（指座椅与仪表、操纵机构等的位置关系）是提高乘坐舒适性的重要因素。

1. 最终坐姿

人坐在座椅上后，最终的稳定姿势称为最终坐姿，以当时的座椅表面形状或投影曲线（座面曲线）表示。图6-47所示为最理想的坐姿。坐骨关节下与大腿的切线应和水平线成10°~30°，最好与背下部切线垂直成20°~30°，为防止骨盆后倾，背骨应呈S形，腰部的支承应在乘员的第3腰椎附近。支承力太弱容易形成猫背，且压迫腹部而易感疲劳；相反，如支承力过强，则容易使腹部过于向前挺而后背上部支承力不够。

2. 体压分布

人坐在座椅上时，人体质量在座垫与靠背上的接触压

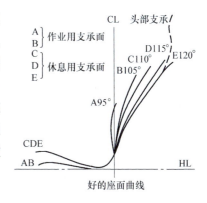

图6-47　最理想的坐姿

力分布情况称为体压分布，它与坐姿有很大关系。舒适乘坐姿势时的体压分布应保证人体的大部分质量以较大的支承面积、较小的单位压力合理地分布到座垫和靠背上。同时压力分布要从小到大平滑地过渡，避免突然变化。

图 6-48 所示为人体在靠背和座垫上的体压分布实例。由图可见，人体质量作用在座椅上的压力分布并不均布，而应根据各部位在产生不舒适感觉以前能承受压力的大小予以合理的分布。座垫上的体压分布应使坐骨部分承受的压力最高，由坐骨周围扩展到臀部外围，压力逐渐降低，直到与座垫前缘接触的大腿下平面趋于最低值。靠背上的体压分布则应以肩胛骨和腰椎骨两部位的压力最高。

3. 座椅几何参数

（1）乘客座椅几何参数　对乘客座椅的设计要求，主要在于满足乘坐时的舒适性与安全性。座椅的高度要保证双脚能自如地踩在地板上，双腿要能自如地前伸、后曲。座椅深度是指从座垫前缘至靠背的尺寸，该值不宜过大，并应与座椅高度成反比。座椅弹簧不宜过软，要使大部分人体质量支承在坐骨部分。座垫与水平面之间有一定倾角，前缘应带有圆弧，靠背与座垫之间要有合适的角度，以保证肩部和腰部有稳妥的依靠。表 6-1 所列为常用的乘客座椅尺寸参考值。

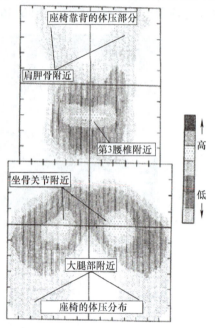

图 6-48　体压分布实例

表 6-1　常用的乘客座椅尺寸参考值

符号	参数和部位	短途	中途	长途	轿车
α	靠背与座垫之间的夹角/(°)	105	110	115	97~105
β	座垫与水平的夹角/(°)	6~7			8~13
D	座垫有效深度/mm	420~450			420~530
H	座椅高度/mm	480	450	440	340~410
E	靠背高度/mm	530~560			510~660
	座垫宽度（单座）/mm	440~450	470~480	490~550	480~530
	靠背宽度/mm	一般与座垫宽度相同			
J	扶手高度/mm	230~240			
K	前后座椅间距/mm	650~700	720~760	750~800	
L	后椅座垫前缘至前椅靠背后面的最小距离/mm	260	270	280	
M	后椅座垫前缘至前椅后脚下端的距离/mm	550	560	580	
N	后椅前脚至前椅后脚的水平距离/mm	不小于 300			
R	座垫上平面至车顶内壁距离/mm	1300~1500		950~1000	

（2）驾驶人座椅几何参数　驾驶人座椅不仅要满足舒适的乘坐姿势，还应为驾驶操作提供轻便、安全的工作条件。它既要保证驾驶人视野良好、操作方便、调节轻便可靠，长时间

驾驶不感到疲劳,又要具有足够的安全性。

有关乘客座椅的设计要求,原则上都适用于驾驶人座椅,但其几何参数又有所不同。驾驶人座椅几何参数的参考值见表6-2。

表6-2 驾驶人座椅几何参数的参考值

车型	参数				
	γ (°)	α (°)	β (°)	H/mm	转向盘直径/mm
轿车	15~20	100	12	300~340	300~420
轻型货车	20~30	98	10	340~380	300~350
中型货车	40~45	96	9	400~450	400~530
重型货车	60~85	92	7	430~450	400~550
大客车	70~80	92	7	450~500	400~530

在以上驾驶人座椅的参数中,座垫上表面至地板的距离 H、座垫角度 β 和靠背与座垫的夹角 α 是影响乘坐舒适性的重要参数,这些参数也与操纵轻便性和视野有密切关系,而它们是相互矛盾和制约的。因此,在设计座椅时,对这些参数必须给予充分的协调。例如,在增大 α 角和 β 角的同时,再减小转向柱与地板之间的夹角 γ 和座椅高度 H 值,这样可以提高乘坐舒适性。但是在这种状态下,转动转向盘,就只有前臂与手腕能用上力,上臂却使不上劲,这显然降低了操纵轻便性,同时对下视野也不利。虽然这在轿车与轻型车上是可取的,但在大、中型货车及客车上就不合适了。

四、座椅的动态特性

座椅的动态特性是指座椅对汽车悬架、车轮、车身等系统传来的冲击和振动所能起到的缓冲作用和消振特性。座椅动态特性的研究主要从座椅的弹性特性和减振特性两方面考虑,即从作用在座椅上的载荷及其变形求出座垫的刚度 C 值(反映座垫的软硬程度),并从乘员质心在座椅上垂直振动的衰减曲线来确定乘员在座椅上的振动频率和振幅的衰减值。

汽车振动系统主要由轮胎、悬架和座椅组成,它们构成一个串联系统。降低轮胎和悬架的刚度,虽可提高舒适性,但余地不大,因为会使轮胎承载能力下降,寿命缩短。另外,由于悬架刚度降低,还会使汽车的制动稳定性和操纵性恶化。因此,改变座椅的振动参数对于改善舒适性有特殊作用。

(1) 座椅的振动参数 汽车座椅的振动参数主要有两个,分别是刚度 C 和阻尼系数 k。

刚度 C 决定了座椅的固有圆频率 ω_n,由振动理论可知:

$$\omega_n = \sqrt{\frac{C}{m}} \tag{6-1}$$

式中,C 为座椅刚度;m 为座椅与乘员质量。因为 m 变化范围不大,因此可以认为固有频率 ω_n 的平方与刚度 C 成正比。

阻尼系数 k 决定了座椅的振动衰减特性。对阻尼的评价常用相对阻尼系数 ψ 表示。由振动理论可知:

$$\psi = \frac{k}{2\sqrt{Cm}} \tag{6-2}$$

（2）座椅的传递特性　人坐在行驶的汽车中，始终处于有弹性阻尼的状态下，如图 6-49 所示。其臀部运动不同于车身地板的运动。由大量道路试验结果所获得的臀部加速度（$\omega^2 y$）相对于车身地板垂直加速度（$\omega^2 x$）的放大因数（y/x）与激振频率（$\omega/2\pi$）的关系曲线如图 6-50 所示。该图即汽车座椅的传递特性。用传递率 β_0 表示，即

$$\beta_0 = \frac{y}{x} = \frac{\omega^2 y}{\omega^2 x} = \frac{\ddot{y}}{\ddot{x}}$$

式中，ω 为激振圆频率；$\ddot{y}$ 为臀部加速度；$\ddot{x}$ 为地板加速度。

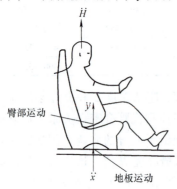

图 6-49　人在座椅上的振动传递

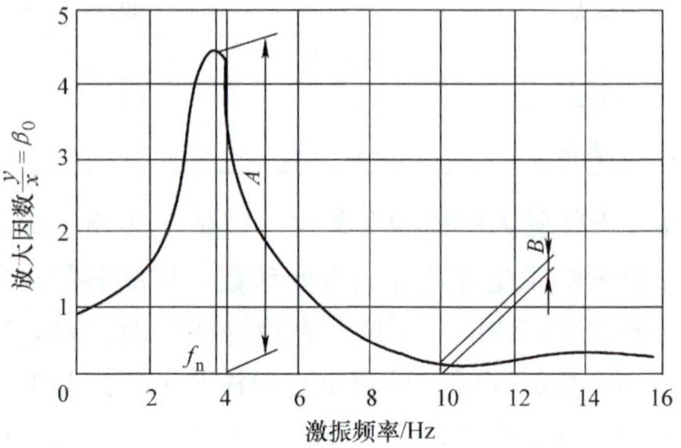

图 6-50　座椅传递特性

可见，座椅的传递特性就是座椅振动的传递率随激振频率而变化的特性，它直接反映了座椅衰减振动的能力。当激振频率在 4Hz 附近时，将产生共振，此时的振幅出现峰值。

（3）座椅相对阻尼系数 ψ 的选择　座椅的相对阻尼系数 ψ 对振动特性的影响如图 6-51 所示。由图可知：

1）当 $\lambda = \dfrac{\omega}{\omega_n} = 1$ 时，$\omega = \omega_n$，将发生共振。

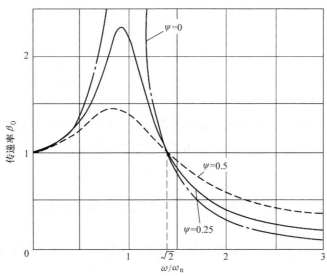

图 6-51　传递率 β_0 与 ω/ω_n 关系

2）共振区域范围为 $0.75 \leqslant \lambda \leqslant \sqrt{2}$，$\beta_0 > 1$，在此区域，相对阻尼系数 ψ 越大，则传递率 β_0 越小，即抑制共振效果越好。

3）当 $\lambda > \sqrt{2}$ 时，属于减振区，此时振动被衰减。在减振区域，相对阻尼系数越大，则传递率 β_0 越大，减振效果变差。

因此，在设计汽车座椅时，应充分利用 $\lambda > \sqrt{2}$ 区域的减振效果。但相对阻尼系数不宜取太大值，也不宜太小。应使座椅（主要是座垫）的共振频率 ω_n 尽量避开人体最敏感的 4~8Hz 频率区，故一般希望 $\omega_n < 3$Hz，ψ 为 0.25 左右。这样，在共振区其幅值不会太大，而高频区又能保持良好的减振效果。

(4) 座椅刚度 C 的选择　由人-车-路系统的振动传递分析可知，座椅、悬架、车轮构成了一个串联的弹性系统。因此座椅刚度 C 的选择，要使座椅的固有频率与悬架、车轮的固有频率相匹配，既要避免与悬架、车轮的固有频率重合，又要避开人体最敏感的 4~8Hz 的频率范围。车身在悬架上的固有频率一般为 1.2~2Hz，车轮（轮轴）的固有频率为 9~11Hz。当主要考虑垂直振动时，座椅的刚度与车身刚度、轮轴的刚度相互作用的试验结果如图 6-52 所示。图 6-52a 表示车身加速度的放大因数与激振频率的关系，可以看出，当激振频率分别达到 1.42Hz 和 9.95Hz 时，车身幅频特性将出现共振峰值；图 6-52b 表示座椅传递率与激振频率的关系，可以看出，当激振频率达到座椅的固有频率 2.9Hz 时，座椅幅频特性将出现共振峰值；图 6-52c 表示座椅与车身共同作用叠加（表现为幅频特性的乘积）的结果，反映了汽车座椅上人所承受传递率与激振频率（路面不平度）之间的关系，可以看出，人所承受的座椅加速度的放大因数在轮轴固有频率 9.95Hz 时的共振峰值大为减小，即达到减振效果，但在车身固有频率 1.5Hz 及座垫固有频率 3Hz 附近，车身加速度却被放大了，没能起到减振作用。因此，在设计座椅弹性元件时，一定要考虑它的影响。至于座垫的刚度选择，以使其固有频率 ω_n 在 2~3Hz 范围内为佳。因为频率太高（大于 8Hz）的座垫太硬，影响舒适性；而频率太低（小于 1Hz），则不仅座椅太软，挠度太大，使布置不便，在坏路上行驶时，还会造成更大的冲击。同时，过低的频率还会使人产生晕车的感觉。一般轿车座垫的刚度应选择在 78~118N/cm，货车为 147~196N/cm。

五、座椅系统强度要求及试验

从安全角度讲，为了在车辆碰撞时不因座椅破损而产生伤害事故，座椅的设计必须要考虑骨架、靠背、滑轨、调节机构和安全带固定装置等的强度，以及它们相互间的安装强度。另外，还要考虑座椅在减少侧面碰撞时的车体变形，确保乘员生存空间方面的作用。对座椅的强度要求已成为各国的汽车安全法规，如美国 FMVSS 5207、欧洲 ECE R17 等。我国强制性标准《汽车座椅、座椅固定装置及头枕强度要求和试验方法》（GB 15083—2019）、《汽车座椅头枕强度要求和试验方法》（GB 11550—2009）对座椅系统的强度要求和试验方法做了规定。

六、座椅新技术与发展趋势

随着人们环保意识和安全意识的不断增强，对于汽车的能耗、安全性能也日益关注。为

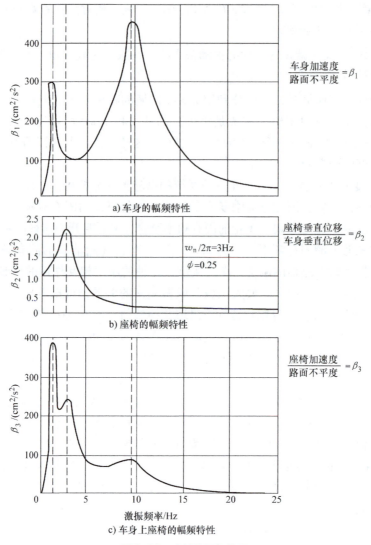

图6-52 座椅的隔振作用

顺应汽车技术"绿色"和"安全"的发展潮流,轻量化、模块化、安全性、环保性和舒适性设计已经成为汽车座椅设计开发的发展趋势。

(1)轻量化 鉴于汽车节能环保及轻量化这一发展趋势,座椅的轻量化也被赋予重大意义。通过使用高强度钢材、铝镁合金和复合材料等新型材料代替原有材料,既可以保证座椅强度及功能的要求,同时又能降低座椅重量(图6-53)。

(2)模块化 进行产品开发时,将各种零件进行标准化设计形成各种模块,可以通过模块间的相互组合形成不同的平台化结构,也可以从一整套灵活机动的组合构件中有选择地组成座椅系统,形成包含有不同配置的平台化产品,不仅能减少投资,同时还能节省研发时间和成本(图6-54)。

(3)安全性 为了进一步提升座椅的安全性,各种新技术也将越来越多地运用到座椅系统中,如主动式头枕、双预紧安全带以及保护头部、躯干和腿部的安全气囊(图6-55)等。

图 6-53　轻量化座椅示意图

图 6-54　座椅模块化示意图

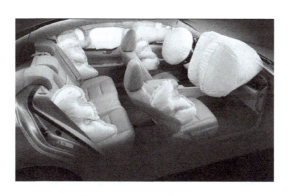

图 6-55　安全气囊示意图

（4）环保性　在座椅的设计和开发过程中更注重采用"绿色"和可再生环保材料，例如采用可再生的原材料生产发泡产品等（图 6-56）。

（5）舒适性　座椅不仅要让乘客坐在座椅上时感到舒服，还应综合考虑乘客的各种感官知觉（比如视觉、嗅觉、触觉和听觉）、心里感觉和功能性感觉（是否符合最佳人机工程）等（图 6-57）。

图6-56 座椅环保材料

图6-57 交互座椅示意图

未来，随着技术的成熟、法规以及基础设施日渐完善，智能化和网联化的汽车座椅是长期的发展趋势。政府和行业现在已经开始研究整车在无人驾驶状态下的测试项目和测试标准，及早制定方案以应对不久到来的无人驾驶时代是每个汽车厂商必须研究的课题。无人汽车驾驶座椅如图6-58所示。

图6-58 无人汽车驾驶座椅

第五节 乘员约束系统

乘员约束系统是在车辆发生碰撞事故时，使乘员与车辆一起减速、防止与转向盘、仪表板、前风窗玻璃等发生二次碰撞，以及防止乘员被甩出车外而导致伤害的装置，属于被动安全装置。最具代表性的乘员约束系统主要指座椅安全带和安全气囊。安全带是保护乘员安全最有效且最廉价的装置，世界上许多国家都制定了车辆装备座椅安全带的法规。目前，安全气囊技术日臻成熟，并与安全带组合使用，使乘员的安全保护获得了更好的效果。

一、安全带

安全带是指具有织带、带扣、调节件以及将其固定在车内的附件，用于在车辆骤然减速或撞车时通过限制佩戴者身体的运动以减轻其伤害程度的总成，该总成一般称为安全带总成。汽车座椅安全带是重要的乘员约束系统之一，在减轻碰撞事故中的乘员伤害程度方面起着重要作用。从1963年开始，美国、欧洲、日本等国家相继制定了安全带标准和法规，强制要求汽车座椅必须配备安全带。随着安全带可使用率的大幅度提高，事故中乘员伤亡率也随之下降。统计数据表明，佩戴安全带可使碰撞事故中乘员伤亡率减少15%～30%。我国现行的安全带强制性安全标准为《机动车乘员用安全带、约束系统、儿童约束系统和ISOFIX儿童约束系统》（GB 14166—2013）和《汽车安全带安装固定点、ISOFIX固定点系统及上拉带固定点》（GB 14167—2013）。

安全带对乘员的保护原理是：当碰撞事故发生时，安全带将乘员"束缚"在座椅上，乘员的头部、胸部不至于向前撞到转向盘、仪表板及风窗玻璃，使乘员免受车内二次碰撞的危险，同时使乘员不被抛离座椅。事实证明，在正面碰撞、追尾碰撞及翻车事故中，普通安全带对乘员保护效果很好，尤其是对乘员头部、胸部的保护。

目前，先进的安全带具有预紧和限力，甚至主动预紧功能。预收紧装置可以在碰撞初期将安全带迅速收紧，最大程度避免乘员在驾驶舱里发生二次碰撞。限力器的作用是：当安全带的张力超过预定极限时，将安全带织带放出一段距离进行缓冲，以使作用在乘客胸部的力不致过大，减轻对乘员胸部造成的损伤。

1. 安全带的种类

安全带一般分为两点式、三点式和全背带式等，如图6-59所示。

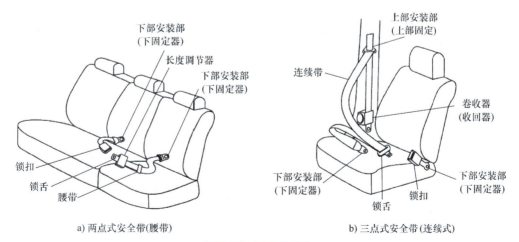

a) 两点式安全带(腰带)   b) 三点式安全带(连续式)

图6-59 安全带种类

两点式安全带中，仅限制乘员腰部的称为腰带（图6-59a）；仅限制乘员上半身的称为肩带。

三点式安全带（图6-59b）同时限制乘员的腰部和肩部，它由腰带和肩带的连续带组成。撞车时，三点式安全带具有良好的乘员保护性能，实用性高，是应用最为广泛的座椅安全带。安全带的上固定点一般位于车身上，下固定点位于车身或座椅上，在织带适当位置布置一个可在织带上自由滑动的锁舌，通过将锁舌连接到位于座椅另一侧的锁扣上实现肩带和腰带作用。当锁舌与锁扣锁紧时，织带将乘员的胸部和腰部约束，它既能限制乘员的躯体向前移动，又能限制乘员的上躯体过度前倾，成为三点连续式安全带。

全背带式安全带由一根腰带和多条肩带构成，是一种保护性能最好的安全带，但由于使用麻烦，一般只用于赛车。

2. 安全带的结构组成

安全带主要由织带、带扣锁、卷收器、预紧器、限力器及安装件等组成。

（1）织带 织带是指安全带总成中约束乘员并将力传递到安全带固定点的柔性带状物，一般用尼龙或聚酯等合成纤维织成，宽约47mm，厚约1.2mm。

织带应保证作用在佩戴者身体上的压力沿其全部宽度尽可能均匀分布，且在载荷作用下不发生扭曲，织带应有吸收能量和释放能量的功能。织带的主要性能指标有抗拉强度、伸长率、能量吸收性、功量比、宽度、厚度、耐磨性、耐光性、耐高温性、耐低温、抗水性、耐磨色牢度、耐水色牢度、横向刚度、纵向刚度、阻燃性及一些环保要求。这些性能指标根据所选用的标准不同而不同，性能值的要求也不同。这些性能指标可以通过选择合适的材料、编织方法及热处理工艺等来实现。

（2）带扣锁 带扣锁简称带扣，是既能把乘员约束在安全带内，又能快速解脱的连接装置，包括锁扣和锁舌。锁扣是被动侧，安装在座椅或车身上，锁舌是插入锁扣的部件。前座椅用的锁扣大部分是一只手可操作的顶按式。为提高使用安全带的贴合性，锁扣一般安装在座椅上。在锁扣中通常还会安装安全开关或警告灯开关，强制驾驶人使用安全带。若驾驶人不使用安全带，则车辆无法起动或警告灯告警。锁舌一般采用平板型，闭锁时带扣锁受力情况较好，受力时不会产生侧向力矩，且制造较简单。

（3）卷收器 卷收器是指安全带总成中用于收卷、贮存部分或全部织带，并在增加某些机构后能起特定作用的装置。卷收器的主要功能是：在正常情况下，将织带放长或收短，以适应使用者身材，一旦使用者将安全带扣好，卷收器就可以将过长的织带收回，让织带以适当的收卷力将使用者拉控住；当汽车发生事故时，卷收器可以在瞬间将织带锁起来，不让它伸展，从而拉控、固定使用者，使其不致前冲；调整织带长度。

（4）预紧器 预紧式安全带的特点是：汽车发生碰撞事故的瞬间，乘员尚未向前移动时，它会首先拉紧织带，立即将乘员紧紧地绑在座椅上，然后锁止织带以防止乘员身体前倾，有效保护乘员的安全。预紧式安全带中起主要作用的卷收器与普通安全带不同，除了普通卷收器的收放织带功能外，还能够在车速发生急剧变化时，以0.1s左右时间加强对乘员的约束力，这部分功能主要是由预紧器实现的。预紧器可以与锁扣结合在一起（锁扣预紧器），也可以与卷收器结合在一起（卷收器预紧器）。

(5) 限力器　发生车辆碰撞时，安全带会施加很大的拉力限制乘员的运动。当碰撞车速较高、强度很大时，安全带对人体可能会造成伤害。限力器是在卷收器或锁扣等部位增加的限力机构。当织带所受的力达到一定值时，允许卷收器或锁扣等部位移动，从而使得安全带有效长度变长，防止织带拉力过大对人体造成伤害。

3. 安全带固定点

安全带固定点是指在车身、座椅或车辆其他部分的构件上，用于安装、固定安全带总成的零部件。

二、安全气囊

安全气囊作为一种辅助的乘员约束系统，主要用来防止乘员在汽车碰撞事故中与车内构件发生二次碰撞。汽车发生碰撞后，在乘员与车内构件碰撞前，迅速在两者间打开一个充满气体的气囊，使乘员"扑"在气囊上，利用气囊的阻尼作用缓和冲击并吸收碰撞能量，从而减轻乘员伤害。安全气囊需要安全带配合才能起到最好的保护作用，这主要是由于它爆发力非常大，乘员如果没有安全带的牵引缓冲，直接撞到正在爆发的气囊上，会对身体造成严重损伤。因此，气囊本身仅有缓冲的辅助效果，乘员最主要的安全防护措施，仍是靠安全带将身体固定在座椅上，以避免乘员飞出车外，并让各种被动安全设计生效，提供防护，避免发生更严重的伤害，这就是气囊全名为"辅助约束系统（Supplemental Restraint System，SRS）"的原因。气囊的设计，完全是作为安全带的辅助之用，仅能在安全带发生作用的情形下，预防更严重伤害的发生。

为了降低安全气囊点爆过程中对乘员的伤害，出现了更多更为智能化、低能化、多级化的安全气囊，在保护乘员的同时避免了对乘员的伤害。同时，为了保证在不同的碰撞形式下都能够对乘员起到更好的保护作用，还出现了侧面气囊、侧面气帘、膝部气囊、脚部气囊、顶部气囊、滚翻气囊等多种类型的气囊，这些气囊的出现，大大拓展了气囊的适用范围，也使得乘坐环境更为安全。图 6-60 所示为几种典型的安全气囊形式。

驾驶人正面气囊模块安装在转向盘中央位置，碰撞时气囊冲破转向盘的薄弱部位并展开，覆盖转向盘，能够缓解正面碰撞时驾驶人与转向盘的二次碰撞。前排乘客正面气囊安装在仪表板内，碰撞时能够缓解正面碰撞时乘员与仪表板及前风窗玻璃的二次碰撞。

侧面气囊安装在座椅靠背侧面或车门护板内，侧面碰撞时，气囊冲破座椅靠背表皮材料的薄壁部位或车门护板表皮材料并展开，覆盖侧门板，能够缓解侧面碰撞时乘员与车门护板、侧窗框及车室外的碰撞物的二次碰撞。

帘式安全气囊安装在顶盖内板的外侧边沿内，侧面碰撞发生时，气囊从顶盖内板的侧端、立柱内板及卷边盖的间隙处展开，覆盖侧窗框，能够缓解侧面碰撞时乘员与侧窗框及车室外的碰撞物的二次碰撞。

膝部安全气囊安装在仪表板下部，碰撞发生时，气囊冲破仪表板或转向柱表皮的薄壁部位并展开，覆盖仪表板或转向柱下部，如图 6-61 所示，能够缓解正面碰撞时前席乘员的下肢与转向柱下部及仪表板下部的二次碰撞。

1. 安全气囊的工作原理及组成

安全气囊主要由传感器、控制器、气体发生器和气囊等组成，如图 6-62 所示。其工作原

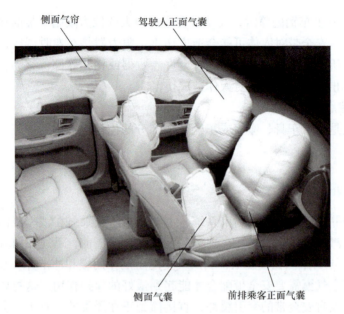

扫一扫，观看
"安全气囊系统"

图6-60 典型的安全气囊类型

理为：传感器感受汽车碰撞强度并将其转化为信号传给控制器，控制器接收并处理传感器的信号。当控制器判断有必要打开气囊时，立即发出点火信号触发气体发生器，气体发生器点火后迅速产生大量气体并充满气囊，使得发生碰撞事故时，乘员与一个较柔软的气囊相接触，而不是与坚硬的汽车构件猛烈碰撞，从而达到减少伤害、保护乘员的目的。

下面介绍安全气囊各主要组成部分的结构与功能。

图6-61 膝部安全气囊

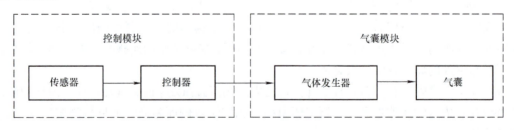

图6-62 安全气囊系统的组成

（1）控制模块 控制模块可感知碰撞，并按照碰撞的方向及程度，判断安全气囊及安全带张紧器是否动作。控制模块一般由以下部分构成：

1）约束装置控制模块。约束装置控制模块（Restraint Control Module，RCM）有时也被称为电子控制单元（Electrical Control Unit，ECU），通常为内部装有微处理器的电子装置并装有加速度传感器。RCM 根据从内置的加速度传感器及周边传感器等传来的信息来计算并判断碰撞的剧烈程度，并在适当的时机向各安全气囊及安全带张紧器发出电子信号。RCM 一般安装在仪表板下侧等车辆的中心附近。

2）冲击传感器。由于 RCM 设置在远离碰撞的位置，碰撞发生处向内置的加速度传感器传递冲击变得较为迟缓，会带来安全气囊动作判断迟缓的问题。因此，以快速进行动作判断为目的，在离车身碰撞部位较近处设置了冲击传感器。目前主要使用的冲击传感器有电子式加速度传感器、电子机械式传感器和电子压力式传感器。

3）侧翻传感器。侧翻传感器是为判定侧翻时是否使用帘式气囊的传感器。为此，在 RCM 内安装有检测车辆侧倾速度的传感器，配合从其他传感器传来的信息判定有无侧翻。

(2) 气体发生器　气体发生器在汽车发生碰撞时，会迅速产生大量气体为气囊充足气。气体发生器的重要特性指标有单位时间内产生的气体量及其温度和压力，以及所产生的气体总量。

(3) 气囊　气囊通过充气装置释放的气体膨胀，使乘员承受适当的载荷，减轻了由二次碰撞引起的伤害。气囊的材料一般以平织尼龙纤维为主，为确保气密性，有的气囊还增加了硅等涂层。侧翻时使用的帘式气囊需要较高的气密性，应特别考虑在增加涂层的基础上，采用无接缝的整体编织或在接缝处涂密封剂等。为控制气囊的能量吸收特性，可在气囊上设置排气孔。另外，可在气囊内部缝上拉绳，用来控制气囊的形状及展开方向。控制展开方向还有其他的手段，如设置整流布以控制从充气装置释放的气体流动方向，或在气囊的折叠方法上下功夫。

在气囊的设计中，与工作性能有关的主要有三个因素：气囊的容积、压力和气囊排气孔的大小，而它们均与气囊的充气膨胀过程有关。气囊充气过程中的重要参数，包括充气时间、速度、压力、温度和气体质量等，对气囊设计有决定性的作用。

2. 安全气囊的设计

安全气囊是一种集机械、电子、火药、纺织等多学科于一体的高技术产品，它对功能及可靠性要求非常高。另外，气囊与其他汽车零部件相比，通用性较差。大多数气囊都是针对特定车型设计的，汽车的质量、结构参数以及吸能性能等对其设计都有很大影响。

(1) 安全气囊设计应考虑的主要问题　安全气囊设计应考虑的主要问题包括安全气囊的整车碰撞性能、安全气囊的尺寸、气体发生器的特性、电控系统的特性、气囊的缝制材料、气囊的内部结构与折叠方式、气囊的安装及外保护装置等。

(2) 安全气囊的设计原则　汽车安全气囊系统的设计依据是道路交通事故的调查分析和安全法规所规定的汽车碰撞试验标准，主要标准是美国的 FMVSS 208 和 FMVSS 214，以及欧洲的 ECE R94 和 ECE R95，我国目前的标准是 GB 11551—2014。这些标准都规定在碰撞事故试验中，假人在约束系统保护下，头部伤害值、胸部加速度值和腿部载荷必须低于法规限值。

安全气囊系统最重要的要求是要保证系统作用可靠和动作精确。可靠性是要求系统能迅速且正确无误地判断是否需要打开安全气囊，系统不能出现判断失误，造成误点爆和漏点爆。精确性是要求点爆时间精确，使气囊对乘员具有最佳保护效果。这两点要求反映在安全气囊系统中就是控制参数，即确定点爆安全气囊的条件和点爆时刻，它们是通过对车辆的碰撞特性进行分析确定的。

安全气囊的点爆条件是指在一定碰撞条件下，安全气囊必须点爆，而在另一种条件下不得点爆，即要确定点爆阈值。安全气囊的点爆准则是：车内乘员在达到最大允许位移量前，气囊必须已完全张开。乘员最大允许位移量是指碰撞开始时，乘员的初始位置和乘员保护装置发挥约束作用后（气囊完全张开）的乘员位置之差。气囊完全张开时，乘员头部恰好与气囊接触，能满足这一要求的点爆时刻称为气囊系统的最佳点爆时刻。如果系统点爆过晚，则可能导致乘员头部受到高速爆出的气囊冲击，造成乘员不必要的伤害。对于不同的碰撞形态，气囊系统的最佳点爆时刻是不同的。

为了适应不同的碰撞形态，避免点爆过迟，对于电子式安全气囊，在设计电控单元时，要求实际的点爆时间在任何状况下都小于或等于该状况时的最佳点爆时间。

点爆控制算法决定了气囊点爆时刻和抗粗糙路面干扰的特性，目前常用的控制算法主要有以下几种。

1）加速度峰值法：在碰撞时以滤波后的加速度是否达到阈值作为判断点爆的条件。

2）速度变化量法：通过对碰撞中的加速度信号积分得到速度变化量，以此速度变化量是否达到阈值来作为判断点爆的条件。

3）加速度梯度法：碰撞时以滤波后的加速度导数是否达到阈值来作为判断条件。

4）比功率法：在碰撞过程中，功率的导数 $\dfrac{dP(t)}{dt} = m\left[v^2(t) + a(t)\dfrac{da(t)}{dt}\right]$ 称为比功率，以其是否达到阈值来判断点爆。此方法综合了上述三种方法的特点。

5）移动窗法：对碰撞过程中的时间曲线，以某一恰当时间长度 W 作为窗宽，把窗内的加速度信号曲线对时间积分，以积分结果是否达到阈值来作为判断条件。

6）ARMA 模型预报算法：与上述算法不同的是，该算法是通过控制系统的模型参数来预报乘员胸部的位移量，判断乘员头部在后 30ms 时刻的位移为 127mm 时才点爆。系统的输入参数为车身的加速度曲线，系统的输出为乘员胸部位移。系统模型建立之后，可以根据试验数据辨识模型的参数，从而对系统实现自适应控制。

现有的控制算法都是适应不同车身碰撞波形而开发出来的，其抗干扰特性也各不相同。在设计气囊控制算法时，须兼顾判别不同碰撞形式和抗干扰特性两方面，以满足灵敏度高、抗干扰能力强的性能要求。

第六节 空气调节系统

一、概述

1. 汽车内的舒适环境

汽车内的舒适性是指为乘员提供舒适、愉快、便利的乘坐环境与条件，包括良好的平顺性、良好的静谧性、适宜的空气环境、良好的乘坐性能和良好的驾驶操作性能等。

空调系统是在车内调节适宜空气环境的系统。空调系统的舒适度是一个模糊量，不同的年龄、性别、衣着、种族、习惯、健康状况、心理及情绪，对舒适性的感觉都不一样。对空调装置最起作用的温度、湿度与舒适性的关系有几种评价方法，其中图 6-63 所示的 ASHRAE 舒适线图（由美国采暖、制冷与空调工程师学会制作）是被广泛采用的方法之一。图中阴影部分是夏季感到舒适的温度和湿度范围。

影响空调系统舒适性的因素主要有气温、太阳辐射强度、车内外温差、垂直温度分布、室内相对湿度、气流速度和方向、新风量（影响空气成分）及噪声。我国可按下列参数选择：

1) 在夏季，人体感到舒适的温度是 24～26℃，由舒适转为不太舒适的分界线是 28℃ 左右。当车外气温为 35℃，太阳辐射度为 4.6J/cm² · min 时，可把 28～29℃ 作为我国普通车辆夏季车内设计温度的基础。当冬季环境温度为 -15℃ 时，16～25℃ 是人体感到舒适的范围，我国定为 16℃ 左右。

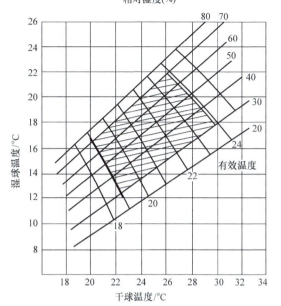

图 6-63　ASHRAE 舒适线图
（夏季风速 0.08～0.13m/s 时）

2) 过大的室内、外温差将形成较大的热冲击，影响人体健康。夏季温差一般以 5～7℃ 为宜，车外气温过高时，可增至 8～10℃。

3) 气流速度影响人体散热和保温，车内流速以 0.15～0.4m/s 为宜。夏季可取上限，并且吹向脸部；冬季宜取下限，并且吹向足部。

4) 车内应有足够的新鲜空气，以防止乘员疲劳、头痛和恶心。根据人体卫生要求，每人应有 20～30m³/h 的新鲜空气。

5) 车内送风噪声应控制在 65dB 之内。

2. 汽车空调系统的特点与功能

(1) 汽车空调与家用空调相比有许多独有的特点：

1) 车辆内乘员密度大，不仅人体散热量大，还需要更大的换气量。

2) 透过玻璃的太阳热辐射高，乘员舱隔热困难，需要更大的制冷量。

3) 汽车经常直接暴露在大气环境下，夏季车内炎热，冬季车内寒冷，乘员上车后希望车内迅速达到舒适温度，这就要求空调系统有较大的功率储备。

4) 对于非独立式空调，制冷剂流量变化大，给制冷量控制、系统设计带来较大的困难。

5) 冷却条件差，冷凝温度高。

6) 制冷剂容易泄漏。

7) 车内安装位置条件苛刻，造成通用化困难。

8) 道路颠簸，对结构可靠性提出严格要求。

（2）为了满足车用条件，空调系统应具备以下功能：

1）通风换气功能。空调系统应能将车内污浊的空气排出车外，并将外部新鲜的空气引入车内，保证座舱的空气质量。

2）制冷功能。空调系统应能在炎热环境下将车内的热量排出车外，维持座舱温度在一定范围之内，让乘员感觉凉爽舒适。

3）制热功能。空调系统应能在寒冷环境下为座舱提供额外热量，维持座舱温度在一定范围之内，让乘员感觉温暖宜人。

4）除霜除雾功能。空调系统应能通过调节出风的冷热与强度，清除前风窗玻璃处因内外温差产生的雾或霜，为驾驶人提供清晰的视野，保证安全驾驶。

图 6-64 所示为汽车空调系统的供热通风与空气调节（HVAC）总成示意图。鼓风机将车外的新鲜空气吹入总成中，当制冷系统开启时，空气通过蒸发器散失热量；当制热系统开启时，空气通过加热装置获得热量，而后根据各模式风门的开闭从相应的风道出风，实现对座舱的通风与调温。当车内空气质量良好时，可短暂采取内循环模式，减少空气焓差以实现更好的制冷或制热效果，但是当车内空气质量降低到一定程度时，必须及时采取外循环，引入外部新鲜空气，防止对乘员的健康造成损害。同时，在入风口设有空气过滤器，进一步保证进入车内的空气质量。

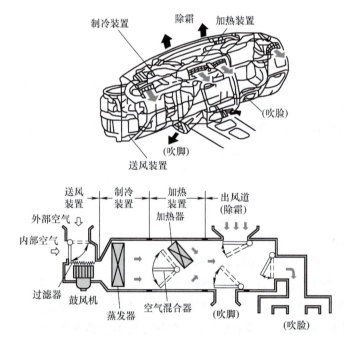

图 6-64　汽车空调系统 HVAC 总成示意图

二、通风换气系统

通风换气系统的作用是向车内输送新鲜空气，并把污浊空气排到车外，使车内的空气满足设计要求。通风换气系统是汽车上不分季节、长期运转的系统。

汽车在行驶过程中若经常开窗，不仅影响车内温度，还会带进大量灰尘并传入车外噪声，因此现代汽车一般都关窗行驶。对于车身密封性不良的汽车，虽然也能带进部分新鲜空气，但由于不能人为地控制进风，新风量难以符合要求，而且进风部位是随机的，往往带入大量尘土、烟气（发动机废气），污染车内空气。但若车内无新鲜空气补充，拥挤的车厢会使空气中二氧化碳含量增大、氧气含量下降；车内还会因抽烟、人体呼吸、食物及物品等使空气气味不好，影响乘员身体健康；为了防止汽车前窗结霜凝雾，也需要引入新风。因此车内应该有通风换气系统。

扫一扫，观看"空调送风系统"

汽车内的通风措施一般有四种：一是开风窗或天窗自然通风；二是利用车身结构的自然通风，在车身内、外壁上开设进出风口；三是利用空调装置的外循环设施根据需要开闭新风口，可与前两种方式结合；四是使用装于车顶的换气扇或顶围的抽风机强制性通风（一般大客车采用）。

为了向车内大量导入新鲜空气，一般进风口开在车身外表面的空气正压区，不容易带入尘土、烟气及雨水的部位，尽量离地面较高，如前风窗下部。进风口一般应有过滤措施，防止尘土进入。与空调器配套的新风进口处设有一阀门，可用手动（钢丝绳索）或自动控制调节外进风模式及新风量的比例大小。出风口一般设在负压区或正压极低的区域，但轿车行李舱上部的负压区不宜选作出风口，因为有带着灰尘的涡流。设计出风口时还要注意防尘，在清洗车辆或下雨时，保证水不致流入车内。图6-65所示为轿车车室内的空气流动示意图。

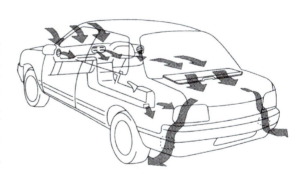

图6-65　轿车车室内的空气流动示意图

车舱内通风量的计算一般以二氧化碳（CO_2）的浓度为依据。CO_2是最常见的一种气体，是人体的正常呼气成分之一。在通常的吸入气体中，CO_2浓度只占0.033%。CO_2具有刺激呼吸中枢的作用，其浓度不宜太高，否则就会产生有害作用。当空气中的CO_2含量达到2.25%时，由于O_2相应减少，会使乘客疲倦无力，温度越高，此现象越严重。空气的卫生标准中规定CO_2的允许体积分数为0.5%，最好在0.1%以下。因此，车内必须保证每名成员有18~30m^3/h的换气量。

三、制冷与制热系统

1. 制冷系统

（1）制冷原理　汽车空调系统利用沸点很低的制冷剂在汽化过程中吸收周围空气中的热量这一原理，将车内空气中的热量转移给制冷剂，最终带至车外大气中，达到使车内降温的目的，如图6-66所示。液化制冷剂①通过膨胀阀进行绝热膨胀，压力和温度下降，以雾状②进入蒸发器，从外部吸

扫一扫，观看"空调制冷系统的工作原理"

收热进行汽化，继续等温膨胀，起到对空气的冷却作用，成为过热蒸气③，并被吸入到压缩机，经绝热压缩，以高温高压的气体④状态到达冷凝器，向外部放热，然后回到①状态。

能效比（Coefficient of Performance，COP）是空调系统在运行时制冷或制热量与输入能量的比值。在此循环中，空调系统的 COP 可通过以下公式计算：

$$COP = \frac{Q_e}{W_c}$$

式中，W_c 为循环中压缩机的实际功耗；Q_e 为有效换热功率，对于制冷循环，Q_e 即为工质流经蒸发器时的吸热功率，对于制热循环，Q_e 即为工质流经冷凝器时的散热功率。

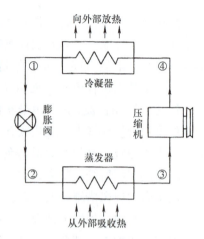

图 6-66　空调系统制冷原理图

空调系统的 COP 越高，代表空调系统越节能、性能越好。有些地方为了以作区分，用 EER（Energy Efficiency Ratio）专门指代空调系统的制冷能效比，用 COP 指代空调的制热能效比。

（2）制冷工质　HFC-134a 是目前乘用车空调广泛采用的制冷工质，其全球变暖潜能值（GWP）高达 1430，被《京都议定书》列入受控温室气体中。

电动汽车空调替代制冷剂的主要选择准则包括：

1）制冷剂满足环保（ODP 为零，GWP 要低）和安全性要求。
2）具有良好的热力学性能。
3）能适应热泵运行温区并满足制热需求。
4）制冷剂生产与替代综合成本要低。

HFC-134a 制冷工质的替代物包括 HFO-1234yf、R744 和 R445a 等。HFC-134a 及其主要替代物的基本物性对比见表 6-3。

表 6-3　HFC-134a 及其主要替代物的基本物性

制冷工质的替代物	分子式	标准沸点/℃	临界温度/℃	临界压力/MPa	燃烧等级	GWP_{100}
HFC-134a	CF_3CH_2F	-26.16	101.1	4.067	A1	1430
HFO-1234yf	$C_3H_2F_4$	-29.45	94.7	3.382	A2L	4
R744	CO_2	-78.4	31.1	7.38	A1	1
R445a	R1234ze/R134a/R744（质量分数分别为 85%/9%/6%）	-21.5	104.7	4.497	A2L	130

寻找并采用 GWP 更低的工质来替代现有的 HFCs 制冷剂，是目前汽车空调领域的迫切任务。对于纯电动汽车，既要考虑制冷工质的制冷性能，又要考虑制热性能。

1）HFO-1234yf 特性与 HFC-134a 相似，几乎可以直接替代。
2）CO_2 具有良好的低温制热性能，在冬季能满足整车供暖需求，是一种很好的替代方案。但 CO_2 系统压力高、成本高，夏季高温制冷性能不佳。开发适用于环保工质的热管理系统及关键部件，制定相关标准，是当前电动汽车热管理技术的重要发展方向之一。

(3) 制冷装置的主要组成　制冷装置主要由制冷及电气控制两大部分组成。制冷部分如图 6-67 所示，主要由压缩机、冷凝器、储液干燥器、膨胀阀、蒸发器、输液（气）软管，以及风机（冷凝器风扇、蒸发器风机）组成。其中，冷凝器与冷凝风扇可各自独立，也可组成冷凝机组；蒸发器、冷却风机、膨胀阀、恒温器及调速电阻器等可在一起组成冷风机或蒸发箱总成。还有一些压力调节元件也属制冷部分。电气控制部分主要包括电源开关、电磁离合器（也有把它与压缩机组成一体的）、风速转换开关及电阻器、各种温度控制器（或称恒温器）、高低压力开关、急速继电器、加速延迟器、真空控制及操纵装置、各种电磁阀和继电器等。

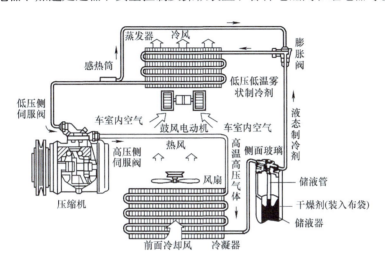

图 6-67　汽车空调制冷装置的组成

1）压缩机。压缩机是空调系统的心脏，将从蒸发器出来的低温低压气态制冷剂压缩成高温高压气体，使其容易液化，供再循环使用。压缩机还起着泵送制冷剂，使其在系统中循环的作用。

扫一扫，观看"定排量空调压缩机"　　　　扫一扫，观看"变排量空调压缩机"

目前，电动汽车空调系统广泛采用电动涡旋式压缩机。图 6-68a 所示为电动涡旋式压缩机结构。图 6-68b 所示为涡旋式压缩机的工作原理，其由动、静涡旋盘偏置 180°啮合形成若干对月牙形压缩腔。在吸气、压缩、排气工作过程中，静涡旋盘固定在机架上，动涡旋盘由偏心轴驱动并由防自转机构制约，围绕静涡旋盘基圆中心做偏心平动。待压缩的制冷剂气体通过滤芯吸入静涡旋盘的外围，随着偏心轴旋转，气体在压缩腔内被逐步压缩后由静涡旋盘部位的轴向孔连续排出。

2）冷凝器。冷凝器促使来自压缩机的高温高压气态制冷剂通过管壁和散热翅片将热量传给大气，从而冷凝成高温高压液体。从制冷原理图可以看到，冷凝器放出的热量应是蒸发

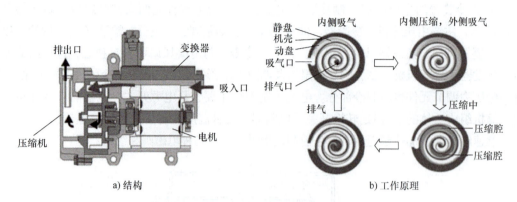

图6-68 电动涡旋式压缩机

器吸收的热量与压缩机做功之和，因此冷凝程度直接影响制冷效果。平行流式换热器拥有高效的传热性能和紧凑的结构形式，已经成为汽车空调系统冷凝器的主流结构形式，在蒸发器中也逐步得以应用，如图6-69所示。它是由多根多孔扁管和铝箔百叶窗翅片焊接成的整体。扁管两端分别插入左右集流管的压槽内，根据集流管上是否有隔板，分为单元和多元两种形式。

① 单元平行流换热器集流管上无隔板，制冷剂从一端直接平行流向另一端。

② 多元平行流换热器集流管有隔板分开，每个分段槽数不一样。

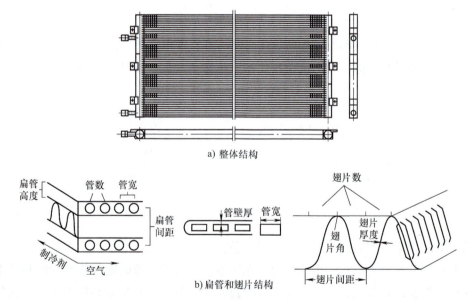

图6-69 平行流式换热器

商用车空调常用管翅式换热器的结构如图6-70所示。管翅式换热器的基本传热元件为翅片管，翅片管由基管和翅片组合而成。基管通常为圆管，也有椭圆管和扁平管。翅片的表面结构有平翅、间断翅、波纹翅和穿孔翅等。

3）蒸发器。蒸发器利用从膨胀阀出来的低温低压雾状体，在其中蒸发汽化时要吸收周围物体大量热量的原理，使通过蒸发器的车内空气冷却，达到车内降温的目的。

蒸发器在汽车空调中的作用是降温和除湿，在与空气进行换热的过程中，会有水蒸气凝结现象，在设计过程中需要注意与设计其他类型换热器不同的地方。图6-71所示为目前汽车空调系统应用较多的层叠式蒸发器，是一种流道为U形的板式换热器，冲压成型的流路板两两焊接，构成制冷剂流道。

图6-70　管翅式换热器

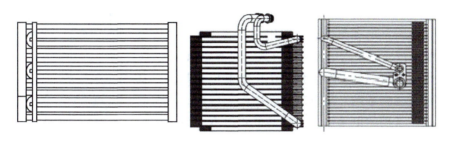

图6-71　层叠式蒸发器

4）节流膨胀机构。节流膨胀机构的主要作用是将从冷凝器输出的高温高压液体节流，降压成容易蒸发的低温低压雾状物。其节流元件主要是热力膨胀阀与电子膨胀阀（图6-72）。

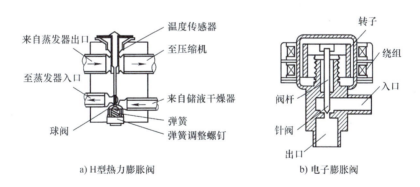

图6-72　膨胀阀

图6-72a所示为H型热力膨胀阀，其内部通道为H形，四个接口分别连接蒸发器出口、压缩机、蒸发器入口与储液干燥器，通过蒸发器出口气态制冷剂的过热度控制膨胀阀开度。

图6-72b所示为电子膨胀阀，利用被调节参数产生的电信号控制施加于膨胀阀上的电压或电流，进行达到调节制冷剂流量的目的。

5）储液器与干燥过滤器。为使制冷循环运行顺利，需要储存一些制冷剂，以根据制冷负荷需要随时供给蒸发器，并补充系统中微量渗漏需要，这就是储液器的作用；制冷系统中，会由于各种原因而产生杂质，这些污物若进入膨胀阀，会阻碍制冷剂流通；若系统中存在水分，则会腐蚀零件，膨胀阀中容易结冰，因而需要过滤器和干燥器。

在一般汽车空调系统中，储液、干燥、过滤三大功能是集中在一个部件中完成的，即储液干燥器，如图6-73所示。大客车空调系统则分成储液器和干燥过滤器两个部件。

2. 制热系统

燃油车由发动机驱动，由于发动机在运行过程中会产生大量余热，在寒冷环境下燃油车可以充分利用这部分热量加热冷却液，实现车内供暖。然而对于纯电动汽车而言，动力电池是唯一的能量来源，驱动电机的机械效率较高，电池和电机散发的热量小，且回收利用难，不足以满足座舱供热需求。因此，如何制热是纯电动汽车空调系统最大的问题。对于纯电动汽车，目前主流的供热方式有高压电辅热和热泵供热两种技术。

（1）单冷空调加电辅热系统　采用传统的单冷型制冷系统满足座舱制冷需求，采用电辅热的方式满足车室供热需求，这种系统仅须在原有的燃油车空调系统中加装电辅热器，基本可沿用燃油车空调系统，是目前新能源汽车应用最普遍的空调系统形式。常用的电辅热方式为高效正温度系数（Positive Temperature Coefficient，PTC）热元件加热。PTC 是利用 $BaTiO_2$ 材料热敏电阻的正温度系数特性开发出的加热元件，如图 6-74 所示。PTC 具有正温度系数，即材料电阻随温度升高而增加。当 PTC 加热器工作时，电阻随着温度的升高而增加，加热功率随之减小，导致温度下降，电阻减小。当电阻减小时，加热功率增大温度升高，从而保持自身温度维持在设定值。

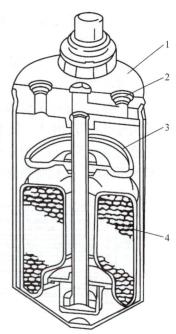

图 6-73　储液干燥器

1—储液筒　2—平面快速接口
3—伞状帽　4—干燥剂

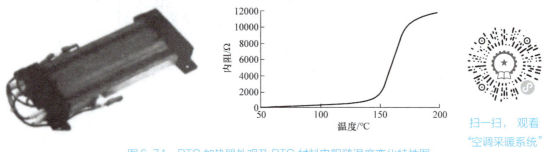

图 6-74　PTC 加热器外观及 PTC 材料电阻随温度变化特性图

图 6-75 所示为单冷空调加电辅热系统原理。电辅热系统的优点是结构简单，仅需在传统燃油车空调系统上进行略微调整即可，成本较低；缺点是热效率 COP 小于 1，需要消耗大量的电能用于满足车室供热需求，会导致电动汽车冬季续驶里程衰减严重。

根据电辅热元件加热的介质，可将电辅热系统分为 PTC 风暖和 PTC 水暖两种形式，如图 6-75 所示。这两种形式的差异在于：一种是利用高压电直接加热空气，这种方法结构简单、热效率高，但具有一定的安全隐患；另一种是利用高压电辅热冷却液，再通过冷却液加热空气，这样做可以沿用传统能源汽车上的暖风芯体，但热效率较低。

单冷空调加电辅热系统基本可以沿用传统燃油车的热管理系统，系统结构简单，可移植性较好，是电动汽车供热问题最简单的解决方案。但是，电辅热效率低下导致的续驶里程严

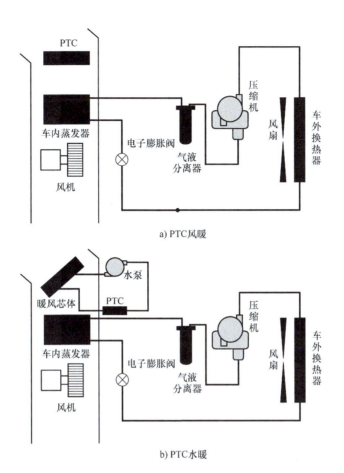

图6-75 单冷空调系统加电辅热系统原理

重衰减很大程度上制约了电动汽车在严寒地区的运行与发展，仅适合作为过渡期方案，发展前景不佳。

（2）蒸汽压缩式热泵系统 蒸汽压缩式热泵系统在传统蒸汽压缩式制冷循环的基础上，通过四通换向阀的双换热器系统（图6-76）或者三通阀的三换热器系统进行制冷和制热运行模式的切换，从而满足电动汽车座舱内的夏季制冷和冬季供热需求。

采用四通换向阀的双换热器系统，通过四通换向阀实现制冷、制热和蒸发器除霜三种模式切换。夏季工况下，需要向座舱内提供制冷量，系统工作在制冷模式：制冷剂在车内换热器中蒸发吸热后进入压缩机，被压缩成高温高压蒸汽后流经车外换热器，冷却后被膨胀阀节流，成为温度较低的两相状态，流回车内换热器。冬季工况下，系统工作在制热模式，向车内供暖：通过四通换向阀改变制冷剂流向，制冷剂在车外换热器中蒸发吸热，

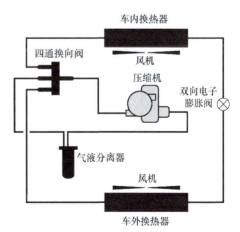

图6-76 采用四通换向阀的双换热器系统

在车内换热器中冷凝放热。在处于制热模式运行一定时间后，车外换热器（蒸发器）结霜的霜层达到定程度，需要进入蒸发器除霜模式，蒸发器除霜模式的系统流程与夏季制冷模式的系统流程一致。

由于其热效率 COP 远大于电辅热，节能效果显著，蒸汽压缩式热泵系统是汽车空调系统的最主流的发展方向，在未来较长一段时间内都会是电动汽车热管理系统的主流系统形式。然而热泵系统在低温环境下性能衰减严重，导致其无法满足座舱的供热需求。因此，对于热泵系统而言，空调箱内还需要额外布置高功率 PTC 以避免低温恶劣工况时制热量不足，同时，PTC 的灵活分组功率调节设计可以精准快速调节至设定的目标出风温度和分区控制。除了这种将热泵系统与电辅热器耦合的方式之外，还可以通过诸如喷射补气式热泵、余热回收式热泵（图6-77）、跨临界 CO_2 热泵等技术路径，有效提升蒸汽压缩式热泵系统的低温供热性能和宽温区适应能力。通过对这些技术的研究突破与深入推广，有望解决电动汽车低温供热难题，进一步推动电动汽车在世界范围的推广。

3. 座舱空调负荷计算

在空调系统设计与选型时，需要确保汽车空调系统的制冷和制热能力满足一定需求。《汽车用空调器》（GB/T 21361—2017）与《汽车空调制冷系统性能道路试验方法》（QC/T 658—2009）中规定了汽车空调系统制冷量的计算方法与试验方法。《汽车采暖性能要求和试验方法》（GB/T 12782—2022）中对不同车型，规定对于给定的试验工况，汽车在环境温度（-25±3）℃下进行 40min 和 60min 采暖试验后，驾驶人与前排乘员的足部温度不低于 15℃，其他乘员的足部温度不低于 12℃。因此，在设计汽车空调系统时，需要根据汽车的行驶工况与几何特征，进行座舱热负荷分析计算，以估算汽车空调系统所需的制冷量与制热量。

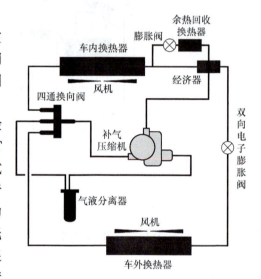

图6-77　喷射补气式余热回收系统

（1）冷负荷　汽车空调的冷负荷可通过理论计算或经验估算获得。在理论计算中，汽车空调的总冷负荷 Q_c 主要由车身（车顶、侧壁、玻璃、地板等）导热得热 Q_{cc}、玻璃日照辐射得热 Q_{rc}、乘客人体散热 Q_{pc}、车内仪器设备发热 Q_{ec} 和新风负荷 Q_{fc} 等构成：

$$Q_c = Q_{cc} + Q_{rc} + Q_{pc} + Q_{ec} + Q_{fc}$$

1）理论计算法。由于汽车车身结构具有厚度小、质量轻、蓄热系数小的特点，当外界环境变化时，座舱内表面的响应较快。不同材料的传热系数相差较大，传热系数大的钢骨架在连接座舱内外表面的同时，还在两者之间直接传递热量，形成"热桥"。传热系数在汽车运动与静止两种状态下差别较大。运动时，座舱外表面空气对流换热系数成倍增大，导致车身动态传热系数大于静态传热系数，使座舱内外侧空气压力不平衡程度加剧，空气泄漏增加。这些热工特性使汽车得热量转化为冷负荷过程中存在着衰减和延迟现象。

计算汽车空调负荷时，宜考虑车身结构的吸热、蓄热和放热效应。目前，理论计算主要采用冷负荷系数法或谐波反应法。

① 冷负荷系数法对于车身、车顶、底盘和车窗的传导得热引起的冷负荷，通过逐时冷负荷温差使计算简化。

对于车窗日射得热和照明、人体及设备得热引起的冷负荷，通过冷负荷系数使计算简化。这时，冷负荷温差和冷负荷系数等参数都是通过查取经验值来确定的。

② 谐波反应法以谐波法为基础，将车外空气综合温度视为周期性外扰，考虑温度的衰减和相位的延迟，可体现温度和传热的动态变化。

这里简要介绍采用谐波反应法计算空调冷负荷。

① 室外空气综合温度 $T_e(t)$ 可表示为周期性函数：

$$T_e(t) = \overline{T_e} + \widetilde{T_e}(t) = \overline{T_e} + \sum_{n=1}^{m} A_n \cos(\omega_n t - \varphi_n)$$

设座舱内空气温度平均值为 T_a，则座舱外空气温度波动引起的座舱内空气温度波动 $\Delta T_n(t)$ 为

$$\Delta T_n(t) = \sum_{n=1}^{m} \frac{\Delta T_{e-n}}{v_n} \cos(\omega_n t - \varphi_n - \varepsilon_n)$$

车身导热量包括座舱内外温度差形成的稳定传热量 Q_{ccs} 和外扰温度波动值引起的座舱内表面温度波动产生的附加不稳定传热量 Q_{ccw}。

$$Q_{cc} = Q_{ccs} + Q_{ccw} = K(\overline{T_e} - T_a) + a_n \sum_{n=1}^{m} \frac{T_{e-n}}{v_n} \cos(\omega_n t - \varphi_n - \varepsilon_n)$$

式中，$\overline{T_e}$ 为综合温度的平均值（℃）；$\Delta T_n(t)$ 为温度波动值（℃）；n 为谐波阶数；A_n 为第 n 阶扰量的波幅；ω_n 为第 n 阶扰量的波动频率；φ_n 为第 n 阶扰量的相对延滞；v_n 为第 n 阶扰量的衰减度；ε_n 为第 n 阶扰量的相对延滞；K 为传热系数 [W/(m·K)]；a_n 为换热系数 [W/(m²·K)]。

注意：利用谐波法计算通过车身结构的得热量只需取 3~4 阶谐波即可达到较高的计算精度。谐波的阶数越多，计算精度越高。

② 阳光辐射包含直射辐射和散射辐射两部分。太阳光透过大气层直接辐射强度 I_{dh} 为

$$I_{dh} = I_0 P^{\csc\beta}$$

与正南向夹角为竖直面上的直接日射强度 I_{dv} 为

$$I_{dv} = I_{dh} \cos\beta \cos(\alpha - \varepsilon)$$

倾斜角为 Ψ 的斜面直接日射为

$$I_\Psi = I_{dh}(\sin\beta\cos\Psi + \cos\beta\sin\Psi)$$

式中，I_0 为太阳常数，为 1353W/m²；P 为大气透射率，一般取 0.65~0.75；β 为太阳高度角（°）；α 为太阳方位角（°）。

水平面上太阳的散射强度 I_{sh} 为

$$I_{sh} = 0.5 I_0 \sin\beta \frac{1 - P^{\csc\beta}}{1 - 1.41\ln P}$$

斜面上太阳的散射强度 $I_{s\Phi}$ 为

$$I_{s\Phi} = \cos^2 \frac{\Phi}{2} I_{sh}$$

式中，Φ 为斜面与水平面的夹角（°）。

玻璃辐射热量 Q_{re} 为

$$Q_{re} = CAu(\tau_d I_d + \tau_s I_s)$$

式中，A 为车窗玻璃面积（m²）；C 为玻璃窗遮阳系数，$C = 0.06$；u 为单层校正系数，$u = 1$；τ_d 为透过玻璃的太阳直射投射率，$\tau_d = 0.84$；τ_s 为透过玻璃窗的太阳散射投射率，$\tau_s = 0.08$。

③ 乘客人体散热 Q_{pc} 计算如下：

$$Q_{pc} = Q_{dr} + 116nn'$$

式中，Q_{dr} 为驾驶人人体散热量，一般取 170W；n 为乘员数；n' 为群集系数，取 0.89。

④ 座舱内设备负荷根据座舱内设备的功率确定或取经验数据，经验值的热负荷 Q_{ec} 为

$$Q_{ec} = (0.6 \sim 0.7) Q_{ex}$$

式中，Q_{ex} 为经验值，取 100W。

⑤ 新风负荷 Q_{fc} 为

$$Q_{fc} = L_f \rho (h_{out} - h_{in})$$

式中，L_f 为新风量（m³/h）；ρ 为空气密度（kg/m³）；h_{in} 为车内空气焓值（J/kg）；h_{out} 为车外空气焓值（J/kg）。

按人体卫生要求，一般每位乘员所需的新风标准为 20~30m³/h。车辆行驶过程中，在门、窗等密封位置会产生漏风现象，漏风会带走部分座舱内空气，同时外界的新风会补充进座舱内，成为座舱内的热负荷来源。漏风量可视为一部分新风补充量。

2）经验估算法。设计时，常采用一些经验估算的方法简化计算座舱负荷。

① 乘员估算法。根据汽车所乘坐乘员的额定人数来确定空调的制冷量。换言之，就是在已知汽车所乘坐乘员的额定人数的条件下，确定该人数在表 6-4 中相对应的阶段，并选择这一阶段内每人所需的制冷量，最后将该值与额定乘员数相乘，得到汽车空调的制冷量。这种方法在对轿车和客车车型的空调选型中应用较广。

空调系统的制冷量 = 每人所需制冷量 × 乘员人数

表 6-4 乘员人数与制冷量的关系

乘员人数	每人所需制冷量/W
<9	850
9~15	750
16~30	600
31~37	575
38~47	550
48~55	515
56~65	500

② 车型估算法。根据不同的车型，在选择汽车空调时参考表 6-5 所列车型制冷量的数值，估算出所选车型所需的制冷量。

表 6-5　不同车型制冷量参考表

车型	制冷量/kW
轿车	3.0~9.3
货车	3.5~6.0
微型客车	7.0~10
轻型客车	12~14
中型客车	18~24
大型客车	26~40

实际上，在空调选型过程中，可对同一车辆采用乘员估算法和车型估算法分别进行估算，从而得到一个比较准确的估算值。

（2）热负荷

在冬季工况下，为保证座舱内适宜的温度环境，需要向座舱提供充足的热量。保证座舱温度维持在设定的温度所需提供的热量，称为热负荷。电动汽车由于没有发动机余热可供利用，多采用 PTC 电辅热/热泵加热的方式为车室供热。座舱热负荷设计为座舱供热系统供热容量提供依据。

电动汽车空调的计算热负荷可通过稳态条件下的理论计算或经验估算获得。理论计算中，热负荷 Q_h 主要由车身（车顶、侧壁、玻璃、地板等）传热耗热量 Q_{ch}、冷风渗透耗热量 Q_{oh}、新风负荷 Q_{fh}（包含前风窗玻璃除霜、除雾耗热量 Q_{mh}）、乘客人体散热 Q_{ph} 和车内仪器设备发热 Q_{eh} 等构成：

$$Q_h = Q_{ch} + Q_{oh} + Q_{fh} + Q_{ph} + Q_{eh}$$

1）车身传热耗热量 Q_{ch}。在对座舱内温度变化要求不严格的情况下，车身导热按一维稳态传热过程计算，即假设在计算的时间内，座舱内、外空气温度和其他传热过程参数都不随时间变化。基本计算公式如下：

$$Q_{ch} = KF\Delta T$$

式中，K 为车身结构的传热系数，各部分车身围护结构主要由多层均质材料组成，车身结构可拆分为若干部分，每部分分别按多层平壁传热计算 [W/(m²·K)]；F 为车身结构的传热面积（m²）；ΔT 为座舱内外传热温差（℃），计算方法是

$$\Delta T = t_{wi} - t_{wo}$$

式中，t_{wi} 为冬季空调座舱内空气计算温度（℃）；t_{wo} 为冬季空调座舱外空气计算温度，参考各地冬季采暖室外空气计算温度，取历年平均不保证 5 天的日平均温度（℃）。

其中，传热系数 K 由下式确定：

$$K = \frac{1}{\dfrac{1}{\alpha_{in}} + \sum \dfrac{\delta_i}{\lambda_i} + \dfrac{1}{\alpha_o}}$$

式中，α_{in} 为座舱内侧表面的对流放热系数 [W/(m²·K)]；α_o 为座舱外侧表面的对流放热系数 [W/(m²·K)]；$\sum \dfrac{\delta_i}{\lambda_i}$ 为车身结构各层材料的导热热阻之和（m²·K/W）；δ_i 为第 i 层车

身材料的厚度（m）；λ_i 为第 i 层车身材料的导热系数 [W/(m·K)]。

当座舱内的风速为 0.25~0.3m/s 时，座舱内侧表面的对流传热系数 α_{in} 可按以下公式计算：

当 $\Delta t_b \leq 5$℃时，

$$\alpha_{in} = 3.49 + 0.093\Delta t_b$$

当 $\Delta t_b > 5$℃时，

$$\alpha_{in} = b\Delta t_b^{0.25}$$

式中，Δt_b 为座舱内表面温度与座舱内的空气温度差（℃）；b 为常数，其值与座舱内空气流动和温差有关，当自然循环时，b 取 2.67~3.26。

此外，座舱内风速大于 0.5m/s 且小于 3.0m/s 时，α_{in} 可取 8.7~29W/(m²·K)。

座舱外表面与车外空气之间的表面对流换热系数 α_o 与汽车行驶速度、风速和风向等因素有关。由于汽车行驶速度变化范围较大，座舱外壁面的流场不稳定，因此很难精确计算。一般 α_o 按以下公式计算：

$$\alpha_o = 1.163(4 + 12\sqrt{v})$$

式中，v 为汽车车速与风速的叠加速度沿座舱外壁面方向的分量（m/s）。

由此可知，汽车车速越高，座舱外侧表面换热系数 α_o 值越大。计算时，可取汽车车速为 40km/h。

2）冷风渗透耗热量 Q_{oh}。计算冷风渗透耗热量的常用方法有缝隙法、换气次数法和百分数法，这里使用换气次数法，计算公式如下：

$$Q_{oh} = 0.278 n_k V_n \rho (h_{in} - h_{out})$$

式中，Q_{oh} 为预加热门窗缝隙渗入的冷空气耗热量（W）；n_k 为座舱的换气次数，次/h，取值范围 0.5~1.0；V_n 为座舱的内部体积（m³）；ρ 为空气密度（kg/m³）；h_{in} 为座舱内空气焓值（J/kg）；h_{out} 为座舱外空气焓值（J/kg）。

3）新风负荷 Q_{fh}。

$$Q_{fh} = L_f \rho (h_{in} - h_{out})$$

式中，L_f 为新风量（m³/h）；ρ 为空气密度（kg/m³）；h_{in} 为座舱内空气焓值（J/kg）；h_{out} 为座舱外空气焓值（J/kg）。

按人体卫生要求，一般每位乘员所需要的新风标准为 20~30m³/h。风窗玻璃除霜、除雾所需风量，约占总风量的 10%~15%。L_f 取两者中的较大值。

4）乘客人体散热 Q_{pc}。冬季乘车人员作为高温热源，向座舱内散发热量，但一般散热量不大且不稳定，为简化计算，可取 $Q_{pc} = 0$W。

5）车内仪器设备发热 Q_{eh}。可忽略不计，或根据车内设备的功率确定，或取经验值，经验值的热负荷计算如下：

$$Q_{eh} = -(0.6 \sim 0.7) Q_{ex}$$

式中，Q_{ex} 为经验值，取 100W。

四、空调系统控制

乘客刚坐进汽车时，空调应快速升温或降温，将温度控制在令人舒适的状态；进入正常行驶状态时，不论车外温度如何变化，座舱内总是保持适当温度，这就需要不断地控制温度和风量。合理的空调控制系统既能控制座舱温度处于适宜的范围，又能节约空调系统的整体能耗，是现代汽车空调系统开发中的重要一环。

1. 开关控制

开关控制常见于传统定频空调系统，属于最传统和简便的反馈控制逻辑，如图 6-78 所示。对于给定的目标参数，通过执行部件的开启和关闭的控制方法确保目标参数在设定值的一个固定回差范围内实现周期性变动。例如，在制冷工况下，当座舱内的温度低于设定值时便关闭压缩机；当座舱内的温度回升直到超过另一设定值时便开启压缩机，通过控制压缩机的开启与关闭，保证座舱的温度稳定在一定的范围内。这种控制响应快，作用效果明显、简单可靠、成本低，但控温精度差、动态性能差、热舒适性差，已经越来越不适合新能源发展的"智能化"要求。

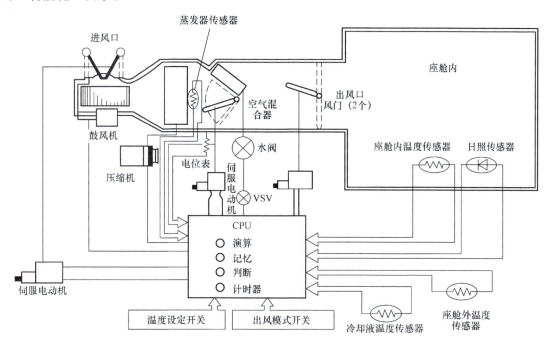

图 6-78 空调系统开关控制结构

2. PID 控制

PID 控制方法由于其易于实现、可调性高、稳定性好等优势，在工业领域中适用广泛。常见的标准化 PID 控制方法逻辑如图 6-79 所示，以座舱内制冷工况为例，座舱热负荷为相对固定的外部负向扰动，PID 控制器会根据座舱内实际温度与设定温度之间的关系（包括差值、差值变化率等）自动计算并调整空调系统的制冷量输出，与外部扰动复合之后作用于座舱内部，从而实现座舱温度的控制。

除了以上两种基础的控制方法之外，随着近年来汽车热管理控制领域的发展，相继有研究人员提出了汽车空调系统的模糊控制、鲁棒控制、滑模变结构控制、动态规划控制、ESC 控制、模型预测控制等控制方法，在实验室或小范围应用中取得了良好的结果，可以实现更

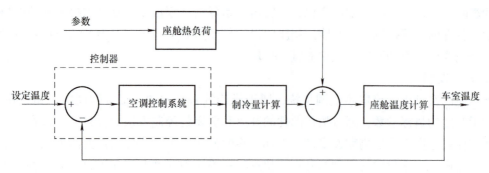

图6-79　常见的PID控制方法逻辑

精确智能的控制，进一步降低了能耗。

五、空气的净化

汽车内的空气净化主要有两种方式：一种是采用空气净化器，让车内空气通过静电空气过滤器、负离子发生器、活性炭吸附器、空气滤清器、有害气体催化器等装置达到净化目的；另一种是利用光电传感器测出空气中的污染程度，通过与设定值的比较，自动控制新风门的开启，让烟气及受污染空气排出车外，达到净化车内空气的目的。实际上这两种方法常常同时被采用。

静电式空气净化器的净化程序如下：

① 由粗滤器除去空气中较粗的尘粒。

② 由电气集尘器吸除细微尘埃。

③ 通过活性炭过滤器消除烟气和臭气。

④ 经紫外线杀菌灯杀菌或由负离子发生器供给负离子之后，由风机送入车内。

净化后的空气洁净度很高，可以充分满足乘员的舒适要求。对于制冷或采暖用内循环方式的汽车，使用这种空气净化器效果更明显。图6-80展现了静电式空气净化器及空气的过滤、净化过程。最简单的空气过滤器就是进风口的滤网。不论哪种净化器，滤网都要经常清洗，保持干净。

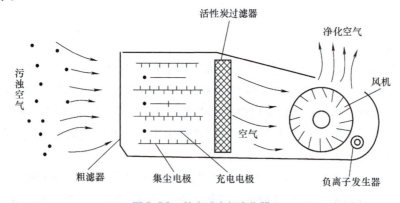

图6-80　静电式空气净化器

第七节 其他附件

一、保险杠

汽车保险杠的主要作用是在汽车发生低速碰撞时吸收部分能量以保护车身。另外，作为外饰件，保险杠对车身的造型和空气动力特性影响也较大。正如第四章所述，前保险杠形状的最佳化设计对减小正面迎风阻力系数和升力系数效果明显。

保险杠一般可分为普通型保险杠和吸能型保险杠。普通型保险杠的结构简单，主要由保险杠的外罩或加强板的变形来吸收冲击能量，在 4km/h 左右的低速碰撞时，具有保护车身的能力。保险杠面罩与横梁都是大型薄壁注塑件，要求所用材料有较好的流动性，同时具备较高的制件精度和耐紫外线稳定性，一般采用改性聚丙烯（PP + EPDM）材料。吸能型保险杠一般由面罩、能量吸收体、骨架及连接件组成，可以吸收 8km/h 碰撞时的冲击能量。吸能型保险杠根据能量吸收体的不同又可以分为筒式结构、发泡树脂、蜂窝状结构树脂等类型。

(1) 筒式结构能量吸收体 图 6-81 所示为采用筒式能量吸收装置的保险杠系统，在这种能量吸收装置的基础上又开发了多种保险杠，最有代表性的结构形式如图 6-82 所示。这种形式的保险杠利用机械油等液体和在高压下与硅酮橡胶相似的显示液体性质的材料，通过节流孔时产生黏性阻力吸收冲击能，比其他形式的保险杠吸能率高。其特点是保险杠凸出车身外的量小、耐温性好，但对上下、左右偏置作用力的能量吸收率较低且成本较高，因此其应用在逐渐减少。

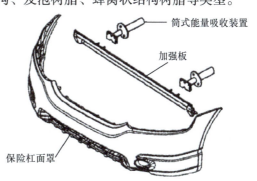

图 6-81 带筒式能量吸收装置的保险杠

(2) 发泡树脂能量吸收体 这种形式的保险杠结构简单、质量轻、成本低，并具备可吸收上下、左右偏置输入力的能力。能量吸收发泡树脂采用聚氨酯和聚丙烯等发泡材料，在受冲击时可吸收大的变形及变形过程中的能量。保险杠外表在受冲击变形后要恢复原状，所以应采用聚氨酯和聚乙烯发泡树脂等复原性好的材料，如图 6-83 所示。

(3) 蜂窝状结构树脂能量吸收体 结构与前一种相同，但采用的不是发泡树脂，而是成型蜂窝状聚氨酯等树脂结构体，如图 6-84 所示。它靠蜂窝部分的压缩来吸收能量，因此比发泡树脂吸能效率高，但应注意其模具费用高和模具修正困难等缺点。

近年来，为了降低 15km/h、40% 偏置碰撞时的损伤程度，提高对行人的保护能力，研发出了新型的保险杠，如图 6-85 所示。这种保险杠的能量吸收主要靠碰撞盒而不是前述的发泡塑料等能量吸收装置。同时，为了提高对行人腿部的保护能力，在保险杠面罩和加强板之间留有充分的空间，或者增加吸收板及高发泡倍率的能量吸收体。

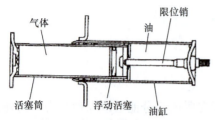

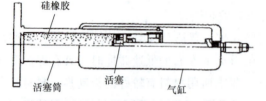

图6-82 筒式能量吸收装置

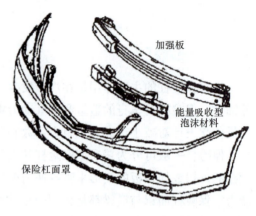

图6-83 带发泡树脂型能量吸收装置的保险杠

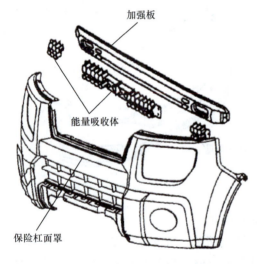

图6-84 采用蜂窝状能量吸收装置的保险杠

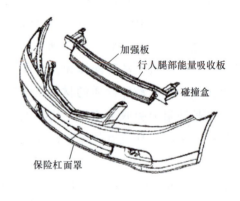

图6-85 带碰撞盒及行人保护措施的保险杠

二、天窗

天窗是在车身顶盖上设置的一个开口部，主要目的是给乘员提供开放感和良好的换气性能。天窗是利用负压换气的原理，依靠汽车行驶时气流在车顶快速流动形成负压，将车内污浊的空气抽出，新鲜空气从进气口补充。由于不是直接进风，因此车内气流极其柔和，没有风直接吹在身上的不适感觉，也不会有尘土卷入。

目前汽车天窗配置主要是普通电动天窗和全景天窗。内藏式普通电动天窗主要由天窗框架总成、玻璃总成、遮阳板总成、机械组总成、驱动机构、挡风板总成等构成。图6-86所示为具有代表性的电动倾斜和内滑动天窗盖的结构。图6-87所示为全景天窗的结构。

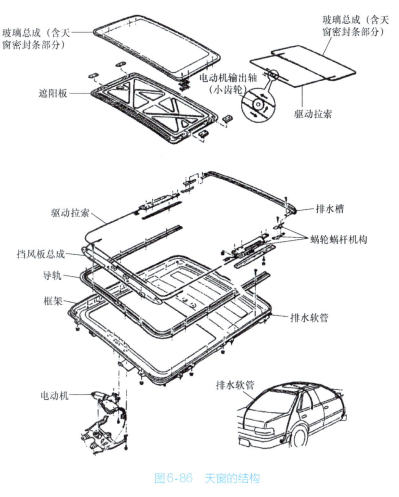

图6-86 天窗的结构

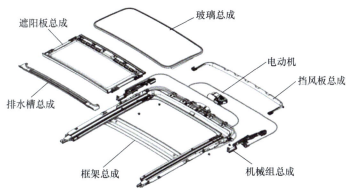

图6-87 全景天窗的结构

三、外饰件

1. 散热器格栅

散热器格栅的主要功能本来是保护散热器,给发动机通入冷却空气,然而人们逐渐发现散热器格栅在造型创意上的重要性极高,它反映了汽车品牌的造型风格,如图6-88所示。在进行设计时，必须要考虑散热器前面开口面积、格栅倾斜带来的空气流入量的变化及从前面看时发动机舱内部的遮蔽性。

图6-88　三种散热器格栅造型

散热器格栅常用的材料为合成树脂，绝大多数为 ABS 树脂，也可使用压铸锌和钢板。使用 ABS 树脂的原因是：①采用注塑成型方法所获得的形状自由度较高；②质量小；③成本低；④不会产生锈蚀；⑤易进行涂装和电镀处理。

作为外饰件，仅靠树脂本身的色调、光泽、硬度、耐候性及精微性是不够的，往往需要再进行表面处理。表面处理主要有喷漆处理、电镀处理及蒸镀表面处理等。在进行表面处理时，应使其具有能承受飞溅石子的强度。

2. 翼子板

翼子板包容车轮，防止泥水飞溅，并满足外观要求。结构设计时需校核车轮跳动到极限位置时是否与翼子板或轮罩相碰。由于翼子板外形较复杂，设计时应仔细考虑其分块与工艺性、外观的关系。

后翼子板上通常还设有加油口（充电口），加油口（充电口）的位置要保证操作顺利，而加油口（充电口）盖与后翼子板的配合则必须开缝均匀，操作方便，车辆行驶时要保证关闭而不会自行开启。作为活动件，则同样需要配设铰链、限位器、锁及密封装置等附件。

3. 扰流板

空气扰流板和扰流件（以下均称为扰流板）起着提高车身空气动力性能和部分外观造型装饰的作用。这里介绍有代表性的前扰流板和后扰流板，如图6-89所示。

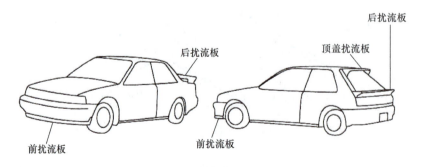

图6-89　扰流板的分类

前扰流板装在车身的前下端，固定在保险杠或整流板上，也有与塑料保险杠一体成型的，主要作用是控制车身下部的气流。设计时应考虑与路面障碍物及倾斜路面的干涉。

后扰流板安装在行李舱盖或顶盖后端，有扰流板本体浮在车身上的翼子型和粘在车尾端的平置型两种。近年来，许多车辆都在顶盖扰流板里装高位制动灯。后扰流板控制从车身上面、侧面卷入车尾部的气流。在这里需要考虑的是不能使后方视野受到太大影响。

扰流板大多是聚氨基甲酸乙酯的 RIM 成型件和聚乙烯的注塑成型件，也可采用 FRP 的 SMC 成型件及工程塑料成型件。

4. 挡泥板

挡泥板是设置在前、后轮胎后侧车身上的塑料件，作用是防止自身及其他车辆石头飞溅击伤车身和泥土带来的污垢等。

挡泥板所采用的材料有聚氨基甲酸乙酯、EPDM（橡胶）及 TPR（热可塑性橡胶）等。

5. 镶条类

镶条类用于车身的各个部位，其功能也各有不同：钣金结构端部及接缝的遮盖；防止尖角及凸出部位被破坏、防止造成伤害、导水、压住其他构件和装饰功能等。在考虑镶条类功能的同时，还必须考虑其对造型的影响。另外，还应考虑降低行驶时的风阻噪声。

镶条类所使用的材料有多种类型，包括不锈钢板、压铸锌、铝合金等合金板、ABS、TPO 橡胶等合成塑料，以及它们之间的组合等。镶条类也可以是长条形的。加工时，可以经过滚压加工和挤压加工等工序成型后，再进行冲压加工和弯曲加工制成所希望的形状，也有采用注塑成型法进行加工的。

6. 标识类

这里把车名的装饰商标、车身等的装饰统称为标识类，大多是以标示厂家名、车名及车的规格等为目的，通常安装在车身板、散热器格栅和车尾部。另外，也可装在后行李舱盖的锁芯处，起到遮蔽锁芯的作用。

标识类的材料多用 ABS 塑料、聚丙烯、压铸锌及铝等，表面处理也多种多样，有涂漆、电镀等。安装方法采用螺栓拧紧、卡子、双面胶等。

四、内饰件

内饰件主要由仪表板、副仪表板、地毯、行李舱垫、遮阳板、拉手、顶盖内护板、车门内护板等组成，其作用在于增加车内造型美观性，提高舒适性，确保乘员的安全等。

1. 仪表板

仪表板位于车室的最前部，面积很大，且总是展现在人的视野中，故其对造型的影响起到举足轻重的作用。仪表板的外面装有仪表和各类操纵件，里面装有空调、安全气囊等各类附件，对空间和结构的要求都很复杂，在设计中应特别精心。首先，它需要有一定的刚性以支承其所附的零件，并使它们在高速和振动的状态下正常工作；同时又需要有较好的吸能性，在发生意外时减少外力对前排驾乘人员的冲击。另外，仪表板的手感、皮纹、色泽、色调也逐渐成为评判整车层级的重要标准。

（1）仪表板的本体结构　现在批量生产的仪表板，主体结构大致可分为一体注塑成型的塑料成型件或加以涂装的成型件和软皮发泡成型件。

一体注塑成型的塑料仪表板本体结构在经济车中应用较多，其质量小、设计的自由度大、工艺简单，易对冲击时能量吸收采取对策。使用的塑料主要为PP复合材料、ASG及改性PPO等。由于注塑工艺较难控制大制件的表面质量，因此注塑仪表板表面不可避免地存在熔接痕、缩印、顶白等缺陷，而且PP材料较软，表面易发生刮擦。为提高表面质量，可以表面喷漆，并借此实现双色仪表板的效果。

软皮发泡成型的仪表板本体结构主要是从安全吸能角度考虑，也给人一种柔软的感觉，主要用于高档轿车。它由骨架、发泡层、表皮等组成。骨架用钢板、塑料注塑件、纤维板、硬纸板等制成。表皮用ABS与PVC复合膜吸塑成型或用搪塑成型。起软化作用的发泡层多用聚氨酯材料。

仪表板本体通过前围横梁，用螺钉固定在车身上，这是较为一般的固定形式，如图6-90所示。

（2）仪表板上的安装件　仪表板上的安装件很多，除仪表、操纵件外，还有扬声器、收音机或CD机、信息显示屏等电气件，杂物箱、烟灰盒、通风口等。

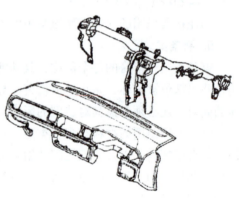

外部气流导入车内的方法有两种：一种是靠行驶后的动压导流；另一种是用鼓风机进行强制导流。动压导流是通过车身前围上盖板的开口，将外部气流导入前围上盖板封闭的截面内，通过前围上盖

图6-90　仪表板主体结构

内板的孔进入通风管，从仪表板的通风口吹入车室内。近年来，这种方式的使用正在逐渐减少。强制导流是通过鼓风机将前围上盖板封闭截面内的外部气流，通过前围板上盖内板下面的孔吸入车内，经通风管由仪表板通风口吹进车室内。在该通风系统中装有暖风和冷风装置，这便是空调（图6-91和图6-92）。通风口的设计必须考虑的项目包括大小、位置、方向性和数量等。

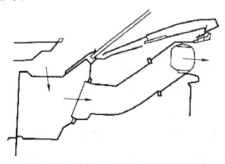

图6-91　利用行驶时的动压导入空气

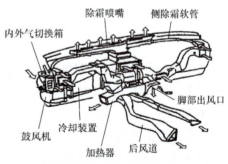

图6-92　空调装置的通风

仪表板一般提供至少4个出风口，通常空调系统出风口的作用范围达到车厢内50%的空间。驾驶人坐在最远的位置上时，驾驶侧出风口可调节出风方向吹到驾驶人右肩，中间出风口可吹到驾驶人左肩；前排乘客坐在最远位置时，前排乘客侧出风口可调节出风方向吹到驾驶人左肩，中间出风口可吹到前排乘客右肩。出风口向上能吹到99th百分位的眼椭圆，向下能吹到H点。出风口需要布置在没有任何零件（转向盘等）阻挡气流吹向任何目标的地方，能够吹到人腰部以上80%的空间。如果不能，应该考虑设置辅助出风口。

仪表板是汽车重要的组成部分，为驾驶人显示车辆各系统工作状况的重要信息。目前，仪表板从传统的机械式仪表、电气化仪表逐渐发展为全液晶仪表、抬头显示（HUD）仪表。全液晶仪表将传统机械仪表板替换成一整块液晶屏幕，取消了步进电机、指针、刻度盘、导光板，增加了更大尺寸的液晶屏、芯片和操作系统，实现更丰富的人机交互。HUD 仪表通过控制处理单元将汽车仪表盘数据或车况信息送至投射器，影像经过反射和折射后投射至风窗玻璃或替代显示屏上的半透性光学显示膜，驾驶人即可观察到悬浮在前方发动机盖上方的 HUD 虚像，行车信息始终出现在驾驶人前方视野范围内，保证驾驶人将注意力集中在前方路况上，增加了行车安全性。机械式仪表、电子化仪表、全液晶仪表和 HUD 仪表如图 6-93 ~ 图 6-96 所示。

图 6-93　机械式仪表

图 6-94　电子化仪表

图 6-95　全液晶仪表

图 6-96　HUD 仪表

2. 副仪表板

副仪表板原是轿车上的一个简单部件，主要是遮挡安装在地板通道上的变速杆或制动手柄，后来发展成大型部件，构成仪表板的一部分（图 6-97），布置有开关、收音机、音响、空调控制器及小物箱等。后部还有可作为扶手使用的带盖的杂物箱，有些还有后座使用的烟灰盒和开关。

副仪表板有布置在左、右前座椅中间或与仪表板连接在一起两种形式。近年来，为了给驾驶人提供驾驶信息和实现操纵自动化，增加了不少显示和操纵仪表，加上为确保驾驶人有良好的视认性和方便性，这些仪表等机能部件都布置在驾驶人的周围。于是，便逐渐地将副仪表板位置转移到驾驶人近旁的变速杆附近。有的车已经与仪表板连成一体。

副仪表板使用的材料大多为聚丙烯和 ABS 树脂整体成型,但为了给人以豪华感,也有使用软质材料的。软质副仪表板是以塑料为芯材,外面使用带聚氯乙烯表皮的氨基甲酸乙酯发泡材料,并将聚氯乙烯表皮粘在芯材上。另外,也有把地毯粘在塑料板或硬质板材上的。

3. 遮阳板

遮阳板的作用是遮挡阳光直射和防止阳光眩目,以确保安全行驶的不可缺少的装置。其应具备耐热性、耐光性及耐久性等要求。一般在驾驶席和前排乘客席或只在驾驶席上安装遮阳板,但也有在中央部安装小遮阳板的。为了确保撞车时车内的安全,遮阳板主体采用泡沫塑料等可吸收冲击的材料。有部分车按法规用柔软的材料包上,把头部易接触到的硬表面做成平整圆滑的形状。

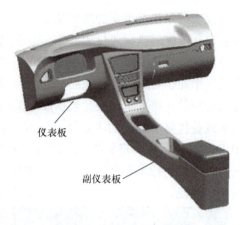

图 6-97　仪表板和副仪表板

现在常用的遮阳板所使用的材料包括:
① 着色透明硬质塑料板。
② 用半硬质材料等将金属框和塑料成型件的芯材包上并覆盖表皮。
③ 在②的基础上,把硬板或硬纸壳组合在一起做芯材。
④ 用表皮把硬质泡沫成型件或注塑成型件包上。

4. 拉手

汽车在弯路或坏路上行驶或者加、减速行驶时,乘员为了保持身体的平衡,需要用手把住拉手。拉手一般布置在顶盖侧梁上,但也有安装在车门、前支柱、前座椅背面及仪表板等处的。从结构上看,拉手有杆型、回转型和吊环型。杆型拉手在使用和收藏时,把手处有的是可以收缩的,如图 6-98 所示。

杆型拉手的结构,有在薄弹簧钢板芯外部包上注塑成型的软质聚氯乙烯的,也有在硬质塑料注塑成型件和弹簧板芯的基础上罩上软质聚氯乙烯的挤压件,然后再缝上表皮的,这些均需在芯的两端用螺栓固定。吊环型是用软质聚氯乙烯将弹簧板罩上,只固定一端,非常方便,如图 6-99 所示。

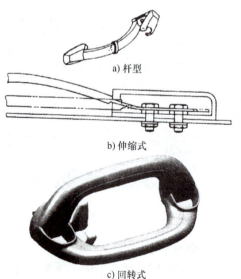

图 6-98　拉手

5. 顶盖内护板

顶盖内护板(顶篷)是在车身顶盖钣金件下面加装的内饰件,其作用除提高车内装饰性外,还起隔热、吸声、隔声的作用。顶盖内护板的种类大致可分为成型顶盖内护板、吊装式和粘贴式三种类型。从造型自由度及生产工艺方面来看,成型顶盖内护板已成为主流。

(1) 成型顶盖内护板　成型顶盖内护板是预先把饰面与芯材复合成一个整体,成为具有一定刚性和立体形状的内饰件。近年来,为适应汽车总高降低、车辆装配工艺和作业环境的改善，以及按钮类等机能部件的安装要求，采用了大量的成型顶盖内护板。其优点是：能够使顶盖内护板接近顶盖，增大室内空间；造型上的自由度大；在车辆上安装时一般不使用黏结剂，从而改善了作业环境；成型顶盖内护板便于遮阳板的收藏及顶灯等的安装（图6-100）。其缺点是需要大型成套的生产设备，使成本提高。

成型顶盖内护板一般由三层组成，即面层（饰面）、泡沫层及基材。面层可采用人造革，织物；泡沫层起主要的隔声、吸声、隔热作用，一般采用聚氨酯（氨基甲酸乙酯，PVR）和聚乙烯泡沫；基材采用材料较多，各车型视习惯、材料来源和工艺而定，有木质/纤维材料、树脂复合材料、发泡树脂、分层树脂等。这些材料都要考虑到刚性、结霜、静电及阻燃等问题，尺寸必须稳定，不产生变形。

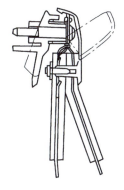

图6-99　吊环型拉手

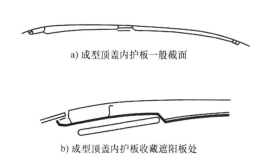

图6-100　成型顶盖内护板

（2）吊装式顶盖内护板　为了把外表的饰面吊挂起来，采用棚杆结构。在饰面与顶盖之间设有隔热的衬垫，衬垫一般粘在顶盖内侧。吊装式顶盖内护板的结构如图6-101所示。在饰面上缝制的布袋中穿过棚杆，棚杆弯曲成与顶盖横断面相近似的曲线，饰面可由人造革、帆布、织物等制成。

（3）粘贴式顶盖内护板　将顶盖内护板直接粘接在顶盖上，如图6-102所示。一般由面料和泡沫层复合在一起而成，面层起装饰作用，泡沫层起隔热、吸声、隔声作用。面层用机织布、编织布、无纺布等织物，或人造革、PVC膜等材料制造，泡沫层用聚氨酯（PU）或交联聚乙烯（XPE）泡沫制造；面层和泡沫层用层压法或火焰法复合在一起。其特点是简单易行、成本较低，但装饰效果和功能均不如其他两种。

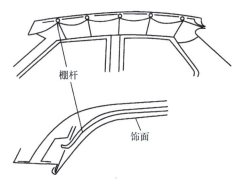

图6-101　吊装式顶盖内护板

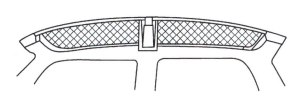

图6-102　粘贴式顶盖内护板

习 题

一、选择题

1. 以下（ ）可以被用于汽车风窗玻璃。
   A. 钢化玻璃　　　　　　B. 夹层玻璃　　　　　C. 磨砂玻璃　　　　　D. 局部钢化玻璃
2. 车门一般由（ ）组成。
   A. 汽车 A 柱　　　　　B. 车门附件　　　　　C. 白车门　　　　　　D. 车门内饰

二、填空题

1. 汽车发生侧撞或滚翻时，车门应起到（ ）作用。
2. 风窗玻璃满足（ ）条件时，不会引起视觉失真。
3. 汽车座椅主要由（ ）、（ ）、（ ）和（ ）组成。为提高乘坐舒适性，座椅靠背上的体压分布应以（ ）和（ ）的压力最高，座垫上的体压分布应以（ ）的压力最高。
4. 安全带主要由织带、（ ）、（ ）、（ ）及（ ）等组成，（ ）能够防止织带拉力过大对人体造成伤害。

三、简答题

1. 无窗框式车门有哪些缺点？
2. 查询资料，说明新能源汽车有哪些新颖的解锁方式。
3. 简述安全气囊的组成和工作原理，简要说明安全气囊的设计原则。
4. 汽车散热器格栅有什么作用？什么是主动式进气格栅？主动式进气格栅相较普通散热器格栅有哪些优点？
5. 单冷空调的主要组成部分有哪些？请绘制简图进行说明。
6. 某电动汽车热泵空调系统拓扑如题图 6-1 所示，叙述在制热、制冷模式下空调系统分别如何工作，并说明工质的流动路径。

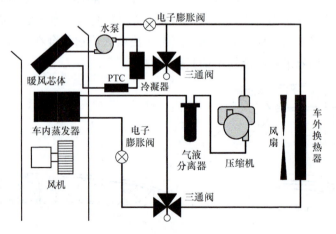

题图 6-1　某电动汽车热泵空调系统拓扑

四、计算题

1. 为保证座椅的舒适性和减振效果，需要优化座椅的振动参数。

1）试求坐垫刚度 C 的选用范围，能够在乘员质量为 50～90kg 的情况下，满足固有频率 ω_n 不小于 2.1Hz 且不大于 2.9Hz。

2）根据 1）的结果，选取合适的坐垫刚度（保留 2 位有效数字），试求阻尼系数 k，能够在乘员质量为 70kg 的情况下，满足相对阻尼系数 $\psi = 0.25$。

2. 某时刻压缩机功耗为 4kW，工质在冷凝器内放热 10kW，在蒸发器内吸热 6kW。若空调工作在制冷模式下，则此时空调系统的 EER 为多少？若空调工作在制热模式下，则此时空调系统的 COP 是多少？

3. 座舱空调系统制冷量与制热量估算。

假设某款 50 座的电动客车的车顶与地板为水平面，左右侧壁、后围与前风窗玻璃都为竖直面，各围护结构组成为：

结构	面积/m²	材质（从外至内）	厚度（从外至内）/mm	导热系数（从外至内）/[W/(m·K)]
前风窗玻璃	3.053	玻璃+空气+玻璃	10+5+10	0.6，0.026，0.6
左侧玻璃	10.904	玻璃+空气+玻璃	10+5+10	0.6，0.026，0.6
右侧玻璃	10.904	玻璃+空气+玻璃	10+5+10	0.6，0.026，0.6
车顶	23.914	铝+泡沫塑料+内饰材料	4+50+5	238，0.2，0.3
左侧壁	8.591	铝+泡沫塑料+内饰材料	4+50+5	238，0.2，0.3
右侧壁	8.591	铝+泡沫塑料+内饰材料	4+50+5	238，0.2，0.3
后围	3.356	铝+泡沫塑料+内饰材料	4+50+5	238，0.2，0.3
地板	8.128	铝+泡沫塑料+内饰材料	4+50+5	238，0.2，0.3

取玻璃透射率为 0.84；玻璃的吸收率为 0.08，遮阳修正系数为 0.4；座舱内表面对流换热系数取 16.7W/(m²·K)，座舱外表面的对流换热系数按车速 40km/h 来计算。采取理论计算方法分别计算该电动客车空调系统的制冷量需求（外界温度 45℃，舱内温度 25℃）与制热量需求（外界温度 -25℃，舱内温度 15℃），空气相对湿度为 20%。

五、综合实践题

1. 在汽车电动化与智能网联化的发展趋势下，出现了哪些新兴的车身部件？请对此进行调研并选取其中的一个例子详细介绍其工作原理与应用现状。

2. 安全带与安全气囊是传统的汽车安全部件，除此之外，汽车还有哪些安全保障措施？请查阅资料调研汽车安全系统由哪些部分组成，并选取其中一个主动安全设计和一个被动安全设计进行详细介绍。

3. 汽车空调系统是整车热管理系统的一部分。近年来，随着电动汽车的发展，整车热管理技术越发受到重视。请查阅资料，分析纯电动汽车、燃料电池汽车、混合动力汽车相比于传统燃油车而言，在整车热管理需求上有哪些不同？请简要介绍不同车型的热管理解决方案与新兴热管理技术。

4. 随着汽车电动化和智能网联化程度的不断提高，座舱的功能和交互方式在不断变化，智能座舱成为未来汽车发展的重要方向。请查阅资料，调研智能座舱的概念和关键技术，并选取座椅、仪表板、中控台等内饰件中的一个，对其智能化和新兴技术进行详细介绍。

5. 汽车门锁是保障防盗安全和乘员行驶安全的关键。随着车辆智能化程度的不断提高，车门解锁方式也更加注重用户体验。请查阅资料，调研新能源汽车现有的车门解锁方式，选择其中一种介绍具体的工作原理；并分析在共享经济背景下，未来汽车实现共享化对车门解锁有哪些新的要求。

参 考 文 献

[1] 黄天泽,黄金陵. 汽车车身结构与设计 [M]. 北京:机械工业出版社,1999.
[2] 黄金陵. 汽车车身设计 [M]. 北京:机械工业出版社,2008.
[3] 乐玉汉. 轿车车身设计 [M]. 北京:高等教育出版社,2000.
[4] 王宏雁,陈君毅. 汽车车身设计基础 [M]. 北京:北京大学出版社,2009.
[5] 谷正气. 轿车车身 [M]. 北京:人民交通出版社,2002.
[6] 谷正气. 汽车车身现代技术 [M]. 北京:机械工业出版社,2009.
[7] 日本自动车技术会. 汽车工程手册3:造型与车身设计篇 [M]. 北京:北京理工大学出版社,2010.
[8] 汽车工程手册编辑委员会. 汽车工程手册:基础篇 [M]. 北京:人民交通出版社,2001.
[9] 汽车工程手册编辑委员会. 汽车工程手册:设计篇 [M]. 北京:人民交通出版社,2001.
[10] 汽车工程手册编辑委员会. 汽车工程手册:试验篇 [M]. 北京:人民交通出版社,2001.
[11] 唐杰,杨沿平,钟志华,等. 概念汽车开发 [M]. 北京:机械工业出版社,2010.
[12] BOSCH汽车工程手册 [M]. 2版. 顾柏良,等译. 北京:北京理工大学出版社,2004.
[13] 羊拯民,高玉华. 汽车车身设计 [M]. 北京:机械工业出版社,2008.
[14] 国务院发展研究中心产业经济研究部. 中国汽车产业发展报告(2001)[M]. 北京:社会科学文献出版社,2011.
[15] 王宏雁,陈君毅. 汽车车身轻量化结构与轻质材料 [M]. 北京:北京大学出版社,2009.
[16] 陈鑫. 车身CAD技术 [M]. 北京:人民交通出版社,2005.
[17] 成艾国,沈阳,姚佐平. 汽车车身先进设计方法与流程 [M]. 北京:机械工业出版社,2011.
[18] 石沛林,李玉善,等. 汽车CAD技术及Pro/E应用 [M]. 北京:北京大学出版社,2011.
[19] 徐家川,王翠萍. 汽车车身计算机辅助设计 [M]. 北京:北京大学出版社,2012.
[20] 彭岳华. 现代汽车造型设计 [M]. 北京:机械工业出版社,2011.
[21] 李卓森. 现代汽车造型 [M]. 北京:人民交通出版社,2006.
[22] 赵洪江,谭浩,谭征宇,等. 汽车造型设计:理论、研究与应用 [M]. 北京:北京理工大学出版社,2010.
[23] 邹欣,杨洋. 汽车外形设计 [M]. 北京:化学工业出版社,2012.
[24] 张英朝. 汽车空气动力学数值模拟技术 [M]. 北京:北京大学出版社,2011.
[25] 任金东. 汽车人机工程学 [M]. 北京:北京大学出版社,2010.
[26] SAE. J1100-2009:Motor Vehicle Dimensions [S]. 2009.
[27] SAE. J4002-2022:H-Point Machine and Design Tool Procedures and Specifications [S]. 2022.
[28] SAE. J4003-2019:H-Point Machine(HPM-Ⅱ)-Procedure for H-Point Determination-Benchmarking Vehicle Seats [S]. 2019.
[29] SAE. J287-2022:Drive Hand Control Reach [S]. 2022.
[30] SAE. J941-2010:Motor Vehicle Drivers' Eye Locations [S]. 2010.
[31] SAE. J1052-2023:Motor Vehicle Driver and Passenger Head Position [S]. 2023.
[32] Donald E Malen. Fundamentals of Automobile Body Structure Design [M]. Warrendale, Pennsylvania, USA:SAE International, 2011.
[33] 胡玉梅. 车辆结构强度基本理论与CAE分析技术 [M]. 重庆:重庆大学出版社,2009.
[34] 谭继锦,张代胜. 汽车结构有限元分析 [M]. 北京:清华大学出版社,2009.

[35] 黄世霖，张金焕，王晓东，等. 汽车碰撞与安全 [M]. 北京：清华大学出版社，2000.
[36] 张金焕，杜汇良，马春生，等. 汽车碰撞安全性设计 [M]. 北京：清华大学出版社，2010.
[37] 钟志华，张维刚，曹立波，等. 汽车碰撞安全技术 [M]. 北京：机械工业出版社，2003.
[38] 曾东建，贺曙新. 汽车制造工艺学 [M]. 北京：机械工业出版社，2009.
[39] 邹平，高卫明. 汽车车身制造工艺学 [M]. 北京：北京航空航天大学出版社，2011.
[40] 庞剑，谌刚，何华. 汽车噪声与振动—理论与应用 [M]. 北京：北京理工大学出版社，2008.